―我が子に受けさせたい幼児教育―

保育内容論

総論・指導法・教育課程

鈴木敏朗 著
(美の教育研究会)

自由現代社

はじめに

　子どもが育つ環境は激変している、したがって、教育もそれに合わせて変っていかなければならない、というのが大方の考えであるらしい。便利さと豊かさを追い求めた結果の資源の枯渇と生存環境の悪化、遺伝子工学や情報通信など科学技術の発達が招いた生活形態や価値観の変容、刻々と伝えられる社会の荒廃と武力紛争の絶えない変転する世界情勢など、数え上げられればなるほどその通りだと思う。

　その通り子どもの生育環境は激変している、とは言うものの、その変化に伴って教育も全てが変っていかなければならない、とは思えないのである。確かに、コンピュータの導入や通信網の利用、新たな発明発見など、教えるべき知識や技術が変っていく、ということはあるかも知れない。しかし、ことはそれだけである。教育の原則まで変る必要があるとは、どうしても思えないのである。

　変らぬ教育の原則とは、喜ばせ、楽しませ、自由に活動させておいたのでは、人間が自分からは決して選び取ることのない行為の価値を教えることである。社会秩序を維持し、発展させる行為の価値を教えることである。人間は、社会を作らねば生存すらできない。それにもかかわらず、その社会秩序を守り、発展させるために不可欠な自己犠牲を伴う行為を、進んで選び取ることは無いのである。

　自己犠牲などと大仰な言葉を使ってしまったのは、教育の世界では、自己実現などという大袈裟な言葉が盛んに用いられるからである。自己犠牲が究極の選択を迫られるような場合を含んでいることは確かだが、多くの場合は、ほんの少し自分の利益を犠牲にしたり、窮屈さをいくらか我慢して周りにも気を使う程度のことであり、その間にさまざまな度合いの自己犠牲がが分布しているのである。いくつかの例を上げて見よう。

　たとえば、無礼や無作法、はた迷惑などを抑制する程度の自己犠牲を伴う行為さえ、自分のわずかな利益に反するというだけで無視されてしまう。己の利益のみを図る街頭での騒音によって平然と他者の生活を乱すことが、そのことを裏付けている。また、看板は街への挨拶だと言われる[1]。そう言われれば、町並みとか景観など考えもしない看板や建造物も、無礼や無作法の証明となろう。

　品格あるとか公正な、あるいは節度ある行為などというのも、ささやかな自己犠

牲しか伴わぬにもかかわらず進んで選び取られることは無い。敗戦という激変に度を失い、その後の社会の変化におろおろと追随したためか、厳しく教えねば決して身に付くことの無い品格や公正、節度の教育を忘れ去ってしまった。その結果が、上記の有様となったのであろう。こうして我々が失ってしまったものは、生活科やゆとり、総合的学習などでは、決して取り戻せるものではない。

　ほとんど意味を失ったかに思えるのが、責任である。責任を伴わない自己主張、自己表現、自己実現ほど当人が愉快なものは無いであろう。前世紀後半から、教育は、主体的活動、自己表現を、し過ぎるほどに強調して来た。しかし、行為の主体に求められる結果の責任については、一言も触れることをしなかった。それのもたらしたものが、子どもたちのしたい放題という今日の状況なのではないのか。

　平成六年五月公布、発効した「児童の権利に関する条約[2]」も、上記の傾向に拍車をかけそうである。条約に関する通知[3]で「権利及び義務をともに正しく理解させることは極めて重要」だとは言っているが、しかし条約本文では、名前が示すように「１８歳未満のすべての者[4]」についてのさまざまな権利を数え上げているだけである。条文のいくつかからは、この条約が、武力紛争、犯罪、経済的搾取から子どもを護る目的を持っていることが察せられるが、通知と合わせて文字通り読むなら、責任や義務の教育は一層忘れ勝ちになるであろう。

　一般に学力と呼ばれる各教科について、ある水準までの知識を備えることは、人びとが社会秩序を守り、発展させる役割を果すための基礎的な条件である。基礎的な条件ではあっても、その時どきの自己の衝動や欲求、要求や快楽の犠牲無しには修得し得ないのだ。つまり、学ぶことそれ自体が克己であるわけなのだ。そして、ある水準以上の修得には、刻苦までも伴う場合が多い、。

　子どもの生育環境がいかに変ろうと、私には、こうした教育の原則には少しの変りも無いと思えるのである。

　誤解は、何とか工夫をし、ゆとりを持たせ、子どもたちの欲求を満たせ、楽しませれば、喜んで苦労をし、進んで自己犠牲を払うような人間になると考えたところにあるのだろうか。それとも、環境の激変により、自己犠牲の教育などは不要になったと思い込んだところにあるのだろうか。あるいは、我々が生きているこの社会が達した文明の成果を、何の対価も払うこと無しに享受し続けることができると信じ込んでしまったところにあるのであろうか。

ともかくも、自然であること、身体の欲求に素直であること、全ての基準が私にあること、個人の人権が何より大切であること、個別性の尊重、思いのままに行動する自由、そして主体的活動と自己実現、これらの目標の達成を図ることこそが教育の使命だと思い込んでいるかのようなのである。

こうした中で仕事をしながら、いつの頃からか、下記のようなことを小声でぶつぶつとつぶやくようになった。

人間の為したことを教えるのが教育ではないか。自然に関するさまざまな知見だって、人間が為したことであろう。どちらかといえば、何を為したかよりいかに為したかの方を教えるべきだろう。

身体的欲求より、その身体を拘束する観念を教えるのが教育であろう。伝統とか習俗は観念の体系であり、いかに身体を拘束するかの点で具体化する。それこそが倫理であり、道徳であろう。

全ての問題を私から考えると言った文学者がいる。しかし、教育は公をこそ教えるべきであろう。公によって私を押し潰せというのではない。公や社会を教育してこそ、私と公の、個人と社会の均衡が保てるのである。私も個人も、身体という自然に属しており、必然的に身体同様、利己的な主張や表現を為し、その実現を図ろうとする。対して人為に属する公や社会は、教育しなければ、ただ、私や個人に敵対するものとしての意味しか持たなくなる。

個別性とは、秩序からの逸脱である。そして、秩序からの逸脱を説くことは、公の教育の仕事ではあるまい。社会性を教えるからこそ、公教育と言えるのではないか。人間は、多かれ少なかれ、存在自体が秩序からの逸脱を含んでいる。たとえ、教育などしなくとも、それぞれが個別性を有し発揮するのである。

教育とは、子どもたちに何物かを保証する営みであろう。そうであるなら、管理すること無くしては、何の保証も為し得ないではないか。教育意図とは、教育する側が有しているものである。その意図に添った管理があって初めて、その意図の実現を保証する可能性が生まれるのである。教育とは、管理を伴うものであるのだ。どの程度の自由を与えるかではなく、何をどの程度の管理するかなのである。

子どもを主体的に活動させるのであれば、その結果の責任も取るべく教えるのが教育であろう。ただ思いのままに行動させるのであれば、そこには、教育による何の方向付けも存在しないことになる。教育が子どもたちの発達の方向付けを主要な

目的とするのであれば、勝手に活動させるより、表現形式の教育によって子どもたちの活動を制約することこそが教育である筈だ。

自己実現を図ることなど本人の問題とすべきであろう。社会は、他に悪影響を及ぼさぬ限りそれを妨げなければよい。教育が為すべきは、自己犠牲を教えることである。一人の自己実現は、他者の自己犠牲が有って初めて叶うものであり、全ての人がいくらかずつの自己犠牲を払わぬ限り、誰の自己実現も有り得ない。その上、社会秩序の維持と発展を図ることすらできないことになる。

そして、愛国心と公徳心である。我が国を愛し、その伝統と文化を我が身の一部と感ずる者にとって、教育が愛国心と公徳心の育成を目標の一つとするのは、まったく当然のことなのである。

本書は、こうしたつぶやきが元になっている。臆病故に、大声で言うをはばかるところがあるのだが、覚悟を定め、勇を奮って著すこととした。

中の何章かは、地方的な論文誌に、単著または共著で発表したものを全面的に書き改めた。1章と7章、8章は今回まとめたものである。

曲がりなりにも、こうして一冊の本として自分の考えをまとめることができたのは、何より、『美の教育研究会』における長年の共同研究があるからである。加えて、多くを学ばせてもらった先輩の研究者や、共に考え、議論をしてくれた共著者の方々、同僚、卒業生のお陰である。とりわけ、優れた指導力によって実践的な裏付けを与えてくれた多くの教師への敬意と感謝は、とても言い尽くせない。

また、嫌がらずに議論の相手をしてくれた同業の家内には、感謝と共に、今後の一層の協力をお願いする次第である。

辛巳の年の春

---

[1] 中村良夫の『風景学入門』(1982、中公新書) による。
[2] 姉崎洋他編の『解説教育六法2001』(2001、三省堂) による。
[3] 姉崎洋他編の前掲書 (2001) による。
[4] 『児童の権利に関する条約』の第1条、児童の定義。姉崎洋他編の前掲書 (2001) による。

目　次

はじめに･･･2
第1章　総論･･14
　第1節　保育と保育内容････････････････････････････････････14
　　1　保育と保育内容－幼稚園－････14　　6　保育の目標と内容････････21
　　2　保育と保育内容－保育所････････15　　7　教育課程（保育計画）と指導計画･･22
　　3　子どもの活動････････････････16　　8　保育の実践････････････････24
　　4　管理と保証････････････････････17　　9　保育の評価････････････････25
　　5　保育の場と予測－保育理論－････19
　第2節　保育の原理･･28
　　1　保育とは何か････････････････28　　6　教育と発達･･････････････35
　　2　保育の必要性････････････････29　　7　保育理論と保育原理････････36
　　3　児童研究と児童観････････････31　　8　保育の実践･･････････････38
　　4　環境が発達を制御する････････32　　9　幼児教育の視点････････････39
　　5　遺伝が発達を制御する････････33
　第3節　各領域を検討する視点･･････････････････････････････41
　　1　健康と"公－私"の視点････････41　　4　メタ言語的教育とは何か･･････45
　　2　人間関係と暗黙の了解････････43　　5　表現に不可欠な間･･････････46
　　3　心理的環境という視点････････44　　6　表現と創造性、秩序と無秩序･･･48

第2章　領域健康･･･54
　第1節　健康の保育･･･････････････････････････････････････54
　　1　健康の定義････････････････54　　8　文明の進展と健康････････59
　　2　宿命を肯定的に受容する････55　　9　遊びと伝承･･････････････60
　　3　"公"の観念と"私"･･････････56　　10　領域健康の「ねらい」と「内容」･61
　　4　働くこと、手伝うこと････････56　　　(1)　ねらい1････････････62
　　5　"私"的に過ぎる心身････････57　　　(2)　ねらい2････････････63
　　6　心理的環境－行動を誘導する環境－･58　　　(3)　ねらい3････････････64
　　7　受容系と反応系････････････58　　　(4)　内容との関連･･････････65
　第2節　健康の発達段階･･･････････････････････････････････67
　　1　"公"も"私"も無い段階･････68　　5　"公－私"の分化と葛藤･･････72
　　2　"私"の芽生え･･････････････69　　6　健康観も個性化する･･････････73
　　3　"公"の芽生え･･････････････69　　7　育児について････････････74
　　4　"公－私"の葛藤の芽生え････71
　第3節　健康の教育課程･･･････････････････････････････････75
　　1　3歳児･･･････････････････75　　(6)　遊べる条件････････････79
　　　(1)　肯定的に受入れる･･････75　　(7)　手伝い･･････････････80
　　　(2)　間を取ること････････････76　　(8)　学級の価値････････････80
　　　(3)　表現形式････････････････76　　(9)　避難訓練････････････80

```
      (4) 態度形成・・・・・・・・・・ 76          3  5歳児・・・・・・・・・・・・ 81
      (5) 学級の行動環境・・・・・・ 77            (1) 肯定的に受入れる・・・・・・ 81
      (6) 遊べる条件・・・・・・・・ 77            (2) 間を取ること・・・・・・・・ 81
      (7) 手伝い・・・・・・・・・・ 77            (3) 表現形式・・・・・・・・・・ 82
      (8) 学級の価値・・・・・・・・ 77            (4) 態度形成・・・・・・・・・・ 82
      (9) 避難訓練・・・・・・・・・ 78            (5) 学級の行動環境・・・・・・・ 82
    2  4歳児・・・・・・・・・・・・ 78            (6) 遊べる条件・・・・・・・・・ 83
      (1) 肯定的に受入れる・・・・・ 78            (7) 手伝い・・・・・・・・・・・ 83
      (2) 間を取ること・・・・・・・ 78            (8) 学級の価値・・・・・・・・・ 83
      (3) 表現形式・・・・・・・・・ 78            (9) 避難訓練・・・・・・・・・・ 84
      (4) 態度形成・・・・・・・・・ 79          4  幼児期の身体発達・・・・・・・ 84
      (5) 学級の行動環境・・・・・・ 79
```

第3章 領域人間関係・・・・・・・・・・・・・・・・・・・・ 88

第1節 対人距離の多様さは暗黙の了解・・・・・・・・・・・・ 88

```
    1  人間関係と対人距離・・・・・・ 88          4  自我と生活圏・・・・・・・・・ 93
    2  対人距離の多様性・・・・・・・ 89          5  対人距離と精神距離・・・・・・ 95
      (1) 時間的多様性・・・・・・・ 89          6  対人距離と場の性質・・・・・・ 96
      (2) 対人的多様性・・・・・・・ 90          7  暗黙の了解・・・・・・・・・・ 97
      (3) 対集団的多様性・・・・・・ 91            (1) 表現行動の反応を感受・・・ 97
    3  人間関係の意味するもの・・・・ 91            (2) 良い振る舞いで衝動を抑制・ 98
```

第2節 人間関係の発達段階と教育・・・・・・・・・・・・・・ 99

```
    1  対人距離の無い段階・・・・・・ 99          4  対人距離が分化していく段階・・ 103
      (1) 子どもは養育者でもある・・ 100         5  対人距離が構造化していく段階・ 104
      (2) 表現行動のまとまり・・・・ 100         6  対人距離はやがて個性化する・・ 105
    2  対人距離が生じ始める段階・・・ 101         7  親子関係と少子化・・・・・・・ 107
    3  未分化な対人距離の段階・・・・ 102
```

第3節 人間関係の教育課程・・・・・・・・・・・・・・・・・ 108

```
    1  3歳児・・・・・・・・・・・・ 109           (3) 一対一の関係を多様に・・・ 112
      (1) "保育者－子ども"の関係・・ 109            (4) 公私の活動の区分を知る・・ 113
      (2) 一斉の活動は最小限に・・・ 110         3  5歳児・・・・・・・・・・・・ 114
      (3) 行動の評価は明確に・・・・ 111           (1) "保育者－子ども"関係・・・ 114
      (4) 子ども同士の関係を急がない 111           (2) "公－私"の程度と振る舞い・ 115
    2  4歳児・・・・・・・・・・・・ 111           (3) 極性を曖昧にしない・・・・ 116
      (1) "保育者－子ども"の活動を・ 112           (4) 行事に参加する態度・・・・ 117
      (2) 場の性質を感じとる・・・・ 112         4  教育課程を編成する際の立場・・ 118
```

第4章 領域環境・・・・・・・・・・・・・・・・・・・・・・ 122

第1節 環境領域の保育・・・・・・・・・・・・・・・・・・・ 122

```
    1  環境とは何か・・・・・・・・・ 122           (6) 注意を引く対象・・・・・・ 131
    2  物理的環境・・・・・・・・・・ 123           (7) 自分という環境・・・・・・ 132
    3  行動を誘導する環境・・・・・・ 124           (8) 反作用に対する感性・・・・ 133
    4  心理的環境と環境教育・・・・・ 126           (9) 物理的宿命からの開放・・・ 134
      (1) 身体性に及ぶ反作用・・・・ 127           (10)人間関係・・・・・・・・・ 134
      (2) 実在との対応・・・・・・・ 128           (11)危険への備え・・・・・・・ 135
```

(3) 自分による環境の評価・・・・128　　　(12) 環境としての記憶・・・・・136
　　　(4) 他者による環境の評価・・・・129　　　(13) 方向付への抵抗・・・・・・136
　　　(5) 環境への直感・・・・・・・130
　　第2節　環境の発達と教育・・・・・・・・・・・・・・・・・・・・・・・・・137
　　　1　環境領域の存在しない段階・・・137　　4　社会的生活圏が分化し始める段階・140
　　　2　環境に分化が生じ始める段階・・138　　5　社会的生活圏の統合が始まる段階・142
　　　3　社会的生活圏の萌芽が生ずる段階・139　6　内在的生活圏として個性化する・・143
　　第3節　環境の教育課程・・・・・・・・・・・・・・・・・・・・・・・・・・145
　　　1　3歳児・・・・・・・・・・・145　　　(5) 自然的環境・・・・・・・151
　　　(1) 人間的環境・・・・・・・・145　　　(6) 数量的枠組み・・・・・・152
　　　(2) 空間的環境・・・・・・・・146　　　(7) 図形的枠組み・・・・・・152
　　　(3) 時間的環境・・・・・・・・147　　　(8) 環境の象徴・・・・・・・152
　　　(4) 社会的行動・・・・・・・・147　　3　5歳児・・・・・・・・・・・152
　　　(5) 自然的環境・・・・・・・・148　　　(1) 人間的環境・・・・・・・153
　　　(6) 数量的枠組み・・・・・・・149　　　(2) 空間的環境・・・・・・・153
　　　(7) 図形的枠組み・・・・・・・149　　　(3) 時間的環境・・・・・・・153
　　　(8) 環境の象徴・・・・・・・・149　　　(4) 社会の行動・・・・・・・154
　　　2　4歳児・・・・・・・・・・・150　　　(5) 自然的環境・・・・・・・154
　　　(1) 人間的環境・・・・・・・・150　　　(6) 数量的枠組み・・・・・・155
　　　(2) 空間的環境・・・・・・・・150　　　(7) 図形的枠組み・・・・・・155
　　　(3) 時間的環境・・・・・・・・150　　　(8) 環境の象徴・・・・・・・155
　　　(4) 社会的行動・・・・・・・・151　　4　環境の教育課程を編成する立場・・156

第5章　領域言葉・・・・・・・・・・・・・・・・・・・・・・・・・・・・・・160
　　第1節　領域言葉の保育・・・・・・・・・・・・・・・・・・・・・・・・・・160
　　　1　国語教育の問題点・・・・・・160　　5　少しずつ明らかになる実践方法・・167
　　　2　問題点の検討方法・・・・・・161　　6　言語理論の概略―言語研究―・・168
　　　3　メタ言語的教育法・・・・・・162　　7　言語研究の概略―生成と発達―・・169
　　　4　実践から得た幼児の言葉の様子・165　　8　言語の発達に関する理論の概略・・172
　　第2節　言葉の発達段階と教育・・・・・・・・・・・・・・・・・・・・・・・173
　　　1　系統発生的性格の優位・・・・174　　4　自分と環境が結びついたことば・・176
　　　2　情緒と結びついた働きが優位・174　　5　外界の関係が優位・・・・・・・177
　　　3　自分の用法が優位・・・・・・175　　6　内的言語優位に向かう・・・・・178
　　第3節　言葉の教育課程・・・・・・・・・・・・・・・・・・・・・・・・・・179
　　　1　3歳児・・・・・・・・・・・180　　3　5歳児・・・・・・・・・・・182
　　　2　4歳児・・・・・・・・・・・181
　　第4節　話し合いとその他の活動・・・・・・・・・・・・・・・・・・・・・・183
　　　1　話し合いのできる条件・・・・184　　(6) 事実関係の具体化・・・・・187
　　　(1) 姿勢を整える・・・・・・・184　　(7) 話し合いでの心づかい・・・187
　　　(2) 丸集合・・・・・・・・・・184　　(8) 原因、理由、解決・・・・・188
　　　(3) つまらない話しをしない・・184　　(9) 解決に至る方法での心づかい・188
　　　(4) 保育者の話し方・・・・・・184　　(10) 解決のための方法・・・・・188
　　　2　話し合いの内容・・・・・・・184　　4　適用と評価・・・・・・・・・189
　　　(1) 理解できる・・・・・・・・185　　5　全体的な注意・・・・・・・・189
　　　(2) 日々の生活に活かせる・・・185　　6　その他の活動・・・・・・・・190

(3) 避けるべき話題・・・・・・185
　3　話し合いの進め方・・・・・・・185
　　(1) 形式的な発展の順序・・・・・185
　　(2) 話題提供に関する順序・・・・186
　　(3) 話　題・・・・・・・・・・186
　　(4) 時間帯・・・・・・・・・・187
　　(5) 時　間・・・・・・・・・・187
　　(1) 素話し・・・・・・・・・・191
　　(2) 物語や絵本を読む・・・・・191
　　(3) 詩の暗唱・・・・・・・・・192
　　(4) かるた・・・・・・・・・・192
　　(5) 劇や人形劇・・・・・・・・193
　　(6) はんこによる作文・・・・・193

第6章　領域表現の音楽・・・・・・・・・・・・・・・・・・・・・・200
第1節　表現と表出・・・・・・・・・・・・・・・・・・・・・・200
　1　多種多様な音楽教育・・・・・・200
　2　多様な音楽教育に共通する性質・・201
　　(1) 反応を抑制しない・・・・・201
　　(2) 自国の音楽に冷淡である・・・202
　3　研究方法上の問題点・・・・・・203
　4　長期間の実践と追跡調査・・・・204
　　(1) 検討には長期の実践が必要・・204
　　(2) 評価には点検項目が必要・・・204
　　(3) 結果を次の実践に反映・・・205
　　(4) 追跡調査は不可欠・・・・・205
　5　音楽教育のための条件・・・・・205
　　(1) 保育者の表情・・・・・・・206
　　(2) 子どもに対する好意・・・・206
　　(3) 子どもの行動の否定・・・・206
　　(4) 無造作には賞められない・・・207
　　(5) 大事な"保育者－子ども"・・・207
　　(6) なつくのは一人の担任・・・・207
　　(7) 生活の世話はほどほどに・・・208
　　(8) 子ども集団の規模・・・・・208
　　(9) 定型であることが重要・・・・208
　　(10) 個別性より社会性・・・・・209
　6　教材としてのわらべうたと遊戯・・209
　　(1) 音の構造が自然である・・・209
　　(2) 豊かな感情を担える・・・・210
　　(3) 節は語意を曖昧にする・・・210
　　(4) 遊戯と社会性・・・・・・・211
　　(5) 音楽上の母語・・・・・・・211
　7　表現に対する二つの見方・・・・212
　8　表現活動の意味の曖昧さ・・・・213
　　(1) 場に応じた適切な振る舞い・・213
　　(2) 感情の分化、発達・・・・・214
　　(3) 生きる力と徳・・・・・・・214
　　(4) 美の基本は美しい振る舞い・・215
　9　表現と表出・・・・・・・・・215
　10　"間"の発達・・・・・・・・・217
　11　要　約・・・・・・・・・・・218
第2節　音楽の発達段階と教育・・・・・・・・・・・・・・・・・・219
　1　世話する大人の中で合わせる段階・219
　2　大人が合わせてやる段階・・・・220
　3　大人と子どもが合わせる段階・・・221
　4　場にしたがって皆で合わせる段階・222
　5　子ども同士で合わせる段階・・・223
　6　音楽の好みは色いろ・・・・・・225
第3節　音楽の教育課程・・・・・・・・・・・・・・・・・・・・225
　1　未満児の音楽教育・・・・・・・226
　2　3歳児の音楽教育・・・・・・・227
　　(1) 丸集合・・・・・・・・・・227
　　(2) 遊ばせ歌・・・・・・・・・227
　　(3) 遊ばせ方・・・・・・・・・228
　　(4) 待つことの学習・・・・・・228
　　(5) 親しい関係を作る・・・・・228
　　(6) 公平な順番・・・・・・・・229
　　(7) 他の子どもの待ち方・・・・229
　　(8) 保育者の話し方・・・・・・230
　　(9) 子どもの歌い方・・・・・・230
　　(10) 教材の選択・・・・・・・・231
　3　3歳児の音楽教育と要領・・・・231
　4　4歳児の音楽教育・・・・・・・232
　　(1) 子どもの表現の受け手・・・232
　　(2) 音楽教育の中心・・・・・・233
　　(3) 技術の教育・・・・・・・・233
　　(4) 新たな表現の受け手・・・・234
　5　4歳児の音楽教育と要領・・・・234
　6　5歳児の音楽教育・・・・・・・236
　　(1) 役割分担や隊形の変化・・・236
　　(2) 皆で歌う教材・・・・・・・237
　　(3) 共同活動における作法・・・237
　　(4) 技術的な水準・・・・・・・238
　　(5) 取り組む意欲と勇気・・・・238
　7　教育課程と要領との対応・・・・238
　8　学童期以後・・・・・・・・・239

第7章 領域表現の美術—絵画を中心に—・・・・・・・・・・・・246
第1節 秩序と創造性・・・・・・・・・・・・・・・・・・・246
1 美術作品と絶対的な価値・・・・246
2 個性、創造性、自己表現・・・・247
　(1) 個性を伸ばすことについて・・248
　(2) 自己表現について・・・・・249
　(3) 創造性について・・・・・・249
3 秩序と無秩序・・・・・・・・250
4 復元力を高める・・・・・・・252
5 再組織化と個人・・・・・・・253
6 美術教育の課題・・・・・・・254
　(1) 知識、技術、形の教育・・・254
　(2) 表現の喜びと人間関係・・・255
7 知識、技術、形を身に付ける喜び・255
8 普遍性と自己と教育・・・・・・257
9 個別性と普遍性・・・・・・・257
10 指導における二つの均衡・・・259
　(1) 保育者の援助と子どもの満足・259
　(2) 普遍と特殊の均衡・・・・・260
11 技術以前の課題・・・・・・・261
　(1) 人の話を聞く力・・・・・・261
　(2) 道具や材料の扱い方・・・・261
　(3) 目的へ向けて姿勢を整える・・261
　(4) ゆっくり丁寧に作業する・・262
12 知識、技術、形などの課題・・・262
　(1) 保育者の準備と援助・・・・263
　(2) 自分で成し遂げたと感じる・・263
13 個別的課題・・・・・・・・・263
　(1) 関連する事物の豊富な主題・・264
　(2) いろいろな題材が選べる主題・264
　(3) 主題を保育者が選択する・・265
　(4) 題材は子どもが選ぶ・・・・265

第2節 美術の発達段階と教育・・・・・・・・・・・・・・・266
1 はんこによる幼児の作文から・・・266
　(1) 東天紅を描いて・・・・・・267
　(2) 薔薇とマーガレット・・・・267
　(3) ままをむかえに・・・・・・267
　(4) はずかしかった・・・・・・267
　(5) はんこってふしぎだな・・・268
　(6) 作文の実践から学んだこと・・268
2 世話する大人が安全を見守る段階・269
3 子どもの意味付けに合わせる段階・270
4 基本的行動形式を身に付ける段階・271
5 取り組む姿勢を整える段階・・・273
6 知識と技術を活かし始める段階・・275
7 絵画表現も個性化する・・・・・276
8 青年期は我々の歴史を学ぶ・・・・278

第3節 美術の教育課程・・・・・・・・・・・・・・・・・279
1 幼稚園という新たな環境・・・279
　(1) 場所と物の安定・・・・・・279
　(2) 振る舞い方を知る・・・・・280
　(3) 子どもたちの位置・・・・・280
　(4) 保育者の発話・・・・・・・281
　(5) 安定した身体の姿勢・・・・281
　(6) 生活の仕切りを明確に・・・282
2 3歳児の美術教育・・・・・・283
　(1) 教材の導入1—粘土—・・・283
　(2) 教材の導入2—クレヨン—・283
　(3) 教材の導入3—画用紙—・・284
　(4) 教材の導入4—折り紙—・・284
　(5) 教材の導入5—糊—・・・・284
　(6) 教材の導入6—はさみ—・・284
　(7) 取り組む題材例・・・・・・284
　(8) 『要領』の領域表現との関連・285
3 4歳児の美術教育・・・・・・285
　(1) 4歳児の特徴・・・・・・・286
　(2) 絵画指導の土台・・・・・・286
　(3) その他の用具の導入・・・・287
　(4) 自由画帳の使い方・・・・・287
　(5) 絵画指導のねらい・・・・・288
　(6) 望ましい結果・・・・・・・289
　(7) 取り組む題材例・・・・・・289
　(8) 『要領』の領域表現との関係・290
4 5歳児の美術教育・・・・・・291
　(1) 5歳児には5歳児の活動・・291
　(2) フェルトペンの導入・・・・291
　(3) フェルトペンとぬり絵・・・292
　(4) 写実への願い1—鉛筆—・・292
　(5) 写実への願い2—絵の具—・293
　(6) 取り組む題材例・・・・・・294
　(7) 『要領』の領域表現との関係・294
5 指導計画案（当麻昭子）・・・295
　(1) クレパスで"魔法の煙突"・・295
　(2) 素形を使っててるてる坊主・298

第8章　指導計画・・・・・・・・・・・・・・・・・・・・・・・・・304
　　第1節　幼稚園の指導計画・・・・・・・・・・・・・・・・・・304
　　第2節　週の指導計画・・・・・・・・・・・・・・・・・・・・305
　　　　年少の週案　4月第1週・・・・・306　　年中の週案12月第3週・・・・・315
　　　　年少の週案　7月第3週・・・・・307　　年中の週案　1月第1週・・・・・316
　　　　年少の週案　9月第1週・・・・・308　　年中の週案　3月第3週・・・・・317
　　　　年少の週案12月第3週・・・・・309　　年長の週案　4月第1週・・・・・318
　　　　年少の週案　1月第1週・・・・・310　　年長の週案　7月第3週・・・・・319
　　　　年少の週案　3月第3週・・・・・311　　年長の週案　9月第1週・・・・・320
　　　　年中の週案　4月第1週・・・・・312　　年長の週案12月第3週・・・・・321
　　　　年中の週案　7月第3週・・・・・313　　年長の週案　1月第1週・・・・・322
　　　　年中の週案　9月第1週・・・・・314　　年長の週案　3月第3週・・・・・323

あとがき・・・・・・・・・・・・・・・・・・・・・・・・・・・・・・324
索　引・・・・・・・・・・・・・・・・・・・・・・・・・・・・・・・326

本書ではいくつかの記号を用いている。その意味は下記の通りである。

　　"　"：ひとつのまとまりをなしている言葉をくくる。
　　　　　そのままでは文に紛れてわかり難い語（"間"）をくくる。
　　　　　二つ以上のものの関係を示す場合（"子ども－子ども"）にくくる。

　　　－：経過を表す場合（例、過去－未来）。
　　　　　対または対立、両極（例、私－公）などを表す場合。
　　　　　と（and）で結んだ両者の関係（例、保育者－子ども）が問題の場合。

　　　＝：大きく分類した場合に、同じ側に属している事柄（例、私＝自然）。
　　　　　同じである場合。

　　「　」：引用であることを示す。
　　　　　引用元をいくつかの引用の最後に示した場合がある

　　『　』：書籍名や論文名、あるいは「」内の「」。
　　　　　省略した書籍名にも用いている

章の目次

第1章　総　論・・・・・・・・・・・・・・・・・・14

第2章　領域健康・・・・・・・・・・・・・・・・・54

第3章　領域人間関係・・・・・・・・・・・・・・・88

第4章　領域環境・・・・・・・・・・・・・・・・・122

第5章　領域言葉・・・・・・・・・・・・・・・・・160

第6章　領域表現の音楽・・・・・・・・・・・・・・200

第7章　領域表現の美術－絵画を中心に－・・・・・・246

第8章　指導計画・・・・・・・・・・・・・・・・・304

索　引・・・・・・・・・・・・・・・・・・・・・・326

第1章　総　論

第1節　保育と保育内容

1　保育と保育内容－幼稚園－

　『幼稚園教育要領』[1]（平成10年12月改訂、以下『要領』と省略）は、幼稚園教育の基本を「学校教育法第77条に規定する目的を達成するため、幼児の特性を踏まえ、環境を通して行なうものである」と述べる。その『要領』では、保育という語がまったく用いられていない。

　『幼稚園教育要領解説』（以下『解説』と省略）[2]では、はっきりと「幼児期の教育」と述べた上で、それを受けて「教育内容」という語を用いている。これが、幼稚園教育における保育内容に相当する用語である。

　保育という語が現れるのは、後に触れる『教育職員免許法施行規則』[3]及び、幼稚園教育の目的を定めた『学校教育法』（以下『教育法』と省略）[4]においてである。それに触れる前に、幼稚園の役割が教育であるなら、その教育の目的は、『教育基本法』[5]の第1条が、「心身共に健康な国民の育成を期して行う」ものであると定めている。

　それを受けた『教育法』の第7章、第77条は、幼稚園の目的を「幼稚園は、幼児を保育し、適当な環境を与えて、その心身の発達を助長することを目的とする」と定め、続いて78条で「幼稚園は前条の目的を実現するために、次の各号に掲げる目標の達成に努めなければならない。

一、健康、安全で幸福な生活のために必要な日常の習慣を養い、身体諸機能の調和
　　的発達を図ること。
二、園内において集団生活を経験させ、喜んでこれに参加する態度と協同、自主お
　　よび自律の精神の芽生えを養うこと。
三、身辺の社会生活及び事象に対する正しい理解と態度の芽生えを養うこと。
四、言語の使い方を正しく導き、童話、絵本等に対する興味を養うこと。
五、音楽、遊戯、絵画その他の方法により、創作的表現に対する興味を養うこと。」
と述べている。

第１章　総論　15

　第７９条では、「幼稚園の保育内容に関する事項は、前二条の規定にしたがい、監督庁が、これを定める」と言い、入園資格は、第８０条が「幼稚園に入園することのできる者は、満３才から、小学校就学の始期に達するまでの幼児とする」と定めている。これらに従って作成されたものが、『要領』である。
　保育と言う言葉は、『教育職員免許法施行規則』の第一章、第六条でも使われている。幼稚園教諭の「普通免許状の授与を受ける場合の教職に関する科目の単位の履修方法」を定めた表の第四欄の「教育課程及び指導法に関する科目」の欄が「教育課程の意義及び編成の方法」、「保育内容の指導法」、「教育の方法及び技術（情報機器及び教材の活用を含む）」の三つの欄に別れている。一種免許状を取得するために必要な教育に関する科目は、「教科に関する科目」が六単位、「教職に関する科目」が三五単位、「教科又は教職に関する科目」が十単位である。「教職に関する科目」三五単位の内訳は、「教職の意義などに関する科目」二単位、「教育の基礎理論に関する科目」六単位、「教育課程及び指導法に関する科目」一八単位、「生活指導、教育相談及び進路指導に関する科目」二単位、「総合演習」二単位、「教育実習」五単位である。
　これまで見て来たことからは、幼稚園の役割は概ね幼児教育と看做されていると考えてよいであろう。したがって、教育内容の検討は、『基本法』の定める教育の目的である「心身共に健康な国民の育成」に適すか否かという視点から為されなければならない。

2　保育と保育内容－保育所－

　『保育所保育指針』[6]（平成１１年改訂、以下『指針』と省略）は、最初に、保育所の目的が「児童福祉法に基づき保育に欠ける乳幼児を保育すること」であり、その施設が「児童福祉施設である」と述べ、繰り返し保育と言う語を用いている。
　さらに「保育の内容構成の基本方針」という項目を設けて、その中で「保育の内容は、『ねらい』及び『内容』から構成される」のように、はっきりと「保育の内容」と記している。
　その『児童福祉法』[7]（以下『福祉法』と省略）は、保育所の第３９条で、保育所が「日日保護者の委託を受けて、保育に欠けるその乳児又は幼児を保育することを目的とする施設」であり、第２４条でその入所については「市町村は、保護者の

労働又は疾病その他の政令で定める基準に従い条令で定める事由により、その監護すべき乳児、幼児又は第３９条第２項に規定する児童の保育に欠けるところがある場合において、保護者から申し込みがあったときは、それらの児童を保育所において保育しなければならない。ただし、付近に保育所がない等やむを得ない事由が有るときは、その他の適切な保護を加えなければならない」と定めている。

『指針』は、保育の基本について「家庭や地域社会と連携を図り、保護者の協力の下に家庭教育の補完を行ない、子どもが健康、安全で情緒の安定した生活ができる環境を用意し、自己を十分に発揮しながら活動できるようにすることにより、健全な心身の発達を図るところにある」と述べ、「そのために、養護と教育が一体となって、豊かな人間性を持った子どもを育成するところに保育所における保育の特性がある」と言っている。ここから保育とは、養護と教育を意味する語であることがわかる。

3　子どもの活動

『要領』では、「幼児の主体的活動」、「幼児の自発的な活動」という言葉が盛んに繰り返され、『解説』にも「幼児の主体的活動」が頻出する。

『指針』においても、「主体的活動を大切にし」、「主体的に活動」、「主体的な活動」、「主体的に楽しく活動できる」など、子どもの主体的活動が強調される。

この主体的活動に関連して『指針』は、「遊びを通して総合的に保育を行なうこと」、「子どもの主体的活動の中心となるのは遊びである」などと、『解説』は、「幼児の主体的活動としての遊びを中心とした教育の実践を進めるには、教師が遊びにどうかかわるのか、教師の役割の基本を理解することが必要である」と述べる。これらのことから、その主体的活動が意味しているのは、子どもの遊びであることがわかる。

この、子どもの主体性、主体的活動などの言葉は、"子どもを、気侭、勝手に活動させること"と受け取られ易い。また、主体的活動本来の意味が"活動を本人の自由意志で選び取り、その活動によって生じた結果についての全責任を活動主体である当人がとる"ということであるため、責任の部分を省けばそう誤解することも十分あり得る。つまり、『要領』『指針』『解説』が繰り返す「主体的活動」を、前半の"本人の自由意志で選び取った活動"の部分だけによって"子どもの保育

者に制約されない自由で勝手気儘な活動"と解しているのであろう。

この点について『解説』は、「環境を通して行なう教育は、幼児の主体性と教師の意図がバランスよく絡み合って成り立つものである」のように述べているが、この程度の付言では、上記のように解す危険性に対してほとんど効果がないのではないか。この危険な解釈による"保育者の指導をできるだけ手控える保育[8]"が、全てではないにしても、今日の"学級崩壊"、"学校崩壊"、"一年生問題"などの事態の大きな原因になっている可能性は非常に大きい。たんなる遊びを意味するだけの"主体的活動"という言葉は、解釈を誤らせる可能性が高く、その意味で危険な言葉なのである。

子どもの活動を"主体性"から考えるのではなく、『解説』の「バランスよく絡み合」うという言葉から考えるなら、子どもたちの活動は、①大人が主導する活動、②子どもが主導する活動、の二つに分類することができる。『解説』は、「強いて分け」れば、①「食事、衣服の着脱や片付けなどのような生活習慣にかかわる部分」と、②「遊びを中心とする部分」に分けられると言っている。しかも、その遊びは「幼児の動くままに任せるといったものとは本質的に異なる」のだと注意しており、ここから"主体的活動"を"子どもの自由で勝手気儘な活動"と解することが明らかな間違いであることがわかる。同様な分類は『指針』でも行っている。

4 管理と保証

①鋏を持ったまま、廊下を走り回る、②高い窓から辺りを確かめもせず、外へ飛び降りる、③食事中、他人の目の前で箸を振り回す、④尖った粘土べらを、他人に向ける、⑤部屋から廊下へ、飛び出す、⑥ガラス戸に向かって、大勢で走る、⑦食事時に、うろうろと歩き回る、⑦他人に砂をかける、⑧園庭のそこらに小便をする、⑨他人やガラスに、石を投げる、⑩積み木を投げる、⑪他人を後ろから押す、⑫他の子どもの玩具や遊具を横合いから奪うなど、こうした子どもたちがざらに居る幼稚園・保育所を見つけるのにそれほどの苦労は要らない。もし、"誰かの目をつついてしまってから"、"ガラス戸に突っ込んだら"、"大事故になったら"、その責任は誰にあるのであろう。

"廊下に飛び出す"ことと"道路に飛び出す"ことは同質の問題である。廊下

に飛び出し易ければ、道路にも飛び出し易い。したがって、交通安全のためには"廊下に飛び出すな"と強く指導する必要があるわけである。しかし、環境[9]からの反作用抜きにそうした抑制を身につけることは、非常に難しいことである。したがって、子どもの主体的な活動の中では"道路に飛び出すな"ということを学ぶ機会は、九死に一生を得た場合だけということになる。このことは"廊下に飛び出すな"とただ教えるのではなく、そうした抑制が完全に子どもの身につくまで厳しく教えなければならない、ということを意味している。

　本項の初めに上げた子どもたちの問題は、全てこれと同じことなのである。『解説』では、幼児教育とは「環境を通して行なう教育」であると言う。しかし、それだけで環境からの望ましい反作用が保証されるわけではなく、その結果は、ほとんど学習がなされず、いかに取り返しのつかないことであれ、全ては、事故に出会うことによる学習ということになってしまう。

　ここまで述べて来たことは、子どもたちの活動の二分類において、遊びに対置する活動が、たんに「食事、排泄、休息、衣服の調節などの生活にかかわる部分」(『指針』)だけであってはならないということを示している。子ども主導を意味する主体的活動という遊びに対置されるのは、大人主導の活動でなければならない。たとえ、対象が幼児であろうとも、「心身共に健康な国民」を育成するためには、国民がそれまでに積み重ねて来た歴史や伝統の教育を欠くわけにはいかないであろう。大人主導の活動は、そうした教育までを含むことができる。

　しかし、子ども主導の活動である遊びも"保育者に制約されない子どもの自由な活動"であってはならず、大人の十分な管理下に置く必要がある。"どこで、どの範囲で遊ぶか"、"何をして遊ぶか"、"何をしてはいけないか"、"どのように振る舞うか"、"何時から、どれ位の間遊ぶか"、"遊んだ後どうするか"などなど、全てが保育者の管理下になければならぬ事柄である。さらに集団における"ボスの支配"、"弱肉強食"、"いじめ"、"一人占め"、"危険な揉め事"など、こうしたことが起こらぬよう"場のさまざまな意味での安全"を確保することも、大人が管理して保証する問題なのである。

　子ども主導の活動とは、大人による行き届いたさまざまな管理によって、子どもの「安全で幸福」(『教育法』)な生活を保証し得る範囲で、子どもが選び取る活動ということなのである。子どもたちの管理を放棄し、まったくの自由に放任した場

合、いかに多くの子どもが理不尽や危険な目にい、大きな不安を感ずるかは、多少の観察眼がありさえすれば、誰にも見て取れる。その子ども主導の活動の中で、大人主導の活動で教えたことがどの程度実現しているかを観察し、それを次の大人主導の活動に生かすのである。

　幼児教育は、ただその時期を幼児教育施設で過ごすというだけではない。よりよい生活に資する何等かの発達上の変化を保証するからこそ、幼児教育が必要なのである。そして、子どもたちに何事かを保証しようとするなら、そのための管理が不可欠なのである。幼児教育における子どもたちの活動の分類が、①大人が主導する活動、②子どもが主導する活動、の二分類でなければならないのは、以上の理由からなのである。

5　保育の場と予測－保育理論－

　人は、その発達過程で、いろいろな場においてさまざまな経験をする。人が生活し行動するのは、必ず何等かの"場"においてであり、家庭や近隣、職場もそうした場の一つである。この場は、『要領』が「環境を通して行う」と言うその環境に加えて、その場を構成する人びと、その人びととの個々の行動傾向、人びとの集まりが示す全体的な傾向性、その場のより大きな場に占める位置、他の場（たとえば家庭や近隣など）との関係等などが一体となり、統合されたものである。

　したがって、当然のことであるが、幼児教育の"場"は、広さや周囲の諸環境を含む園の立地条件、園舎、園庭、遊具、草木から、施設長を始めとする職員、園児、両親、そして園の教育方針、園に対する近隣社会の評価、親の養育態度まで含んでいる。このことは、ある広さの園庭を、百人の園児が使用する場合と二百人の園児が使用する場合では、場の性格が著しく異なることを考えれば容易に理解できる。同様に、子どもたちの両親の幼児教育や園に対する態度によっても、場の性格は激変する。

　"場"は、その場を構成する人びとがどのように振る舞うかを、さまざまな側面で求めるものである。それらの振る舞い方のあるものは、近隣や日本などのより広い社会と共通であり、別のあるものはその場が独自に求めるものである。子どもたちは、そのような場の中でさまざまな行動を繰り広げる。場が求める振る舞い方は、場面毎に状況によって異なり、子どもたち行動は、その求めに合致するしない

に拘わらず、無反応も含めた場からの反作用を受けることになる。

"場"からの反作用には、誰もが容易に感じ取れる明瞭なもの、たとえば、精神的、身体的な強い刺激を伴った反応から、潜在的危険性や嫌な顔、不快な表情などのような、微妙でわずかな感じ取るのが難しい反応までがある。行動した子どもが、これらの反応の意味を正確に受け取ることができれば、その子どもの心理的環境[10]は、たとえほんのわずかであれ、より望ましい行動を誘導する方向へ変化することになる。その行動の変化によって場の反作用も変化し、そうした相互作用が子どもの発達を促していく。

しかし、反作用を受けたことによる心理的環境の変化は、それほど確かなものではない。また、反作用を受ける時の子どもの心理的環境と受けた反作用との関係によっては、意固地になったり、天の邪鬼になるなどの方向へ変化してしまう場合もある。

心の教育と言うことは簡単であるが、人の心は外から自由に変えられるものではないのである。微細に揺れ動きながらもなかなかに変わらないからこそ、安定を保ってもいられるのである。したがって保育者は、子どもの行動に望ましい変化が現れた場合には、それが確かなものになるよう的確に評価（反作用）し、望ましくない行動に対しては、それが抑制されるように反作用を調整しなければならない。これらは、子どもの活動に対する、保育者の教育的働きかけの主要部分をなすものである。

"場"を広い意味に捉えると、保育の全てが含まれてしまうことになる。ここでは、その場にある人びとに、場面ごとに一定の振る舞いを求め、場の構成員の行動に対して何等かの反作用が生じる"行動の場"を意味している。この場の性格は、変更不能な宿命的条件を超えて、園長を始めとする保育者の努力によって方向付けることが可能である。場が求める振る舞い方と行動に対する反作用が、その場に属する子どもたちの行動をより望ましい方向へ少しずつでも変化させるよう、場の性格を作り上げていくのである。

この場の性格をより望ましく形成していくためには、子どもの発達の経過を予測する必要がある。この予測は、保育理論から演繹的に導き出すのではなく、広範な教養を背景にしながら、現実の園児を継続的に観察することで得たさまざまな事象からから帰納的に導き出すと考えた方がよいようである。理論は信念、独断と混同

し易いものだからである。

6 保育の目標と内容

　幼稚園教育の目標について『要領』は、「生きる力の基礎を育成するよう学校教育法７８条に規定する幼稚園教育の目標の達成に努めなければならない」と述べ、続いて五領域に分けてそれぞれの目標を上げている。

　『指針』は、「現在を最もよく生き、望ましい未来をつくり出す基礎を培う」ことが保育の目標であると言い、以下に『要領』同様、五領域に分けてそれぞれの目標を上げているが、六項目に『要領』には無い「生命の保持及び情緒の安定を図ること」が置かれている。

　『教育法』の７８条は、７７条の幼稚園教育の目的を受けて、その教育目標を規定している条項であり、全文は本節の最初に上げた。

　保育内容とは、幼稚園では教育の目標を、保育所では保育の目標を、それぞれ達成するのに必要だと考えられる幼児の「活動」及び、その「活動を通して指導」すべき内容を指している。これを『指針』は、「保育の内容は、『ねらい』及び『内容』から構成される」と言っている。

　保育の「ねらい」とは、『要領』の五領域の五項目、『指針』の六項目の目標を、それぞれの項目ごとにさらに細かく分け、具体的にしたものであり、幼児の活動には、この「ねらい」が設定される。その「ねらい」を持った幼児の「活動」をどう組織するのか、その活動を「通して」何を「指導」し、何を実現するのかを示しているのが「内容」であり、『指針』では、この「ねらい」と「内容」を合わせたものが保育内容だ、と述べている。

　この保育内容は、
　①　どのような範囲の分野から選んで来るか
　②　それをどのような観点から順序付けるか
の二つの点から、立体的に構造化して考えることができる。②の順序付けについては、内容の持つ論理自体の順序と、子どもの発達的順序性の、双方から見ることができる。

　この構造的な把握からは、
　①　"計画（予測）－実践－評価（見直し）－計画（再予測）"の循環を動的に

する
　　② 次への予測をより容易にする
　　③ 保育内容の偏りを防ぐ
などの可能性が生ずる。

7　教育課程（保育計画）と指導計画

　幼稚園で教育課程と呼ぶものを、保育所では保育計画と呼ぶ。
　『要領』は、教育課程について「各幼稚園においては・・・適切な教育課程を編成するもの」であり、「ねらいが総合的に達成されるよう，教育期間や幼児の生活経験や発達の過程などを考慮して具体的なねらいと内容を組織」すると述べ、続いて「幼稚園の毎学年の教育週数は、・・・３９週を下ってはならないこと」及び「一日の教育時間、４時間を標準とすること」などを定めている。
　他方保育計画について『指針』は、それが「全体的な計画」であり、「保育の目標と、保育指針のねらいと内容を基に、地域の実情、子どもの発達、家庭状況、保護者の意向、保育時間などを考慮して作成する」ものであり、「各年齢を通じて一貫性のあるもの」だと述べている。。
　つまり、教育課程も保育計画も、在園期間を通しての長期的計画であり、保育内容を、具体的実践に適用可能なように、大まかに選択した教材をも含めて、発達的に順序立て、保育の筋道を明らかにしたものだということである。言葉遣いについては、『要領』は「編成」と言い『指針』は「作成」と言っているが、双方とも同じことを表していると考えてよい。
　次に指導計画についてである。『解説』は、さらに具体的な「ねらい」、「内容」「環境の構成」、「教師の援助」などの指導の内容や方法について明らかにする必要があると述べている。その「教育課程を具体化したもの」が指導計画であり、その際「長期的な見通しをもった年、学期、月」あるいは「より具体的な幼児の生活に即した週、日などの計画を考えることができ」、それは「一つの仮説」であり、日日の実践に応じて「常に改善」されるものであると言う。また、その改善の積み重ねによって「教育課程も改善されていく必要がある」と述べている。
　『指針』は、保育計画と指導計画を合わせて保育の計画と呼び、指導計画については「保育計画に基づき、・・・一人ひとりの子どもに必要な体験が得られる保育

が展開されるように具体的に作成する」ものだと言う。幼稚園に比して特徴的なことは、「3歳未満児の指導計画」と「3歳以上児の指導計画」を分けていることである。

これらの規定からは、「ねらい」をいくつかの階層に組織する必要が生ずる。最も上位のねらいは、年次計画と呼ぶ年間の指導計画に伴うものであり、それを学期のねらいに分け、さらに月のねらい、週のねらい、日のねらい、そして時には本時のねらいにまで、細分化し階層化する必要がある。

ねらいを階層化する場合、上位のねらいの達成が、無関係かと思われるねらいの達成の積み重ねである場合が少なくないことを考慮する必要がある。学期のねらいは、月や週のどのようなねらいの積み重ねなのか、月や週のねらいを達成するためには、日々どのようなねらいを積み重ねていけばよいかなどを、たとえわずかずつであれ、明らかにしていくことが大切である。

また、日々のねらいは、担任するほとんど全ての子どもが達成することの可能なものでなければならず、保育者の肯定的な評価を子どもたち全員に伝えられるものであることが重要である。さらに、変化が外に現れ、子どもたち自身もその達成をはっきりと認めることのできるものであることも大切である。

『要領』が「幼児一人ひとりの特性に応じ」と何度も繰り返すのは、一般に保育者は、一括して組全体に働きかけ、それだけで"足れり"とすることが多いからであろう。見逃すことなく一人ひとりに目を配ること、その子どもに応じた適切な励ましと評価を与えることなどを、決して忘れてはならない。

具体的な作成について、『解説』は、教育課程が「全職員の協力の下に園長の責任において編成する」ものであると述べて、編成の責任所在を明らかにしている。他方『指針』は、保育計画作成の責任者を特別に定めてはいない。しかし、教育課程から考えるなら、作成自体には所長の責任があると看做してよいであろう。

指導計画に関しては、『要領』『指針』共に、責任者の定めはないが、次のように考えることができる。指導計画が長期的なものであるほど、園長（所長）、教頭（主任）の関与と責任が大きく、計画が短期的になるほど、担任の創意工夫を生かす部分が拡大し、その責任も大きくなる。ねらいについても、階層の下位になるほど、その上位への積み重ねに関して担任の創意工夫を働かす必要が生ずる。

この創意工夫は、決して趣味、好み、思い込み、変わらぬ信念などではないこと

を弁えておく必要がある。あくまでも、最終的なねらいを達成するための創意工夫なのである。

8　保育の実践

　具体的な実践は、指導計画が方向付けるわけであるが、『解説』は、この指導計画が仮説であり、実際の指導は「幼児の生活に応じて柔軟に行」い、「幼児の生活に応じて常に変えていくもの」だと言う。

　保育の方法については、『要領』（幼稚園教育の基本の項）、『指針』共に、ほぼ同様の趣旨のことを述べている。たとえば『指針』の「保育の方法」という項を要約すると以下のようである。「個人差を把握し」、「子どもの発達を理解し」、「入所時の子どもには個別的に対応し」、「環境を整え、乳幼児に相応しい体験を保証し」、「集団活動を効果あるものにするよう援助」し、「子どもの人権に配慮し」、「固定的な役割分担を植え付けないよう配慮」し、「人格を辱めないように」し、「職業上知り得た事柄は」漏らしてはならない。

　この方法についての箇所では、『要領』も『指針』も、「主体的な活動」などの語句を多用しているが、これを、学校崩壊の主要な原因である"保育者の指導をできるだけ手控える保育"の妥当性を保証する"子どもの自由な活動"の意味などと誤解してはならない。この語は、子ども主導の活動である遊びを意味しているだけであり、その活動ですら、保育者の管理によって安全と幸福を保証し得る範囲内でのみ許されるものなのである。

　具体的な指導方法については各領域の項で述べるが、先ず、保育者が"主体的に行動する"[11]ことが重要である。このことによって初めて、教育結果に対する責任の自覚が生まれるのである。「子どもの主体的な活動」を"子どもの自由に任せた活動"と解してしまえば、子どもの全ての現れは"そういうものだ"ということになる。どんな事態が生じようと、子どもの行動がどのようになろうと、"子どもというものはそういうもの"で片付いてしまう。

　これでは、保育者には何の教育意図も無く、したがって、何の責任の自覚も無いことになる。このことは、保育結果の評価が不可能であることを意味しており、それ故に"子どもの自由に任せた活動"を主張する保育が、十年一日のごとく変わらないのであろう。「主体的な活動」のこうした解釈に伴う保育者の姿勢が、今日

の教育の惨状を招いた主要な原因の一つなのである。

9 保育の評価

　実践の結果は、できる限り的確に評価する。評価をしなければ、保育の結果を、これからの教育課程（保育計画）の編成や指導計画の作成、次の実践などに反映させることができない。

　この評価も、ねらい同様、年、期、月、週、日などに階層化して行なっていくのがよい。保育者のする一つ一つの働きかけの適不適は、期間を経てしまうと思い起こすことが難しくなる。したがって、その日の評価は、できるだけその日の内に、保育者自身の手によって行なってしまう必要がある。この、記憶がはっきりしている内に自己評価することが、保育日誌の主要な目的である。週や月の評価については、学年の責任者が中心となって学年全体で、期や年の評価は、教頭（主任）や園長（所長）が中心となって園全体の協力で、それぞれ評価するのが適切である。

　教育の直接的な目的は、人間の心理的な行動環境[12]を変容させることである。『基本法』の「心身共に健康な国民」とは、その変容の方向を示している。子ども一人ひとりの行動環境の変容は、行動型が変わることによって見ることができる。この教育の目的が、何を、どのように評価するかを示唆している。以下に、その評価の観点の概要を箇条書きで示す。

① 子どもの行動が、どう変化したか

　小さな変化は、一日でも現れることがある。ある時、何かの切っかけで劇的な変化を生ずることもある。長期間での変化は勿論のこと、こうした、日、週単位の様子も、目的に至る過程であり、非常に重要である。

② その変化の方向は、ねらいや目標に合致しているか

　たとえ小さな変化であろうと、ねらいや目標の方向を指し示しているものでなければならないため、評価するには、その変化をねらいや目標に照らしてみる必要がある。「ねらい」を階層的に構造化しておく必要があるのは、主にこの理由によるのであり、構造的なねらいに照らして初めて、一日から一年までの的確な保育評価が可能になるのである。

③ 変化の契機は、何であったか

　子どもの行動が変化した瞬間を見届けるという幸運に出会うこともあるが、行

動環境の変容は、外部の働きかけとの間に単純な因果関係を成り立たせるほど簡単なものではない。したがって、固い単純因果で捉えるのは危険であるのだが、それでも、変化の契機が何であったのかを考えてみることは、決して無駄にはならない。
④ 教育課程及び指導計画、保育活動などは、適切であったか
　実際の指導は、子どもとの対応関係で、計画（日案、週案、月案）通りには行かないことが多い。その計画とのずれが何故生じたのか、実際はどう保育したのかなどの点から、計画自体を、さらには教育課程（保育計画）までも、評価することが必要である。
⑤ いくつかの点検項目を設けて、客観的に評価する
　比較的多岐にわたる評価の観点を項目に整理しておき、それにしたがって評価していくことで主観的になることを避ける。この評価は、保育者の一人ひとりから、主任、園長（所長）、園全体の総合的な教育環境に至るまで関連する評価として行うものである。
⑥ 長期間についての評価は、短期間ごとの評価を元に行う。
　短期的には好結果を得ているようであっても、それが必ずしも長期的な結果に反映しないことがある。子どもたちは、保育の計画や技術の巧拙は勿論のこと、保育者の人間性からも大きな影響を受ける。ことに、長期的には後者の影響が大きく、短期的結果が長期的結果に反映しなかった場合には、その点についての反省も必要となる。
⑦ 評価の観点も評価する
　評価の項目も、改善すべく評価する。
　子どもを評価する方法については、多くのテストが開発されており、また、観察の方法や観点も多種考案されている。それらの方法のどれかを実施し、その結果を自分たちの保育活動の結果として受け止めることは、勝手な思い込みを省みるには有効である。しかし、できるなら、保育者全員の目が一人ひとりの子どもに向けられており、自然観察法によるその弛まぬ観察によって行動の変化を見抜き、評価できるようであってほしい。
⑧ 地域社会、家庭との関係を評価する
　『要領』は「幼稚園における生活が家庭や地域社会と連続性を保ちつつ展開さ

れるようにする」と言っている。この点についての評価の他に、地域社会、家庭の教育的役割や方向なども評価する必要がある。

⑨　小学校との関連

小学校との関連について『要領』は、幼稚園教育が「小学校以降の生活や学習の基礎の育成につながる」ものだと述べ、『指針』は「連続的な発達などを考慮して互いに理解を深めるようにする」と言う。

こうした点が十分かどうかを評価することも必要であるが、さらに重要なことは教育結果の追跡である。卒園した子どもたちが、小学校に止まらず、その後どのように生活しているかを見ることは、保育全体の的確な評価のために不可欠である。ことに、卒園生の小学校における生活態度を知り、他施設出身の子どもたちと比較して見ることは最高の評価となり、その後の教育実践全体に直接的に反映させることのできるものとなる。

⑩　何より大切な自己評価

保育者が自己評価を怠ることは、一切の経験を無意味にすることである。年月を重ねることが何の意味も持たなくなるばかりか、子どもや教育施設にとってもその保育者が迷惑で困った存在となる。この自己評価については、自己診断の方法や項目などが開発されているが、何より有効な自己評価となるのが、日誌をつけること、及び自分の実践結果を他の保育者のそれと対比して見ることである。

日誌は、実際の保育の経過と子どもの特徴的な活動を中心に記していき、これが、全ての評価の基本となる。この日誌を記す時、その日の保育経過の詳細がはっきり思い起こせるなら、それは、教育計画が十分に練られたものだという証明である。

⑪　園の教育姿勢

さまざまな側面で、園の教育姿勢を評価することも大切である。ことに、運営や教育の姿勢、子どもの安全に対する取り組み、障害のある子どもの受入れ、地域社会の育児支援など地域との関係、長時間保育または教育時間終了後に行う教育活動、職員の融和協力の体制などの点の評価は、重要である。、

⑫　評価の対象

評価する対象は、個々の実践から、指導計画とねらい、教育課程と目標、園全体の総合的な教育環境まで、保育に関する全てである。

第2節　保育の原理

1　保育とは何か

　人間の子どもは、他の哺乳類の子どもに比べて下記の二つの著しく異なった特徴を持って生まれて来る。
　①　親に比べて小さく、未熟で無力である[13]
　②　社会的な働きかけ無しでは、親と同じ社会で自立して生活できる人間には育たない[14]

　したがって、いかなる社会であれ、一人前の構成員に育つためには、①に対する保護養育（養護）と、②に対する教育が、不可欠となる。

　少なくとも産業革命が起こるまでは、この養護と教育という二つの機能の大部分を、家庭が担っていた。しかし、産業構造の変化に伴う社会の激変は、家庭の担っていた機能のうち、先ず、二番目の教育の機能を低下させることとなった。その最大の原因は、必ずしも親の職業を継ぐことができなくなったことによる、家庭における職業教育の機能低下である。その他、新たな職業とそれに伴う新たな知識や技能の出現、能力の抽象化の始まり、不可避的な地域間の移動、異なった習俗と出会いとそれに伴う人間関係の普遍化なども、家庭における教育機能を低下させる原因となっている。

　このようにして、最初に、産業革命後の英国で教育施設における集団教育が必要となった。十九世紀の欧州における初等教育の始まりである。フランス革命後の国民国家の出現によって国民意識の涵養という目的が加わり、これが初等教育の普及を加速させることになる。

　この社会の変化は、それ以前の漸進的変化とは異なった非常に激しい変化であった。そのため、親の伝統的な生活をただ変えるのみならず、それを破壊すらすることにもなった。欧州では、ここに戦乱が加わり、家庭は、次第に養護すらも十分に担うことができなくなっていった。こうして、保育施設による集団保育の必要が生ずることとなったのである。

　世界で最初の集団保育施設と見られる1779年オーベルラン[15]によって設立された幼児のための学校は、戦争で疲弊した貧しい農村で始められたものである。七年戦

争 (1756〜1763) と、その戦争の一環である北米大陸やその他の地域における英仏の植民地争奪戦に加えて、十年後のアメリカ独立戦争 (1775〜1783) における植民地側に立っての英国との戦争などで、農村は極度に疲弊し、家庭保育の機能を著しく低下させてしまっていたのである。

オーエン[16]の幼児学校は、産業革命の混乱に加えて、ナポレオン戦争 (1804 年にナポレオンが皇帝となる。ワーテルローの戦いは 1815 年)、英米戦争 (1812〜1814)、阿片戦争 (1842) などが続いた時代である。産業革命は、伝統的職業の従事者を大量に失業者させると同時に、安価な労働力として婦人を就労させることになり、このことから、家庭そのものを奪われた子どもたちが多数生まれることになった。彼は、これらの子どもに、良い環境と教育を与えようとしたのである。

1839 年にフレーベル[17]が設立した幼稚園 (Kindergarten) は、ナポレオン戦争、対ナポレオンの祖国解放戦争 (1815)、ベルギー独立 (1830) から阿片戦争に至る間である。彼の青年期は戦乱の中であり、教育に取り組む決意をするのが 1815 年の対ナポレン敗戦の後である。彼の目には、故国の家庭における養護の機能低下がはっきりと映っていた筈である。幼稚園の名称は、この時初めて使用された。

生没年代によって明らかなように、産業革命以後の社会変動に加えて戦乱が続いたほぼ同時代に、上の三人がそれぞれに設立した代表的な三つの保育施設による集団保育が始まっている。英、仏、独三国の幼児教育は、それぞれに先駆者の仕事を引き継いで発展させ、今日に至っている。

それに先駆するコメンスキー[18]の保育思想は、"母親学級"と呼んだ家庭保育の機能を考察したものであった。

2 保育の必要性

教育的発達の最終目標は、「心身共に健康な国民」(『基本法』) として社会的に自立することである。ハヴィガースト[19]は、目標に至る過程で順次達成していくべき発達課題 (Developmental Tasks) があると言う。彼は、エリクソン[20]の、発達の過程で克服すべき八つの危機をも意味する八つの発達段階の影響を受けて、児童期までの発達課題を以下のように上げている。

①歩行の学習、②固形食摂取の学習、③しゃべることの学習、④排泄の統制を学ぶ、⑤性差および性的な慎みを学ぶ、⑥社会や自然の現実を述べるために概念

を形成し言語を学ぶ、⑦読むことの用意をする、⑧善悪の区別を学び、良心を発達させ始める、⑨通常の遊びに必要な身体的技能を学ぶ、⑩成長しつつある生体としての自分に対する健全な態度を身につける、⑪同世代の者とやっていくことを学ぶ、⑫男女それぞれにふさわしい社会的役割を学ぶ、⑬読み書きと計算の基礎的技能を発達させる、⑭日常生活に必要なさまざまな概念を発達させる、⑮個人としての自立を達成する、⑯社会集団や社会制度に対する態度を発達させる。

　これらからは、かつて無筆が多かった欧州では、⑦や⑬の読み書きに関する課題が、一般的には決して必須ではなかったであろうことが察せられる。⑨や⑪の同世代との課題も、早々に労働力とされた時代には不可欠とは考えられなかったであろう。これを、ハヴィガーストは、「変化のない単純な社会では、ヤング・アダルトにもなれば、みずからの人生の学習課題はほとんど達成している」のに対し、「現代の変わり行く社会では、人はたえず変化した状況に自分を適応させることを学ばなければならない」というように述べている。つまり、達成すべき課題も個々の課題の内容も、社会の変化と共に変わるということなのである。

　たとえば、家庭の変化も、発達課題を変えることとなった。家庭は、夫婦を中心に、親子、兄弟姉妹など、血縁によって構成され、愛情によって結ばれていると考えてよいであろう。そのような家庭は、確かに、子どもの安定した生活の基盤となり、自然や社会の荒波から保護し、養育する最適な場となる。基本的生活習慣もその大部分が、これまでは、この家庭における安定した親子関係を土台に訓練されて来た。社会および産業構造の変化の激しさ、給与生活者の増加とそれに伴う住居移動の常態化、人口集中と核家族化、女性の社会進出、家庭の育児機能に対する地域社会の支えの喪失等などによって、そうした、保護、養育の機能すらも十分とは言えなくなって来た。

　主に生活上のせわしなさが原因で、ことに家庭保育が子どもの衝動の抑制を根気よく訓練する余裕を失ったことは、重大な機能低下となった。衝動を抑制することは、あらゆる学習に不可欠の条件であり、幼児期に達成すべき最も重要な課題である。幼児教育は、家庭保育が失った働きである子どもの衝動の抑制に何としても成功しなければならず、また、その成功の可能性が大であるが故に、必須のものとなったのである。

　このような家庭保育の機能低下に加えて、社会や産業構造の変化がもたらした発

達課題の変化、複雑化によって、幼児期からの専門施設での専門家による教育が一層強く要求されることになった。保育施設による集団保育は、ただ家庭保育の補完や代替に止まらず、教育までも含むものとなったのである。

『要領』や『指針』が、望ましい経験や活動を通して達成すべき目標やねらいを示しているのは、乳幼児期の発達課題を、一つの基準として示したものだと見ることができる。しかし、これを機械的に適用するのではなく、眼の前の子どもたちにとって、現在と将来の社会において必要な発達課題は何であるのかを見極め、それに応えていくのが保育に携わる者の義務であるとも言えよう。

3 児童研究と児童観

保育施設による集団保育が常態となると、そこに、さまざまな専門分野が発生して来ることになる。その一つが保育者であり、保育に関する学問研究に従事する者も、そうした生じた専門分野に属する者である。十九世紀は、ゼードルマイヤーが「中心が失われている」[21]と言ったように、美的表現を統合する中心である時代様式が失われた時代であった。それぞれ各領域が、他領域からの分離と自領域の自律と独自性を求め始めた。この結果は、教育の世界にも及び、分離自律したそれぞれの領域が教育における独立した地歩を求めるようになる。こうして、各領域の保育理論までが各種出現し始める。

幼児、児童の研究も盛んになり、十九世紀末には、欧米に児童心理学の研究が出現し始め、二十世紀に入ると、その研究は幼児にまで広がるようになる。伝統的な児童観は、そうした新たな研究の影響を受け、次第に、それらの研究成果に基づいた児童観に変わっていくことになる。このような状況は、保育理論を一層精緻、多様なものにする。そこに、十九世紀に始まり、ほぼ二十世紀全体を覆った思想的な対立が加わり、保育理論はおろか、幼児、児童の研究にまで相対立する思想的立場の影響が現れて来る。

このような変化が生じた十八世紀末から二十世紀にかけての時代は、研究上のさまざまな分野が職業として成立していく時代でもあった。そして、美的表現各領域の他領域からの分離独立と自領域の自律と独自性の要求は学問の世界にも及び、同様の独立と自律と学問の細分化が生じ、最終的には、各個人の他者からの分離と独自性の要求ともなった。このような時代背景は、当然児童観にも反映することにな

った。多様な保育理論を生み出さないわけにはいかない事情が、存在していたわけなのである。

　しかし、教育については、互いに競合する精緻な理論を多様に展開すればするほど、本来は、固い因果関係などある筈のない教育と発達の間が、強固な因果関係で結ばれていくことになる。そして、ついには自然科学のごとく、教育によって完全に発達を制御できるかのような理論にさえ作られるようになっていく。

　これら教育の理論は、発達に対する、環境[22]による制御説と遺伝による制御説の対立する二つの理論を両極に、その間に多様に分布している。発達を制御しているのは遺伝か環境かということは、発達の結果現れるさまざまな表現型が、成熟によるものか学習によるものかということでもある。この両者の対立については、多くの議論がなされていが、ここでは、それらの議論とはやや異なった視点から、以下にいくらかの検討を加えてみる。その中で、単独で、あるいは"制御"や"システム"の語と共に用いられる"環境"は、心理的環境、行動環境などと断らない場合は、外部環境（物理的環境）を指している。

4　環境[23]が発達を制御する

　『要領』は、幼児教育の基本を「環境を通して行うものである」と言う。外部環境は、一つのシステムとして発達にさまざまな影響を与える。もし、その影響が人間の発達を完全に制御するほどであるならば、教育という原因が発達という結果を完全に規定する固い因果関係を考えることもできる。行動主義心理学者[24]たちのように、そう考えた人びとも少なくない。中には、完全なる教育が作る完全なる社会を構想した心理学者[25]も居たほどである。"氏より育ち"というわけである。

　詰め込み教育、あるいは注入教育等と呼ばれる教育法は、発達に対するこの環境の制御力を信じることによってなされるのである。そして、環境の制御力を信ずる人びとは、何時の時代にも相当の部分を占めており、教育ママの叱咤激励も、この力を信じての親心なのである。教育と発達結果の間の固い因果関係は、環境が発達を制御できるのであれば、成立するかも知れない。

　しかし、"艱難汝を玉にす"、あるいは俗に"若い時の苦労は買ってでもしろ"などと言われるが、困難に出会えば必ず人間が磨かれるわけではない。難しい学問を待つまでもなく、苦労したがためにいじけた者、つぶれてしまった者、ひねくれ

た者、あるいは自棄になった者などは、その存在を誰もが身近に経験しているであろう。たまたま、苦労している当人が、"艱難汝を玉にす"と信じて努力し、運よく成功したからこそ、玉になったのである。これなどは、同じ環境にあっても、同じ発達結果を生むわけではないことを非常によく示している例だといえよう。

　それなら、"艱難汝を玉にす"と信じ込むよう、心の教育をしたらどうか。このように考える者が出て来るかも知れない。ついでに、"意欲"や"思い遣り"、"奉仕の心"までも教育してしまおうと考えるかも知れない。しかし、心は、環境の制御力に簡単には左右されないものなのである。どう教育しようと、頑固に変らないものだとも言える。その上、天の邪鬼で臍曲がりの意地っ張りですらある。働き者に育てようとすれば怠け者になり、心優しくと願えば意地悪くなったりもする。しかし、簡単には変らないからこそまた、安定を保ってもいられるのである。

　それでもなお、教え込むことに期待をかけるのは、自然ではないと言う意味で基本的に人為の産物である社会が、人びとに適応を教え込むこと無しには維持できないからである。社会秩序を維持しようとすれば、自由より規範、身体より観念、私より公、個人より社会、個別性より社会性、自然法則より人為法則、自己実現より自己犠牲を必要とする。

　その社会秩序の下では、自然選択より人為選択が働き、放任ではなく管理によって何物かが保証される。弱肉強食に代わっては、歴史的、社会的価値による競争があり、権威、権力も存在する。しかし、そのような社会の秩序維持に必要な側面のどれ一つとして自分で発見し、進んで選択しようとする者はいない。そうであるために、どうしても、選択するように教え込もうとするのである。

　誰も進んでは選択しないにも拘わらず、庶民の間ですら、この教育の支持者が絶えないのは、産業構造の変化によって家業が消滅し、大半の人びとが何の生産手段も持たない給与生活者になったからでもある。職業的地位の獲得と社会的自立のためには、頼りない保証を当てにしてでも、人為選択に叶う力を培う以外に何の方法も無いからである。

5　遺伝が発達を制御する

　人間の発達に対する環境の一元的制御を否定する説は、数え切れない。まったく逆に"発達のほとんどが発生的な自己によって規定される"と考える人びとさえ

いるほどである[26]。そしてこの場合でも、発生的な原因と発達結果の間に固い因果関係を考えることはできる。こうした考え方に基づくと教育は、子どもはできる限り自由にされると最もよく発達する、という立場に立つことになり兼ねない。

　この立場では、教える、指導する、指示する、禁止する、命令するなどのどれもが、子どものもって生まれた自己制御力の発現を妨げると考える。発達に対する環境制御力の干渉を、人間の創造性、個性、自己表現を妨げる悪と看做しているかのようである。それよりは、未熟なままの子どもの今を大切にし、未熟なまま、衝動を抑制できぬままの勝手な振る舞いを大事にすれば、発達に対する自己制御力が十分に発揮されると言うのである。"氏より育ち"に対して"瓜のつるに茄子は成らぬ"ということなのだが、これでは、全ての発達結果が宿命であり、この考え方の教育における矛盾が現れている。

　学級崩壊、学校崩壊など、刺激的な言葉で今日の学校教育の現状が語られる。それらの原因の大きな部分が、環境制御の干渉を拒否したことから生じているらしいということは、次第に多くの人が気付いて来たようである。それにも拘わらず、個性、主体性、自己表現、自己実現、欲求の満足などという言葉と共に、できるだけ指導を手控え、学ぶべき内容を貧弱にする教育の支持者は少しも減らない。教える側の仕事が楽で、容易であり、結果に対する責任を感じなくても済むからではないかなどと勘繰ってみたくなる。教育を受ける側にしても"瓜のつるに茄子は成らぬ"が原則でありながら超えるべき課題が提示されないため、当座は自分を"瓜だ"と信じ込むことが可能であり、その上、楽でもある。

　あるいは、環境の制御を嫌う者自身が社会の規範を嫌い、公より私を主張し、観念より身体的欲求を、社会性より個別性や身勝手を、自己犠牲より自己実現を求めているのだとも考えられる。子どもを放任することでそうした欲求を正当化し、自分の素晴らしき個性と創造力の発揮による自己実現が実現しなかったのは、全て社会が悪かったためであると思いたがっているのかも知れない。

　しかし、社会から課せられた拘束に従った学習を拒否することは、今の社会が実現した快適な生活は全て享受した上で、その社会の維持発展のために少しでも自分を犠牲にするのは嫌だ、と駄々を捏ねているようなものである。人権や自己実現、生き甲斐や幸福の追及、これらのことに価値を与えたのは、今の我が国の社会であり、その社会が達した文明の水準なのである。その社会と文明のためには何一つし

たくない、私だけが全てであり、その私が安楽に自分らしく生きることだけが大切だなどということは、考えるだけなら勝手であるが、実践したり、子どもを巻き添えにしたりしてはならないのではないか。

今日の我々の生活を実現したこの社会と、この社会が達した文明は、決して自然ではないのである。人びとが、少しでも"私"を抑えて、多少の自己犠牲を厭わずにその社会の維持発展のために努力しなければ、たちまちにして、衰退してしまうものなのである。。

6 教育と発達

遺伝説、環境説のどちらの場合でも、教育と発達の間に固い因果関係が成立してしまうのは、どちらの説に立っても発達を宿命と捉えざるを得ないからである。前者であれば素質が全てを決定するため、生後のいかなる努力も無駄であり、後者であれば、与えられた環境が宿命となる。しかし、遺伝か環境か、成熟か学習か、生得か経験か、どのように言ってもよいが、この両極の理論のどちらも存在すること自体が、発達に対する両要因の関与を示していると言えよう。そして、両極の間に分布する諸理論は、この関与の仕方によって区分される。

発達に対する遺伝と環境の関与の仕方は、双方が静的に加算、乗算されるものではない。子どもの本質は活動するところにあり、この活動の可能性は成熟によって用意される。環境からの刺激が子どもの中に潜在する動機を目覚めさせ、子どもの活動に対しては環境からの反作用がある。人間的環境をも含んだこの環境は、物理的な作用、反作用ばかりではなく、大人による教育的働きかけ、さまざまな相互伝達、協同、葛藤、多様な対人距離などによるさまざまな作用と反作用を子どもに及ぼす。発達は、こうした相互作用の結果なのである。

この時、教育において子どもの自発的活動を重視し過ぎると、子どもにできるだけ自由を与えようとして、結果的には、遺伝決定論に与してしまう、といったことが起こる。

活動は、無関係な要素の集合である物理的環境によって誘導されるのではない。活動を誘導するのは、子どもの中に成立している心理的な環境であり、その心理的環境は、空間的にも時間的にも統合された一つの行動する場をなしている。外部環境から生ずる子どもに対する作用、反作用は、その心理的環境において統合される

ことになる。つまり、環境とはこの心理的環境であり、その全体が統合された一つのシステムとして子どもの活動を制御しているのである。

　活動する自己も一つの統合されたシステムとして、外部環境に対しては勿論、自分自身にも作用、反作用を及ぼし、それを制御しようとする。つまり、環境制御システムと自己制御システムの、複雑な相互作用が発達を規定していると考えなければならないということである。しかもその場合の自己は、誕生時に遺伝的に規定された自己ではなく、刻々と変化する発達過程としての自己であるのだ。両システムの相互作用の結果が自己に統合され、その自己が、制御システムとして環境制御システムと相互作用を継続する。発達とは、生を終えるまで続くこの複雑な過程なのである。

　したがって、発達の変化を予測することは至難であり、教育と発達の間には、自然科学のごとき固い因果が成り立つことは考えられない。人間の全ての遺伝子を解読しようとする計画が、ＤＮＡ[27]水準で、人間の一人ひとりの違いまで明らかにするのではないかと恐れられている。しかし、この遺伝子による発生的変化だけでも膨大であり、その組み合わせの変化を予測することなど、できるとしてもはるか先のことに違いない。加えて、環境の変化も無限である。基本的に環境制御システムの一環である教育が、この両者の相互作用の結果を規定するなどとてもできることではない。その意味で、教育は、発達とは堅い因果関係を持たないのである。

　したがって、仮に、理想的な教育というものが考えられたとしても、必ずしも理想的な発達という結果を保証しないばかりか、教育される者は、その教育が予測した発達結果になることを拒否しようとするかも知れない。人間は、その程度には天の邪鬼なものでもある。

7　保育理論と保育原理

　教育と発達の間に堅い因果関係が成立しないということが、教育が発達に影響を与えることができないということを意味しているわけではない。"知識と技術、表現行動の形"は、教育することができるのであり、これらの教育とその修得結果の間には、比較的固い並行関係が存在する。教育が規定し得ないのは、人格総体の発達なのである。俗な言い方で極言するなら、心を直接教育することはできない、ということなのである。

いかなる教育方法も、人格総体の発達結果を規定し得ないということは、人格総体の発達結果を完全に規定する教育理論など存在しないということである。教育は"目的に対してより効果的であること"が必要条件であり、より効果的な教育がより良い教育だということになる。競輪学校、料理学校、芸能人養成所、相撲研修所などのさまざまな教育が成り立つのは、それぞれの分野における知識の増大と技術の向上、表現行動の形の練磨を目的としているからなのである。

保育には、二つの目的がある。その一つは、我々の子孫を、安全・健康に育てることであり、その二は、心身共に健康な国民に育てること[28]、できるなら、優れた国民に育てることである。そして、安全・健康に育てるための条件を整えるのが保護、養育（養護）であり、心身共に健康な、優れた国民に育つよう教え導くのが、教育である。

心身共にから明らかなように、これは心の問題でもある。しかし、知識や技術、形は教育することができても、肝心な心は、直接教育為し得ないのである。それにも拘わらず知識や技術、形は、心にしたがって用いられるのであり、心身共に健康な国民の育成のためには、何としても心を教育しなければならない。それは"知識や技術、表現行動の形"を通してなされるのであり、その教育が"目的に対して効果的"でなければならないのである。これが、保育原理の全てである。

知識、技術、形の何を、どう分類整理するか、何を基準に順序付けるか、それぞれの段階で達成すべきことは何か、いかに教えたらよりよく達成できるか、子どもはどのように成熟、発達していくのか等など、こうしたことを歴史社会的な背景も含めて体系的に論じるのが、保育理論である。しかし、この理論をいかに精緻に展開しようと、知識と技術、形の教育で心の発達結果を完全に規定することは不可能である、という事実はそのままに残ってしまう。

どこまでいっても、教育と発達結果の間に固い因果関係を成り立たせることはできないのである。そうであるから、目的や目標、方法について、抽象的、観念的に複雑な議論をするより、就学前の子どもたちが"生活習慣の上で健康で、社会的に健全な小学生となる"という身近で具体的な目標を立てる方が効果的なのである。身近で具体的な目標であるために保育結果の評価も歴然とし、はっきりした評価が教育方法改善の手掛かりを見出すことを容易にし、結果として日々の改善の実も上がるのである。その上、教育目標も、社会的に多くの合意が得られる以下のよ

うな具体的行動を指し示す事項で十分なのである。

　それは、①悪質ないじめの加害者にならない、②被害に会った場合適切に処理できる、③学級崩壊の元凶とならない、④徘徊などで一年生問題の原因とはならない、⑤恐喝や万引、殺人をしない、⑥深夜の徘徊をしない、⑦不規則不摂生をしない、⑧身勝手を抑えられる、⑨家庭内で暴力を振るわない、⑩麻薬に近づかない、⑪怠惰な不登校をしない、⑫学習を初め意欲的に行動する、⑬他の子どもの手助けをする、⑭家では手伝いをする、⑮健康で良い生活習慣が身についている等などである。

8　保育の実践

　前項に列挙した目標には、知識、技術に類する項目は一項も含まれていない。その全てが心の問題である。ここに上げた心の問題こそが、社会性であり、倫理そのものなのである。

　放任によって子どもを自由に活動させ、欲求を満たさせ、私を十分に発揮させることで、主体的、個性的、創造的な人間に育てようと意図する。子ども一人ひとりはそれぞれ違っているので、一斉に指導したのでは、生まれながらに個性的な子どもが型にはめられてしまうと主張する。こうした考え方の教育者や研究者は、相変わらず勢力を保っている。しかし、それぞれに違う個性の子どもたち全員をできるかぎり自由に、主体的に活動させたら、自ら進んで同じ社会性、同じ倫理を身につけようとするようになると、どうしたら考えられるのだろうか。そのような保育が保育者の意図した結果を招かないばかりか、そのように保育された子どもたちが、前項に上げた倫理そのものとも言える諸事項のどれかを、あるいはその大部分を欠いてしまう可能性の方がはるかに大きいのである。

　逆に、教え込んだからといって、必ずしも、望む結果が得られるとは限らない。人間は、思いの他天の邪鬼で、意固地でもあり、逆効果ということすらしばしば起こる。しかし、教育をも含む環境制御システムの在り方は、相当程度、発達結果を方向付けていることも確かである。たとえば、学級崩壊といった現象が生じ易い学校の学区には、必ず、"できる限り指導を手控える保育"を標榜する就学前教育施設がある。この事実から、そうした保育が学級崩壊の主要な原因ではないかという疑問が報道もされている。

発達は、環境制御システムと自己制御システムの複雑な相互作用の結果であり、どのように保育をしようと、結果を完全に規定する事ができない。そうだとするなら、実際の保育は、望ましい小学生が備えるべき諸条件に向けて直接的に指導してみる他ない。良いことは良い、悪いことは悪い、覚えるべきことは覚える、為すべきことは為す、為してならぬことは為さぬ、守るべきは守る、と恐れることなく奨め、指示し、禁止し、行動結果に対しては、褒め、叱ってみるべきであろう。

そうした指導が、自己制御システムにどのように統合されるかは、簡単にわかるものではない。日々それを確認するためには、保育者主導の活動に対する子ども主導の活動の場を保証し、保育者が、奨め、または、指示、禁止し、あるいは、褒め、叱ったことが、子どもの活動の中にどのように現れているかを注意深く観察しなければならない。勿論、子どもの活動の場は、安全に気を配り、一人ひとりをよく見守り、横暴な振る舞いや揉め事に注意して設定しなければならない。そして、そこで観察したことを、次の保育に活かしていくのである。。

保育という原因が、必ずしも発達結果を規定しないとすれば、恐れることなくそうする以外に保育の方法はない。社会性には、それを欠いても大きな問題とならぬ事項も存在するであろう。そうした事項でも欠いてしまえば、社会から何等かの制裁を受ける。個性を発揮する、創造的である、自己表現するなどは、往々にして社会性のどれかを欠くことでもある。それどころか、多くの場合、新たな社会的価値など創出しないばかりか、多数の社会性を欠き、社会から辛い反作用を受けるだけに終ってしまう。個別性の発揮とは、本人がそのことを覚悟し、自らの責任で為すより他ないものなのである。

9　幼児教育の視点

人びとの内面に心理的働きである刺激反応性と内的統制力の二つの軸を想定し、それぞれの働きの大小が組み合わさってなる四つの位相から、社会の移り変わりを説明しようとする試み[29]がある。

この考え方を借りると、一つの文明社会の勃興期、発展期には、人びとの刺激反応性と内的統制力が共に大であり、前者は秩序からの逸脱である個性や創造性となって発揮され、後者は社会秩序の強い復元力となってそれら逸脱をも秩序立て、再組織化していく。

爛熟期、最盛期には、秩序をわずらわしく感じ始め、次第に内的統制力を弱めていく。衰退期には、その弱い内的統制力が大幅な逸脱に耐えられず、個性を、創造性をと口にはしながら、行動は、そうした逸脱を押さえる方向に働くことになる。

人びとは、今自分の享受しているものが、自分の属する社会と、その社会が到達した文明によって実現したものだということを、無意識のうちでは感じているであろう。また、頻出する秩序からの逸脱という刺激反応性の働きも、社会にそれを再秩序化し得る内的統制力の働きがあって初めて効力を発揮することも、知っているに違いない。しかし、その社会や文明に慣れ親しんでしまえば、それらは、天体の運行のような自然と同様に感じられて来る。権利の要求を声高にし続けてさえいれば、我々の社会が実現した文明の成果を、永遠に享受することができると思ってしまうことにもなる。

しかし、社会と文明は、その維持や発展のために構成員が相当の自己犠牲を払う覚悟をしなければ、たちまち衰退し、崩壊してしまうものなのである。社会と文明は自然ではないのである。維持、発展には、構成員の自己犠牲が必要なのである。そのためには、必ずしも幸福な人生を約束するものではない個性の発揮を奨励する前に、われわれの社会と文明の維持発展のために、多少の自己犠牲を払っても努力することが大切なのだと教えるべきであろう。

本書では、発達を、自己制御システムと環境制御システムの相互作用と捉え、これを"自己制御システム－環境制御システム"のように表す。自己制御システムは、"自己制御システム－環境制御システム"のその都度の統合であり、生物的な自然そのものではないが、強いて言えば、自然である身体を基盤とする"私"の領域に属すると言うことができよう。これに対比すれば、社会からの作用・反作用が中心の環境制御システムは人為に属すると言えるであろう。大雑把には、"自己制御システム－環境制御システム"とは、"自然－人為"の統合だとも言える。これは、以下のような問題でもある。"自由－規律"、"身体－観念"、"私－公"、"個人－社会"、"放任－管理"、"放置－保証"、"自己実現－自己犠牲"など、それぞれの統合である。そして"刺激反応性－内的統制力"も、同様の問題だと考えられる。弱肉強食や自然選択は、前者の自然に属し、人為競争や人為選択、福祉などは、後者の人為に属する。

人間存在の基盤は身体であり、その意味で我々は、自然から離れることはできな

い。保育とは、その自然存在に対し人為をもって当たることで、健康な"自然－人為"の統合を目指すものである。そして、人間存在の基盤が自然に属する身体である限り、人為をもってどのように当たろうとも、自由を求め、束縛から逃れようとし、個人を主張し、私の欲求の実現を目指し、個別性を発揮するなど、こうした傾向を失うことはない。発達は、この複雑な過程であり、ここに絶対に成立しないものが、教育と発達の固い因果関係なのである。

　本書は、上記の立場に立っている。したがって、保育の目的はただ一つ、保護、養育し、知識と技術と行動形式の教育を通して、将来「心身共に健康な国民」となるべき子どもを育てることである。その子どもとは、"自然－人為"の均衡のとれた、"私－公"の緊張に堪えられる子どもである。

　したがって、保育とは、人為を、つまり"公"に属する事柄を教えることなのである。自然に属する身体が基盤である個人、個別性、自己などの消長を決するのは本人自身なのである。存在の基盤が身体という"自然"であるかぎり、どのように教育しようと、個別性の発揮という逸脱は必ず生じる。それを抑えるものがあるとすれば、場が有する秩序の復元力と逸脱に対する許容度だけである。

第3節　各領域を検討する視点

1　健康と"公－私"の視点

　命についての子どもたちの尋常ではない感じ方が、問題となっている。実に些細な理由で、簡単に死ぬ、あるいは殺すのである。"心の教育"は、そうした事件の多発も一つの原因となって話題となったものである。自他の命を尊重し、大切にするというのは、健康教育の中心的課題である。そうした、自他の命を大切に思う心を育てよう、というのが"心の教育"の主要なねらいなのであろう。

　しかし、心は、教育すれば簡単に変えられる、という生易しいものではない。心が、通常の学校教育において等しく教育できるものであれば、心の安定など、とても保つことはできない。簡単に変わるということは、さまざまな条件の影響を受け易いということである。そして、変り易いものは不安定であり、また、不安定なものほど変り易いのである。

　教育できるのは、知識と技術と行動形式だけである。心を、自他の健康と命を大

切に思うようにすべく"何に価値があり、何に価値が無いか"、"何が善で、何が悪か"、"何が真で、何が偽か"、"何が美で、何が醜か"を、知識として教育し、そのように振る舞う行動形式を教えていくのである。そうした意図的な教育を含めて、全生活の中で子どもたちが取得した知識の統合が、心を方向付けるのに何等かの役割を果すのである。これによっても、心を十全に方向付けることは不可能なのであるが、教育する内容によっては、少なくとも、健康や命の価値を私の中に孤立させることだけは、防ぐことができる。

　健康は、自然に(ということは私に)属する身体と強く結びついているため、私的なものと捉え易い傾向を持っている。したがって、何の手立ても講じなければ、私の健康や命は私だけのものとして他者と無関係に孤立してしまい勝ちである。孤立してしまえば、その健康や命を価値付けるのは自分だけとなり、他者がその価値を尊重しなければならぬ理由は、何一つ存在しないことになる。ただ、侵さなければよいのである。

　私だけの命を他者が尊重するわけもなく、そして、誰からも大切にされない命など、自分でも大切にすることが難しくなる。そうであるから、私の健康や命を価値付けるのが私だけである時、私にとって命は、至上の価値を有したり、勝手に処分可能なものとなったりするのである。その扱いは恣意であり、とても、自他の健康と命の尊重など望めない。

　後に健康の項で詳しく触れるが、"配偶者として、万が一の場合に、自分と家族を命懸けで守って呉れる男性と、自分の命が一番と逃げ出してしまう男性の、どちらを選ぶか"と女子学生に問うたことがある、全員が絶対に前者を選ぶと答えている。

　この答えから、健康や命に限らず、何に対してであれ"私"を越えた価値を与えることのできるのは"公"だけだということがわかる。健康や命が"私"の中だけに閉ざされるのではなく"公"にも位置付き、そこでの意味を得ることができた時初めて、全ての人が尊重する価値を自他の健康と命に与えることが可能となるのである。

　しかし、どんな価値付けをしようと、意図して自他の健康と命を塵芥のごとく扱う者の現れる可能性はある。その時"公"が制裁を加えなければ、秩序は崩壊してしまう。健康や命が"私"を越えた"公"価値を持っているからこそ、"公"が

第1章　総　論　43

制裁を加えることができるのであろう。健康を、この"私－公"の緊張関係から見ようとするのが、健康を検討する本書の視点である。

2　人間関係と暗黙の了解

　少子化傾向は続き、平成元年（1989）の調査で、合計特殊出生率が1.57まで低下したことが判明した。この対策として、平成2年（1990）には、「健やかに子どもを生み育てる環境づくりに関する関係省庁連絡会議」が持たれ、平成6年（1994）には、文部、厚生、労働、建設4省の合同で「今後の子育て支援のための施策の基本的方向について」（エンゼルプラン）が出され、それに伴ってさまざまな支援策が打ち出された。

　大蔵、厚生の二省および自治相の合意で、平成7年（1995）を初年度とする公費360億円の財源を措置した「緊急保育対策など5ヵ年事業」が計画され、「特別保育事業の実施について」や、文部省の「地域に開かれた幼稚園づくり推進事業」などが始められる。

　しかし、こうした施策の基本となるのが、"育児にかける手間を減らすことが、出生率を上げることだ"という考え方であったためか、それらの事業が現実化した姿は、延長保育や預かり保育など、全てが、親子の間の距離を遠避けるものであった。

　子育ては、他からどう支援されようと、手がかかり、心遣いを要し、費用のかかるものである。その苦労を進んでなそうとするのは、ひとえに子どもが可愛いからであり、そうでなければ、ほんの僅かの労でさえ苦となるものである。そして、子どもが可愛いのは繰り返し可愛がったからであり、出産当初から労苦を厭わぬほどに可愛いかったものだとは、考えない方が真実に近い。

　子育て支援は、親子、とくに母子の距離を離すことで、いくらかでも子育ての手間を軽減しようとする。その結果は、手元に残された僅かな労苦でさえ、苦痛になるであろう。支援をするために数多くの対策が取られたにも拘わらず、平成10年（1998）には合計特殊出生率が1.39に低下し、翌年には1.37、平成12年（2000）には1.34にまで低下していることが、ほんの僅かの労苦でも苦痛になることを示しているのではないか。子育てに、楽しみが見い出せなくなっているのである。

　大切なのは、不安無く可愛がることのできる施策である。歴史は、食うために親

が子を手放すことが決して珍しくはなかったことを、教えて呉れる。その善し悪しを論議する前にそのようなこともある、という暗黙の了解が必要なのだ。この了解があるからこそ、子どもを可愛がる具体的な形式や方法が習俗として伝えられ、それが育児行動を拘束して来たのである。そして、その形に添って可愛がることで、子どもが本当に可愛くなるのである。我が子の虐待に怒ったり、冷酷や放任を嘆いたりしても、習俗としての可愛がる具体的な形式、やり方を崩壊させてしまえば、それどころでは済まぬ事態が生じるに相違ない。こうした暗黙の了解は、親子関係に限らず、人間関係全般に必要なのである。

　人間関係とは、本質的に敵対的な要素を含むために、仲良しを意味する形式に即して振る舞わねばならないのである。少なくとも、数十人で一つの集団を構成したなら、構成員一人ひとりが他の全ての構成員に対してまったく等しい好意を持つことは、ほとんど有り得ないことである。各々の対人距離は、微妙に、あるいは大幅に異なってしまうに相違ない。そうであるからこそ、そうした違いをあからさまに現さないための付き合いの形式が必要なのである。

　それにも拘わらず、人間関係の教育でこの点が取り上げられることは、ほとんど無い。本書では、人間関係を、対人距離とこの"暗黙の了解"という視点から検討する。

3　心理的環境という視点

　キリスト教の新約聖書、マタイによる福音書の第7章12節に、「人からして貰いたいと思うことは、人にもそのようにせよ。これは、掟である」という意味のことがある。また、その数百年前に言われたこととして、論語の衛霊公編には、「己の欲せざるところは、人に施すことなかれ」とある。奇しくも、洋の東西で同じことが言われたのである。これは、時、所、場合を問わず、万人に共通ずる倫理の土台であると言えるであろう。

　この倫理とは、即社会性のことであり、教育が、つまり社会が、何にも増して、一人ひとりの子どもの中に実現しようとしているものである。『要領』は、幼児教育の基本が、「環境を通して行」うことだという。では、子どもがいかなる環境に育てば、自分の中に優れた社会性を実現するのであろうか。これは、なかなか分かることではない。そして、それが判明したとしても、全ての子どもに、その理想的

な環境を用意することは不可能である。たとえ、全ての幼児教育施設を理想的な環境に整えたとしても、変更不能な環境との落差は残り、やはり、環境総体の性格は千差万別なのである。

　実現すべき目的を等しくしていながら、同一社会においてさえ個々の子どもの環境は多種多様であり、その変動幅は非常に大きい。そして、成育環境が異なっているにも拘わらず、全ての子どもたちに等しく社会的実践の倫理的な方向付けが可能でなければならない。このことは、外部環境が行動を一方的に方向付けるのであれば、決して実現することができない問題であることは明らかでる。

　環境を通して教育すると言われると、その環境が、教育施設で用意可能な外部環境であると考えてしまい勝ちになる。しかし、異なった外部環境下において、倫理的に等しい社会的行動への方向付けが可能であるためには、そうした倫理的な行動を誘導する環境が、外部環境以外に存在しなければならない。それが、一人ひとりの内に成立する心理的環境（行動環境）なのである。さまざまな"場"における行動は、外部の物理的環境に影響されながらも、個々の内部に成立した心理的環境によって誘導されているのである。

　環境教育とは、可能な限り環境を整えた上で、"環境がどのようであるか"ではなく"環境をどう捉えるか"を教育するものなのである。このことによって、現実の物理環境の悪影響と限界を克服し、優れて倫理的な行動を導く心理的環境の成立を目指すのである。本書では、環境教育をそのように捉えて検討を進めていく。

4　メタ言語的教育とは何か

　情報化社会とは、情報の商品化が進行する社会である。あらゆる言説が売り物にされ、流布するのはそうした売り物の情報だけとなる。情報化社会では、社会の良識を逆転することで、情報の商品価値を高めようとする。それは、"真実よりまことしやかを"、"現実より仮想を"、"美より刺激を"、"品位より衝撃を"、"実践より見物を"、"落ち着きより喧騒を"、"内容より見かけを"、"向上より堕落を"、"努力より怠惰を"、"趣味の良さより面白さを"、"継続より目新しさを"選択することである。商品としての情報の大量流通は、そのような選択によって初めて可能になるのである。

　このことは、美や品位、落ち着き、趣味の良さなどを実現することが、人にとっ

ていかに苦しいことかを物語っている。"小学校から外国語を始める"、"円周率を概ね3にする" などは、現実、内容、実践に対して仮想、見物、見かけを優位に置く風潮が、教育界にも蔓延していることを示している。母国語の修得の最も重要な時期に外国語などの邪魔ものが入ったのでは、ただでさえ怪しくなっている母国語を、現実と十分な対応をさせる経験も得られないことになる。円周率の3は、サークルカッター等を日常的に使っている子どもたちの経験とも、一致しない。

　情報化社会のこのような風潮は、言葉の教育に、言葉によって言葉を説明することで教えようとする傾向をもたらす。この、現実経験から遊離した言葉の教育が、メタ言語的教育[30]なのである。

　言葉、つまり人間の精神は、身体と分かつことのできないものなのである。具体的、現実的体験を身体性と呼ぶなら、言葉がその身体性を失えば、"情報選択の基準は自分の都合だけになり"、"受信能力は無駄な情報に占拠され"、"不要な対象を抱え込み"、"真偽・善悪・美醜の区分が怪しくなり"、"抽象と具象の境界が曖昧になり"、"現実感が失われ"、"自分の行動すらが現実感を失い"、その結果、"責任感が無くなり"、そして "現状に理由の無い不満を抱き続ける" ということにもなりかねない。

　言葉による情報が、経験を一層豊かにする間接経験となり得るのは、受信した言葉を、身体性を伴った経験によって補うことができた場合に限られる。言葉は、身体的相互性をもつ具体的経験において、身体性と分かち難い精神の領域に刻みこまれた時、初めて現実の実践と結び付くのである。

　日本とは、日本語であり、日本人であるとは、日本語を母語としている、ということである[31]。言葉の教育は、子どもたちが、我々先行世代及び我が国の歴史上の先人と連なるためのものなのである。ただ、毎日の今を、生きている間だけ、身体性から遊離した無内容なお喋りで過ごすためのものではない。今だけの言葉は、意図的に教える必要のまったくないものなのである。言葉は歴史的な文化遺産と連なってこそ、美しくも豊かにもなれるのである。言葉の教育を、そのような視点から検討する。

5　表現に不可欠な間

　小学校の音楽の教科書は、その内容が西欧の楽曲に著しく偏っており、しかも、

およそ十年で内容が一変してしまう[32]。これは、小学校の音楽教育が、自国の文化を蔑ろにすることを教え、しかも教えた内容は、どれほど長くても十年とは保たないということを意味している。

　この音楽教科書の内容からは、以下の三つのことが分かる。

　第一に、西洋音楽を無思慮に取り入れ、それを、日本人の歴史感覚や未だに多少は残っている生活感情と混在させ、自律のできない音楽文化を教えている。

　第二に、音楽文化や音楽美が、伝統、生活様式、行動の形式などの身体性を基盤に形象化されるということを、まったく考慮していない。

　第三に、音楽教育は、自国の音楽文化を継承していく活動であるが、その視点が皆無であり、未来も過去も切り捨てた、今にのみ生きる子どもに教育しようとしている。

　前項で、身体性を欠いた言葉の教育が有害でしかないことを述べた。歴史、文化の実体は、伝統であり、生活の様式であり、行動の形式であり、それらは、身体性に対する拘束として現実化するものなのである。そして、音楽表現を、具体的な美的形象とすることを可能にするのは、身体性を拘束する伝統であり、様式であり、形式なのである。上記の三点に共通するのは、我が国の音楽教育は、身体性に対する拘束、つまり我が国の歴史、文化をまったく考慮していないということである。

　言葉の豊かさ、美しさを保証するものが、過去の文化遺産、即ち伝統や様式、形式であり、言葉は、それらに拘束されて使用することで初めて、豊かにも、美しくもなる。新たな試みはさまざまに為されてよいし、また、為されるであろうが、しかし、そうした試みは、歴史の審判を経て伝統の一部となるまでは、慌てて評価する必要も子どもたちに教える必要もまったく無いものなのである。

　音楽とても同様である。先ず、父祖の歌のみならず既に亡き死者たちの歌をも、父祖や亡き祖先たちと共に歌うこと、そして未だ生まれぬ未来の人びとが我々と共に歌って呉れると信じること、このことが生きた伝統として音楽を豊かにするのである。過去を持たぬ者に未来は有り得ないのである。

　こうした歴史的拘束を拒否してしまえば、全ての行動は相対化する。身体性を拘束する何物も存在せず、美は、空論の中で変転し、恣意は無限に解き放たれ、やがてはそれが立ち居振る舞いにまで及ぶことになる。表現とは、時代を共にする人びとのみならず、既に亡き人びと、未だ生まれぬ人びととも、相互に作用しようとす

るものなのである。こうしたことは、美的表現の形象化無くしては不可能であり、その形象化は、伝統、様式、形式が身体性を拘束して初めて可能なのである。

　情動が優位である幼児は、反応の促進傾向が勝ってもいる。それを、子どもの有るべき姿だなどと言って、無思慮に肯定するから、音楽教育が、無秩序な反応をより促進しようとするのであろう。しかし、これまで述べて来たように、身体性の拘束という抑制無くして、表現をなすことは不可能なのである。したがって、初期の音楽教育では、何よりも"待つこと"、"間を取ること"など、即座の反応の抑制によって身体を拘束することが重要となるのである。そしてこの"待つこと"、"間を取ること"の教育は、同時に、幼児期に達成すべき最重要な課題である"衝動の抑制"の教育ともなる。

　公の資源、公の空間、公の関係、公の精神に対する、若者を始めとする現代人の手に負えない無作法の数々については、これまでの音楽教育も原因の一つとなっていたのかも知れない。人が、自分の身体性を意識するのは、身体に対する拘束によってである。本書の音楽教育を検討する視点は、そうした"間"であり、我々の伝統、様式、形式である。

6　表現と創造性、秩序と無秩序

　大方の美術教育は、ぬり絵を嫌う。これは、西欧近代に固有の、個人、個性、独創性の重視と無関係ではない。ぬり絵は型通りの作業だと決めつけたため、それをさせることが子どもを型にはめ、個性を損ない、自己表現を抑圧し、自由な創造性の発揮を妨げる、と考えたのであろう。

　表現教育において、個性、自己表現、創造性などを強調することが、何の成果も生まない[33]ことは、はっきりしている。さまざまな論が、"個性に応じた学習の場の保証"、"形がどうの、色がどうのという前に、自由な雰囲気で、自分の気持ちを自由に表現させる"、"その子らしい豊かなイメージ"、"一人ひとりの欲求や感情"などと繰り返す。しかし、個性を育てようとするなら、第一に、3歳から6歳までの間に出現する個人差を、生涯を通じての個性であると断定できなければならず、第二に、保育者は、幼児の段階で一人ひとりの個性を、少しの間違いもなく見抜けなければならない。しかし、そのどちらも、とてもできることではない。加えて、平等を希求し、少しの違いや順位付けにもおろおろとする今日の心性では、

個性の違いという強烈な差異を受け入れることは、到底できないであろう。

　個性の発揮は、当人に必ずしも充足した人生をもたらすものではない。止むに止まれぬ発揮が、悲惨な人生を招くことすらある。したがって、個性を発揮するか否かは、当人が勇気と覚悟をもって決意する問題であり、他者が容喙することではない。各自が決意するその日までに、子どもたちが我々自身の生活文化の型をどれほど背負うことができるか、教育は、このことだけを考えればよいのである。

　個性の発揮を安直に考えると、どの子どもの表現も、独創的、創造的だということになり、その意味での価値を有してしまう。しかし、子どもの行動は、洋の何処であろうと、何時の時代であろうと、表現としては児戯に決まっており、形無しなものでしかない。それを"素直で原初的な表出"、"自己表出による充足感"、"自己表現力の育成は今日的な課題"などと持ち上げてしまえば、自己は、生涯、その未熟な形無しの児戯のままということになる。

　いかなる表現も、相手を有する行為でああり、相手との関係の理解無しには効果の望めるものではない。その効果をより確かなものにするためには、膨大な知識や表現の型の修得と、技術の練磨が必要なのである。豊かな自己表現とは、受け手に与える効果の豊かさをいうのであり、伝統や生活文化の型を受け継ぎ、技術を練磨する以外にそれを可能にする方法はない。型や技術の拘束や守るべき基準を持たない個性など、どれほど集まろうとも、表現の場に統合される可能性は皆無であり、全てが相対化という出鱈目に終る他はない。そうであるから、そこでなされるあらゆる行為が、他者にとって何の意味もない"自分だけの価値"しか生み出せないのである。

　創造性についても、同様である。"創造的に表現"、"創造的・独創的な芸術表現を追求"、"創造的に取りくませる"、"創造性に関しては子どもたちの表出するものをまず認め"、"創造的で自発的な表現活動"など、表現教育の論は"創造"を際限なく繰り返す。

　しかし、創造性を意図的に教育するには、解決不可能ないくつかの問題がある。

　第一に、創造性は、社会ににとって無益、あるいは有害な方向にも、益と同様に発揮される。

　第二に、創造性は、自分と異なった創造性に対して不寛容であり、受容の側に回った場合の許容度は著しく狭くなる。

第三に、何より創造性は、個性、自己表現などと共に、秩序からの逸脱である。

　社会は、一つの有機体として機能している。当然そこには、要素間の関係の定まった秩序がある。社会の機能の大部分は、決まった手順を効率よく遂行することによっている。確かに、完全なる秩序が貫かれれば、なんの変化も無い、些細な不測の事態にも対処できない、衰退するだけの社会になる。秩序からの逸脱である創造性や個性は、再秩序化の可能性があるのであれば、何よりも独特であることをもって社会に活気をもたらし、社会秩序に対するさまざまな脅威に対処し得る可能性を有している。

　しかし、逸脱が再秩序化の限界を越えれば秩序は崩壊し、全てが逸脱となれば完全に無秩序となり、何物も存在し得なくなる。この逸脱を要求する教育が、全ての子どもたちに対して成功した場合には、その無秩序な社会を出現させることになるのである。逸脱は、再秩序化が可能な限りにおいてのみ、許容できるものなのである。そして、社会に安定して持続する秩序があって初めて、表現は豊かな効果を発揮するのである。

　ぬり絵を嫌う必要は、まったく無かったのである。それどころか、作業するに当たっての丁寧さ、道具の適切な使用、絵画表現の型などを身につけるのに、これほど適した教材も稀なのである。社会的行動であれ、美的行動であれ、表現は、何よりも先ず型の修得から始まる。そして、型通りに終ることより、"形無し"であること、"型の決まりが悪いこと"の方が、はるかに恥ずべきことなのである。型通りを、恐れることは、まったくないのである。

　それでも人は、誰でもが幾許かは個性的であり、創造的である。どう教育しようと、決して型通りにはならない[34]。鋳型に填めるなど、到底できることではないのである。時には、個性や創造性の発揮された結果が、再秩序化に長い時を要したり、あるいは再秩序化の限界を超えてしまったりする場合もある。そうした時は、勿論、発揮した個人が社会から大きな圧力を受けるか、あるいは排除されることになる。それと知りつつ、止むに止まれず発揮してしまうのが、個性であり、創造性であるのだ。

　絵画を中心とする美術教育を、上述した観点から検討する。

第 1 章 総 論

1 文部省の『幼稚園教育要領解説』－平成11年6月－（1999、フレーベル館）を参照
2 前掲の『幼稚園教育要領解説』を参照
3 姉崎洋一他の編集委員『解説教育六法』（2001、三省堂）による。
4 前掲の『解説教育六法』を参照
5 前掲の『解説教育六法』を参照
6 〈平成11年改訂〉『保育所保育指針』（1999、フレーベル館）を参照
7 前掲の『解説教育六法』を参照
8 一般にはこうした主張を自由保育と呼んでいる。自由という言葉に今日の日本が与えている価値が無条件に肯定的であるため、本書ではその使用を避けている。
9 特に断りが無い場合は"外部環境（物理的環境）"を指す。
10 個人の中に成立する、行動を誘導する"行動環境"を指す。「人間関係」、「環境」の章で詳述する。
11 保育者の主体的行動とは、本来の意味である保育者が選び、その結果に責任を負う行為のことである。
12 個人の中に成立する、行動を誘導する"心理的環境"を指す。この語については「人間関係」、「環境」の章で詳述する。
13 A. ポルトマン『人間はどこまで動物か』（1961、高木正孝訳、岩波新書）を参照
14 A. ゲゼル『狼にそだてられた子』（1967、生月雅子訳、家政教育社）、J.M. イタール『アヴェロンの野性児』（1969、古武弥正訳、牧書店）などを参照
15 J.F. オーベルラン（J.F.Oberlin、1740～1826）は、ルーテル派の牧師である。1779年に教区であったフランス北東部のバン・ド・ラ・ローシュに幼児学校を設立した。彼は戦争で疲弊した貧しい教区のために、農業の改良、道路の整備、工場の誘致などを行なった。学校は、そうした農村立て直しの一環として設立した。この学校は、幼児から、少年、大人までの三つの年代層が学ぶ構造をなしていた。大人では、婦人たちに家計を助けるものとして編み物を教え、幼児の保育には編み物の上手な婦人が当たったと言われている。そのため一般には「編み物学校」と呼ばれていた。彼のこの施設は、幼児に対する養護と教育の意義をきちんと認めているものであり、多くの人びとに引き継がれ、フランス各地に広まっていった。
16 R. オーエン（R.Owen、1771～1858）は、イギリスの社会改革運動家、協同組合活動の先駆者、仏のサン・シモン、フーリエと並んで三大空想的社会主義者と呼ばれる。徒弟からイギリス最大の紡績工場の支配人となり、1800年から、スコットランドのニュー・ラナークの紡績工場を経営した。1816年に同工場内に「性格形成学院」を設立した。この学院は、幼児学校、初級学校、成人学校のそれぞれ三つの部分からなり、労働者の幼児、児童及び成人を対象とする総合的な学校であった。彼は、わずかな保育料を徴収することで、この学校を慈善学校と区別した。教育に対する考え方は、発達に対する環境の影響を大きく見るものであった。ことに、生活経験、実物教育を強調し、集団的、協調的行動を重視した。家庭教育にはほとんど期待せず、できるだけ早期に集団教育施設で教育するのがよいと考えていた。このことは、産業革命によって当時の家庭の養護・教育の機能が以下に無残な状態であったかを示すものであるとも言えるであろう。著書は『性格形成論－社会についての新見解－』（1974、斎藤新治訳、明治図書出版）など。
17 F.W.A. フレーベル（F.W.A.Frobel、1782～1852）は、牧師の子としてチューリンゲン

で生まれた。生後すぐに母を失った。初め自然科学を中心に学んだが、偶然の機会からペスタロッチ主義の学校の教師になった。これが教育を生涯の仕事と定める契機となり、スイスを訪れペスタロッチに指示する。1939年にブランケンブルクに自己教授と自己教育とに導く直感教授の学園として幼児教育施設を設立、翌1940年に「一般ドイツ幼稚園」と命名。彼の幼児教育に付いての考え方は、母親の手による充実した家庭教育を理想とするものであった。そのためか、教育者は受動的な働きかけに止められ、「子どもの内にある本性」は、子どもの「自己活動を通して」発現され、その自己活動とは「遊ぶこと」であった。つまり、子どもは遊ぶことで発達すると考えていたのである。彼の考案する恩物には、最初に学んだ結晶についての知見が反映しているとも見られる。1851年、プロイセン政府は「幼稚園禁止令」を出し、彼は失意の内に没する。幼稚園は、ドイツより日本やアメリカに定着する。著書は『人間の教育上、下』(1964、荒井武訳、岩波文庫) など。

[18] J.A.コメンスキー (Jan Amos Komensky、ラテン読みでコメニウス、J.A.Comenius、1592～1670) は、チェコの宗教改革者、教育思想家である。モラビアの製粉業者の子どもとして生まれ、ドイツで神学を学び、フス派の僧職に付いた。三十年戦争 (1618～1648、ドイツを舞台とした最後の宗教戦争) でドイツに占領されたボヘミアから亡命し、生涯欧州を流浪する。世界の全ての男女が、同一言語による、階級差別のない、単線型学校制度において共通の普遍的知識を学ぶ必要を説き、その体系化と教育方法の追及を行なった。主著の『大教授学』(第1、第2、1962、明治図書出版) は、世界最初の体系的教育学概論書と言われている。

[19] R.J.ハヴィガースト『ハヴィガーストの発達課題と教育』(1997、児玉、飯塚訳、川島書店) を参照

[20] E.H.エリクソンの八つの発達段階とは、基本的信頼と不信、自律対恥と疑惑、自発性対罪悪感、勤勉対劣等感、同一性対役割の混乱、親密対孤独、生殖性対停滞、自我の統合対絶望である。『幼児期と社会』1、2 (1977、仁科弥生訳、みすず書房) を参照

[21] H.ゼードルマイヤー『中心の喪失』-危機に立つ近代芸術- (1965、石川、阿部訳、美術出版社) を参照

[22] 環境と言う語は、"心理的環境"または"行動環境"と断らない場合は、外部環境 (本書では物理的環境と呼んでいる) を指す。

[23] 外部環境 (物理的環境) である。

[24] たとえば、J.B.ワトソン『行動主義の心理学』(1974、安田一郎訳、河出書房新社) などを参照

[25] B.F.スキナーの『心理学的ユートピア』(1948、宇津木保訳、誠信書房) を参照

[26] E.O.ウイルソンの『人間の本性』(1980、岸由二訳、思索社) を参照

[27] デオキシリボ核酸 (deoxyribonucleic acid) の略。遺伝子の本体をなしている。

[28] 教育基本法第1条。前掲の『解説教育六法』を参照

[29] 中村恵一 (『エネルギーの心理学』、1977、一橋論叢第七十八巻第一号) は、人間の内面にあって刺激に対して反応する力を刺激反応性と呼び、意識と行動を秩序立てる性質を内的統制力と呼び、この二つの軸の大小による組み合わせからなる四つの位相で社会の移り変わりを説明しようとする。

[30] R.ヤーコブソンは、言語メッセージの機能を、認知的、情動的、命令的、交話的、メ

タ言語的、詩的、の6つの機能に分類し、それらが階層構造をなしているという。その中のメタ言語的機能とは、言葉を説明する言葉の機能である。『一般言語学』(1973、田村すゞこ訳、みすず書房)を参照

[31] シオランは『告白と呪咀』(1994、出口裕弘訳、紀伊国屋書店)の中で、国民とは国土ではなく国語の中に住まう者だと言っている。

[32] 桂博章、鈴木敏朗の共著になる『小学校の音楽教科書における日本と西欧』(1998、教育工学研究報告20 秋田大学教育学部附属教育工学センター pp.53-62)を参照。

[33] 桂博章、鈴木敏朗の『今日の音楽教育が忘れているもの』(1994、秋田大学教育学部教育工学研究報告第16号 pp.43-53)では、個性、自己表現、創造性を強調することが無益であるばかりでなく、むしろ有害であることを詳細に論じている。

[34] 子ども向けの書である、森銑三の『オランダ正月』(1978、冨山房)を見れば、封建的の一言で片付けられ、誰もが、型にはめられていたと思われている江戸時代に、どれほどの数の独創的な人物が現われたかが、分かる。しかも、ここに取り上げられているのは自然科学者だけであり、音楽、絵画、その他の分野を加えたら、江戸時代２６０年余りの間に、驚くべき多数の創造的人物が出現している。これを、個性、創造性の育成がかまびすしい今日の状況と比較してみる必要があるのではないか。

第2章 領域健康[1]

『要領』は、健康領域の目標を次のように述べている。「健康, 安全で幸福な生活のための基本的な生活習慣・態度を育て, 健全な心身の基礎を培うようにすること」。

第1節 健康の保育

1 健康の定義

健康領域の保育の方向性は、大半が、健康をいかに定義するかによって定まってしまう。しかし、健康を定義することは、易しいことではない。

就学前教育に限らず、我が国では一般に、世界保健機構 (WHO) の健康憲章[2] (Magna Carta for Health、1948) を援用することで健康の定義がなされている。したがって我が国の健康教育の大勢は、この提言による定義によって方向付けられているわけである。そのため、健康教育を考えるに当たっては、先ず、この定言の性格を検討する必要がある。

この憲章における健康観を、"私－公"の軸上に置いてみると、著しく"私"の側に偏っていることがわかる。たとえば、「人種、宗教、政治的な主義、経済的、あるいは、社会的状態に関わり無く」という強調が、多くの地域（国と言ってもよい）でその点を欠いている、と述べており、このような強調が、健康を損なう人工的要因が、世界の多くの地域に存在しているということを前提に提言が作成されたことを示している。それは、健康を損なう要因を作り出したり、放置したりしている、国家、権力に対する非難である。確かに、そうである場合は多い。しかし、少なくとも"私"と"公"を敵対的に対立させる考え方がその背後に見え隠れし、国際政治的な意図と、完全に無援な定義だとは思えないのである。

"私"の身体的、精神的、社会的に完全に良好な状態であることが、無条件で基本的人権であるというのであれば、提言は、それを保証する主体と方法について明かにすべきであろう。これだけでは、各地で"公"と対立している"私"への支援標語としかならない。つまり我が国には、これをそのまま援用するのは少なから

ぬ問題があるということなのである。

　もし、この提言を援用して我が国での健康を定義したなら、あらゆる身体的、精神的、社会的に良好でない状態が、個人の自己管理努力とは一切無援だと言うことにもなりかねない。このことは、同時に、我が国が、健康の保持や増進の叶わぬ不健康な社会だとほのめかしていることにもなる。この定言を鵜呑みにして健康教育を考えると、健康を、単なる"私"の幸福という観点からしか見られぬことになってしまう危険性があるのではないか。

　以下に、健康をどう考えるべきであるのかを、いくつかの視点から検討してみることにする。

2　宿命を肯定的に受容する

　遺伝的、年齢的、環境的[3]、運命的などの要因によって、心身は、時々刻々と変動する。しかし、生命は、その本質が"崩壊と再生"、"変動と選択"であり、そうした変動を避けられないことが宿命なのである。宿命は、このような、幼児の目にも明らかな"私"の体格、体力、機能の変動ばかりではない。人は、家庭的、地域的、地理・地勢的、社会的、文化的、文明的、歴史・時代的など、さまざまな宿命を背負って生まれてくるのであり、そして生きていくのである。こうした宿命を背負うことが、あたかも、人間存在の必要条件でもあるかのようである。したがって、背負った宿命を受入れる、さらに進んでより積極的に引き受けるなど、これらのことが無くして、健康な精神はあり得ないことになる。

　ほとんどの宿命的条件については、"それは誰の所為か"などと問うてみることで、たとえ幼児であっても、理解することが可能となる。そして、理解しさえすれば、幼児の心の暖かい側面が表に現れ、本人の責任ではない宿命的条件を、本人に先んじて肯定的に受け入れるようになる。周囲の本人に先んじての受容と支えに保育者の指導が相まって、やがては当人も、強い心で肯定的に受け入れることができるようになる。

　当人の受容が難しい宿命的条件は、少なくない。したがって、上記のような教育を欠くと、それらは、容易には受容できない。自分の宿命を受容できなければ、それを"私"一人に閉ざされたものとして呪い、嘆くことになる。そして、原因を他に求め、そこから逃れることこそが基本的人権だなどと思い込むようになるかも

知れない。これこそが、不健康な精神の典型であるように思える。

3　"公"の観念と"私"

　幼稚園教育要領[4]は、「基本的な生活習慣・態度を育て、健全な心身の基礎を培う」、「道徳性の芽生えを培う」などを、指導計画作成上の留意事項として上げている。この前者は、特定の文化集団の伝統、習俗、慣習から内的規範を育てることを意味し、後者はその文化集団の要求を受入れることを指している。

　倫理や道徳は、伝統の土壌に芽生え、習俗を栄養に育つものである。その伝統と習俗が属する"公"の観念を、"私"と拮抗させ、時には"私"を越えるものとしない限り倫理も道徳もあり得ず、教育要領の意図も実現しないことになる。

　しかし、'公'の観念は、そこに属することに誇りの持てる物語や、自分たちの歴史の共有無くしては、決して抱くことのできないものなのである。物語を持たない"公"は、ただ"私"の欲望を妨げるものでしかなく、"私"によって拒否されるだけである。そして、"公"と拮抗も葛藤もしない"私"の欲望は、決して充足することがない。それどころか、自分の実現している程度すらも自覚できない。

　過去を今につなぐ物語を持たず、過去が無い故に未来も無く、今だけを生きている、そのような"公"との葛藤の無い"私"に、命の大切さなど説きようがない。他者は、己の欲望の充足に有効か無効か、障害か踏み台かで測られるものでしかない。こうした精神が、健康である筈がない。

4　働くこと、手伝うこと

　子どもを子どもとしてではなく、一人の人間として対応する、ということがよく言われる。しかし、社会において一人前であるとは、生産者と消費者を兼備しているということである。商業主義が、一人前の消費者として子どもを持ち上げ、美辞麗句で飾り、彼らにどれ程迎合しようと、子どもは子どもでしかない。そして、子どもが、生産者としての未熟を自覚することなく育つところに、健康な精神などあり得よう筈がない。

　極性[5]の衰退は、あらゆるエネルギーの衰弱である。子どもが自分を一人前だと錯覚し、商業主義の煽てと迎合によってその錯覚を強化することは、発達へのエネルギーを衰退させ、目標となる手本を失わせることでしかない。これでは、子ども

が未来の自分の姿を思い描くなど、不可能である。そして、未来を描くことのできない精神が健康である筈はない。

現代文明が子どもたちの身体を動かさなくしている、とよく言われる。そうであるなら、さまざまな家事を相応に分担させ、手伝わせることで身体を動かさせればよい。その中で子どもたちは、生産者としての自分の未熟に気が付いていく筈である。未熟な生産者でしかない子どもをどうしても一人前だと言い張りたいのであれば、"一人前の子ども"として対応すればよい。もし、社会人として一人前であるなら、そんな子どもに教育の必要など無いではないか。

5 "私"的に過ぎる心身

健康が一人ひとりのものだとは、よく言われることである。そうであるなら、生命の尊重と生きることの意義とは、"私"の命を至上のものとすることになる。精神は、社会文化の中でこそ相対的独立を得、観念は、その相対的に独立した精神にのみ宿り得る。倫理がその観念に属することを考えるなら、自他の命の尊重が、"公"の観念無しにはあり得ないことは、議論の余地のない程に明らかである。

"一斉保育では、自発性や主体性が損なわれる"、"園児は、管理され、支配されるものではない"、"大人が与えた課題はその子の課題ではない"などの言葉[6]をしばしば耳にする。しかし、たとえ子どもであっても、解決を要するさまざまな歴史的、社会的課題を抱えているのである。一斉保育でこの課題を与えないのであれば、子どもたちはそれらの課題をいつ自覚し、どんな機会に解決するというのであろうか。そうした課題を解決し損ねてしまえば、その結果は"公"の観念とは無縁の、したがって倫理とも道徳とも無関係な人間に育っていくことになる。

抱くことが奨められる理想も観念に属するものであることを考えると、公と共に理想を失った今日の教育の低俗化していく理由が、理解できるように思える。心身共に健康な国民の育成[7]とは、"私"の恣意に対立する"公"の観念の育成であり、理想は、その"公"の観念を栄養に育つ。その理想こそが、若年者の潔癖性とエネルギーを醸成するのである。

心身を"私"に閉ざしてしまえば、"私"だけの命とそれを長らえさせる健康とが、無上のものとなる。それに対立するものには、いかなる手段を講じても許されるばかりか、それこそが正義だということにもなり兼ねない。その上、理想を欠い

た心身観は、潔癖性もエネルギーも醸成することがない。この状態を健康だとは、とても言うことができないであろう。

6 心理的環境—行動を誘導する環境—

　幼稚園教育要領にある「環境を通して行う教育」によるのであろう、幼児教育では環境を通した教育ということが強調される。しかし、物理的環境[8]には、改善や改変をすることのできない宿命的な要素も少なくない。したがって、ここからの教育的影響を大であると看做すことは、環境的宿命が、人間が時代の子であるという以上に発達を限界付けていることになる。

　幼児の健康教育では、運動遊びなどの遊びが強調される。しかし、子どもがどのように遊び、活動するかには、物理的環境も関与してはいるが、多くは、子どもたちの行動環境[9]がそうした活動を誘導するのである。宿命を肯定的に受け入れるということは、この行動環境を教育によって健康な方向に導き、物理的環境の宿命的限界を克服するということであるのだ。

　健康な心理的環境は、物理的環境に宿命的な不備があったとしても、それを克服しつつ成長、発達していくことを可能にする。"子どもたちの伸びようとする力を信じる"と言って指導を手控える教育主張の下では、子どもの立ち居振る舞いが劣悪であることが多い。このことは、大人の適切な指導無しには、心理的環境は姿勢を整える方向へすら育つことができない、ということを示している。

7 受容系と反応系

　健康教育は、体力作りを始めとして、一般に反応系の活動に傾き勝ちである。しかし、受容系を働かせることは、それと同様に、あるいは、それ以上に重要なこのなのである。健康教育の重要課題の一つである安全教育について考えれば、このことは簡単に理解できる。

　危険の多くは潜在しており、思わぬ事故の少なくないことから分かるように、その全てを防ぐことは不可能である。したがって、安全な生活のためには、子ども自身がそうした潜在的危険を逸速く察知しなければならない。しかし、外界を受容することや気付くこと、思い出すこと、注意すること、行動を調整することなどは、いずれも反応を抑制することで初めて可能になる[10]。そして、潜在的危険を察知

するのに必要なこの能力を保障するには、日常的な生活の不断の管理が不可欠なのである。道路に飛び出さないことも、廊下に飛び出さないことも、本質は同じ問題であり、日常的に"待つ"、"一旦止る"、"間を取る"などの行動の管理があって初めて、潜在的危険を察知する可能性が生ずるのである。

　こうした不断の教育、管理によって、子どもは日常的に自分の行動を調整するようになり、次第に"信号を守る"、"横断歩道で渡る"、"必ず左右を確認する"などの他者の言葉[11]が、子どもの行動調整に有効なものとなり、やがては、それらの言葉が自分自身の言葉ともなっていく。自分の言葉による行動調整であれ、他者の言葉による行動調整であれ、本質は同じである。他者の言葉による行動調整を抑圧だと忌避し、いつかは、子どもが自分身の言葉で全ての行動調整を行えるようになると期待するのは、空しいだけである。

　他者の言葉による行動調整を忌避する教育を受けてしまうと、子どもたちは、ただ自分自身の身に及ぶ危険を察知し得ないのみならず、異常な行動、他者に危害を及ぼす行動を抑制することすらも難しくなる。

8　文明の進展と健康

　健康教育では、文明の進展を反健康的だと捉らえ勝ちである。その点から体力作りの意義を説く場合すらある。確かに、人口の爆発的増加と資源の大量消費によるその枯渇、環境の汚染などは、既に注意信号の域を越えている。これに"私"の体力増進で対抗することは空しいと同時に、"私"の努力の強調が、悪環境における一種の自然選択を肯定することにもなりかねない。

　体力作りより環境の悪化傾向を抑え、幾らかでも改善していくことの方がより健康につながる、と考えるのであれば、先ず、進歩信仰、豊かさ、便利さへの欲望から自由にならなければならない。しかし、進歩信仰の中で自分達の伝統や習俗を足蹴にしてしまった我々が、その呪縛から逃れ得るとはとても考えられない。環境汚染とゴミ問題に悩まされながらもなお経済発展を願うところに、それが如実に現れている。

　これまでの進歩の原動力は、近代科学であった。この近代科学は、本質からして専門化、細分化を不可避の属性としている。そのような近代科学の特徴は、どうしても、多次元的、相互連関的な問題の思考が不得手な精神を形成してしまう。この

ことが、上記の矛盾に恐れを抱かぬ精神を形成してしまった原因の一つとなっているのではないか。

　即席食品、スナック菓子、清涼飲料水などの取り過ぎが、健康に有害であることは周知の事実である。しかし、"私"の欲望に忠実であれば、その摂取を止めることは不可能である。それは、ただそれだけではなく、さまざまな側面での進歩、豊かさ、便利さへの希求と関連している。したがって、それらへの希求から自由になることが真の体力作りなのであり、それを望むことこそが現代における倫理だと言えよう。孤立よりは連係、分析よりは総合、切断よりは連関、単純よりは複雑へ向かう精神[12]こそが、それを可能とするのではないか。

9　遊びと伝承

　幼児の健康教育で強調される遊びは、自然発生的に子ども集団が生まれ、その子ども集団が自発的に展開するようになるものを意味していることが多い。しかし、子どもは、生まれつきの傾向のままに群れるようになり、そこに一つの組織が生まれて集団となり、発生的傾向のままに遊び出し、その遊びを発展させて行くというわけではない。子どもが集団を形成するためには、歴史・社会的な一定の条件が必要であり、そうした条件が整って初めて遊ぶことができるのである。しかも、遊びの豊かさ、新たな遊びの創造などは、歴史的に代々取捨され、磨かれ、伝承されてきた遊びを受け継いで初めて可能になるのである。

　遊びとは、いわば一つの芸なのであり、遊ぶことは、その芸を表現することなのである。社会の移り変わりが激しく、しかも、人びとがその変転を望ましいものだと看做している風潮の中では、そのような芸や表現が安定して機能を発揮することは望めない。必然的に伝承が途絶え、過去が捨てられることになる。過去を捨てることは、未来において現在が捨てられるということであり、その結果は、未来への幻想にすがりながらも、現在の社会を肯定することすら難しくなる。

　伝承とは、過去を受け継ぐことによる現在の社会への信頼であり、その社会が、過去から未来への連続性を保持していて初めて可能になるのである。しかし、このことは、過去の全てを肯定して無批判に受容することではない。正すべきことは正し、捨てるべきものは捨てる、新たに加えるべきことは加えて、その上でなお、その精神の構えが過去を受け継ぐということなのである。

社会がその一員であることを誇れる物語を有する、そのような社会を信頼し、その伝統、習俗を共にする中で、さらに社会と己を肯定する物語を紡ぎ出していく、そうして初めて遊びは伝承され、その展開の中で倫理もまた育っていくのである。幼稚園・保育所も学級も一つの社会であり、そこでの細心の配慮による指導無くしては、遊びの伝承と展開は不可能なのである。日々なされるＴＶの宣伝でも明らかなように、現今の子どもの遊びは完全に大人主導であり、商業主義に組込まれてしまっている。こうした中で、自発的な遊びの伝承と展開を期待するのは、ただ空しいだけである。

10 領域健康の「ねらい」と「内容」

　健康については、具体的な定義を詳細に検討すればするほど、宿命的・運命的な事情によってその健康の定義から離れてしまうことが生ずる。その宿命的・運命的な事情はさまざまであり、生得的な場合もあれば、事故などのように運命的な場合もある。また、絶対に元に戻すことができないという意味で、運命的な宿命としか言いようのない事故の場合もある。それらのいずれの場合も、世界保健機構の言う「肉体的、精神的そして社会的に完全に良好な状態」とは、かけ離れてしまう。

　健康の定義にそのような提言を援用してしまえば、宿命的・運命的な事情でその定義から離れてしまった人びとを、不健康だと言わざるを得なくなる。しかし、健康は万人のものである筈であり、誰もが実現できるものでなければならない筈である。そうであるなら、そのようなさまざまな事情を背負った人びとをも含めて、全ての人が共に健康であることの可能な定義をなさなければならない。

　下記に要約して示すこれまで述べてきたことは、上記のような観点から検討したものである。

　① 人が背負っているさまざまな宿命を、肯定的に受容できること
　② "公－私"の緊張関係の中で、命の大切さが分かる
　③ 子どもは、自分が一人前の生産者としての社会人ではないことを自覚できる。未熟さを自覚するために、相応の手伝いをする
　④ 理想を抱く。"公－私"緊張の中から理想が生まれる
　⑤ 与えられた物理的環境の宿命的限界を超えられる行動環境を形成できる
　⑥ 反応系の抑制が可能で、反応系と受容系が均衡のとれた働きをする

⑦ 環境を悪化させる進歩、豊か、便利への欲望から自由になる
⑧ 過去を引き受け、現在を信頼し、伝統を後代に引き継ぐ

以下に、上記八点のそれぞれを、『要領』の領域健康の「ねらい」及び「内容」との対応を検討してみよう。

(1) ねらい1

「明るく伸び伸びと行動し、充実感を味わう」の達成は、①④⑧の実現いかんにかかっていると言えるであろう。

幼児でも、既にさまざまな宿命を背負っている。甘い親、いい加減な親、厳しい親、乱暴な親、片親、親不在等々、両親を考えただけでも、完全には克服し難い宿命を背負っておっている。その他、住居の条件、経済的条件、同居家族の条件、地域的条件など、幼児には解決不能な物理的環境の相違がさまざまに存在する。それらの中でも、両親の条件に加えて幼児自身の身体的条件は、行動環境の形成に大きな影響を与える。

こうした物理的環境条件の相違を、先ずは周囲が肯定的に受容することが重要である。周囲のそうした態度による励ましと、保育者の適切な指導が相まって、次第に、本人も自分の宿命的条件を肯定的に受容できるようになっていく。このことがあって初めて、明るく振る舞い、伸び伸びと行動することができるようになる。

明るく振る舞い、伸び伸びと行動し、闊達に表現するには、場がそれらを受けいれて呉れる必要がある。これら振る舞いや行動は、全てが表現であり、相手を有する行為である。この表現の送り手と受け手は一つの場を構成しており、全ての表現は、その場においてなされる。この場の構成員それぞれの対人距離[13]に相違がある場合に、その場は"公"となる。

対人距離の相違は、片思いを考えればわかるように"甲→乙"と"乙→甲"に違いがある場合も含むため、ほとんどの表現の場は"公"となる。そして、いかなる場であれ一つの場が構成されると、それがたとえ幼児の場合であろうとも、その場は構成員に一定の振る舞い方、表現の形式を求める。傍若無人とは、その要求に従わぬ振る舞いを意味している。したがって、場の要求と各自の"私"とは、必然的に葛藤を生ずることになる。この葛藤を引き受けることが"公ー私"の緊張と均衡を保つことである。つまり、傍若無人となる行為を抑制できない者が、明るく振る舞い、伸び伸びと行動することなど、絶対にあり得ないのである。

年長の子どもたちは、年少の子どもたちの手本である。3歳は4歳を、4歳は5歳を、それぞれ自分が発達する手本とするなら、自分自身が5歳になったとき自分が手本であることを自覚するであろう。明るく振る舞い、伸び伸びと行動するためには、いかに行為するかを心得ていることが必要である。いかに行為するかを教えられて知るのも一つの方法であるが、手本を真似る、手本から学ぶ、手本のようになりたいと背伸びしてみるなどは、それと同様に重要である[14]。手本を観察し、真似るとき子どもは、いかに振る舞うかを既に心得ており、自信を持って行為することができる。就学前教育の範囲で考えるなら、過去を受け継ぐとはこのことだと言ってよい。そして、年長者を真似たことが、より年少者に対して自分が手本とならなければならないことを、自覚させるのである。これが、伝統を後代に引き継ぐことなのである。

(2) ねらい2

「自分の体を十分に動かし、進んで運動しようとする」の達成には、⑤⑦及び前項「(1)ねらい1」で述べた⑧の実現いかんが大きく関係する。

環境を通しての教育を強調し過ぎると"不十分な物理的環境であるから不十分な教育しかできないのだ"という言い訳の出てくる可能性がある。園庭が狭い、北国である、都会の真ん中であるなど、運動意欲を減退させる条件は決して少なくない。

また、言われることがほとんどないのであるが、身体的条件は、受容せねばならぬ宿命であると同時に、当人に最も大きな影響を及ぼす重要な環境でもある。経験の質が、このような外部環境によって一義的に規定されるのであれば、進んで運動しようという精神的構えなど等しく実現することは不可能である。しかし、人が経験し、その人の行動を誘導するのは、外部環境の影響を受けながら彼の中に成立した内的環境とも言うべき心理的環境[15]なのである。そして、この心理的環境の成立に関してなら、教育は、相当に大きな影響を与えることができるのである。

たとえば"子どもは風の子"なども、世の大人の誰もが口々に言うのであれば、気温の低い季節であっても、運動を誘導する行動環境の形成にいくらかは役立つかも知れない。こうした議論を別にしても、進んで運動するのが行動環境の誘導によるものであることを考えれば、心理的環境のいかんがこのねらいの達成を左右することが理解できよう。

多くの小学生の尿から糖が検出された、という話しをよく聞く。健康に対する警告も、しばしば耳にする。これらの真偽はともかくも、幼児期からの糖分の大量摂取が健康に有害であることは、はっきりしている。この糖分の大量摂取は、必ずしも飲食したいという欲求によって生ずるわけではない。

たとえば、以下のような状況は、ごく当たり前のことになってしまっている。幼稚園の入園に際しては、必ず"給食はあるか"との問い合わせがある。給食を望む理由をいろいろと言うが、要は"弁当を作るのが面倒臭い"ということなのである。お茶を入れるのすら面倒だと言う親も少なくない。糖分の大量摂取は、自販機に硬貨を投入するということだけで済ませようとする、手間を惜しむ怠惰な精神がさせることなのである。親子の情愛とても、育児の手間を惜しんだのでは深まることは望めない。多くの人は"可愛いから可愛がるのだ"と思い込んでいるであろう。しかし、これは"可愛がるから可愛くなる"と逆に考えた方が真実に近いのである。

(3) ねらい3

「健康、安全な生活に必要な習慣や態度を身に付ける」は、②③⑥⑧が満たされて初めて、十分に達成する可能性が生ずる。

女子学生への質問で、彼女たちが、緊急事態に際し、命懸けで家族を守って呉れるような男性を結婚相手に望んでいることがわかった。このことは、自分がどう感じるかは別として、理屈では、自分の命より大切なものがあると考えていることを示している。さらに、その家族を守るその男性の健康と命が、自分同様に大切だと言うのである。もし、命や健康がまったくの個人のものであれば、他人は、それを侵害さえしなければよいのであって、尊重しなければならない理由はまったく無いことになる。結局は、他者から尊重されない健康や命など、自分でもそれ程尊重することができなくなってしまうのではないか。そこにあるのは、ただ失うことの恐怖だけということにもなり兼ねない。他者の命や健康を大切に思い、尊重するためには、それを"公―私"の軸に位置付ける必要があるのだ。

健康を保持、増進し、安全に生活するために必要な行為は、山のようにある。それらを習慣化し、格別の注意を払うこと無く日々実行できるようにするためには、多くの保育者が嫌う弛まぬ訓練が必要なのである。歯を磨く、食物をよく噛む、早寝早起きをする、規則正しく食事をするなど、このうちのどれ一つであれ、欠かさ

ず実行するには、成人でもその都度の非常な決心を要する。まして、これらを特別の決心なしに実行できるように習慣化しようとするなら、相当の根気をもって繰り返し訓練しなければならない。

　幼児が自分を一人前だと錯覚してしまえば、そうした訓練は決して受入れない。それどころか、自分の未熟さに気がつかなくとも、訓練は受入れないものである。したがって、さまざまな機会を捉えては、親や保育者という大人と幼児との差がかけ離れて大きいことを、子どもたちに知らせる必要がある。これは、主に手伝いを通して行うのだが、これには、身体を動かさせるというもう一つの効果もある。

　受容系を機能させるためには、反応系を抑制しなければならない。つまり、確かめるためには、止まらなければならないのだ。揺れているぶらんこの側によって怪我をする、廊下を走って出会い頭にぶつかる、これらはいずれも、反応系だけが機能した結果だと考えることができる。反射的に避ける、機敏に回避するなど、危険から逃れるために反応系を強調するのが普通のようであるが、しかし、健康で安全な生活のためには、事前に危険を察知する、危険の可能性を感じ取るなどの、受容系の活動による危険の回避がより重要である。機敏な反射は、受容系を十分に働かせることができるようになって後、改めて訓練する問題である。廊下に出るとき、水道で手をあらうとき、狭いところを通るとき等々、あらゆる機会を捉えては反応を一時抑制し、十分に確かめるようにさせることが必要である。

(4) 内容との関連

　内容1の「先生や友達と触れ合い、安定感をもって行動する」ためには、子どもの中に⑤の望ましい行動環境を成立させることが大切である。

　内容2の「いろいろな遊びの中で十分に体を動かす」ためには、⑧を実現することによって、子どもたちが多くの遊びを、その楽しさと共に受け継ぐことが重要である。

　内容3は「進んで戸外で遊ぶ」である。このためには、何より手間を惜しまぬ精神が必要である。機会を見つけては⑦を実現しようとするのは、一に怠惰を克服するためである。さらに、属する集団の価値を内化することなくして、寒さ暑さや手間を嫌う怠惰を克服することはできない。これが④である。

　内容4の「様々な活動に親しみ、楽しんで取り組む」の実現には、⑤による得手不得手の克服がなければならない。勿論、年長を手本とし年少の手本となること

も、④や⑦による怠惰の克服も重要である。

　近年、幼稚園・保育所、小学校のみならず、中学校でも、運動会から個人に順位を付ける競技を取り止める傾向が見られる。そればかりではなく、団体で競う競技すら追放してしまった例がある。運動会が戸外の園遊会になったわけである。言い分は"順位を付けると子どもの心に傷がつく"、"負けると莫迦にされる"などであり、中には"いじめの理由になる"、"順位を付けるのは人権侵害だ"などという訳のわからないものもあった。教師自身が"勝つことに価値があり、負けることは劣等を意味する"と信じ込んでいるらしいのである。

　これは価値観の問題であり、喜んで参加し、勝ち負けにこだわらず一所懸命競技することで、運動会を明るく楽しく活気溢れるものにする、このことに最も価値があるのだ、と教えることが大切なのである。この結果、運動会は、関係の無い見物人までも巻き込む活気溢れるものとなり、子どもに忘れることのできない貴重な経験を与えるのみならず、親子の交流の経験ともなる。これができない無能で怠惰な保育者だけが、順位付けを避けるのであろう。物理的環境の限界を超える行動環境とは、運動会における順位さえ超えることのできる心理的環境であるのだ。

　内容5の「健康な生活のリズムを身に付ける」は、実現が非常に困難な課題である。子ども自身が夜更かしをし、TVの視聴が長時間に及び、そのことが生活のリズムを乱すというだけではなく、親の夜遊び、カラオケ、外食による飲食が子連れでなされるなどで、およそ生活のリズムなどというものが存在しなくなるという事態も生じている。そして、こうした状況が、一部の特殊な親だけのものだとは言えなくなっているのである。早朝の3時まで3歳児を連れ回して遊ぶ母親に"早寝をさせてほしい"と保育者が頼んだところ、"だって遊びたいんですもの"と逆に噛みつかれたという例もある。

　これ等は、就学前教育施設の努力ではいかんともし難い、子どもにとってまさに宿命としか言いようのない事態であるが、それでもなお、未熟な自分を知らせ、健康な大人になるためには規則正しい生活が必要であることを教え、せめて子どもだけでも夜遊びせずに就寝するよう導く他ない。③の大切な所以である。

　内容6は「身の回りを清潔にし、衣服の着脱、食事、排泄など生活に必要な活動を自分でする」である。身の回りの清潔は、周囲を快くすることに気が付くことが大切である。②や④の"公ー私"の問題はこのことも意味している。また、食事

などの自分自身に関する事柄は、集団生活では他者との比較が問題となる。保育者は、過度に手を出さず、慌てず、根気よく、丁寧に、一人ひとりの速さに合わせて導くことで、比較の結果を受け入れることができるようにする。①は、そうした意味もある。

　内容7の「幼稚園における生活の仕方を知り、自分たちで生活の場を整える」には、②④⑥⑧が深く関係している。幼稚園・保育所での生活は"公"の場での生活であり、そこにおける行為のほとんどは"公"の表現である。この場における価値を内化するためには、手本を観察し、自分も手本となることが必要である。

　またこの場は、子どもたちに振る舞い方や表現の形式を要求する。それを心得ることが「幼稚園における生活の仕方を知」ることであり、「自分たちで生活の場」は、場に求められたやり方に従って整えるのである。そのため、"私"の恣意は、どうしても抑制する必要がある。しかし、現在の場の要求にはその場に固有の要求も含まれており、そうした物理的環境の制約を超えることのできる行動環境を成立させることも大切である。

　内容8は「自分の健康に関心をもち、病気の予防などに必要な活動を進んで行う」である。このことに②④の"公－私"の関係が重要であることは、ねらいとの関係の中で既に述べた。健康も命も、決して"私"だけのものではないことは、繰り返し伝える必要がある。極端に言えば、それを、何か崇高な目的のために捧げる可能性を視野に入れているからこそ、一人の命が万人にとって大切なものとなるのである。

　内容9は「危険な場所、危険な遊び方、災害時などの行動の仕方が分かり、安全に気を付けて行動する」である。このためには、⑥の反応系の抑制がが大切なことは、言うまでもないであろう。反応系と受容系が均衡のとれた働きが、この課題の達成を可能にするのである。

第2節　健康の発達段階

　身体の発達については、既に幾多の参考書が存在しており、それらのほとんどが容易に入手できる。また、一般に体育遊びなどと呼ばれるさまざまな活動の例を紹介する参考書も、多数出版されている。本節においては、前項までに検討した趣旨

に添った、健康観の発達について述べる。

1 "公"も"私"も無い段階

生後から2歳前位まで。

生後からしばらくの間の子どもは、主たる養育者と一体であり、その情緒に同調し、その行為を自分のもののように知覚していく。この時期に十分に可愛がられることのなかった子どもは、自分を肯定的に受け入れることが困難になる。

可愛がるとは、愛情の表現を具体的な行為で示すことである。子どもが、自分は可愛がられ、受入れられていると感じることで、主たる養育者から不安無く離れていくことができるようになる。そうした"私"を芽生えさせるためには、子どもの発生的論理に従った行動を養育者に対する表現と解し、清潔、授乳、睡眠、抱く、接触などで応答していくことが重要である。

生後半年程が過ぎると、活動時と休止時の機能が次第に大きく分化し始める。活動時に、あやす、抱く、話しかける、ものを目で追わせるなどの働きかけをし、子どもをよく活動させることが、休止時の機能をより活発にする。このことが、睡眠と覚醒のよいリズムを作ることになる。

一年近く経つと、盛んに動き回るようになる。この時期、外界の事物を口で確かめようとするため、保護と安全には十分な注意が必要である。離乳は焦らず、離乳食はその後の嗜好を支配するため、望ましい嗜好を目指して選択するべきである。

"子どもを愛せない母親"などという奇妙なことが言われ出し、そうした題名の書までが刊行されたりしている。この言葉からは、次の二つのことが察せられる。

その1つは、母親が、子どもを産みさえすれば愛せるものだと思い込んでいるらしい、ということである。

二つ目は、世間の人びとが、母親が自分の子どもを愛するのは当然だと思い込んでいるらしい、ということである。

次のことは今後も随所で繰り返すことになるのだが、我が子への愛も学習しなければならないと考える方が、真実に近いのである。そうであるからこそ、育児の仕方が、習俗として代々伝えられてきたのである。その仕方に従って育児を行うことが可愛がることであり、そして、可愛がるからこそ可愛くなるのである。

近年の保育が犯した間違いの中で、上記の誤解は、子どもたちに最も悲惨な結果

を招くことになってしまった誤りである。

2 "私"の芽生え

生後3年目前位から。

この頃から、養育者と家族の関係を間接的に取り込みつつ、家族集団を他から分化していく。子どもは、最初から家族の一人ひとりと直接的な関係を結ぶわけではなく、主たる養育者と家族個々との関係を自分との関係として、間接的に関係を結んでいくのである。この家族の構成員が求心性を有しており、さらに、家族一人ひとりが子どもに肯定的に接すると、子どもは、次第に個々の家族と直接的な関係を結ぶようになり、やがて、家族的生活圏[16]という行為の場でもある家族集団の求める振る舞いを受入れるようになっていく。この家族的生活圏という場は、子どもに芽生えて来た"私"と最初に葛藤を引き起こす"公"であり、この場の求める振る舞いを内化していくことが、倫理の基礎となり、道徳を受入れる土台ともなっていく。

発達的には情動優位であり、家族の情緒的雰囲気には非常に敏感である。子どもの要求が通らなかった場合に生ずる嫌悪、怒りなどの不快感情の抑制、家族共通の振る舞いによる行動調整などは、十分可愛がられているなら、それほど大きな精神的負担なく可能になる。これら家族の場の要求を子どもに対して行うのは、基本的に主たる養育者の役割であり、他の成員による要求が過度になると、受入れを拒否したり、意固地、天の邪鬼になったりする危険性が生じたりもする。その結果、倫理や道徳性の土台を損なう心配が出てくる。

しかし、子どもの情動的起伏に振り回され、甘やかすのは禁物である。たとえ家族集団という内々であっても、そこでの振る舞いに適、不適があるということを教えないと、以後の人間関係に大きな齟齬が生じる心配がある。

安全に関しては、迷子になり易いので注意を要する。

3 "公"の芽生え

幼稚園・保育所の年少。

幼稚園・保育所に入園することによって、少しずつ家族集団と社会的集団[17]の分化が生じて来るが、それぞれの集団の内部構造は未分化であり、両方の集団の求

める振る舞いの違いについての区分も曖昧である。したがって、一人の担任が、主たる養育者と同様に可愛がり、肯定的に受入れていくことが大切である。場における適切な振る舞い、基本的生活習慣、保健衛生、安全への配慮などは、学級などの所属集団の価値であるが、可愛がることを土台にして、担任の要求として伝えていかなければならない。

　共同教授（ティーム・ティーチング）などということが言われ、複数の教師が一つの子ども集団の教育に当たるなどということも出てきた。しかし、3歳児の教育では、主たる担任を特定の一人に定めておくことが非常に重要なのである。上にも述べたように、3歳児は、場における適切な振る舞いを自分と特別の関係にある大人の要求として受入れるのである。

　この段階の子どもに対する保育では、基本的生活習慣の未熟さから非常に多くの援助が必要となる。そのためもあって、複数の保育者を配することがごく通常に行われているが、そうした時でも、可愛がり、要求し、評価する主たる担任を特定の一人に定めておくことが望ましい。外部の作用に対する子どもの注意を分散させず、気持ちを安定させることになる。

　しかし、この段階の子どもは、所属集団や担任の要求などのような外部の作用に比して、子ども自身の心理的条件がはるかに優位であり、そうした外部の要求を自分の価値とすることは、容易には為し得ない。そうした"公"の価値といえる外部の作用を子ども個々が受入れていくためには、可愛がった上での担任の適切な評価が重要である。評価の大部分は、子どもが適切に振る舞ったときにする肯定的なものであり、それが日常的に積み重ねられていくことで、子どもは、次第にそれらの要求によって自分の行動を調整するようになる。そして、少しずつ、学級の一員たる自覚が芽生えてくる。

　子ども同士が有機的に関連する遊びの活発な展開は、学級のさまざまな価値を共有し、それによって子ども一人ひとりが行動調整を為し得ない限り、不可能なのである。したがって、子ども同士が有機的に関連する遊びは非常に難しく、保育者があせって遊ばせようとしても定着しない場合が多い。

　何日か持続して集団で遊ぶようになったら、少しずつ新しい遊びを教えていく。この新たな遊びを教えることを、保育者は遊び事としてはならない。その中に含まれるさまざまな規則は、学級集団の要求であり、子ども一人ひとりがそれを弁える

ことは、遊びの豊かな展開の条件であり、倫理、道徳の土台ともなるのである。
　この頃になると、学級や家庭で、可能な手伝いをさせることが大切となる。

4 "公－私"の葛藤の芽生え
　幼稚園・保育所の年中。
　異なった場、あるいは新たな集団では、これまでとは違った振る舞いが必要であることを、いくらかは察知することができるようになる。そのため、自分が場の要求に答えられるか否かという新たな不安が生じてくる。この不安を抱きながらも活動し、やがて克服、解消していくことを可能にするのは、一人の担任の十分な愛情表現なのである。
　学級という場の子どもに対する要求も、担任がこの愛情表現を土台にはっきりと求め、子どもの行動結果に対しては明確に評価する。この積み重ねで子どもは、次第に自分の心理的条件を制御できるようになっていく。そのことと同時に、集団の内部の構成員一人ひとりに対する"好き－嫌い"、"親－疎"などが、次第に分化、構造化し始める。
　構成員個々との"好き－嫌い"、"親－疎"という"私"の心理的条件と、学級という場の要求との間では、必然的に葛藤が生ずる。この構造化し始めた心理的条件に対して、保育者が"みんな仲良し"を唯一の価値として提示してしまうことは、"好き－嫌い"や"親－疎"を構造化した子どもの心を否定し、構成員個々に対する多様な感じ方を抑え、心の構造を平板に単純化してしまうことになる。抑えられたにもかかわらず、子どもの心には"好き－嫌い"、"親－疎"が残り、この感情処理ができないために子どもは、多様な集団の要求に応ずることが非常に困難になるか、あるいは不可能になったりする。
　場に適切な振る舞いを可能にするのは、子どもの心理的条件の否定によるのではなく、それを肯定した上に"公"の価値を受け入れ、その両者の緊張関係に子どもが堪えていくことによるのである。
　幼稚園・保育所は一つの"公"の場である。その幼稚園・保育所という"公"場の要求は、保育者によって知らされたり、具体的な葛藤を通じて知ったりしていくが、中でも、同じ幼稚園・保育所という場の年長の子どもたちから知らされるとき、その受け入れが最も容易になる。また、自分自身が年少者の手本になろうとす

ることは、その価値を内化するための強力な動機となる。遊びも、この緊張関係があって初めて、豊かな展開の可能性が生ずるのである。

　基本的生活習慣はほぼ身に付けることができるが、安全、ことに潜在的危険を察知し行動を抑制することは、未だに不十分である。そのため、子どもたちの行動には十分注意を払わなければならず、家庭や幼稚園・保育所において、不断に"待つ"、"間を取る"などの教育を行う必要がある。

5 "公―私"の分化と葛藤

　幼稚園・保育所における年長。

　集団内部ばかりではなく、年中少の組を含む幼稚園・保育所全体の集団同士の関係も、次第に構造化し始る。そして、幼稚園・保育所全体の中での自分の位置も、少しずつはっきりしてくる。このことは、自分の所属する集団に「依存的でありつつも自律的である」ところの主観[18]が芽生えてくることでもある。その結果、自分や自分が所属する集団に対する外部からの評価にも気付くようになり、その評価の内容いかんが、子どもの心理的条件に大きく作用することになる。これらのことは、愛や誇り、憎しみや劣等感などの感情が、この時期に分化し始めるということを示している。

　社会性とは、自分が所属する集団の求める価値を受け入れることである。このことは、必然的に"私"の価値と葛藤を生じる。社会性とは、その緊張に堪えることでもある。したがって、所属する集団に誇りをもつことができなければ、集団の価値を受け入れることは非常に難しくなる。誇り無しに社会性は育たず、社会性無しには倫理も道徳も有り得ないということなのである。

　この誇りを抱くのに不可欠なものが、自分と自分が所属する集団についての物語である。「自分にとってはほとんど全であり」ながら「宇宙にとってはほとんど無である」主観[19]は、私に始まり、学級、幼稚園・保育所、我が家、我らが地域、そして将来は日本に至る、これらそれぞれの物語の支えなくしては安定し得ないのである。その物語は、必ずしも事実そのものではなく、その意味では神話[20]だとも言える。倫理や道徳とは"私"の行動傾向に反しても"公"の要求に従って行為することであり、必然的に少なからぬ緊張となる。この緊張に耐えさせるのが、そうした神話なのである。この"公―私"の緊張関係に耐えるための上記の過程

が、健康の諸側面を"公"の価値としていくのである。

6　健康観も個性化する

　5歳から7歳頃までは、自分を外部の価値基準に合わせようとする傾向のある時期だと言える。8歳～10歳位の頃は、個性化へ進む過程であり、その前の時期の要素と後の青年期の要素が混在する一種の混乱期であり、発達の壁とも言える時期である。したがって、基本的な社会性は、外部の価値基準を比較的受け入れ易い幼稚園・保育所の年長の時期に身につけておかないと、それ以後にさまざまな問題を引き起こすことになる。学級や学校崩壊と言われる現象も、一年生問題も、学習困難児の問題も、主要な原因は、過去五十年にわたる、幼児教育及び小学校低学年の教育に関するこの点の誤解にあると言ってもよい。

　今、再び5歳就学の動きが出てきているが、これが実現したら、国旗、国歌に対する態度を見るだけで明らかなように、教育は取り返しのつかないことになる。6歳までに基本的な社会性を身につけさせるには、競争原理の働く幼稚園の教育を改め、それに頼るのが最も効果的である。

　10歳を過ぎる頃からは、周囲を自分に合わせようとする傾向が現れてくる。しかし、外部世界もそこでの価値基準も、当然子どもの思い通りには動かない。したがって、その時期までに十分な社会性が身についていないと、外部世界との折り合いがつけられなくなってしまう危険がある。

　この外部世界と折り合いのつかないのは、その子どもの個性でも何でもなく、ただ、それまでの周囲の教育的環境が、十分な社会性を身につける機会を与えなかったというだけのことなのである。近頃は、学習困難児についても不登校児についても"そういう（個性の）子どもなのだということを理解して下さい"などという言い方が流行のようである。これは"教育に失敗したのではなく、その子がそういう子どもだったのですよ"という、教育の失敗の責任逃れをする言い訳に利用され易い、非常に危険な考え方でもある。

　個性化傾向が現れる10歳以降の時期は、さまざまな方法で、多くの場合、規則や慣習に反する行為をもって、周囲に自分をぶつけて抵抗しようとする。しかし、通常は、自分らしくあろうとしながらも、次第に、現実と折り合いをつけていくものである。健康観も、こうした傾向に従って次第に個性化していく。このことは、

個性化の一つの表れである飲酒や喫煙の習慣、食事にどの程度気を使うか、睡眠時間、生活の規則性、運動に対する考え方、そして最も大きな問題である、自分の人生を"公"のためにどの程度費やす覚悟をしているかなど、これらに対する態度の違いを見ても明らかである。

7　育児について

　近年、出産、育児などは甚だ面倒なことであり、生きがいや幸福の追及、自己実現の障害になるばかりで、何一つ人生の足しにならないと、それを拒否する男女が増えてきた。その一つの表れが、出生率の異常な低下である。1990年代の初頭には、特殊出生率[21]が 1.57 にまで低下し、政府による回復のためのさまざまな対策がとられることとなった。

　しかし、それらの対策の全てが、たとえば幼稚園の関係では、1994年からの地域に開かれた幼稚園づくり推進事業における"子育て井戸端会議"の場の提供、"預かり保育の推進"などのように、育児の手間を省くことに向けられており、ただでさえ開いてきた親子の距離を、かえってより遠避ける働きをすることになった。

　自己実現も幸福や生きがいの追及も、そして個性の発揮も、結構なことに違いない。しかし、それだけを言い募り、自己犠牲や抑制、あるいは全体への奉仕といった対立価値を欠いたままの教育を行い続けていけば、誰もが、子孫さえ考慮に入れず、自分の生は自分のためだけにある、と思い込むようになるのは当然の成り行きである。その結果、人の生は、他者にとって何の意味も持つことができなくなってしまう。子を産み育てることは、他者の生のために自分の生を費やすことである。そうであれば、忌避する者が増えてくるのは当然の結果であろう。

　生きがいも自己実現も幸福の追及も、人生における何等かの価値の実現を目指したものであるのだが、その価値が、自分一身の快に関連するものだけとなってしまったのである。自分にとって価値有るものは"私"に属するものだけ、ということなのである。出産も育児も過去から未来へ連なる行為であり、その意味では伝統を受け継ぎ、歴史を未来へつなげていく"公"の行為である。これに価値を与え、社会がその意義を称え、精神的にも支援して初めて、出産と育児が、己の生を費やすに値するものとなるのである。いかなる対策を講じようと、"公"に価値を与えることが無ければ、1.39 から 1.37、1.34 と下がってきた出生率が、回復すること

はないのではないか。
　育児に勝るいかなる社会的活動があるかについて、もう一度考えてみる必要があるのではないか。

第3節　健康の教育課程[22]

　「健康な心と体を育て，自ら健康で安全な生活をつくり出す力を養う」ことによって、章の初めに上げた「目標」を達成するために教育課程を編成する。しかし、健康領域だけを孤立させないためには、他領域の「目標」である「人への愛情や信頼感」を土台に「自立と協同」や「道徳性の芽生え」、「自然など」に対する「豊かな心情や思考力」、「喜んで話したり、聞いたりする態度」、「豊かな感性を育て」ることなども、忘れてはならない。
　以下に、健康領域の教育課程を示すが、運動や遊びについては、多くの書が溢れており、ここでは「健康な心と体を育て、自ら健康で安全な生活をつくり出す力を養う」ことを中心に、上記が「総合的に達成されるよう」(『要領』) 配慮しつつ、前項で列挙した問題点の立場から、編成の基本となる骨格を示すこととする。
　各項の終りに示した [ ] 内の"＃"の付いた数字は、関連するの健康領域の「ねらい」、「内容」(『要領』) の項目の番号を示している。

1　3歳児
(1) 肯定的に受入れる
　学級に配属された子どもを、保育者が抱くなどして先ず受入れ、子ども同士お互いを受容する集団を形成していく。何より、保育者が一人ひとりを肯定的に受容することが大切。[＃1]
　① 椅子を円形に配置して、子ども一人ひとりの場所を定めて固定し、腰かける（以後、この隊形を"丸集合"と呼ぶ）。保育者もその輪の1つの椅子に腰かける。それぞれ自分の場所を覚えさせ、順に一人ずつ受入れていることを伝えていく
　② 保育者の一方の隣から呼び寄せ、順に遊ばせ歌を行い遊ぶ。一人の遊戯が終ったら子どもを抱き（抱き上げる必要はない）、"大好きだよ"などと耳元

に小声で受入れていることを伝える。大声では信頼性が薄まるので、小声が大切である。
(2) 間を取ること
　間を取ること、待つこと、止まることは、焦らず、しかし、先伸ばしすることなく、全員ができるようになるまで根気よく指導する。[#9]
　① 一人ひとりの子どもに順番に働きかけている時、その他の子どもは、その交渉を見ながら静かに待っているようにする。
　② 遊ぶ時以外は、万事、ゆっくりと行動させる。ことに、場面や活動内容などを切り換えるときは、落ち着いて静かに動くことが大切である。
　③ 椅子に腰掛けているとき、足が床に付いて止まっていることが大切。少しずつ実現するように、しつこくならない程度に常に子どもたちに居それを求めていく。
(3) 表現形式
　学級という1つの"公"である場は、さまざまな表現の形式や振る舞い方が決まっており、それに従うことを構成員に求めている。これらは、重要なものから順に、保育者がはっきりと要求していくことが大切である。[#1,6,7]
　① 他の子どもに、決して腕力を用いないこと
　② 渇き、排泄など、子どもが自分から要求できるようにする
　③ 食事の支度、食べ方、後始末など、保育者が手助けをしながら、子どもが自分でできるように、十分に余裕をもって指導していく。一定年齢を過ぎると、身についた食事の仕方はなかなか変えられないので、どの子どもも美しい食べ方ができるよう根気よく教えることが大切。
　④ 食後の歯磨きや普段の含嗽が望ましい習慣となるように指導する
(4) 態度形成
　他者と共に生活する場合の態度を形成する。[#6]
　① 衣服の着脱、靴の脱ぎ履き、身支度、片付け、手洗いなど、急がせないでゆっくりと待ってやりながら、自分でできるように教えていく。ことに、自分で気を付けるようになることが大切で、きちんとしていることは美しいことであることを知らせていく
　② 良い姿勢、良い振る舞いなど、美しい立ち居振る舞いの基準を示してやる

ことも、忘れてはならない
(5) 学級の行動環境
　学級の行動環境ともいうべき雰囲気を暖かいものにする。[#1、2]
　① 笑顔で挨拶することを教える。２０世紀後半の我が国の教育は、利にならぬ形式を貶め、粗末にすることであったようだ。しかし、笑顔での挨拶は、それを受けた者ばかりか、送った者の心をも暖かく、明るくするものである
　② この年代の子どもに失敗は付き物である。失敗を責めないで、ゆっくりとやり直しをさせる
(6) 遊べる条件
　落ち着いて遊べる条件を整える。友達との有機的関連で十分に体を動かすためには、外的条件を整備することも大切であるが、子ども一人ひとりの振る舞い方を整えることは、より重要である。[#1,2,3,4,9]
　① 玩具や遊具を横合いから奪わない、腕力を振るわないなど、子どもの振る舞いを遊べるように整える
　② 初めは室内が中心であるが、園内探検、園内の散歩など、次第にできるだけ外で遊ぶようにする
　③ 固定遊具は、危険、規則、使い方をしっかり教え、初めは保育者が付いて使わせる。その後もよく注意していなければならない
　④ 保育者が中心になって遊びながら、少しずつ集団での遊びを教え、展開するようにしていく
(7) 手伝い
　さまざまな機会を捉えては、手伝いをさせることが大切である。子どもの常になすべき仕事を決めておくことも重要。[#6,7]
　① 少しずつ、学級の仕事を手伝わせる
　② 家庭でも、手伝うようにさせる。家庭での手伝いでは、子どものできる仕事を定めておくことが大切である
(8) 学級の価値
　家庭での望ましい生活習慣であっても、子どもたちに共通の学級の価値として、保育者が中心になって要求していくことが大切である。[#5,8]
　① 食物、お八つの種類を、学級の価値として教える

② 就寝、起床、挨拶、手洗い、洗面、ＴＶの視聴などの家庭での生活習慣なども、学級の価値として教える
(9) 避難訓練
　避難訓練は、入園後できるだけ早くに行う必要がある。ゆっくりと、保育者の指示によって行動することが大切である。[＃9]

2　4歳児
　3歳児の課程は、4歳でも重要である。丸集合は、卒園まで継続する。
(1) 肯定的に受入れる
　保育者は、子どもを自分が肯定的に受容するだけでなく、子どもたちも肯定的に受入れるよう、学級集団の価値観を形成していく。[＃1]
　① 3歳入園の子どもに対しては、担任が変った場合、3歳の時担任であった保育者と仲が良いことを伝える
　② 子どもの行動に対する善悪を、保育者の快不快の評価としてはっきり伝える。
(2) 間を取ること
　間を取ること、待つこと、安全を確認することは、必ず定着させる。椅子に腰かけた場合、両足が床にぴったり付いて動かないことが重要。[＃9]
　① 場所を移動するときなどは、保育者が先頭になって、静かに、ゆっくりと歩いていく
　② 話すことより、よく聞くことが、先ず重要である。人の話しを聞くときには、話し手を見て、ゆったりと落ち着いて聞く
　③ 火の危険について話し、しっかりと禁止事項を伝える
(3) 表現形式
　学級という場の要求ばかりではなく、幼稚園・保育所という場の要求も理解するようになる。必要な振る舞い方、表現の形式は、きちんと伝える。[＃1,6,7]
　① 生活上の要求を緊張せずに、しかも野放図でなく出せるようにし、排泄など安心してゆっくりできるようにする
　② いかなる場合でも、参加の態度を整えることは重要だが、交通安全など、特別の指導がある場合は、はしゃぎ勝ちになるので、とくに気を付けて参加の

態度を整える。
(4) 態度形成
　他者と共に生活する場合のみならず、電車の中など同一の空間に居る場合にも、他者に気を使うことが重要であり、それを振る舞いに反映させる。[#6]
　① 良い姿勢、美しい振る舞いの基準を示し、それらが日常生活場面に現われたら、必ず賞める
　② 清涼飲料水、菓子類に対する態度を、しっかり身に付けさせる。三度の食事をきちんと摂るようにさせ、良く噛んで、何でも食べるようにする（食物アレルギーには十分気を付ける）
　③ 困っている友達や年少の子どもの手助けをする
　④ 身支度の定着、用便後の始末など、園での日常生活の十分な自立を図る

(5) 学級の行動環境
　集団全体を一つの人格と看做せば、そこにも、構成員の行動を方向付ける行動環境とも言うべき雰囲気が成立する。この学級の行動環境を、どのようなものにするかは、教育の成否を左右する問題である。[#1,2]
　① 人間関係を調整するさまざまな言葉、挨拶、表情、振る舞いなどをしっかりと身に付けさせ、互いに笑顔で接する、暖かい、明るい雰囲気を作る
　② 運動会などの行事へ向けて参加の態度を整え、期待感を高める。子どもたちの最も大切な人びとを観客に迎えての行事では、4歳児の秋頃にもなると、その人びとに喜んでもらうことが一番の願いとなる。そのことを確認させた上で、運動会ごっこなどせずにきちんと練習を重ね、一所懸命参加させることが肝要である

(6) 遊べる条件
　伸び伸び遊べるための条件では、この年齢になると、一層、一人ひとりの振る舞い方が重要になってくる。[#1,2,3,4,9]
　① 外で走ったりすることからから始める。終わりには、あまりきちんとでなくてよいが、一応整列する
　② 活動と休息の均衡をとることが大切で、休憩すべき時が自分でも判断できるように仕向け、また、寒暖の調整なども自分でできるようにしていく
　③ 危険については、とくに、繰り返し知らせる

④　集団が有機的に展開する遊びを教え、初めは保育者主導で遊んでいても、少しずつ子ども主導に移していく
⑤　遊びが楽しく継続することは、その子どもの人生での重要な成功であり、その喜びを、共通の表現形式にしたがって表現し、全員で喜ぶことが大切
⑥　縄跳びなど、個人の技術を要する遊びも加えていく。互いに教え合う、一所懸命練習するなどを、評価することを忘れない

(7) 手伝い
　機会を捉えては手伝いをさせる。身支度など個人的な事柄、あるいは遊びの中で生ずる事柄などのように、まったく子どもだけの問題であることを除けば、あくまでも手伝いであることが肝心。[#6,7]
①　学級の片付け、整理整頓、掃除など、保育者と一緒に手伝う
②　順番にする当番活動では、仕事の内容に十分気を付ける

(8) 学級の価値
　家庭での生活習慣を要求する場合であっても、それを学級という"公"の場の価値として、子どもに要求していく。[#5,8]
①　幼稚園における挨拶に加えて、お早うございます、行って参ります、ただ今、お帰りなさい、頂きます、ごちそうさま、おやすみなさいなど、家族関係の言葉を、明るい調子と笑顔で言うことを教える
②　意固地になる、ひねくれる、へそを曲げる、ねだる、だだをこねる、めそめそするなどを、学級の負の価値として教える
③　家庭でも、自分のことは自分でするように。この頃では、着替えまで母親が世話を焼いているという例がしばしば見られる。
④　外で遊ぶ場合の注意をしっかりする。他家を訪問する場合の注意、ことにしばしば訪れる、長時間にわたる、過度な飲食をする、同一の家にばかり行くなどのことがないよう、十分に知らせる。水ののみ過ぎ、寝冷え、風邪など、季節の生活指導も忘れない

(9) 避難訓練
　避難訓練では、保育者の指示に従ててきぱきと行動する。この支持に従うことは、避難訓練の場合だけに行ってもできることではない。ここにも、保育者の積極的指導の必要がはっきり示されている。[#9]

3　5歳児

　4歳までの課程が実現していることを前提としている。たとえ3歳段階のものであっても、それが実現していない場合には、その課程を加えて行う必要がある。丸集合は、卒園まで継続する。ことに、共通の価値を知らせる場合は、丸集合でなければならず、ゆったりと落ち着き、間をとって話す。

(1) 肯定的に受入れる

　子どもの肯定的な受容は、たとえ、担任が持ち上がりであっても忘れてはならない。ことに、この年齢では、学級の行動環境が、個々の行動を方向付ける傾向が強いので、子どもたちの受容的か拒否的かの態度は、その行動環境をどう組織するかにかかっている。[#1]

① 担任が、印象的な自己紹介をすることは非常に大切である。ことに、嗜好品ではない好物や家族の話しは"保育者－子ども"の距離を近づけるのに大変に有効である。3、4歳児の時の担任と保育者と仲良しであることを伝えることも忘れたはならない

② 年中少の子どもたちの手本であることを自覚させる。転園児などがある場合には、手助けをする。また、同級生と同一集団の構成員であることを自覚して、対人距離の遠近いかんにかかわらず、学級という"公"に適った振る舞いで付き合う

③ 個々に宿命的な属性は、自分の所為ではないことを徹底的に理解させ、本人にさきがけて先ず、周囲が肯定的に受入れる

(2) 間を取ること

　学習困難児のほとんどは、この時期に社会性を育て損なったためだと考えられる。間を取ること、待つこと、行動を制御できること、止まれることなどは、危険の察知と回避、安全にばかりではなく、社会性を育てる上でも不可欠の土台なのである。[#9]

① 自分の行動の動機やその経過を、できるだけ自覚的にしていく

② 言葉による行動調整を、よりしっかりさせ、洗練させる

③ 潜在的危険を察知できるように導き、冒険と無謀の区別をはっきりとわからせるようにする

(3) 表現形式

　揉め事などが、ひどく暴力的になることがあるので注意する。学級の要求は、一人ひとりの存在が皆の喜びになることが中心である。[＃1,6,7]

　① 身体測定などを期に、身体、心、命の大切さを学級の価値とする。一人ひとりの存在が皆の喜びであれば、誰のものでも大切であることを実感できる
　② 幼稚園・保育所全体に目を配れるようにする。他学級の保育者の名前を知るなどで、次第に目を配れるようになる
　③ 学級、年長全体、幼稚園・保育所全体、地域などの"公"の行事や儀式の意味を知らせ、参加の仕方を整える

(4) 態度形成

　外見で人を判断するのは、悪であるように言われる。しかし、これは、宿命的な属性の場合に限られるのであって、人は、先ず、外見で判断され、評価されるのであり、他者は、外見以外の部分を受け取ることはできない。外見は、他者には表現だと受け取られるため、それをもって人格を判断されて当然なのである。この重要さは、このことの理解があって初めて、良い生活態度の形成が可能になると言ってもよい程である。[＃6]

　① 各種行事に向けての心構え、ことに、年少者の手本となる自覚が必要。健康管理なども、自分から進んでしようとする態度を形成する
　② 寒暑、疲労などを自分で判断し、衣服の調節や行動の調節を自分一人でできるようにする
　③ 手足の爪や髪の毛などを含めて、身支度をきちんと整える
　④ きちんとした生活のリズムは、子どもたち一人ひとりがそれを価値と心得る学級全体の価値となるように導く
　⑤ ３０分以上の比較的長い時間、しっかり話しを聞ける。保育者の話しの内容と話し方には十分の注意が必要
　⑥ 自分の振る舞いが他者にどう受け取られているかを、わからせていく。とくに、他者の快不快の感情との関係を察することができるようにする

(5) 学級の行動環境

　この年代からしばらくは、比較的心の有り様に捕われることなく、外の世界を体制化して把握し、自分の振る舞いや表現をそれに合わせようとする傾向が見られる。

したがって、安定して良い振る舞いをするためには、学級の雰囲気をどう作るかが非常に重要となる。[♯1,2]
① 天候などの理由で外に出られないときの室内での過ごし方を、しっかりと弁えさせる。大きな音、大声、落ち着かない立ち居振る舞いなどが、他者の非常な迷惑になることを教える
② 参観者のあるさまざまな行事では、行事と参観者の関係を理解させ、全員が一致協力して全力を尽くすように導く
③ 経験した出来事、共有する対象についての自分の考え、生活上の要求などを、臆せずに話せる

(6) 遊べる条件

有機的で楽しい関係の展開には、幼稚園・保育所という"公"の場が求める振る舞い方、表現の形式が、十分に一人ひとりのものになることが必要である。遊べる条件を整える第一は、このことである。[♯1,2,3,4,9]
① 年長であっても、先ずは、保育者と遊ぶことから始める
② 縄跳びなど"私"の技術を要する遊びを、みんなでやってみる
③ 短い距離を全力で走る。ことに、運動をする場合の態度が重要である
④ 素速く整列する
⑤ 踊り、リレー、遊戯など一つの"公"である関係の遊びでは、個々の勝手な行動が抑制できる
⑥ 水や火に関わる危険、規則などを自覚させる
⑦ 鉄棒その他"私"の体力や技術を要する遊びを、少しずつ増やしていく
⑧ 子どもたちが複雑に役割分担をする遊びを導入していく
⑨ できるなら、球技などを入れてもよい

(7) 手伝い

機会を捉えては手伝いをさせる。仕事は、次第に増え、内容も複雑になっていくが、やはり、あくまでも手伝いであることが肝要。[♯6,7]
① 年少者の世話などを含めた手伝い
② 草とりなどの、園全体の仕事の手伝い

(8) 学級の価値

家庭での生活は、幼稚園・保育所と無関係ではない。乱れた生活の子どもは、家

庭における良い生活習慣を、学級や幼稚園・保育所という"公"の価値として共有することを妨げる。そのため、家庭でのことであっても、幼稚園・保育所の"公"の価値として要求して行くことが必要なのである。［#5,8］
① 生活のリズムを自覚的に守る
② お礼、お願い、挨拶など、複雑な人間関係の言葉を、適切に心地好く使う
③ 日常生活に自分で気を配れる
④ 家庭での手伝いを積極的にする

(9) 避難訓練

避難訓練など、参加の態度を整える。このことは、不断の指導なしには実現しない。

4　幼児期の身体発達

本節の終わりに、幼児期の身体発達の特徴と、健康領域の展開に当たって留意すべき点に触れる。

身体は、上部から下部へ、そして中心部から末端部へと発達していく。

上部の中心である脳の量では、3歳初めには60〜70％程度であり、幼稚園・保育所終了時には90％程度に達する。神経系の機能としては、受容系から反応系へと発達するため、受容系を働かせるための衝動の抑制が、幼児教育の最重要の課題となる。

全身で見ると、幼稚園・保育所終了時に成人の40％程度に達する。

身体機能では、心肺は比較的早く発達するものの、エネルギーの十分な補給には血液量が不足気味である。そのため、終始身体を動かすことで血液を循環させようとする。呼吸も十分とはいえないため、長時間の運動は不適である。

運動機能では、敏捷性、回転能、平衡能などが先行して発達する。幼稚園・保育所終了時では、疲れ難いとはいえ、筋肉が細く、筋力も十分とは言えないので、次段階以降に発達する筋力、持久力を要する運動は、完全に不適である。

疾病などに対する保護機能は、十分に発達している。しかし、環境の変化に対する自己調整能力が低いため、過信してはならない。

これら身体とその機能の十分な発達には、適切な運動負荷が必要である。この運動負荷無しであると、骨格が歪んだりもすることもある。

上記を総合すると、
① 感覚系と反応系の協応活動
② 活動−休止の循環リズムのある運動
③ 個々の体力に合わせて自分で休止がとれる活動
④ 敏捷性、瞬発性、回転能、平衡能などを要する活動
⑤ 他者との協応、協調を要する集団での活動

などが適していると言える。

このような活動を毎日の適正な運動量で行うことによって、相補的[23]である活動時の身体機能と休止時の食欲や排泄、睡眠などの身体機能の双方が、それぞれ活発に働くようになる。

---

[1] 鈴木敏朗の『健康観の発達と教育課程』(1999、教育実践研究紀要第21号、秋田大学教育文化学部附属教育実践研究指導センター、pp.31-41)に参照した文献を上げて論じている。

[2] Health is a state of complete physical, mental and social well-being and not merely the absence of disease or infirmity. The enjoyment of the highest attainable standard of health is one of the fundamental rights of very human being without of race, religion, political belief, economic or social condition.
　健康とは、身体的、精神的、かつ、社会的に完全に良好な状態であり、単に病気、あるいは、疾患が無いということではない。健康の最高の達成された標準の享受は、人種、宗教、政治的な主義、経済的、あるいは、社会的状態に関わり無く、人間の基本的人権の1つである。

[3] 風土的、あるいは文明的、社会的、地域的環境が、考えられる。それらの全てが宿命的だ、という訳ではない。

[4] 文部省の刊行した『幼稚園教育要領解説』(1998、フレーベル館)による

[5] 電気の＋極と−極を考えれば、分かり易いであろう。＋がより＋であり、−がより−であり、その差が大きいとき、エネルギーも大きくなる。ここでは、子どもの極と大人の極の差を考えている。子どもがより子どもであり、大人がより大人であるとき、成長発達と生きるエネルギーは、より大きくなる。

[6] 注に保育あるいは教育に関する書を上げることはほとんどないが、目を通したその分野の書の多くは、こうした言葉に満ち満ちている。

[7] 教育基本法第1条

[8] 客観的に外部に存在し、第三者に説明可能な環境を呼ぶ。

[9] さまざまな場において、自分がどのように行動するかを方向付けている、総合的な心の状態を、行動環境、あるいは、心理的環境と呼ぶ。詳しくは、環境の章に述べてある。

[10] 受容系と反応系を、同時に働かせることはできない。外界を知覚するためには、一時

的に反応を抑制する必要がある。
¹¹ こうした言葉が，子どもの中に自然に生じることはない。
¹² E.モランの『複雑性とは何か』(1990、古田幸男、中村典子訳、法政大学出版局) を参照
¹³ 対人距離については，領域人間関係の項で詳しく述べる。
¹⁴ 言葉の章のA.Bandura (1925〜) の観察学習に関する注を参照。
¹⁵ 鈴木敏朗の『環境（心理的）の発達と教育課程』(1998、教育工学研究報告第20号、秋田大学教育学部附属教育実践研究指導センター、pp.77-90) に、物理的環境と心理的環境について詳述している。
¹⁶ 環境の章の生活圏に関する注を参照
¹⁷ 家族的生活圏と社会的生活圏の分化であり，詳細は環境の章で述べている。
¹⁸ E.モランの前掲書を参照
¹⁹ E.モランの前掲書を参照
²⁰ J.キャンベル、B.モイヤーズの『神話の力』(1992、飛田茂雄訳、早川書房) を参照
²¹ 一人の女性が生涯に産む子どもの数をいう。
²² 『要領』の領域健康
　1　ねらい
　(1) 明るく伸び伸びと行動し，充実感を味わう。
　(2) 自分の体を十分に動かし，進んで運動しようとする。
　(3) 健康，安全な生活に必要な習慣や態度を身に付ける。
　2　内　容
　(1) 先生や友達と触れ合い，安定感をもって行動する。
　(2) いろいろな遊びの中で十分に体を動かす。
　(3) 進んで戸外で遊ぶ。
　(4) 様々な活動に親しみ，楽しんで取り組む。
　(5) 健康な生活のリズムを身に付ける。
　(6) 身の回りを清潔にし，衣服の着脱，食事，排泄など生活に必要な活動を自分でする
　(7) 幼稚園における生活の仕方を知り，自分たちで生活の場を整える。
　(8) 自分の健康に関心をもち，病気の予防などに必要な活動を進んで行う。
　(9) 危険な場所，危険な遊び方，災害時などの行動の仕方が分かり，安全に気を付けて行動する。
　3　内容の取扱い
　　上記の取扱いに当たっては，次の事項に留意する必要がある。
　(1) 心と体の健康は，相互に密接な関連があるものであることを踏まえ，幼児が教師や他の幼児との温かい触れ合いの中で自己の存在感や充実感を味わうことなどを基盤として，しなやかな心と体の発達を促すこと。
　(2) 様々な遊びの中で，幼児が興味や関心，能力に応じて全身を使って活動することにより，体を動かす楽しさを味わい，安全についての構えを身に付け，自分の体を大切にしようとする気持ちが育つようにすること。
　(3) 自然の中で伸び伸びと体を動かして遊ぶことにより，体の諸機能の発達が促されることに留意し，幼児の興味や関心が戸外にも向くようにすること。その際，幼児の動線に配慮した園庭や遊具の配置などを工夫すること。

(4) 基本的な生活習慣の形成に当たっては，幼児の自立心を育て，幼児が他の幼児とかかわりながら主体的な活動を展開する中で，生活に必要な習慣を身に付けるようにすること。

[23] 自律神経の内、活動時に働く交感神経と、休止時に働く副交感神経は相補的であり、活動が不十分であると、休止時の働きも不十分となる。

第3章　領域人間関係[1]

『要領』は、健康領域の目標を以下のように述べている。「人への愛情や信頼感を育て，自立と協同の態度及び道徳性の芽生えを培うようにすること」。

第1節　対人距離の多様さは暗黙の了解

1　人間関係と対人距離

　人間関係は、全ての発達の源泉だと言える。『要領』の領域別に見た場合でも、たとえば言葉では、幼児教育に対する考え方の違い、あるいは方法の相違が、言葉の生成[2]に大きな影響を与えることがわかっており、ことに、子ども同士を中心とする人間関係の分化と発展に対する考え方の相違は、言語教育に意を用いたか否かに比して、言葉の発達にはるかに大きな影響を与える。とりわけ、言葉と現実の結びつきについては、決定的とも言える影響を与える[3]。

　幼児教育に限らず、初期育児においても、人間関係は、言葉の生成に非常に重要な役割を果す。たとえば、より多様な言語標本を提示する育児と比べて、言語標本の提示について何の意図も持たずに、あやす、あるいは抱いて軽くゆするといった接触と共に、一語繰り返しの調子の良い言葉を発話するなどの、母子関係の親密さ、多様さを実現している育児の方が、語調がより明瞭で、豊かな言語を生成する場合が多い[4]。

　表現領域の音楽や美術の発達にも、人間関係は大きな影響を与える。人間関係の豊さ無しには、音楽の充分な発達が望めず[5]、美術の発達においても、その根底に良好な人間関係が必須である[6]。

　「精神間操作を精神内操作に[7]」、あるいは「はじめは二人の人間の間で分割されていた機能が、後には人間行動の内的機能になる[8]」などの言葉が示すように、人間関係は、精神発達の源泉そのものなのである。精神の働きは、精神内の相互交渉であり、その源が精神間の伝え合い[9]、つまり人間関係なのである。

　ＩＴ（information technology）革命あるいはさらに高度な情報化などのかけ声が楽天的に叫ばれ、大勢の人びとが、仮想世界における模擬行為（simulation）が

現実体験を代替すると本気で思い込むなど、この現実の人間関係の重要性に関しては、必ずしも社会的合意が得られているわけではない。加えて、精神発達に果たす役割についても、一定した見解を得ることが困難であるように思われる。

合意や一定の見解の得られない理由の一つとして、人間関係を具体的に検討する適切な方法がなかなか得られないため、人間関係との関連の中で発達を捉えることがなかなか難しいということがあったと考えられる。この点に解決のいとぐちを与えて呉れたものが、精神的な対人距離の研究[10]である。この研究を利用することで、具体的、かつ詳細な人間関係の検討が可能となる。

そればかりではなく、この精神的な距離の研究は、さまざまな対象世界[11]との関係の解明にも、成果を上げている。このことはまた、以下のことの具体的検討にも有効である可能性がある。

人間関係は、自分と同じ時間を共に生きている人びととの関係に止まるものではない。既に亡き人びとや、まだ誕生せぬ人びととの関係にまで及ぶものである。最早存在しない既に亡き人びととの関係など考えられないというのであれば、同じ理由で、まだ存在しない子孫との関係も、考えることができないことになる。そして、将来誕生してくるであろう子孫を視野に入れることができないのであれば、環境問題の解決など、とてもできるものではない。

既に亡き過去の人びとと断絶することは、必然的に未来を失うことである。そうであるから、後に述べる音楽教育について、その必須である理由が、父祖と共に歌うことにあるのである。精神的な対人距離を利用することで、そうした、存在しない人びととの関係をも、実証的に検討することが可能となる。

2　対人距離の多様性

人間関係は、多様性と構造を有した人的環境であり、一人ひとりに特徴的な環境でもある。これを、対人距離の問題として考えるなら、以下のように言うことができる。

(1) 時間的多様性

　親しい、好意を持っている、愛情を感じているなど、これらの感情を抱いている対象への対人距離は、より小さくなる[12]。反対に、疎遠である、悪意を持っている、憎んでいるなど、こうした悪感情を抱いている対象への対人距離は、より大き

くなる。しかし、依存している、恩義を感じているなどの場合は、必ずしも安定した距離を保つわけではない。自立への願いや借りを背負いたくない気持ちなどとの葛藤で、不安定になることも多い。

また、基本的には好意を持っていると言える相手に対しても、必ずしも対人距離は常時一定というわけではない。場の状況や精神状態の影響もあって、相手に対する気持ちは時によって異なり、対人距離は少なからず動揺する。たとえば、親しい友人同士、親子、兄弟のような関係であっても、常に一定であるとは限らないのである。

しかし、時どきに対人距離が動揺するままに振る舞い、感情のままに表現していたのでは、他者との有益な交渉など望めない。その時点では、自分の奥底に隠れてしまった相手への基本的な思いで時どきの動揺を克服しなければならない。そうすることによって、この時間的に変化する距離の多様性が、関係の洗練と豊かさにつながるのである。

(2) 対人的多様性

我々の生活の中心は、さまざまなな場においてなされる表現行動であると言うこともできる。それらの場のほとんどは、構成員を自分で選ぶことができない場である。我々の振る舞いは、そのどれかの場において多様な相互交渉を行う中で洗練されていく。

子どもにとって学級は、そうした与えられた場の一つである。子どもが親を選べないように、我々の対人的環境のほとんどが、自分で選ぶことのできない与えられたものなのである。したがって、一人ひとりの他の構成員に対する対人関係は、質的に一様ではないのである。

つまり、どの一人であっても、他の構成員全員に一様に同じ好意を抱くということは、起こり得ないのである。ある構成員には他の誰に対するよりも好意を持ち、別の構成員を嫌っているなどということは、ごく普通にあることなのである。そうであるからこそ、そこが"公"の性格を持った場なのである。その"公"である場の要求する振る舞いや表現形式と、個々の多様な対人距離に従った感情とが葛藤を起こすが故に、対人距離の多様性が振る舞いや表現の洗練と豊かさにつながるのである。

近頃では"公"と言うとすぐ"国家"を考えるようだ。勿論"国家"は"公"

である。しかし、"公"は国家に限ったものではない。対人距離の多様な人びとが集まり構成する表現行動の場は、さまざまな程度において"公"なのである。したがって我々は、日常的に、さまざまな"公"の場で表現行動しているのである。しかし、特定の信念などによって集った集団では、構成員間の対人距離は多様化し難いため、なかなか"公"の性格を帯びることが難しく、その中では、振る舞いや表現の洗練と豊かさが身に付き難い。

(3) 対集団的多様性

たとえ、与えられたものであっても、対人的環境が一つの表現行動の場として成立すると、我々は、それを一つのまとまりと捉えるようになり、その表現行動の場である集団が、我々の自我の一部にまでなる。その集団としてのまとまりは、他集団との関係が生じた場合により強固になり、一つの集団が単独で表現行動の場を構成している場合には、相対的に弱いものとなる。このことは、何事であれ競う場合を考えて見れば、容易に理解できる。我が国の代表が他国の代表と競技している場合には、我が国というまとまりは強固になり、国内で競う場合のまとまりは、県であったり、市町村であったり、学校であったりするであろう。最も小さな自分というまとまりが強固になったとしたら、対人的環境に不適応だということになる。

他集団と無関係に単独で表現行動の場を構成している場合には、その集団と場の求める振る舞いや表現の形式が強い束縛と感じられ、疎ましくなったりすることもある。さまざまな他集団に対する精神的距離はそれぞれであるが、総じてその距離が近い場合には、今属している集団のまとまりがより弱く、自分の属する集団のまとまりが強固になるにつれて他集団への距離は遠くなる。

また、人は、一つの集団にのみ所属している訳ではない。通常は、家族を初めとするさまざまな集団に属しており、それらの集団の間にも距離の遠近がある。

以上の、さまざまな集団に対する距離も、個人に対する距離同様、状況や精神の状態、今現在どの集団を表現行動の場にしているかなどによって、その時どきに変化する。

3 人間関係の意味するもの

このような、"個-個"、"個-さまざまな個"、"個-家族、幼稚園・保育所、学級、近隣などの集団"などにおける対人距離の多様性と、それらが作り出す豊か

な構造が、変化に富んだ感情体験をもたらし、そうした体験によって感情が分化、発達していくのである。

　しかし、教育が、この対人距離の多様性と複雑な構造が人間関係の本来だという点に、理解を欠いている場合が少なくない。そればかりか、"皆仲良し"、あるいは"皆友達"などの一言で"子ども－子ども"の関係を平板化して片付け、ある程度の規模の集団において必然的に生じる"個－成員個々"における対人距離の多様性を、見ようとしない場合さえある。

　ことに幼児期は、発達的に情動優位の段階であり、まだそれほど複雑でないとはいえ、その対人距離の多様性や構造を体験することで、感情の分化発達を図らなければならない時期である。"子ども－子ども"関係を"皆仲良し"の一言で平板なものにしてしまえば、感情を分化、発達させる豊かな体験を奪うことにもなる。このように人間関係を単純化する傾向は、程度に差こそあれ、幼稚園・保育所、小学校のみならず、中学高校の教育でも見ることができる。

　人間関係を単純化しさえすれば、誰もが一様に"皆仲良し"になるわけではない。単純化によって消し去ることができないで残ってしまった多様な対人距離の処理が、不可能になるだけなのである。その結果、面倒な人間関係は最遠距離に拒否し、付き合いを面倒な手数を要さない最近距離に限るという、対人距離の二極分化が生ずることになる。近年、職場の人間関係を理由に就職をためらったり、職に就いても人間関係を理由にすぐ離職してしまったりすることが増えているように思える。そうした人びとは、一様に、人間関係が自分に優しくないという。つまり、職場の上司、先輩、あるいは管理者が、家族間や学生間での振る舞いそのままである自分の行動を認め、それを肯定し、優しく接して呉れることを期待しているのである。ここに、対人距離を単純化してしまった結果、馴れ馴れしい近距離と、事務的であるだけで拒絶と感じてしまう最遠距離に、二極分化してしまった様子を窺うことができる。

　人間関係は、本来、多様性と構造を有するものなのである。たまたま学級という同一集団に属したというだけで、その成員間の距離が"皆仲良し"の等距離に一様化するなど、あり得ないことである。人間関係の真の豊かさは、対人距離の多様性を、暗黙の了解とした上にこそ有るのだ。

　ここまで、対人距離の多様性について述べてきたが、その時間的多様性は、発達

するにしたがって次第に恒常的になっていく。これは社会的な発達であり、対人的振る舞いが、その時どきの状況や精神の状態にそれほど影響されなくなったということである。この発達を為させるのが、場が求める振る舞いや表現形式によって、自分の衝動的な行動を抑制できるようになることである。人間関係の教育の眼目はこの点にあるのであり、幼児教育の意義の過半もまた、この衝動性の抑制にあるのである。そして、この衝動の抑制は、心がけの問題ではなく、身体性と形式の問題なのである。行動の形式によって自分の身体を束縛して初めて、衝動の抑制が叶うのである。

4　自我と生活圏

　野性児[13]やタマラ、カマラ[14]の例を出すまでもなく、人間関係は、人の発達をうながす最も重要かつ主要な環境である。適応の一つの条件が、環境と欲求の均衡だと考えるなら、社会通念から逸脱した諸行動も、人間関係という環境と個の欲求の不均衡によるものだと考えられる。

　この環境という言葉で先ず想起するのは、自然環境、社会環境などの、外部から観察可能な環境であろう。この環境は、それを観察した誰もが、第三者に等しくかつ容易に説明することが可能な客観性を持っている。その意味で、本書ではこれら外部の環境を総称して、物理的環境と呼ぶ。

　しかし、客観的には同一の物理的環境にあっても、人によってその受け止め方が一様ではない。人は、その物理的環境を元に、それぞれの内部に独自な環境を作るものである。この一人ひとりの内部に作られる環境を、本書では心理的環境[15]と呼び、物理的環境と区別する。

　『要領』は、「総則」において「幼稚園教育は・・・環境を通して行う」と述べている。確かに、外部の物理的環境は、一つの制御システムとして有機体に作用する。しかし、有機体の側も一つの自己制御システムであり、外部の物理的環境に作用し、それを変容させもする。この相互の作用を通して、人は発達していくのである。『要領』では、この"環境制御システム－自己制御システム"という統合である幼児の発達を、望ましく方向付けるよう外部環境を整備することが求められているのである。保育者も当然その環境の一部であり、保育者の指導が含まれることも勿論である。

しかし、これだけでは、環境という言葉が意味するのは幼児を取り巻く物理的環境のことだ、と誤解される危険性がある。保育者の意図的な働きかけを排除しようとする保育の主張があるが、その誤解による間違いが、端的に、しかも最も不幸な形で現れた例である。前述したように、客観的には同じ物理的環境であっても、一人ひとりが受ける作用は、決して同じではない。個人に独自な自己制御システムは、それぞれの行動環境に誘導されて環境制御システムに作用し、環境からの作用も独自の意味をもって受け取る。この相互の作用の過程で、一人ひとりが独自な心理的環境を構成していくのである。

一人ひとりに独自なこの心理的環境は、人間の発達を実現し、その個性化を促進していく発達の場であるところの生活環境である。生活圏と呼ぶものは、この生活環境を一人ひとりの行動の生起と学習の刺激となる個性的、瞬間的な行動の場として具体化したものである。生活圏とは、心理的環境を類型化したものであり、発達的に、自然的生活圏、家族的生活圏、社会的生活圏、内在的生活圏の四領域に分けられている[16]。

この生活圏の四分類は、環境を、行動の場としてとらえるための一つのモデルであり、それら全体が、心理的環境として統合されている。つまり生活圏とは、一人ひとりが意識している内容としての環境、つまり心理的環境であり、それぞれの内面において、その時どきの行動に大きな影響を与えるものである。人間関係は重要な環境であり、この生活圏のモデルにおいても、主要な、しかも大きな部分をなしている。

この心理的環境を意識している内容としての環境と捉えるのは、自我の捉え方でもある。自我の意識は、対象の出現を契機として発生すると考えられており[17]、その対象を分類したものが生活圏なのである。つまり、生活圏と自我は同じものであり、それを外部から見た場合には生活圏であり、個人の内部からみたものが自我だということである。

これを裏付けるように、自分について考えている内容を客我とし、物質的客我、社会的客我、精神的客我という三つの領域から自我を説明している例がある[18]。これは、対物、対人、そして対自という、それぞれの視点で自我を類型化したものだと見ることができる。このように考えるなら、自我とは、自分および自分を取り巻く環境についての意識である心理的環境だと言うこともできよう[19]。人間関係

は、人間を取り巻く環境のうち、最も重要な位置を占めるものであり、この環境を整えることは、そのまま自我の発達助成であると言える。平板な人間関係を強要することが、少なくとも自我の健全な発達を妨げることは、確かである。

5 対人距離と精神距離

　生活圏という枠組みで自我の発達を考えるということは、加齢に伴って生活圏がどのように変化していくかを見ることである。つまり、どんな対象をどのように意識するかという内容と意識したその対象との関係から、個人の特徴を捉えようとするものである。この生活圏という枠組みを用いて意識した対象を分析し、それぞれの対象への心理的距離の遠近によって、主に空間的視点から自我の構造を捉えようとする実証的研究が、精神距離[20]の研究である。

　精神距離の研究によれば[21]、5歳児では、その自我領域は、対物、対生物、対人の三領域に既に分化している。また、対人領域内部においても"好きな人－嫌いな人"、"既知の人－未知の人"という軸での距離の分化が進んでおり、対人距離は、相当に複雑な構造を持っている。これが小学校段階になると、友達という範疇においても、心理的に距離の"近い－中間－遠い"のそれぞれの存在が明確に分化する。

　このような分化は、5歳児にも見られるところから、4歳児段階で既に分化し始めていると考えられる。自由遊びにおいて現われる、自分に合った相手と遊ぼうとする傾向、合わない相手を拒否しようとする傾向などが、対人領域内部の距離の分化を裏付けている。この分化は、発達していく方向でもあるのだが、このような他者との距離感と現実の距離との不一致は、それまで無かった新たな人間関係の葛藤や摩擦をもたらしもする。こうした分化は、内的世界の個性化の萌芽だともいえ、物理的環境とも密接に関係して生じるものである。

　精神距離の上記のような研究結果が示しているものは、人間関係が、たんなる一様な"皆仲良し"ではないということである。5歳児にして既に相当な多様化と構造化をなしている対人距離は、それ以前の段階から、複雑化への歩みを始めていると考えなければならない。人間関係の発達とは、この多様化、構造化が一層進行していくことであり、人間関係の教育とは、この内的世界における人間関係の多様性と構造を"暗黙の了解"として尊重しつつ、場の求める振る舞いや表現形式に

従って内的多様性を制御しながら他者と人間関係を結んでいくように、教えていくことである。つまり、適切な対人的振る舞いという表現行動の教育こそが、人間関係の教育なのである。

6　対人距離と場の性質

　表現行動とは、その時どきの人間関係という場において、意図して為すあらゆる行動を指している。それらの行動は、全てが対人的行動であるため、その意味では表現でもあることから、表現という言葉を冠して表現行動と呼んでいる。後に音楽の項で詳しく触れるが、いかなる表現を為すにも、その表現が影響を及ぼそうとしている人間関係のまとまりという場が必要である。そうした場は、どのような人間関係によっているかで多少は異なるが、必ず、構成員一人ひとりに、その場に相応しい対人的行動を取るよう求めている。

　この表現の場が、特定の信念を等しく抱く者の集まりのように、対人距離が多様化し難い人間関係によって構成されることは、ほとんどない。いかなる場であっても、そこにおける対人距離は多様である場合が多い。したがって、対人距離が一様な集合の場合と異なり、その場に相応しい振る舞いを見つけるためには、場の性質を見極める能力が必要となる。

　たとえ数人がまとまった場であろうと、構成員間の対人距離に多様性が見られたなら、その場の性質は公の色彩を帯びることになる。たった二人であろうと、相互の対人距離間に相違があれば[22]、いくらかは公の性質を帯びていると言ってもよい。

　逆に、多人数の場合であっても、同じ主義、同じ信仰などによって集う人びとによる場がそうであるように、相互の対人距離が一様であれば、"私"の性質が勝った場だということになる。このことは、集団同士の関係を想定すれば容易に理解できよう。"集団－集団"という関係では、相手集団のまとまりが、構成員の等しい目的意識によっているように感じられる。つまり、"集団－集団"の関係では、一つの集団全体が"私"的性格を持ってくることになる。このことから、国内の意見の相違に外圧を利用しようとして、対立を国外にさらけ出す行為などは、場の求める振る舞いや表現形式に無知な無作法だといえよう。

7　暗黙の了解

　場が求める振る舞いは、その場が"公"の性質を帯びるほど、それがより形式に従ったものであることを求め、"私"の性質が増すにつれて、その形式的束縛を緩めていく。しかし、たとえごく親しい二者の関係であっても、時間的、空間的な変動を考えれば、相互の対人距離が完全に等しくなることはあり得ない。したがって、配偶関係のような親しい間柄であっても、少しの形式も弁えていないか、あるいはまったく形式を無視した振る舞いを為すことは、礼を失することであり、関係に齟齬をきたす可能性が大きい。

　振る舞いが場に相応しいか否かを判断するのは、それを受け取る他者である。一人ひとりが、その時どきの自分の心理的環境に従って振る舞ったのでは、必ずしも相応しいことが保障されない。それにもかかわらず、人びとに行動を発現させ、それを方向付けるのは、個人に独自な心理的環境なのである。

　けれども、一人ひとりの表現行動に対しては、周囲からの応答という反作用があり、その場の構成員それぞれの反応という反作用は、行動した人間の物理的環境を変容させずにはおかない。行動した者が、その変容した物理的環境の作用を受け取ることができるならば、そのことが彼の心理的環境に影響を与えることとなり、その後の振る舞い方にも変化が生じてくる。

　したがって、人間関係の教育とは、具体的には以下の二つの指導を行うことである。

(1) 表現行動の反応を感受

　第一は、活動している限り絶え間無く起こる上記の過程において、表現行動と、それに対する反応の意味を、全ての子どもが理解するよう指導することである。

　幼児教育における主要な人間関係は、学級の中にある。その学級は、幼児にとって"公"の性質を強く持った場である。多くの場合、たまたま同一の学級に所属することになった同級生は、私的な対人距離に関わり無く公の級友である。もしその中の一人が、他の級友に比してより親しい場合は、同時に私の友ともなるが、しかし、他の級友も存在する"公"の場では、親しい二者関係を示す振る舞いは慎まなければならない。

　この"公"と"私"の程度は、構成員のどの一人にとってもそれぞれ異なっており、非常に多様な人間関係の構造をなしている。幼稚園・保育所の生活における

その時どきの活動の場は、この学級内の構成員を主にしたその都度の何名かで構成される。そうした場が求めるのは、構成員同士の関係における最も遠い対人距離に適した表現行動であり、それがその場に相応しい振る舞いとなる。

しかし、幼児が表現行動を受け取った場合、その場の構成員個々の反応は、行動した者に環境の変容を察知させるほど明確ではない場合が多い。また、行動した者が環境の変容を受け取る力も十分とは言えない。それにもかかわらず、他者の表現行動を受け止める力は相当な程度に発達しており、これに加えて情動の発達が先行していることから、それによる快不快の感情は比較的はっきり引き起こされる。この知と情の不均衡が人間関係に摩擦を生じさせ、さまざまな葛藤を引き起こす原因ともなる。したがって、保育者は、そうした不均衡を見抜けるよう感覚を磨き、適切に指導できる力を身につけていかなければならない。

(2) 良い振る舞いで衝動を抑制

第二は、場に相応しい振る舞いによる衝動の抑制を、全ての子どもができるよう指導することである。

手をこまねいたまま"皆仲良し"と子ども同士の関係を単純化していると、対人距離は次第に二極分化していき、やがては、表現行動を洗練させる努力の必要がない、馴れ馴れしい振る舞いのままで通る相手以外は、全てを最遠距離の無関係だと拒否することになる。

"公"と"私"の間には、両者の程度によって無数の段階があり、そのそれぞれの段階が相応しい振る舞いを求める。本音と建て前の問題も、この文脈で考えるなら内容と形式の問題となり、本音と建て前の双方とも、それぞれに重要な役割を持っていることがわかる。

内容の乏しい硬直した形式的振る舞いと、形式のかけらも見られない情緒むき出しの振る舞いとの間には、それぞれの段階に相応しい無数の振る舞い方がある。このことを学ばない限り、我々の文化も、そして文明も、荒れはて衰退していくばかりである。人間関係の教育とは、個人個人の対人距離の多様性や複雑な構造を暗黙の了解とした上での、それぞれの場に相応しい表現行動の教育なのである。誤解を恐れずに言うなら、"本音"を暗黙の了解とした上での"建て前"の教育なのである。

一般的には、本音と建て前を使い分けることが悪であるかのように言われるが、

しかし、その使い分けができないのは、たんなる未熟でしかない。簡単に本音をさらけ出すことが悪なのであり、上記"使い分けが悪だ"というのは、簡単にさらけ出すことを戒めた言葉なのであろう。

この、暗黙の了解は、箇条書きの規則として明文化しておくことはできない。あくまでも暗黙の了解なのである。しかし、最近は、形式的振る舞いの手引き化が進行しており、成文化したマニュアルが、次第に、暗黙の了解を察知する感覚を鈍らせている。このままいけば、あらゆる振る舞いを手引き化した、干からびた、住み難い世の中になっていくように思われる。そうならないためにも、幼児期から、この暗黙の了解を察知した上で、作法に適った振る舞いができるような感覚を是非育てたいものである。

第2節　人間関係の発達段階と教育

人間関係の発達は、他のいかなる領域にも増して重要である。その人間関係は、多様かつ構造的な対人距離によって構成されており、生活圏の拡大にしたがって、次第に個性化していくものである。

この説における人間関係の発達は、これまでの述べてきた視点から発達の各段階とその発達の特徴を捉えたものであり、段階毎に付している対応年齢は、一応の目安としてのものである。

1　対人距離の無い段階

生後から2歳に達する前辺りまでが、この段階である。

誕生後の人間関係は、養育者（母親とするのが適切だが、それができない場合には、母親に代わる特定の主な養育者を意味する）に完全に依存し、その他に対しては、無関係または拒否という状態から始まる。この前者の依存を対人距離無し、後者を対人距離無限と見るなら、極端な二極分離の状態だと言えるかも知れない。しかし、この前者は、生命維持、つまり存在それ自体に関わる基本的な依存であり、主たる養育者以外に対人距離の存在しない、養育する者とされる者が一体の状態だと見る方が、適切だと思われる。そのため子どもに対しては、必然的に養育者への適応が求められる。

こうしたいわば母子一体の状態に始まり、養育者が、子どもの行動を表現として解釈し、世話をそれに応答する行為として行っていくことによって、次第に両者の間に対人距離が生じてくる。子どもは、そうした母子の相互交渉を内化することで、やがては、個となっていくのである。したがって、人間関係の望ましい発達ためにこの段階では、以下の二つの点が重要である。

(1) 子どもは養育者でもある

養育者[23]と一体であるということは、子どもが、同時に養育者自身でもあるということであり、独立した両者による関係は存在しないということである。このままの状態であり続けることができるなら、子どもは、いかなる表現行動も必要としないことになる。したがって養育者は、子どもとの間に両者の親密な関係という距離を生じさせるために、子どもの行動を表現と解しての応答を行っていかなければならない。たとえば、養育の基本部分を、子どもの何等かの行動を起こすのを待って、起こしたその行動を子どもの何かを訴える表現であると解釈して[24]、それに応答するものとして行っていくことなどである。

こうした、養育者の自問自答ともいえる養育行動を重ねていくうちに、子どもの行動は、形式的には、まだ発生的論理に従ったままであるが、内容的には、次第に表現としての意味を持ち始めるようになる。つまり、同じ泣くのであっても、養育者を相手として"お尻が気持ち悪いよ"、"お腹が空いたよ"などと訴える内容を持った行動となっていく、ということである。

上記のように、養育者が子どもの行動を意味ある表現と解してそれに応答していくことで、両者の間に親密な対人距離が生じ、子どもは、そうした相互交渉によって次第に独立した個となっていくことができるのである。"そろそろお尻が汚れた頃だ"、"ぽつぽつお腹が空く頃だ"などと、子どもが行動を起こす前に先回りして養育を行うなどすると、子どもは、いつまでも養育者と一体の状態を脱することができず、表現行動も必要としないことになる。こうした誤りは、子どもの表現行動の発現を、著しく遅れさせることにもなり兼ねない。

(2) 表現行動のまとまり

表現行動は、現実の相手に向けられる前に、内なる相手に向けることによって表現としてのまとまりを得る。我々も、大事な話しは、先ず自分の中の相手に話してみる、つまり、自問自答することでまとまりを得ようとする。子どもの個が周囲か

ら分離し、少しずつ独立していくということは、養育者が次第に子どもの内部に取り込まれていく、ということである。表現行動は、この内なる養育者に向けてみることで、少しずつまとまり、はっきりしたものになっていく。

このとき、養育者と家族を中心とする周囲の人びととの対人距離は、それらの人びとへの子ども自身の対人距離として、少しずつ写し取られていく。家族関係の中に、養育者が不適切な対人距離を示す構成員が居たりすると、子どもは、その構成員に対して、養育者と同じ不適切な距離に従った表現行動を発するようになる。このことは、本節の初めに述べた養育者に対する適応の一つでもある。したがって、家族が、子どもという新たな構成員を加えてどのような関係に再編されるかは、ひとえに、養育者の対人関係にかかっているのである[25]。

2 対人距離が生じ始める段階

大体、生後3年目前（満2歳前）位からが、この段階に当たる。

家族内の対人距離は、"子ども－父親"、"子ども－兄弟姉妹"、"子ども－祖父母"など、それぞれに独立して成立しているように見えるが、しかし、依然として"子ども－養育者"の関係は特別である。この段階では、まだそれ等の人びとが養育者に属している者として見ており、子どもは、養育者を経由しての間接的な関係で、見慣れたものを付け加えていっている、と解する方が適切である。したがってここでは、家族圏における養育者と他の構成員との関係が、ことに重要になってくる。

このことは、前段階でも重要であったが、たとえ間接的な性格を持つとはいえ、家族に対して個々の対人距離が生じ始めるのであるから、この段階で不適切な距離を取った場合、以後の修正が非常に難しくなる。不適切な距離とは、我が国の伝統や習俗[26]に反する、あるいはそれらと断絶してしまった対人距離ということである。たとえば、兄弟姉妹に対しては、等しく親しい距離で接する、夫婦は相互に親密な等距離で接し合う、祖父母に対しても、親密さを示す距離をとるなどは、習俗として伝えられてきたものだといえよう。

多くの幼稚園・保育所における子どもを通しての家族関係の観察からは、ことに"子ども－父親"の関係でこの不適切な対人距離の生じる例の増えてきたことが分る。父母相互の対人距離の一致する機会が少ないことが、このことの原因の一つ

になっているのではないか。

　注意すべきことは、生活圏が未分化であり、対人距離の構造化が不十分であるため、人間関係がその都度の一対一関係に限られており、場に従った振る舞いを期待することができない。そのため、家族関係という場の求める振る舞い方は、養育する者が主になって、基本的な愛情を背景に、簡潔に、快を多く、不快を少なく、教えていかなければならない。

　この振る舞いの教育で、主たる養育者以外の構成員がそれを強く求めるなど、養育者と他の構成員との間で主客が転倒したりすると、ただ適切な振る舞いを学習しないのみならず、子どもが非常に不機嫌になってしまうことで、学習意欲そのものを著しく低下させることにもなる。また同時に、より広い社会的な場の求める振る舞いを教えることは不可能に近い。そのため、家族的な場において共有されている振る舞いが、社会的な場の求めるものと大きく異なるか、あるいは家族的場の求める振る舞いが著しく少ないかした場合には、その後、さまざまな場に従って適切に振る舞うことが、著しく困難になる危険性がある。

　人間関係が上記のような特徴を持っているところから、非常に迷子になり易いという点にも、注意を要する。この年齢の子どもが、見知らぬ大人について行ってしまったり、一人で信じられぬ程遠方へ行ってしまったなどという事件は、日常的と言ってよいほどの頻度で起こっている。

　人間関係は、相互の振る舞い方の問題であり、それに支えられて初めて多様に展開することが可能になる。少なくとも、家族的場においてでさえ適切な振る舞いがあるのだということを学ばない限り、程度はともあれ、以後の人間関係の展開に障害が生ずることは避けられない。

3　未分化な対人距離の段階

　この段階に当たるのは、3歳児と呼ばれる年齢と考えてよい。

　身体能力の発達に伴って生活圏も次第に広がっていく。その広がりは、幼稚園や保育所に入ることで社会的生活圏にまで拡大する。この過程で子どもは、同年代の相手や親（家族）以外の重要な大人である保育者と出会い、それまでになかった人間関係を結ぶことになる。こうした変化に伴って、対人距離は、この頃から少しずつ分化し始める。このことは、対人距離の分化に対応して、自我が芽生え始めると

いうことを意味している。したがって、この時期に同年代の子どもと出会い、さまざまな人間関係を結んでいくことは、以後の発達にとって非常に大きな役割を果たすことになる。

　しかし、生活圏は拡大しても、当初は、生活圏の内部における構成員一人ひとりとの関係は、まだ未分化であり、構造化しているとは言い難い。家庭で養育される前段階を良好に経過した場合は、家族圏が一つの生活圏としてまとまっていくが、その家族圏での対人距離も、養育者とその他の者との分化が生じる程度であり、十分に分化しているとは言い難い。たとえば、社会的生活圏に属する同年代の子どもと、家族的生活圏の兄弟姉妹との距離が未分化であったりする。

　幼稚園や保育所は、家族圏とは一応の分化はしても、この時点では、生活圏としてのまとまりを得るには至らず、対人距離も、社会圏の保育者と家族圏の父親との距離が未分化であったり、同一学級内の構成員一人ひとりに対する好き嫌いについても、それほどはっきりしない。

　対人距離の分化は、自分と関係のある他者と無関係な他者といった、関係の有無によるおおまかな分化の段階であり、生活圏の構造化がなされていないだけではなく、生活圏内部も分化の不十分な対人距離だと理解する方が適当である。したがって、この段階で複雑な人間関係を急ぐのは、百害あって一利なし、ということになる。先ずは、家族的生活圏と社会的生活圏である幼稚園・保育所との分化および、その両者とそれ以外との分化を図ることが大切である。

4　対人距離が分化していく段階

　幼稚園・保育所の年中が、この段階に当たる。

　次第に生活圏が拡大していくと、それに伴って個人差も大きくなってくる。このはっきりしてきた個人差は、対人距離の分化と構造化が少しずつ進んでいることを示しており、また、一人ひとりの対人距離の構造が異なることも示唆してもいる。家族的生活圏と社会的生活圏の分化は明確になり、社会的生活圏相互の分化も生じ始め、それぞれの生活圏における対人距離も分化し始める。4歳入園の子どもが示す3歳児には見られない不安や人見知りは、決して退行ではなく、上記のような自我の発達がもたらしたものなのである。

　学級内の一人ひとりに対する好き、嫌いも分化し、さらに親しい、親しくないの

分化も始まる。したがって、行動の場は"公"と"私"がさまざまな度合いで入り交じり、その性質が多様となり、それにしたがって、場の求める振る舞いも多岐にわたることになる。

この段階から、それぞれの場に相応しい振る舞いや表現形式を心得、それによって自分の衝動を制御することを学んでいかない限り、十分に複雑だといえるこの段階の人間関係に対応することは不可能である。さらに、ここでの人間関係への対応が不十分であると、以後の人間関係に齟齬を来すことにもなり兼ねない。したがって保育者は、"公"と"私"の程度によって異なる場が求める表現行動の形式を、構成員全員が共有するように指導していくことが大切である。

この段階では、発達的に感情が優位であり、未分化ではあるが既に成人同様の感情を有している。したがって、たとえ相応しい振る舞いができない子どもであっても、不適切な（場違いな、間が合わぬ）表現行動に対する不快感は、感じないわけにはいかない。このことは、保育者の指導を手控えることの無責任さと、適切な表現行動の形式を指導することの重要さを、はっきりと物語っている。

5　対人距離が構造化していく段階

幼稚園・保育所の年長が、この段階に当たる。

この段階に達すると、自然的生活圏、家族的生活圏、社会的生活圏などは、はっきりと分化する。内在的生活圏さえ、自覚され始めるようになってくる。また、それぞれの生活圏内部の対人距離も分化し、その構造も明瞭になってくる。こうした対人距離の構造化は、社会的枠組みの中で、自分の意に添う相手ばかりではなく、意に反する相手との人間関係をも頻繁に要求するようになる。これが、"公"の人間関係である。

感情的には相手を拒否しながらも、"公"の性質を持った場からは形式にのっとった表現行動を求められることになり、これが常時であれば、耐えられない緊張となる。この緊張を緩和するのが"私"の性質を強く持った場である。このような"公"と"私"のさまざまな度合いの場の構造化と、その構造に対応する振る舞いの構造化が、今後の発達を保障するために非常に重要となる。

こうした対人関係は、比較的早くから個性化する[27]。この段階は、その個性の萌芽が見られる時期でもある。何度も繰り返すが、この時に、"皆仲良し"と声を

かけて人間関係を一様化しようとすることは、対人距離における個性化を否定していることになる。個性化することは発達することであり、個性化の否定は、子どもたちを現状に止めたまま、画一化することである。

　ここで注意すべきは、上記の個性化と、幼児教育で"個性を伸ばす"という場合の個性とを、混同してはならないということである。ここで言う個性とは、一人ひとりの内面に育つものなのである。それを発揮するか否かは当人の決定によるのであり、その結果も当人が引き受けなければならないものである。この内面と"公"の場が求める形式との葛藤が、豊かな完成を育てるのである。妨げてはならないのは、この内面に育つ個性化なのである。

　したがって、仲良くとは"公"の場が求める振る舞いや表現形式の問題でなければならない。そして、その形式が重要であるのは、一人ひとりの精神的対人距離が多様であり、現実の交際においては、その多様性を赤裸々に示してはならないからなのである。このことは、"民族－民族"、"国－国"などの国際的な関係を含む"集団－集団"の関係についても言えることである。安易に叫ばれている国際化は、その中に厳然と存在している距離の多様性と克服し難い敵対性を、少しも見ようとしない場合がほとんどである。これは、教育がうっかりと求めてしまう平板で一様な"友だちは皆仲良し"と同じことである。

　自分の対人距離を赤裸々に表してならないのは、ごく親しい友人や家族に対しても同じだと言えば、これらのことが理解できよう。落語に"父母のどちらが好きか"と問われた子どもが、饅頭を二分して"どちらが美味か"と問い返したという話しがある。これは、饅頭を二分して味の比較を問うたことが、"公"の場にまことに適切な表現形式であったために、頓知噺とされたのであろう。両親に対してさえ対人距離に差のあることは、近年著しく増加した離婚に際しての子どものする選択を見れば、明らかである。誰もがこのことを理解し、それを暗黙の了解とすることが、優しさや思い遣りの源泉となるのである。そのためにも、幼児期の"公－私"の程度に応じた表現行動の学習が不可欠なのである。

6　対人距離はやがて個性化する

　この後、人間関係は、それぞれの場でさまざまな関係を包含しつつ、幼稚園・保育所から学校へ、地域から地方へ、国へ、世界へと広がって行く。こうしたさまざ

まな"公"の場における"私"もまた、さまざまな顔を持たなければならなくなる。加えて、一つの"公"において見せる"私"の顔と他の"公"において見せる"私"の顔が異なるばかりか、一人の相手に見せる顔と他の一人に見せる顔とも異なってくる。これら全てをあからさまにすることなく、この広がった関係のそれぞれにおいて、相応しい振る舞いを可能にしなければならない。このように、人間関係の分化と構造化は、同時に自分自身の分化と構造化であり、これが社会化することであり個性化することなのである。

　外の世界には、主観では如何ともし難い外の世界の論理があり、自分には自分の内なる論理がある。この両者は、必ずしも一致するものではない。上に述べた個性化に至るまでの発達を、以下に、この両論理の有り様で概観してみよう。

　3歳頃までは、内の論理が優勢な"外の論理＜内の論理"という関係の時期だと言ってよい。発生的要因が優位な段階と言ってもよく、外の世界は、自分に見えたようなものとしてある。人間関係では、場の要求を察知することができず、自分を可愛がり受け入れて呉れている特定の人の要求として、振る舞うことになる。

　4歳頃は、先の3歳の段階から次の5〜7歳の段階への移行期であり、内と外のずれもなんとなく感じるようになってくる。そのため不安定になる時期でもある。人間関係では、場が要求する一定の振る舞い方があるということはなんとなく感ずるようになるのだが、そのために、新たにその要求に答えられるか否かの心配が生ずることになる。しかし、外部の要求を5歳児のようには実現することはできないために、対人関係に不安が生じ、多少安定を欠くことにもなる。

　5〜7歳位の頃は、外の論理が優勢な"外の論理＞内の論理"という関係にある時期である。この時期の子どもたちには、外の論理に自分を合わせていこうとする傾向が見られる。このことは、社会化が急速に進行する段階であることを示している。人間関係では、場の要求を比較的はっきり感じ取るようになり、しかも、振る舞い方をそれに合わせようとする。したがって、基本的な社会性は、外部の価値基準を比較的受け入れ易い幼稚園・保育所の年長から小学校1, 2年生のこの時期に、是非とも身につけまければならない。それを怠ると、以後にさまざまな問題を引き起こすことになる。学級や学校の崩壊と言われる現象も、一年生問題や学習困難児の問題も、主要な原因の一つは、今世紀後半50年にわたる幼児教育及び小学校低学年の教育の、この点の理解不足にあると思われる。

８～１０歳位の頃は、前の５～７歳の段階から次の個性化の段階への移行期である。外の論理は分かり、それに合わせようともするのであるが、また、自分の内なる論理を主張して外の論理に抵抗してみたくもなる。発達的には一つの危機だとも言える。
　１０～１１歳頃から内と外の論理の折り合いがつくようになる頃までは、内の論理が優位な "外の論理＜内の論理" とういう関係の時期であり、個性化した自己を主張し、外の世界を内の論理に従わせようとする。
　対人関係の個性化は、思春期以後の異性との関係を考えて見ると理解し易い。俗に "蓼食う虫も好き好き" というように、その好みはさまざまである。また、友人関係も同様で、近距離な関係の数少ない友人、中間距離で多数の友人、社交的、非社交的、孤独など多様になる。
　外の世界を内の論理に従わせようとする段階の初期の頃は、個性化しつつある自分を主張するために、気の合う、自分の主張の通る、そういった相手とのみ付き合おうとする傾向がある。しかし、生活は、次第に "公" の場における人間関係が大きな部分を占めるようになり、そこでは、自分を抑えて場の求める形式的な表現行動にしたがって対人関係を結ばなければならなくなる。その主要な場が学校であり、"私－公" の緊張に耐え、その均衡を保つためには、学校における表現形式の教育が非常に重要となる。そうした "公" の場の生活と場に相応しい表現形式の教育があいまって、個性的でありながらも次第に周囲の人びとと折り合いを付けることができるようになっていくのである。

7　親子関係と少子化

　健康の章でも触れたが、少子化の問題を人間関係の点からも考えてみよう。
　近年、人間関係でもっとも危惧の念を抱かされるのは、有名病とも言うべき人間関係である。なにかの折にＴＶに顔を出した教育者が、まことに嬉しそうに撮影機に向かって "Ｖサイン" をする。人の子の教師がここまで軽薄になってしまうということが、有名病の深刻さを表わしているように思えるのである。この有名病の行き着いたところが、最近の教育の "かたぎ軽視" ではないのか。
　この有名病が、芸人を始め、水商売、職業的運動選手を持ち上げたのか、それらを持ち上げ過ぎたから誰彼となく有名病が発病したのか、どちらであるかはともか

くも、上記のような軽薄な教師たちは、無自覚の内に、有名にならなければ人生失敗と教えていることになる。

　考えようによっては、有名になってしまうことは人生の失敗である。なぜなら、それを知る人びとからの対人距離が近く、知る者への対人距離が遠いという人間関係にあるのが、有名であるということであり、そのために、相互に等しい対人距離の人間関係を結ぶことが非常に困難になるからである。このことは、自分の人生を現実感の薄いものにし勝ちになるということであり、有名とは無関係な日常生活を有していないならば、対人的な感情の全てが非現実的になる可能性がある。

　このように考えてくると、本当の人生とは、無名、地味、平凡、労働、地道などの中にあり、人生のあらゆる幸福、喜び、不幸、悲しみ、快楽、苦痛、そして愛や憎しみが、そこに揃っている筈なのである。人間関係の教育とは、そのことをしっかりと教えることであろう。歴史や伝統、習俗、それらに裏付けられた倫理感、そして何より対人的節度をもって生きること、本当の人生の成功者とは、無名、地味、平凡、労働、地道な人生の中に、真実の喜怒哀楽を見いだした者であること、そうした人の人生こそが、真に創造的な人生だということを、教えるべきなのだ。名声に浮かれることなど、教わらなくとも誰にもできるのである。

　世紀末に 1.34 にまで下がった特殊出生率は、上記の有名病を原因としている部分が、随分と有りそうに思える。地味で平凡、地道で価値ある労働とは、まさに子育てのことであり、有名からはもっとも遠い仕事である。したがって、有名病に犯されれば、生涯の相当の年月を子育てに割くことが、即人生の失敗を意味してしまう。しかし、子育てほど意義があり、人生で感ずるあらゆる感情を喚起させられる仕事は、他に見出すことができないのではないか。

　育児に人生の喜びを見出すためには、身近な人びととの対人関係を大事にすることを幼児期から体験し、かつ、繰り返し教えられるなければならないであろう。

第3節　人間関係の教育課程[28]

　人間関係の指導は、大人としての保育者自身が、それぞれの場に相応しく振る舞うことができることを前提にして、初めて可能になる。しかも、そうした条件を備えた上で、実際に指導する場合には、子どもたち一人ひとりにとっての場の意味や

その子どもにとってのその場に相応しい表現行動を見抜かなければならない。加えて、子どもの表現行動が場違いであった場合、どう指導するか、あるいは見て見ぬ振りをするかなども含めての、適切な指導が必要となる。

したがって、人間関係の教育では、たとえ実践可能な形態で示された教育課程があったとしても、保育者自身の優れた感性がそれ以前に必須の条件となる。子どもたちの望ましい人間関係の発達のためには、先ず、保育者自身が"公－私"の程度に応じた相応しい振る舞いを修練していくことが大切である。

以下は「他の人々と親しみ，支え合って生活するために，自立心を育て，人とかかわる力を養う」ことによって人間関係領域の目標を達成ための教育課程で、各項の [ ] 内に "#" を付して示した数字は、関連するの人間関係領域の「ねらい」、「内容」(『要領』)の項目の番号を示している。

1　3歳児

3歳児の人間関係の教育課程は、"保育者－子ども"の関係を基本に編制する。

(1) "保育者－子ども"の関係

何よりも先ず"保育者－（一人ひとりの）子ども"の特別な関係を結ばなければならない。

毎朝、登園してきた子どもに名前を呼びかけ、笑顔で抱くなどして迎える。子どもたちを前に、全体に対して"ねえ、みんな"などと話しかけることは、極力避けなければならない。

降園時にはまた、一人ずつの子どもを抱くなどして"いい子だね、明日も遊ぼうね"などと、明日の登園を期待させるようなことばをかけてやる

中心となる保育活動は"保育者－子ども"の一対一関係での活動が集まったものだと考えればよいであろう。そうした関係の中で、保育者がする一人ひとりへの遊戯は、もっとも重要な活動である。そのため、人間関係では、伝統的なわらべうたの遊戯が大きな役割を担うことになる。音楽の項でも触れるが、ことに"遊ばせ歌"は、数多く知っておく必要がある。

子どもたちの遊んでいるところを見守るときは、やはり"保育者－子ども"の一対一関係で、子どもたちの様子から"面白そうだね"、"楽しそうだね"などと適切に声をかける。子ども同士が物理的に近い距離で遊んでいるのを見たら"仲

良しだね"などと、一人でぽつんとしている子どもを見かけたら、手をつなぎながら"先生とお散歩しようね"などと、声をかける。

　これらは、「ねらい」の「幼稚園生活を楽しみ，自分の力で行動することの充実感を味わう」[#1]の達成にもっとも重要な点であり、「内容」の「先生や友達と共に過ごすことの喜びを味わう」[#1]を実現する活動と言える。

(2) 一斉の活動は最小限に

　皆で歌うなどの一斉の活動は、年少の後半になるまでは避ける。それを行ったとしても、この段階の子どもは、場の性質を感じ取ることがほとんど不可能なために、まったく抑制のかからない行動が出るだけである。場の要求を察知できずにする行動は、そのほとんどが傍若無人なものであり、そうした行動を場違いな行動と呼ぶのである。

　一定年齢に達してから後は、周囲から、場の要求を察知するのが当然だとみなされる。しかし、そうした能力は、成長に従って自然に身に付くものではない。教えられ、学習して初めて身につく能力なのである。では、いつ、何処で、誰が、それをするのであろうか。

　たとえ3歳児の段階であれ、こんな抑制のきかない場違いな行動を、気持ちが開放されたなどと言って喜んではならない。先ずは"保育者－子ども"の関係で、ゆったりとした静かな活動を繰り返し、他の子どもには、それを見せておくことが大切である。こうした中で、場の求める振る舞いを少しずつ理解していき、やがては、それに合わせることができるようになっていくのである。音楽の項で詳しく述べるが、間を取る、ゆっくり行動する、沈黙する、待たせるなどということを、子どもを押さえつけることだなどと解したり、恐れたりする必要はまったくないのである。

　子どもに話しかける場合であっても、初めのうちは"皆聴いて"などと言って全体に話しかけたりするのは、望ましくない。生活に不可欠な行動の方法を教える場合であっても、初めは、一人ずつ教えてはやらせて見るという方法がよい。

　また、遊んでいる子どもたちを集める場合でも、個々に名を呼んで、さあ"部屋に入ろうね"などと声をかけると、その時呼ばれなかった他の子どもも集まってくるものである。

　場違いではない振る舞い方を順次心得ていくことは、「ねらい」の「進んで身近

な人とかかわり，愛情や信頼感をもつ」[#2、及び先の#1]を達成するための基本となるものである。それは即「社会生活における望ましい習慣や態度を身に付ける」[#3]であり，「内容」の「よいことや悪いことがあることに気付き，考えながら行動する」[#8]の最初でもある。

(3) 行動の評価は明確に

"保育者－子ども"の活動を繰り返しているうちに、両者の対人距離が次第に近くなってくる。対人距離が接近してきたことを確認できたら、子どもたちのさまざまな振る舞いに対して、保育者の"快"、"不快"を、短く、端的に伝えることが大切である。

当然のことであるが、良好な振る舞いに対して"快"を伝えることが、圧倒的に多くなければならない。この"保育者－子ども"の距離が接近したかどうかの判断は、幼稚園・保育所に喜んで通ってくるようになることが目安になる。

これが「ねらい」[#3]を達成するための土台となる働きかけであり、「内容」[#2]の「自分で考え，自分で行動する」、[#3]の「自分でできることは自分でする」などは、それを喜んでくれる保育者があってこそ、進んで行おうとするようになるのである。

(4) 子ども同士の関係を急がない

3歳児の最後の頃になると、対人距離が次第に分化し始める。そのため、"子ども－子ども"の関係にも注意を払う必要が出てくる。

しかし、役割分担をする、班（グループ）活動をする、当番を決めるなどの、子ども同士の関係は、急がないほうがよい。

この時期は、生活の場に"公－私"二様の性格があることなど、まったく理解できない。したがって、"公"の場に即した振る舞いを要する活動を早々と導入しても、「ねらい」[#3]の達成に必須の前提である、場の"公－私"の度合いを弁別することができない。また、弁別の必要を感じないままに行動するため、"公－私"の区分の曖昧な振る舞いしかできなくなってしまう可能性が大きい。

2　4歳児

4歳児の人間関係は、3歳児と同様に"保育者－子ども"の関係が基本であり、そこから始まる。その上に立って"子ども－子ども"の一対一の関係を多様に結ん

でいくのである。

(1) "保育者―子ども"の活動を

　4歳入園の2年保育も少なくないであろう。この子どもたちには、3歳児に対するのと同様な"保育者―子ども"の活動が必要である。

　また、3年保育の場合であっても、担任が代わったり、学級の構成員が異なったり、部屋が変わったりと、人的にも物理的にも環境が変化することもあり、やはり初めは"保育者―子ども"の活動を重ねながら、子どもを学級という場に馴染ませていく必要がある。

　対人距離が分化し始めているということは、未分化な時に比べて、新たな環境に対する不安がより増すということでもある。そのため、一人ひとりをよく観察しながら、注意深く"保育者―子ども"の対人距離を縮めていかないと、いつまでも泣いている子ども、暗い顔でじっとしている子ども、登園を嫌がる子どもなどが出たりする。

(2) 場の性質を感じとる

　隊形も変化しない、役割分担もない一斉の活動によって、場の性質を感じ取らせる活動を、できるだけ多く取り入れる。これらの活動は、静かにゆったりと行うことが大切である。

　ともすれば、大騒ぎをすると子どもが喜んでいる、生き生きと活動しているなどと見間違え、保育者まで喜んでしまうことがある。しかし、そのような騒がしさは、場の性質も、そこでの適切な振る舞い方も分らないままにする、たんなる場違いの行動に過ぎない。たしかに、一定の気分の表出ではあるので、その気分を読み取ることは大切である。そうであるからといって、これを振る舞いとか表現行動と解してはならない。

　これは、「ねらい」［#2,3］に関する活動であるが、ことに、内容の「友達と積極的にかかわりながら喜びや悲しみを共感し合う」［#4］は、相手に対する適切な振る舞いなしには実現しない。このことを考えるなら、上記の活動がいかに重要かが分かるであろう。

(3) 一対一の関係を多様に

　役割のある構造的な関係、多くの子どもが集まっての有機的な関係などは、できるだけ早い実現をつい望んでしまう。しかし、それを急ぐと、かえって人間関係が

単調な、機械的なものになっていく傾向がある。それより"子ども－子ども"の一対一の関係を多様に結んでいくことの方が、人間関係の発展にとって、はるかに大切である。

　全員が仲良しになること、つまり保育者のほとんどが口癖のように言う"皆仲良し"であるが、これは、行動の形式の問題である。学級という"公"の場においては、構成員個々に対する"私"の対人距離の親疎を抑制し、学級の誰に対しても等しい表現形式で振る舞うということを意味している。このことは、4歳段階で簡単に理解できるほど易しいことではない。したがって、この時期にこの言葉で要求をすると、無意味な掛け声で終ってしまうことになる。しかし、"皆仲良し"を無意味な掛け声にしてしまうのは、非常に問題である。この時期には、このことを急ぐより、どの子どもにも最低一人の仲良しのできることが大切なのである。

　子どもが抑制しなければならない行動をしてしまった場合、自分のその行為を、他者が自分に向かってした場合に置き換えて、その時にはどんな気持ちがするかを話させてみる。このことがあれば、当人の行為が向けられた相手も同様な気持ちであることを理解させるのは、それほど難しいことではない。たとえば、"甲君があなたにそうしたら、どんな気持ち"などの立場の交換で、次第に相手の立場に立てるようになっていくものである。

　このことは、「ねらい」［#2,3］の達成に関していることは勿論、内容［#5］の「自分の思ったことを相手に伝え，相手の思っていることに気付く」、［#6］の「友達のよさに気付き，一緒に活動する楽しさを味わう」、［#7］の「友達と一緒に物事をやり遂げようとする気持ちをもつ」、［#8］の「よいことや悪いことがあることに気付き，考えながら行動する」、［#9］の「友達とのかかわりを深め，思いやりをもつ」、［#10］の「友達と楽しく生活する中できまりの大切さに気付き，守ろうとする」、［#11］の「共同の遊具や用具を大切にし，みんなで使う」などの望ましい実現の可能性も、相手に対する適切な振る舞いを弁える他に、立場の置き換えができてこそ生じるのである。

(4) 公私の活動の区分を知る

　自分が特定の学級に所属しているということが、はっきりしてくると、次第に学級内の対人距離が分化し、構造化し始める。

　年長、年中、年少の各学級との関係、それらの幼稚園・保育所との包含関係など、

生活圏の分化はそれほど十分とは言えないが、学級の内外は十分に分化している。そうした分化によって"君たち"とか"みんな"などと呼びかけられた場合に、それが自分の学級の構成員全部を指すのだということが分ってくる。

　4歳児も上記が理解できるような段階に達したら、"公"と"私"の振る舞いかたの相違について、すこしずつ経験させていく。たとえば、学級として行う遊戯などでは、それが全員によるものでなくても"公"の活動であり、誰もが"誰とでも肯定的な態度で手をつなぐ"などの振る舞いが求められている。これは、仲の良い仲間だけで"私"的に遊ぶ場合とは異なる振る舞いであり、こうした"公－私"の違いによる振る舞いかたの相違を、少しずつ理解させていくことが大切である。

　この実現は、人間関係の領域の眼目ではあるが、繰り返し"公"の活動の中で経験させながら理解させていくのであって、決して、急いで理屈で説明してはならない。"保育者－子ども"、"子ども－子ども"などの一対一の活動が前提となっているなら、それとの違いを感じる中で、"公－私"の相違を少しずつ理解していくものである。

　この辺りになると、「ねらい」[#1、2、3]の達成へ向かう全ての要素を総合した活動となってくる。なかでも、内容の[#10、11]は、人間関係の場が要求するものであり、"公－私"の問題でもある。このような活動で次第に対人距離が構造化し、"大人－子ども"の区別を理解した後に、内容[#12]の「高齢者をはじめ地域の人びとなど自分の生活に関係の深いいろいろな人に親しみをもつ」が、子どもの生活圏に属する全ての人との間で実現する可能性が生まれる。

3　5歳児

　多様な対人距離を背景に、さまざまな仲良しの小集団が形成されていく。そうした幾つもの仲良し小集団と、学級、学年、異年齢を含む幼稚園・保育所全体、家庭や地域などの人間関係が複雑にからみあって、対人距離も複雑に構造化していく時期である。

(1)　"保育者－子ども"関係

　1年保育がほとんど無くなってしまった今日では、年長組は、少なくとも、1～2年は幼稚園・保育所生活を経験した子どもたちによって構成されているわけであ

る。しかし、学級の組み替え、担任の変更、保育室の変更など、やはり4歳からのたんなる続きだと考えるわけにはいかない。さらに、幼稚園・保育所における最年長として、年中少の生活上の手本となり、発達の目標ともならなければならない。年長組の子どもたちは、そのための自覚と誇りを持つ必要がある。保育者が年長組としての自覚と誇りを持つことを子どもたちに求めるためには、やはり、その前に"保育者－子ども"の対人距離を縮めておかなければならない。そのため、ほんの当初だけではあるが"保育者－子ども"の一対一の活動をするなかで、一人ひとりを肯定的に受け入れていることを告げる必要がある。

　倫理感や道徳を受け入れる心性は誇りを土台としており、したがって、誇りのないところに倫理も道徳も有り得ないのである。3～4歳児の場合は、特別な関係にある保育者の要求にしたがって、結果として倫理的、道徳的な振る舞いをすることになる。それが年長になると、表現行動の場である生活圏の求める振る舞い方を知り、自分からそれに合わせて行動しようとする。3～4歳児の段階のように、保育者の要求で全ての行動を律することは、大変難しくなってきている。どうしても、子どもたちが誇りをもって、進んで倫理的、道徳的にに振る舞うよう仕向けていく他ない。

　学級全体での一斉の活動も、3、4歳児と大きく異なって、容易に行うことができるようになる。一人ひとりがどのような態度で聞いているか、目は話し手を向いているかなど、個々に対しての注意を怠らなければ、全体に対して話しかけても十分に理解される。

　5歳児の活動は、『要領』の示す全てのねらい達成へ向けて、複数の内容を総合した活動となっている。したがって、今後は、その一々の対応は省略するが、上記の活動は、内容の［#8～10］などの道徳性と深く関係する。

(2) "公－私"の程度と振る舞い

　学級内の構成員個々に対する対人距離が多様になり、それが学級、幼稚園・保育所という"公"と複雑に交錯する。そのため"公－私"のさまざまな度合いに応じた振る舞いが必要になる。

　たとえば、仲良しの小集団や学級活動の一環としての小集団（班）、それに学級などが交錯した関係。あるいは、年長や年中、年少の学級や子どもたち、学級と幼稚園・保育所などが交錯する関係。運動会、発表会など、全体の目標に向けて役割

分担した場合の複雑な状況。こうした、対人関係の多様な構造に対応した振る舞いを身につけなければならないわけである。これを怠ると、以後の人間関係の望ましい発達が難しくなる。そのために多くのことを学び、身につける必要があり、表現行動の形式の発達を図る人間関係以外の領域も、人間関係と足並みを揃えて進むことが大切になる。

内容［♯4～11］は、全て"公－私"の問題を含んでいる。ことに［♯6,7］に関しては"私"の価値を越えた"公"価値の存在を知り、それを実現する喜びである。郷土への愛、国への愛も、この"私"を越える価値を実感することなしには有り得ない。

(3) 極性を曖昧にしない

人間関係は、家庭、近隣も含んだ対人距離の構造化がなされるため、"親－子、兄弟姉妹、近隣の子ども、大人"といった複雑な関係が生ずる。

ここで重要になるのが"大人－子ども"の関係である。大人は大人として、子どもは子どもとして、この両者がはっきり区別されていないと、発達へのエネルギーが低下し、社会性の水準は低いままに止まり、いつまでも幼性が残ることになってしまう。この大人と子どもを区別する違いのみならず、女と男を区別する差異、保育者と子どもを区別する差異などを、電極における＋と－の電位差にならって極性と呼び、この衰退は、さまざまなエネルギーの低下をもたらす。

この頃になると互いの家へ遊びに行く約束などを交わすが、うっかりすると親の都合に関係なく毎日のように遊びに来たり、あれ食べたいこれ食べたいと要求したり、自分の家の食習慣を主張したり、勝手に冷蔵庫などを開けたりする子どももいる。親にも、こうしたことに頓着しないばかりか、そのことに対処する能力も持たない親も増えてきている。こうした子どもに、きっぱり"否"と言い、適切な振る舞い方を教え、無作法が目に余る場合には"叱る"のが大人の役割であり、このような立場の相違を極性と呼ぶ。子どもが園長室や職員室に遊びに来て、そのあたりでふざけていても誰も叱らない幼稚園・保育所がある。ここのような施設は例外的とはいえないほどに多く見られ、こうしたことが"保育者－子ども"の極性を衰退させることになってしまうのである。

難しいことではあるが、大人と共にある場、大人と子どもが区別される場、こうした場に相応しい振る舞いを教えることを決して避けてはならない。

「内容」を実現し、「ねらい」を達成することは、全て、大人が大人として振る舞うことで果さなければならない、大人が責任を負う問題である。それらは、「幼児の主体的な活動」（『要領』の「内容の取扱い」に関する留意事項）を盾に取って、"できる限り指導を手控える"ことで、幼児に任せ、幼児の責任で達成、実現するものではない。上記の極性を衰退させることのない大人の自覚があって初めて、人間関係の領域にも、幼児にも限らぬ、教育そのものが可能になるのである。

(4) 行事に参加する態度

"公－私"の関係を学ぶのは、決して易しいことではない。このことに有効なものが、行事である。

子どもたち全体が協力して、他の学級、他の年齢、両親などを喜ばせることができたとき、子どもたちは"公"の場の要求に力を尽くして応えた結果の成功感を味わうことができる。これは"私"の欲求、希望、価値を越えた価値であり、こうした"私"を越えた価値を実現することの喜びを教え始めるのも、この時期なのである。

一般に幼稚園・保育所では、さまざまな行事を、子どもたち自身を喜ばせ、楽しませるために行うものだと解している場合が多いようである。しかし、運動会や発表会、展覧会ばかりではなく、たとえ通常の保育参観の日であっても、子どもたちが力を尽くして取り組んだ結果を、子どもたちの最も愛する両親などの家族が、認め、喜び、楽しみ、感激したとき、子どもたちは、人生における幸福とは何かを知ることになる。

この、愛する、親しい人びとを喜ばせることが、幼稚園・保育所における人間関係の仕上げである。その集大成は、卒業式に現われる。

人生における最大の喜びを教えてくれた幼稚園・保育所を終了しようとしている子どもたちは、卒業式の意味を直感的に知り、粛粛と参加する。そうした子どもたちを送り出す保育者も、子どもたちへの礼儀と祝福の意味を込めた正装で、同様に、晴れやかかつ厳かに参加する。このようにして挙行される儀式は、両親を始め参列する大人たちの心を打たずにはおかない。これら全体が、子どもたちに大きな感激を呼び起こすことになるのである。5歳児とは、十分にそれを感じとり、理解できる年齢なのである。

この人間関係を集大成した活動によって、「内容」の［＃12］が、幼児段階とし

てはこれ以上は望めない水準で実現する。これこそが、留意事項の［#4］そのものでもある。

4 教育課程を編成する際の立場

これまでに述べて来た教育課程と、幼稚園教育要領（文部省告示第１７４号（平成１０年１２月）平成１２年４月１日から施）の領域「人間関係」の「ねらい」や「内容」との対応は、各項の最後に詳細に示している。

その『要領』は、本領域の最後に「内容の取扱い」の留意事項を4項目上げている。そこに示された「試行錯誤しながら」、「自分の力で行う」、「幼児の行動を見守り」、「幼児の主体的な活動」、「一人ひとりを生かした集団」、「葛藤やつまずきをも体験」などの字句が、できる限り保育者が指導を手控え、子どもが勝手に行動する中でこれらの内容をし、ねらいを達成することを意味しているのだ、と主張する幼稚園・保育所教育の関係者が少なからず存在する。

しかし、逆に、「適切な援助を行う」、「力を育てていく」、「行動できるようにし」、「育つようにする」などの字句は、本領域の目標である「人への愛情や信頼感を育て，自立と協同の態度及び道徳性の芽生えを培うようにすること」が、大人の責任において為し遂げられなければならないことを示している。ことに最後の「親を大切にしようとする気持ちが育つようにする」などは、大人の細心の注意を払った指導なしには、絶対に実現することのできない課題である。教育課程の編成に当たっては、前者の"できるもできないも子どもの責任にしてしまう"立場より、後者の"大人が責任を持って目標を実現する"立場に立つべきである。

---

[1] 佐々木久長、鈴木敏朗の『人間関係の発達と教育課程』（1997、秋田大学教育学部研究紀要教育科学 52集 pp.135-145）が元になっている。

[2] 環境の制御によって形作られ、成立する場合には、形成（formation）と呼び、それに対して、環境の制御を受けながらも、自己の制御を働かせ、あたかも創造するかのように成立させていく場合を、生成（becoming）と呼んで区別する。

[3] 佐藤公子と佐藤文子の『節のついた発話(2) －発話状況と教育－』（1982、日本教育心理学会第24回総会発表論文集、pp.66-67）及び、鈴木敏朗と佐藤文子の『節のついた発話(1) －乳児の節－』（1985、日本教育心理学会第27回総会発表論文集、pp.268-269）などを参照

[4] 前掲論文の後者の『節のついた発話(1) －乳児の節－』を参照

5 鈴木敏朗（1973）これからの保育内容音楽とその導き方　明治図書
6 今美佐子の『個性をどう育てるか』(1969、乾孝編、才能をのばす教育、大平出版社、pp.177-207)や『可能性をのばす表現活動』(1975、伝え合いの絵画教育、いかだ社、pp.100-106)、今美佐子、乾、鈴木他の『絵画教育の２５年』(1981、文化書房博文社)などを参照
7 L.S.ヴィゴツキーの『思考と言語』上、下（1962、柴田義松訳、明治図書）を参照
8 A.R.ルリヤの『人間の脳と心理過程』(1976、松野豊訳、金子書房) 参照
9 乾孝は、精神発達が、人間関係における相互の伝え合いの発達であるということを、繰り返し述べている。『私の中の私たち－認識と行動の弁証法－』（いかだ社）や『表現・発達・伝えあい』（いかだ社）などが、そのことを分り易く説いている。
10 長崎拓士の『幼児・児童における Mental Distance の発達について』(1984、秋田大学教育学部研究紀要教育科学 34 集　pp.167-174)、『幼児の精神距離－その時代差について－』(1994、秋田大学教育学部研究紀要教育科学 46 集　pp.13-19) などを参照
11 対物、対生物、対人など
12 対人距離測定方法の詳細は、長崎拓士の前掲書を参照
13 J.M.G.イタールの『アヴェロンの野性児』(1894、古武弥正訳、牧書店) を参照
14 A.ゲゼルの『狼に育てられた子』(1967、生月雅子、家政教育社) を参照
15 コフカ (1988 鈴木正彌監訳『ゲシュタルト心理学の原理』福村出版) は、湖の上を馬に乗って渡ってきた騎士の例を用いて、地理的（本論では物理的）環境と行動の環境（心理的）の違いを説明している。物理的には氷結した湖が、それとは知らぬ騎士にとっては雪の平原なのである。この行動的環境が、"環境制御システム－自己制御システム"の統合の結果である、行動を発現させた心理的環境なのである。
16 三島二郎の説。『Mental distance についての基礎的研究Ⅰ』(1978、学術研究 27 早稲田大学教育学部 pp.23-36)、『Mental distance についての基礎的研究Ⅱ』(1983、学術研究 32 早稲田大学教育学部 pp.29-42) などを参照。
17 三島二郎の前掲書の後者を参照。
18 W.ジェームズの『心理学（上）』(1993、今田寛訳　岩波文庫) を参照。
19 自我は心理的環境であるから伸縮する。それを説明する場合に高校野球を例に取る。県内で予選が行われているときは、それぞれの出身高校または地域を応援している。全国大会では、自分の県を応援する。自県が破れると範囲は地方に広がり、隣接県同一地方の県を応援し始める。最後は東西に別れたりする。それが国外の高校との試合では、日本にまで広がる。
20 mental distance
21 主に、長崎拓士の研究によっている。『幼児の Mental distance について』(1983, 教育工学研究報告 5 秋田大学教育学部附属教育工学センター pp.69-74)、『幼児・児童における Mental Distance の発達について』(1984、秋田大学教育学部研究紀要教育科学 34 集　秋田大学教育学部 pp.167-174、『幼児の精神距離－その時代差について－』(1994、秋田大学教育学部研究紀要教育科学 46 集　秋田大学教育学部 pp.13-19) などを参照。
22 甲→乙の対人距離と、乙→甲の距離が異なる。たとえば、甲は乙に好意を持っているが、乙は甲を疎んじているなどの場合である。

23 子ども、特に乳児を、継続して世話する特定の者を意味する。
24 たとえば泣いた場合に、それを空腹の表現と解して授乳するなどである。したがって、無言で授乳するのではなく、優しい律動的な調子で声をかけてやることが大切である。
25 母親が養育者である場合、このことを理解せず、家族に対して自分中心の不適切な対人距離を取ることが少なくない。それが原因となって家族関係の再編が潤滑に運ばない事例が、日常的に見られる。
26 習俗とは、歴史的に伝えられた振る舞いの形式的側面を意味し、伝統はその精神までを含むものとして用いている。
27 三島二郎の前掲2書を参照
28 『要領』の領域人間関係
　1　ねらい
　(1) 幼稚園生活を楽しみ，自分の力で行動することの充実感を味わう。
　(2) 進んで身近な人とかかわり，愛情や信頼感をもつ。
　(3) 社会生活における望ましい習慣や態度を身に付ける。
　2　内　容
　(1) 先生や友達と共に過ごすことの喜びを味わう。
　(2) 自分で考え，自分で行動する。
　(3) 自分でできることは自分でする。
　(4) 友達と積極的にかかわりながら喜びや悲しみを共感し合う。
　(5) 自分の思ったことを相手に伝え，相手の思っていることに気付く。
　(6) 友達のよさに気付き，一緒に活動する楽しさを味わう。
　(7) 友達と一緒に物事をやり遂げようとする気持ちをもつ。
　(8) よいことや悪いことがあることに気付き，考えながら行動する。
　(9) 友達とのかかわりを深め，思いやりをもつ。
　(10) 友達と楽しく生活する中できまりの大切さに気付き，守ろうとする。
　(11) 共同の遊具や用具を大切にし，みんなで使う。
　(12) 高齢者をはじめ地域の人々など自分の生活に関係の深いいろいろな人に親しみをもつ。
　3　内容の取扱い
　　上記の取扱いに当たっては，次の事項に留意する必要がある。
　(1) 教師との信頼関係に支えられて自分自身の生活を確立していくことが人とかかわる基盤となることを考慮し，幼児が自ら周囲に働き掛けることにより多様な感情を体験し，試行錯誤しながら自分の力で行うことの充実感を味わうことができるよう，幼児の行動を見守りながら適切な援助を行うようにすること。
　(2) 幼児の主体的な活動は，他の幼児とのかかわりの中で深まり，豊かになるものであり，幼児はその中で互いに必要な存在であることを認識するようになることを踏まえ，一人一人を生かした集団を形成しながら人とかかわる力を育てていくようにすること。
　(3) 道徳性の芽生えを培うに当たっては，基本的な生活習慣の形成を図るとともに，幼児が他の幼児とのかかわりの中で他人の存在に気付き，相手を尊重する気持ちをもって行動できるようにし，また，自然や身近な動植物に親しむことなどを通して豊かな心情が育つようにすること。特に，人に対する信頼感や思いやりの気持ちは，葛藤やつまずきをも体験し，それらを乗り越えることにより次第に芽生えてくることに配慮

すること。
(4) 幼児の生活と関係の深い人々と触れ合い,自分の感情や意志を表現しながら共に楽しみ,共感し合う体験を通して,高齢者をはじめ地域の人々などに親しみをもち,人とかかわることの楽しさや人の役に立つ喜びを味わうことができるようにすること。また,生活を通して親の愛情に気付き,親を大切にしようとする気持ちが育つようにすること。

第4章　領域環境[1]

『要領』は、環境領域の目標を「自然などの身近な事象への興味や関心を育て、それらに対する豊かな心情や思考力の芽生えを培うようにすること」だと述べている。

第1節　環境領域の保育

1　環境とは何か

　文部省は、平成元年、幼稚園教育要領の改定と学校教育法施行規則の一部改正を行った。領域"環境"は、その改定で"自然"に代って設けられた。改定した幼稚園教育要領は、平成2年度から実施され、その後さらに、平成10年に改定が行われた。それが、現行（平成13年現在）の幼稚園教育要領である。

　現行の"環境"領域の教育では、従来の"自然"領域を継承するところがあったためか、外界に対するあらゆる態度の形成が、経験論的根拠によると主張しているかのように思われる[2]。したがって、全ての行動環境[3]は、截然と分かたれた主客のうち、主体を排除した客体の側にのみ存在することになる。

　しかし、人が、有限かつ相互に連関を持たない感覚的入力を自分の行動環境に統合するのは、感覚的入力に意味を与え、それを知覚することによってである。その意味を与えるものは言葉であり、意味とは言葉そのものだとも言える。

　その言葉は、一つの言語体系のおよそ不完全な標本に接する中で、あたかも、その言語体系が生得的構造でもあるかのように生成される[4]。ここから考えられるのは、外界についての観念の構成は、外界のあれこれに意味を与えそれとして認識する先験的な範疇が、人の内に無くては不可能であるのかも知れない、ということである。

　「大脳における多くの知覚過程の機能的解釈は、生物學理論の言葉によってのみ与えられる」[5]、あるいは、「事態というのは客観的な環境ではなく、その生活体にその際に成立した心理學的なもの」[6]であるなどの言葉が、人間が外界に付与するそれらの意味を、主体を排除した環境が一義的に決定するのではない、というこ

とを裏付けている。

つまり、我々が知覚し、解釈した外界が無条件で実在すると信ずる根拠は、どこにもない、ということなのである。知覚し、解釈した外界は、その事態の特性から誘導された行動[7]の成否によって検討され、物理的外界との対応が検証される。"環境"の教育が、実在すると信じた外部世界の知覚方法と解釈を教えることであるなら、偶然に知覚し、解釈した外界であっても、行動によって物理的外界との対応を検証することなしに、それを実在と信じてしまう心理的傾向を形成することになってしまうかも知れない。

領域"環境"は、子どもの生活圏、つまり行動環境を、非常に広範な外界と対応させながら取り扱うことを求めている。その行動環境とは、感覚的受容を意味によって統合した人の行動を誘導する環境であり、心理的な環境である。環境領域の教育を行うには、先ず、環境とは何かの問題など、解決すべきさまざまな問題点が存在することになる。

2 物理的環境

前項で、環境教育においては、環境をどう捉えるかが非常に重要であることを指摘した。本項と次項では、その捉え方について、環境についての幾つかの論を概観する中で、検討する。

環境に関しては、ゲシュタルト心理学が、早くからまとまった論述をしている。それらの論は一貫して、行動的環境[8]は、知覚過程の力学には現象的な対応物がなく、生物学の言葉によってのみ充分な機能的解釈が得られる[9]、あるいは、人の行動の展開は、その時どきの事態の特性から誘導され、その事態は、客観的な環境ではなく、その人にその際成立した心理学的なものである[10]などと、環境が一義的に心理的環境であることを、はっきりと述べている。

自然科学においてでさえ、その自然像はいつも人間を前提としており、自然に対するわれわれの関係の像なのだ[11]という。

しかし、1960年代頃から、米国で盛んになった環境心理学の研究[12]は、ゲシュタルト心理学の業績に一言二言、それこそほんの僅かに触れるのみであって、それらをほとんど無視してしまっている。その米国で盛んになった環境心理学に通底しているのは、それぞれの用途の人工的環境を、いかに設計やデザインをして、どの

ように構築したなら、人々にその用途に相応しい行動をとらせることができるかという、人間操作の考え方である。このことは、人間の動機が、一次的二次的動因のいずれであるかを問わず、結局は、一連の社会文化的システム（家庭、近隣、地域など）内における個人の体験の産物なのであり、人間の学習する内容が、たんに与えられた社会的役割を特徴づける行動のセットのみではなく、物理的場面を含んだ役割の出現する社会的文脈なのである、と述べていることからも明らかである。

この、人間操作の考え方については、それが1960年代の支配的考え方であったことを、次のような言葉ではっきり述べている論[13]がある。それは、以下のように言う。

人間とは、ほとんど無限に"整形"可能なものであるという前提が各界に浸透しており、大衆の行動コントロール計画のなかには、最新式設備を使って行われているものもあり、ここ二十年のあいだに、気分を変えたり、行動を改造したりするのに使われる薬剤が数百種類も出現しており、さらに続々と開発されつつある。

広告宣伝一般が操作力をもつものであることは疑う余地がなく、あの二十五年は、個人をコントロールする科学技術が、多方面で増大した時期であり、一九六八年という年は、イメージづくりの専門家たちが遂に大統領選挙の桧舞台に躍り出た年だった。

上記の言葉は、ＴＶの行動に与える影響などを考えるとき、相当程度認めない訳にはいかないであろう。そして、こうした人間操作が完全に為し得るのであれば、1960年代に米国で盛んになった環境心理学の主張は、かなりの真実味があるということになる。しかし、環境についての教育が、物理的環境が人間の行動を支配するという事情を変られないとするなら、我々は、宿命的な物理的環境の制約から抜け出せないだけではなく、物理的環境を操作し得る力を有する者、情報を支配する力を有する者などの支配からも、脱することが不可能になってしまう。

3 行動を誘導する環境

環境とは、一義的に心理的環境のことであると論じたゲシュタルト心理学は、具体的には環境をどのように捉えていたのであろうか。ゲシュタルト心理学の中の最もまとまった論述[14]から、その姿を眺めてみよう。

先ず新生児については、その生活空間が、"私自身の身体"と呼ばれる何等の領

域も存在しない。

　幼児の特徴は、心理学的環境の特性が、現実的世界としてあるのでも、非現実的世界としてあるのでもなく、二つの世界が比較的未分化なものという点にあり、知覚と想像、名前と事物、行為と呪的言葉なども未分化である。また、"嘘"と"真実"の区別はあやふやであり、願望と現実との区別も、相対的に欠如している。その上身体的条件が、心理的条件によってきわめて著しく影響される。

　しかし、現実と非現実とが早期に鋭く分離されることは、児童の発達にとっては望ましいことでは無く、そのために、目的の達成が現実の場合より容易であることによって現実からは距離のある遊びが、重要となる。それでもなお、この遊びの中で、現実の法則に縛られざるを得ないのである。

　この、早期の鋭い分化の危険性について述べている点は、参考にすべき非常に重要な指摘である。

　次に、児童にあっては、自己と環境との境界が大人に比して不分明であり、大人より広範囲におよんで、一つの力学的な統一体をなしている。そこで、環境の特定の部分を自発的に区分し、そこに集中して活動することは、漸進的に学習していかなければならない。また、自我と環境との境界の固さも少なく、したがって、外部の印象が、大人よりも容易に児童の人格の中心核にふれる。また、要求や他の内部的心理学的体系の緊張が、きわめて容易に衝動的行動や無制限の感情的示威の形をとって爆発する。

　この指摘は、幼児期の教育において衝動性の抑制を身につけることがいかに重要であるかを示している。

　自我と他人の間には、特殊な力学的連帯が存在するため、母親が離れるのは、子どもには環境に対する力の弱まることを意味する。物も同様であり、自身の身体のみならず一定の玩具、特別の椅子などが"私"に属している。

　こうした幼児児童の、発達中における生活空間の変化の顕著な特徴は、分化の増大であり、精神年齢と、分化の度合い及び心理学的環境との間には、密接な関係が存在する。

　その発達的変化における主要な差異は、

① 　心理学的現在、過去、未来における時間的展望、及び生活空間のスコープが、増大すること

② 生活空間の、すべての水準の分化が、増大すること
③ 体制化の増大
④ 生活空間の一般的な流動性や硬度（rigidity）における変化

などである。

対人的環境の差異は、
① 生活空間内の人の位置、隣接性、移動
② 現在の雰囲気に対処する順応
③ ある集団に入ろうとする傾向、及びある特定の子どもをその集団から除外しようとする傾向

などである。

生活空間の構造的変化は、
① 下位領域の数の増大
② 孤立した諸領域が一つの分化した領域に結合
③ 領域内の下位領域の数が減少
④ 一領域の下位部分が、比較的独立した領域に分離する

などである。

こうした心理的環境に対して、外部にあり、他者に対して説明可能な、客観的に存在する環境を"物理的環境"と呼ぶ。

4　心理的環境と教育

　行動環境とは、環境を、行動を誘導するという点で捉えたものである。この行動環境について、対照的な二つの論を見てきた。この行動環境が、一義的に物理的環境であるとするなら、行動環境の望ましい発達、これは取りも直さず行動の望ましい発達であるが、それが物理的環境の改善以外には図ることができないということになる。そして人間は、その物理的環境が持つ発達的限界を越えて発達することが不可能となる。

　その上、人間の行動の全てが、主体を排除した外界に誘導されたものとなり、行動の原因を本人に帰することがまったくできなくなる。その結果、行動がいかなる結果を招こうと、本人には、倫理的にも、道徳的にも、法的にも、一切の責任がないということになる[15]。幼児の時からこのように教育を受け続けたなら、一切の

責任感を欠いた人間に育ってしまう可能性がある。重大な罪を犯しながら"なぜ人を殺してはいけないのか"などと問い返す近頃の青少年を見聞きすると、そうした責任感を欠いた人間として育ってしまう可能性は、それほど小さくないように思われる。

　上記のような理由から、行動環境とは、一義的に心理的環境であると見るのである。その根拠は、これまでの論述で充分だと考える。勿論、この心理的環境は、物理的環境と無関係に成立するものではない。その時どきの物理的環境と心理的環境の双方の制御が働き、その統合として成立するものである。物理的環境と一切無関係に心理的環境を成立させ、さらに、その心理的環境に誘導された自分の行動に対する物理的環境からの反作用も受け取らなければ、教育は成り立たず、環境には完全に不適応ということになる。行動に対する物理的環境からの反作用、これが環境の制御の具体的現れであるが、その反作用を受け取ることで、心理的環境はその都度再統合されていくのである。

　教育において、物理的環境の改善をでき得る限り図るのは、当然のことである。それは、環境領域の教育に限ったことではない。その上で環境教育は、現状の物理的環境にどんな制約と限界があったとしても、それらを越えて、子どもたちの行動を真善美へ誘導する心理的環境を成立させる方向へ発達させるべく努力しなければならない。

　このような立場に立つと、環境教育について、以下のようなさまざまなことが考えられる。

(1) 身体性に及ぶ反作用

　その一つは、身体性を欠如させてはならないということである。

　領域"自然"を継承した"環境"の教育には、自然科学の前提である対象依存性が色濃く反映している。そのため、身体性の欠如、あるいは心理との乖離傾向が顕著に見られる。人には、身体性に不都合が及ばない限り、世界を自分に都合よく知覚し、解釈する傾向があるものである。

　はたで見ている者には、一見しただけ矛盾している、非合理である、おかしい、迷信的だなどとわかる言動を、当の本人は少しも疑わないばかりか、かえって、得意気に行っているという状況は、多くの人が見聞きしていることであろう。このことは、行動を誘導する環境が心理的環境であることを示している。

行動を起せば、物理的環境からはさまざまな反作用がある。しかし、それらの反作用が身体性にはっきりとした影響を及ぼさない場合には、人はなかなか行動環境である心理的環境を変えようとはしないものである。人間の生活環境の悪化についての問題などは、その典型的な例であろう。この問題については、身体性から考えることをしない限り、行動環境の変革をしなければならないような理解に達することは大変に難しいのではないか。

　体罰の問題なども、この点を合わせて考える必要がある。人格的に屈辱感を与え勝ちな上に行き過ぎることの多い体罰は、原則的に禁止した方が間違いは少ない。しかし、禁止するのと同時に、心身共に健康なる国民に発達する義務を有する子どもたちが不適切な行動をとった場合、その子どもの行動環境を望ましい方向に変容させるどのような反作用の在り方があるかということも、考えておかなければならないであろう。

(2) 実在との対応

　人の考え出した数量や図形を教える場合には、実在と対応することを忘れてはならない。

　数量や図形を通じて統合した心理的環境の適不適を、身体性を媒介にした目的的行動によって確かめることで、その数量や図形が具体性を帯びるのである。

　我々が、数値と共に為される意見にだまされ易いのは、そこに示された数量や図形を具体化し難いことにもあるのではないか。たとえば、あることが全体の１％から２％に変化したなら、確かに二倍になっている。何かの害を説く場合には、この方法がよく用いられる。しかし、他方かみるなら、９９％が９８％に減っただけであり、ほとんど変化が無いとも言える。こうした場合に、その１％の増減が重大問題になる事柄についてなのか、それとも９９％から１％減じたことがほとんど問題にならない事柄なのかを、具体的な事象の問題として考える必要がある。

　そうした態度を身につけるためには数量や図形を、目的的行動によって具体的な事象の上で確かめる体験が不可欠である。

(3) 自分による環境の評価

　人は、自分のさまざまな属性との関係で、自己を自己として確信する。属性と無関係に確信するのは、容易なことではない。自我の対象性とはこのことである。したがって、自分の属する環境をどのように感じ、どう評価するかは、環境の重要な

課題の一つである。

　ある種の鍵になる言葉を冠した事柄になると、それについて簡単に思考停止してしまう風潮は、鍵になる言葉は変わっても何時の時代にもあったことなのであろう。また、自分たちの主張に異を唱える者に対する異常な反応も、近年だけの問題ではないのかも知れない。

　けれども、近頃は、そうした風潮が、これまでに無く激しくなってきたように思われる。自分の属する国を貶めてしまったがために、自己にまったく確信を抱くことができなくなったことが原因になっているのであろうか。そうであると、自分自身の反応がさらに自己を不安定にし、どこかに悪を定めての激しく非難すること以外に、自分自身を維持する方法が無いということになってしまうのではないか。

　自己批判それ自体は必要であるかも知れない。しかし、それを自己の領域の外に向かって行った場合には、自己の領域に対する自分自身の評価を著しく低下させることになる。自己卑下にまでなってしまえば、どう表現しようと、自分の領域に対する評価は必ず低下する。

　人格を貶める行為をしてはならないだけではなく、子ども一人ひとりの領域に対する本人の評価にも、心を配る必要がある。

(4) 他者による環境の評価

　物理的環境として作用するものには、自分及び自分の属する物理的環境に対する他者の態度、評価も含まれる。

　自我の対象性によって、他者のその評価は、そのまま自我そのものへの評価となる。倫理や道徳、生きる力としての徳などが、誇りと無関係ではない[16]ことを考えても、環境教育では、そうした他者の評価をも考慮すべきであろう。

　たとえば、ある組織において事故や不祥事が連続した場合など、その組織を批判し、攻撃するのが通常であるようだ。その上で、職業倫理はどうしたのかなどと詰問する。そうした批判や攻撃は、組織という環境に対する外部からの評価ばかりでなく、内部の評価をも著しく低下させる。その上で、倫理感だけを向上しろと要求するわけである。しかし、その組織に属していることに何の誇りも持てなければ、倫理感も必然的に低下せざるを得ないのである。

　前項の自分による評価の場合もそうであるが、このことは、学級、幼稚園・保育所、学校、さまざまな部活動、家庭、地域、国家などの全てについて言えることで

ある。幼児教育では、学級、学年、幼稚園・保育所、家庭、住居などの問題について、こうした外からの評価にも意を用いることが大切である。

保育者や関係者は、当事者であると同時に、子どもにとっては、自分の属する物理的環境を評価する他者でもあるのである。

(5) 環境への直感

知識として外部環境[17]を把握し、理解するということは、誰の目にも捉え易く、わかり易い。しかし、ことに情動優位の幼児期においては、外部環境への共感性とも言うべき知識以前の直感も非常に重要である。

人は、それまでの経験から自分の行為の対象が傷つくと知ったから、その行為を抑制するというだけではない。たとえば、蜻蛉の羽をむしる、みみずを結びあわせる、金魚を水から出して撫でるなどは、直感的に自分自身の痛みとして感じる筈であり、また、そう感じなければならない事柄でもあろう。

相当な悪行を重ねた人間であっても、善悪の区別を知識としては知っているに違いない。しかし、悪だと知っていることが、その人間の悪行を少しも抑制しなかったわけである。そうであるとすれば、悪に対する禁忌や後ろめたさを生じさせるには、たんに知識として教えるだけでは十分とは言えない。常に、外部環境の傷みを我が身の傷みに対応させることによって、外部環境への直感を鍛えることも大切なのではないか。

外国語の教育も、上記の点から大きな危険を孕んでいる。

近年、発達の早期の段階から、具体的には小学校から外国語を教えようなどというたわごとを声高に主張する者が増えて来た。一部の小学校では、お先走りが実施したりしている。しかし、母語や母国語としての言葉の背後には、たんに知的な意味だけに止まらず、種々かつ膨大な体験の断片や情動、体感などが存在している。言葉は、それらと共に用いられて初めて現実の世界と対応し具体化するのである。知的な意味だけではなく、一つひとつの言葉に張り付いている価値、禁忌、後ろめたさなどが、人間の行動を制御するのである。これが、言葉の章で詳しく説明する言葉の行動調整の働きなのである。

小学校段階までは、母語や母国語を、体験や情動、体感などと共に身につけていかなければならない時期なのである。この時に外国語などを持ち込むことでそれを怠ってしまえば、言葉は、言葉世界に閉ざされることになり、言葉世界での仮想現

実をもてあそぶ空論用の道具になってしまう危険性がある。確実なことは、言葉にはりつかなければならない価値や禁忌、後ろめたさを欠いてしうことで、行動に対する制御力を大幅に低下させるに違いないということである。はっきり言えば、外国語など、知的な意味だけが正確にあやつれればよいのである。そして、それをする者は、是非にも、強靱な精神力と優れた知性や倫理感を備えた者であって欲しいものである。

その強靱な精神力と優れた知性や倫理感は、母語や母国語によってでなければ絶対に育てられないのである。

環境教育は、そうした点まで視野に入れる努力をする必要があるように思える。

(6) 注意を引く対象

行動環境が身の回りに限られているような子どもが、些細な品物によってその外側の世界に興味を示すことがある。そうした品物と子どもの対応が一つずつ確かめられていくなら、それらの品物を、行動環境を広げ、分化させることに利用できるかも知れない。

子どもにとってある種の物は"私"に属するものだと感じている。"私"に属するものの見当たらない不慣れな物理的環境では、どうしても臆してしまう。その結果、行動範囲が身の回りに限られてしまった子どもが、その物理的環境に存在するある種の物によって、それまでの行動範囲の外に興味を示すことがある。その品物が存在することによって、眼の前の物理的環境がこれまでよりいくらか親しいものに変化したか、あるいは、その物が存在する所まで自分に属する領域が広がったかしたのであろう。

保育室内でのそれぞれの子どもの場所がはっきりしなかったり、机や椅子など、どれがどの子どものものかを定めないで教育を行っている場合が少なくない。しかし、子どもの世界は、自分に属すると感じた物のところまで広がり、その範囲が、安定して活動できる場となるのである。したがって、自分の靴箱、自分の椅子、自分の収納棚、自分の帽子掛け、自分の場所などを、はっきりその子どもに属しているとわかる"しるし"を付して決めることは、子どもの精神的安定のために非常に有効である。

環境教育がこうした点に意を用いれば、子どもの行動環境は、より穏やかな行動を誘導する方向に統合されるようになっていくのではないか。

(7) 自分という環境

　行動環境の成立に最も大きな影響を与える外部環境は、対象化した自分自身である。

　身体的特徴を含め、自分自身を構成するほとんど全ての要素が、自分ではいかんとも為し難い宿命的に与えられたものなのである。望ましい行動環境を成立させるためには、これら全てを肯定的に受容する必要がある。

　身体的特徴を一つ取っても、個人的な特徴もあれば民族的な特徴もあり、誰もがその全てに完全に満足しているとは言い難い。それに加えて、生れながらの持病を抱えてしまった場合もあるであろう。しかし、たとえそうであったとしても、環境教育では、それらを肯定的に受容できるよう教える必要がある。身体を弄り回す、鉱物を埋める、髪の色を変えるなどに対する抵抗が少ないのは、そうした教育を積み重ねてくることが無かったことによるのではないか。少なくとも、まったく抵抗が無いのであれば、自分と言う宿命的環境を肯定できない故に、大変な悪環境としてしまったことになる。

　自分自身を肯定的に受容するのは、容易なことではない。ことに、幼児の目から見ても明らかな相違があるとわかる場合などは、それを受容するだけでも非常な努力を要するであろう。このためには先ず、周囲の誰もが、一人ひとりのそうした違いの全てを肯定的に受容できるように導くことである。幼児期であれば"本人のせいではない"と分っただけで、子どもたちの心に必ず存在する暖かい思い遣りが発揮される。

　そのような周囲の状況の中で、保育者の暖かい方向付けが持続的に為されることで、少しずつ本人も受容できるようになっていくのである。

　この問題に関連して気になるのは、生得的な容姿に異常に気を使う風潮である。文化や伝統としての立ち居振る舞いや身だしなみ、言葉遣い、表情などの美しさ、表現行動の端ばしからもうかがうことのできる心根の素晴らしさ、そうしたものに価値を与える教育がないがしろにされていることによるのであろうか。

　この疑いはともかくとして、環境教育は、自分自身の決意と努力によって磨き、向上させることのできる要素に、子どもたちが最高の価値感を抱くよう指導する義務があろう。少なくとも、生得的な容姿に異常に気を使う者が、宿命的な個々の差異を肯定的に受容するとはとても思えないのである。

第4章　領域環境　133

(8) 反作用に対する感性

　人の行動表現に対しては、必ず、外部環境の変容という反作用がある。この外部環境の反作用をを受け取る感性の教育も、環境教育に課せられた課題の一つであろう。

　一般には、環境教育に限らず反応を促進する教育が優位であり、外からの作用を受け取るのに不可欠の条件である"止る"、"待つ"、"間を取る"などは、それらを子どもに対する抑圧と解して、教育することを意図的に避けてしまうことが少なくない。

　先に述べたように、身体性に影響が及ばない限り、人は、なかなか行動環境を変えようとはしないものである。これは、人というものは、身体性に影響が及ばない限り、外部環境の反作用を自分に都合良く受け取り勝ちだということでもある。つまり、的確に受容する力を伸ばすことはそれほど容易なことではなく、そのための不可欠な前提である"止る"、"待つ"、"間を取る"などを可能にすることも、なかなかの難事なのだということである。

　表現行動を発し、その行動を持続させる遠心性の働き（反応）は、感情に属するものであり、行動の結果生じた外部環境からの反作用を的確に受け取る求心性の働き（受容）は、理性に属するものであると考えてよい。この反応と受容の両者は、同時に働くことができないものなのである。受容のための理性を働かせようとすれば、反応を引き起こす感情の働きを抑制することが必要なのである。しかし、感情と理性が同時に働くことが難しいため、感情の抑制を理性で行うことは、余程の修業を積まない限りできることではない。

　したがって、"止る"、"待つ"、"間を取る"などを可能にするためには、より強い感情による抑制が必要なのである。誤解を恐れずに言うなら、そのより強い感情とは"畏れ"であり、今日は、そうした教育をすることが非常に難しくなっている。現今の感情の暴発による反社会的行動の多くは、そうした今日の状況が最もよく現われている例だと言えよう。

　恐れるものを持たない人間ほど冷酷で残酷、残虐、横暴、いくら言葉を尽しても言い足らないほどに恐ろしいものは無い。このことの実例は、今現在も、世界中に山ほど存在する。

　環境教育に限ったことではないが、この難しい問題は、是非とも解かなければな

らないのではないか。

(9) 物理的宿命からの開放

　教育は環境の整備である、と信ずる幼児教育関係者は少なくない。しかし、家庭的条件、地域的条件、経済条件など、生活環境条件などのほとんど全てが、容易に変更できるものではない。ことに、子どもにとっては、宿命的とも言える条件である場合がほとんどである。そして、そうした環境が、子どもの発達に与える影響を完全に否定することは難しい。しかし、「環境を通しての教育」(『要領』)が、発達に対する環境の決定的な影響を意味しているわけではない。

　物理的環境を改善するため、できる限りの努力をする必要はある。しかし、それをすることが「環境を通しての教育」なのだと考えてしまえば、発達に対する物理的環境の影響を決定的だと認めてしまうことになる。

　子どもが、どんな悪条件の物理的環境にあっても、それらを、望ましい行動を導く心理的環境に統合するよう発達を可能な限り方向付けていくことが、環境教育の中心的使命であろう。そうすることで、変えることの困難な宿命的とも言える物理的環境から、子どもたちを開放することができるのである。

(10) 人間関係

　発達に及ぼす人間関係の作用は非常に大きい。具体的な人間関係だけではなく、その在り方によって決まる教育の場の雰囲気も、子どもたちの発達の方向に影響するところが少なくない。

　人間関係については、一般に、担任の作用までは考慮しても、職員全体の人間関係にまで範囲を広げては考えないことが多い。ことに、親や管理者が、自分自身の作用に気が付かないこと場合が多々見られる。

　たとえば、何が何でも反対を排除して自分の意見を通そうとする親が、異常に増えてきている。あれこれと、教育方法にまで口を挟んでくる親が、周囲の様子に鈍感なまま声高に非難したり、怪文書を流したりする例がある。こうした作用の悪影響は、幼児教育施設の関係者の教育的努力だけでは克服することが非常に難しい。

　また、挨拶ができない、馴れ馴れしい、乱暴な言葉遣いであるなど、人間関係における振る舞いの形式を弁えない親も増えて来ている。このような親と保育者の関係も、心理的環境の成立に悪影響を与える。

　園長や管理者が、子どもの面前で担任を非難する光景をしばしば目にした。保育

者は、子どもの不適切な振る舞いを正すためであっても、人格的な屈辱を与えるような方法は決して取らない。このことを常日頃口にしていながら、自分は保育者に屈辱感を味わわせていることに気が付かない園長や管理者が多いのであろう。保育者が、こうした人間関係の中にあってなお、子どもにとって良い人間的環境であり続けるのは、至難のことである。

　人間関係の作用に気が付き難いのは、親や園長、管理者に限らない。進級して担任が変った場合など、新担任が"新しい学級になかなか馴染まなくなるから、あまり子どもたちに声を掛けないで欲しい"というようなことを、前年度の担任に向かって要求することがある。園長や管理者がそのような指示をする場合もある。しかし、こうしたことは、"保育者－保育者"の関係を意に反して負の作用をするものにしてしまうものである。それよりは、逆に、新担任が"自分は、旧担任と非常に親しい"、"旧担任のような良い先生になる"、"旧担任を忘れないように挨拶しよう"などの内容のことを子どもたちに伝える方が、ずっと良好な人間関係を作り出すものである。

　園名を上げられないのが残念だが、訪ねて行った幼稚園で、園児から"お前は誰だ"、"お前は何だ"と言われたことが少なからずある。そうした園では、例外なく人間的な悪環境が"子ども－子ども"関係にまで及んでいる。

(11)危険への備え

　物理的環境を、管理し過ぎる嫌いもある。

　ある町で、子どもが池に落ちて死亡するという事故があった。それが原因となり、その街に、池の周りを囲む柵の設置要求が起こった。その実現をＴＶ（1997/11）が快事として報じていた。確かに、子どもの事故は防がなければならない。けれども、全ての物理的環境を管理することは不可能であるし、その子とを目指してしまえば、予期しない危険への備えを教えることができなくなるかも知れない。

　危険は、予期せぬ時、予想しない所にあるものなのである。未来が不定であることは、確かに大きな不安である。しかし、不定であるからこそ希望を抱くこともできるのである。もし、物理的環境の完全な管理がなり、あらゆる危険の予測が可能となり、不安を残らず一掃することができたとしたら、そのときには、不安と共に全ての希望も消え失せてしまうことになる。

　危険に備える環境教育とは、物理的環境の全てを管理し、あらゆる危険を排除し

ようとすることではない。全てを計画し、不時の災害、予期せぬ危険の存在しない環境を作ろうとすることでもない。
　為し得る限り万全の準備をした上でなお、予期せぬ時、予期せぬ所に危険があることを理解させ、それに対する心構えをさせることである。

(12) 環境としての記憶

　時どきの心理的環境は、印象的な断片を記憶として残す。一般にイメージと呼んでいるものは、この断片の記憶のことである。心理的環境の統合には、この記憶も大きく作用する。

　幼稚園・保育所で行われるさまざまな行事は、心理的環境のより良い統合のための記憶を残す絶好の機会でもある。

　入園式、遠足、参観日、七夕、夏の行事、運動会、芋堀り、発表会、展覧会、音楽会、卒園式など、一人ひとりには失敗があったかも知れない。しかし、それらの行事が終わったその瞬間から、明るく、楽しく、幸福な経験として記憶するように働き掛けていかなければならない。当人が何かを失敗だと思っている場合は、できるだけ早くに、それを愉快な経験に変えてやらなければならない。慰めたりすることは、かえって、失敗だと思いこませることになったりする。"間"の良い"皆、一所懸命やったよね"、"面白かったねぇ"、"楽しかったねぇ"などの言葉掛けは、子どもたちのさまざまな経験を良好な記憶として残すのに、信じ難い程の効果を上げるものである。

　未来への意欲、希望、勇気、そして生きる力は、そうした幸福な経験の積み重ねから生まれてくるのである。どんな物理的環境にある子どもであっても、そうした幸福な経験をする瞬間を作ってやることは不可能ではない。

(13) 方向付への抵抗

　心理的環境の統合に記憶が作用するということは、心理的環境の露骨な方向付けに対しての抵抗が非常に大きいということでもある。心理的環境の統合の様子は、しばしば非常な天の邪鬼でもある。

　環境教育とは、心理的環境の統合を方向付けようとすることであり、結果としては"心の教育"を目指すことになる。ところが、心は、相当に頑固で天の邪鬼でもあり、方向付けが逆に働いてしまったりする。そのため、心を直接教育することは、ほとんど不可能なのである。けれどもこの、外部からの方向付けに対する大き

な抵抗があるからこそ、心の安定も保てるのである。

この心理的環境の変革は、多くの場合、身体性に及ぶ失敗によって迫られるのである。しかし、自我と環境の循環的因果関係では、問題解決に失敗すると、行動環境を変えて再挑戦するのではなく、次にはもっと容易な事でも失敗するか放棄するかする[18]という。

したがって、方向付けに対する抵抗が大きいからといって、反作用を身体性に大きく及ぼしさえすればよいという訳にはいかない。けれども、心の強さ、責任の自覚などが、この心理的環境の変革の可能性にあることを考えるなら、環境教育は、この困難な問題を解決すべく、どの程度の困難や失敗が望ましい変革をもたらすかを、物理的環境と行動の関係で考えていく必要があろう。

第2節　環境の発達と教育

前節では、物理的環境は人に作用し、何等かの効果を与えはするが、しかし、人の行動を誘導する行動環境は、それら物理的環境の制御と主体の側の制御とが統合された心理的環境であること、及び、その立場から、環境教育をどのように考えるかを述べた。

本節では、同様な視点から発達段階の検討を行う。それぞれの段階には、対応する年齢を、一応の目安ととして付してある。

1　環境領域の存在しない段階

生後から2歳前位までが、この段階に当たる。

新生児には、自分と言える領域すら存在しない[19]という。このことは、全てが自分である状態、つまり全能であると同時にまた、全てが自分ではない状態、つまりまったくの無能でもあるという状態を意味している。

しかし、この新生児の知覚能力が、これまで普通に考えられてきた以上に高いことを指摘しする研究者[20]もある。それによれば"受容－反応"の協応は、たんなる感覚刺激の強さによるものではなく、刺激作用の高次な形式を基礎とした"知覚－運動"の協応であり、社会的知覚もまた、そうした高次な形式に依拠していると言う。

この点から考えるなら、この時期を自然的生活圏[21]の段階と呼ぶのはまことに適切な呼称であり、自然として誕生した子どもにとって環境とは、自分の生得の能力自体だとも言えるものであり、その能力が思いの他高いということなのである。この高い能力をもって赤ん坊は、主な養育者の行為を、あたかも自分自身の行為であるかのように知覚するのである。

　その主な養育者が、最初に周囲から分化する。今では、この分化は、嗅覚、聴覚ばかりではなく、視知覚的にもなされると考えられている。続いて"養育者－赤ん坊"の近く居る養育者と親しい関係にある者が、ゆっくりと周囲から分化していく。やがては、養育者と親しい関係にあるほとんどの者を、養育者とその者の関係を投影するようにして間接的に受け入れていくことになる。したがって、主な養育者と、赤ん坊が養育者同様に受け入れなければならない家族の一員との関係が不適切であると、赤ん坊とその家族の一員との関係も不適切にならざるを得ない。

　このようにして、赤ん坊にとって、次第に家族的生活圏[22]が特別の意味をもったものになっていく。

　この時期に重要なことは、直接の養育者を周囲から分離する分化以外に、物理的環境の特定の細部についての鋭い分化を避けることである。"お兄さん"、"お姉さん"、"お祖父さん"、"お祖母さん"などを、たとえそれほどの無理にではなくとも、教えることは避ける方がよい。必要があれば、ゆっくりと分化していくものである。それよりは、穏やかに、明るく、律動的に話しかける人間的環境を構成することが重要である。養育者の周囲からの分離自体も、何等かの効果をもたらす対象としてよりは、未だ境界は不分明ながら、朧げな自分と一体の領域としてであると看做す方が適切である。

2　環境に分化が生じ始める段階

　前段階に続いて、満3歳位までが、この段階である。

　次第に環境の分化が進み、家族的生活圏と呼ばれる行動環境が、周囲から別れて来る。しかし、その生活圏は、子どもと特殊な力学的連帯[23]関係にある大人が存在する環境、という意味を持っており、生活圏として完全に分化しているとは言い難い。そのため、空間的には非常に慣れ親しんだ筈の場であっても、子どもと結びついた大人が不在の場合には、そこが急激に自分の力の及ばぬ場に変貌する[24]可

能性が高い。母親の不在が、いつも過ごしている部屋までを見知らぬ空間であるかのように感じさせるなどは、その例である。

　それを逆に考えるなら、それほど慣れ親しんではいない、あるいは初めての場所であっても、子どもと密接に結びついた大人が存在すると、そこが自分の力の及ぶ場所に変貌する可能性があるということになる。母親に連れられた子どもが、他家や公共の場で我が物顔に振る舞ったりしているのをしばしば見かけるが、それはこのことによる。

　交通機関の中などで時折"父ー子ども（たち）"という組み合わせに出会うが、"父母あるいは母ー子ども（たち）"という組み合わせに比して、子どもの態度が実に穏やかである。これなどは、上記を証明する実例であると同時に、いかに母親が、父親に比してより密接に子どもと結びついているかを示す事例でもある。

　この段階で、家族的生活圏は、確かに周囲から分化し始めるのであるが、その分化は未だそれほど明瞭であるとは言い難い。しかし、それ以上に、自己と環境の境界がまだまだ不分明であり、子どもと環境とは、力学的に融合した一体だと考えられる。したがって、そうした環境から特定の部分を区分しての活動を急ぐことは、この段階でも避けることが大切である[25]。しかし、これは、子どもが覚えたり繰り返したりするとつい嬉しくなり"数"、"色"、"形"、"名称"など、次から次へと教えてしまい勝ちになる点でもある。

　また、禁止などは、軽く身体性を媒介にして行う必要がある。

3　社会的生活圏の萌芽が生ずる段階

　幼稚園・保育所の3歳児あたりが、この段階に当たる。

　幼稚園・保育所での生活の進展により、次第に、家族的生活圏と社会的生活圏の分化が生じてくる。しかし、表現行動の場であるそれぞれの生活圏が、固有の振る舞い方、表現行動の型を構成員に求めているという場の性格的相違を理解することはできない。依然として、両者のその相違は曖昧のままである。

　したがって、子どもの行動を誘導する行動環境への影響は、物理的環境の作用に比して自己の心理的条件の方がはるかに優勢である。そのため、子どもの行動が、その行動を起こさせた要求を満たすことに失敗しても、自分の心理的環境に対しての疑問は何一つ生じない。つまり、放任しておいたのでは、経験から学ぶことは非

常に少ないということなのである。

　自己は周囲から分離し始めるが、自己と環境との境界は未だに曖昧で、自他の区分や、新たな物理的環境と従来の環境との区分もはっきりしない。そのため、新たな物理的環境内においても、従来の家族的生活圏における行動が比較的保たれ、その結果がものおじしない活発な行動として現れたりするのである。こうした活発さが、新入園3歳児の発達段階を高く見誤らせる原因ともなる。

　しかし、曖昧とは言え、自己は周囲から分離し始めているため、その自己自体が心理的環境の統合に作用するようにもなる。子どもの行動に対して、はっきりとした評価を与えることが大切なのはこのためである。

　この評価が正負のどちらであれ明確であれば、その評価は、心理的環境の統合に作用する自己に組込まれていく。しかし、評価の正負や意味が曖昧であると、行った行動に意味を与えることができないため、評価そのものが自分に無関係なものとして捨てられてしまう。その結果、心理的環境に何の変化も生じないばかりか、自己の輪郭さえ曖昧になってしまう危険性がある。現在、将来共に、子どもが周囲から好ましく受け入れられるためにも、親しい大人は、子どもの行動に対する真偽、善悪、美醜の評価を、子どもが受入れやすい形で端的に伝えていく必要がある。

　この場合、偽、悪、醜の負の評価を避けてはならないが、真、善、美の正の評価が中心であることはいうまでもない。そして、子どもたちに環境に応じたさまざまな表現行動を要求するのは、要求に応えた行動に対して正を中心とした明確な評価を与える、つまり、子どもを賞めてやるためでもある。要求する側の真意は、そうした真、善、美に叶った表現行動を身に付けさせようとしてなのであろうが、"要求は、子どもを賞めるためにする"と考えた方が、保育者の心構えとしては適切である。要求に応えた子どもの行動を賞めるということは、どの子どもも、その要求に応えることができなければならないということでもある。そのためには、要求が困難であったり、複雑であったり、多過ぎたりしてはならない、ということも重要である。自他の区分明確な評価

　外部環境の特定部分に対する活動は、この段階でもまだ、急ぐことは避ける。

4　社会的生活圏が分化し始める段階

　幼稚園・保育所の4歳児位が、この段階に当たる。

3歳児の項で述べた"要求と評価"の関係は、この段階以後も忘れてはならないことである。

この段階のあたりから、①数字にのみ著しく執着し、相当の桁数まで読み、唱えることができる、②文字についてだけは、それらを弁別し、仮名文字はおろか、漢字まで読む、③自動車（あるいは船舶、航空機など）にのみ執着し、写真を見て名称から型式までを言うなど、これまで再三、"外部環境の特定部分に対する活動を急がないように"と述べて来たその行動が、目立って出現する場合がある。そして、こうした環境の特定部分を鋭く弁別する子どもに、基本的な社会的生活圏での適切な行動が十分とは言えない例が少なくない。このことは、環境の分化が、異なった生活圏毎に大まかになされれば十分であり、外部環境の特定部分に対する鋭い活動を要求することは、未だにあまり望ましくないことを示している。

周囲と自己の境界は次第に明瞭になり、新たな場の、従来の場とは異なった自分に対する作用も、受け取ることができるようになる。新たな場では、それまでとは異なった振る舞いが必要だということを、感じ取れるわけなのである。こうした発達は、自分には"求められている振る舞いができないかも知れない"という、新たな不安を呼び起こすことになる。この不安は、はっきり言葉で言い表すことはできない、なんとは無しに感ずるものである。

自分と強く結びついていた大人（養育者）の不在による無力感、不安感が、それ以前の段階での様子から察する以上に大きいのは、上記の理由による。新入園の4歳児を迎える幼稚園・保育所では、この点に十分配慮する必要があり、できる限り早期に"保育者－子ども"の親しい関係を作り出すことで、新たな生活圏を親しい場にしなければならない。

社会的生活圏の分化は少しずつ進むが、やや並列的であり、地域の中の幼稚園・保育所、幼稚園・保育所の中の我が園、そして年中組、我が学級などの包含関係についての理解は、容易ではない。また、それぞれの生活圏が誘導する行動をはっきりと捉えることも困難であり、自己の心理的条件に従った行動傾向は、この段階でも相当に優勢である。

その心理的条件を制御する主な要因は、子どもが適切な行動をすつように求める保育者の明示的な要求でなければならない。子どもに対する要求や支持をできるだけ手控えようとする保育は、この心理的条件に従う行動を無限に肯定することで、

情動制御の著しく困難な子どもを生み出してしまうことになる。

　これまでで重要なことは、幼児教育の中心課題の一つが、衝動の抑制、情動の制御であり、そのための主要な活動が、"表現行動の形式"による行動の制御だということである。生活圏におけるさまざまな場が求める振る舞いの形式を知り、それに従って自分の行動を制御する、このことが、衝動の抑制、情動の制御を可能にしていくのである。

5　社会的生活圏の統合が始まる段階

　幼稚園・保育所の5歳児が、この段階に当たる。

　家庭と幼稚園・保育所、仲良しの集団と学級、学級と年長組全体、年長組と幼稚園・保育所、そして、自分たちの園と近隣の幼稚園・保育所全体など、社会的生活圏の分化は相当に進み、その包含関係による統合も次第に可能になる。この社会的生活圏の分化は、それぞれの生活圏の性格的相違を心理的環境に反映させ、ある程度までは、それぞれの生活圏が誘導する行動様式[26]に従った行動ができるようになる。そのため、幼稚園・保育所と家との態度の違いなども、この段階あたりから現れ始める。

　また、自己と周囲の境界は、自己に対する自分の評価までもが心理的環境の統合に作用するほどに明瞭になる。したがって、できない、劣る、勝る、優れたなどの点も自覚され、心理的環境の統合に作用するようになる。ことに負の評価は、その心理的環境への圧力を高めるため、できないことを嫌いと言うなど、さまざまな方法で自己を防衛しようとする行動が現れたりする。

　上記のことは、生活圏の価値観を受入れ、それを自分自身で実現しようとする傾向でもあり、こうした傾向が顕著な5～8歳位の間が、基本的な社会性を身につけるのに最適の時期であることを示している。そうであるからこそ、できない、負ける、劣る、下手などの負の評価を受入れ難いのである。

　そうした負の評価も、心理的環境への圧力をそれほど高めることなく受入れるよう援助していかないと、自己認知の甘い、したがって、自分が招いた負の結果の原因を全て外部に帰するような人間に育ってしまう危険性がある。その負の評価を受入れ易くするための援助の中心は、その子の存在それ自体を肯定し受入れてやり、努力やわずかな進歩を、見逃さずに評価してやることである。

場における各作用要素の分化も進み、心理的環境は、それら相互の関係によって統合されたものとなる。これは場の内部の分化と構造化であり、そのために、行動もそれを誘導する行動環境も相当に複雑化してくる。場の内部の分化が進むということは、数量図形などを通した外界の知覚も、相当程度可能になっていることを示している。

また、自分の所属する場への他者の評価も、そうした作用要素として、心理的環境の統合を左右する。そのため、家庭・家族、幼稚園・保育所、学級・担任などに対する評価が、子ども自身に対する評価と同様の効果を持つことになる。したがって、そうした対象と強く結びついて生まれる生活圏に対する愛や誇りは、この時期に育て始めるのが適当である。

ここまでは、環境の分化統合を空間的側面から検討してきた。外部世界に存在する個々の事物は、我々にさまざまな効果をもたらす。これらの効果・作用を心理的環境に統合する条件は、身体性によっている[27]。このため、時間的側面は、身体運動を媒介とした知覚に関係することになり、その分化と統合は空間に比してやや遅れて発達する。

実践の結果を見る限りでは、3歳児からであれば、"直前－今－直後"の変化から数年の変化までは、十分に分化と統合が可能である。因果的論理などは、この時間的側面に負っているため、その分化と統合は非常に重要である。しかし、空間と時間とを心理的環境へ統合することは、その結果が四次元の世界となるために非常に困難であり、実際には、それぞれ個別に発達を図る他はない。

6 内在的生活圏として個性化する

自然的生活圏、家族的生活圏、社会的生活圏と分化発達してきた生活圏は、やがて内在的生活圏を形成するに至って、行動環境も個性化することになる。この内在的生活圏の成立には、さまざまな生活圏における多様な振る舞いや表現形式の使い分けが関与している。それぞれの場に従っての表現形式を使い分けることは、一人の人間がさまざまな顔を持つようになることでもあり、それらが一つの人格に統合され、複雑に分化、構造化された個性的な精神となる。

行動環境としての内在的生活圏が明確になるのは、青年期に至ってである。けれども、それ以前の8〜9歳あたりから、心理的環境が誘導する行動と、場の要求す

る行動とが葛藤を生ずるようになる。この時期を過ぎて、10～11歳の頃になると、場の要求する行動より心理的環境の誘導する行動を優先させるようになる。これが、内在的生活圏の成立した現れである。

　心理的環境の個性化は、外部環境のさまざまな作用要素に対する態度を個性化すると同時に、何によってどのような作用を知覚するかをも個性化することになる。たとえば、色や形を通しての知覚が優位である者、数や量を通しての知覚が優位である者、あるいは変化や機能の作用を主に受け取る者、形態や構造の作用を主に受け取る者など、さまざまである。

　このように、受容・反応の両面で個性化した心理的環境は、ただそれを外部環境の上に置こうとするのみならず、その心理的環境が誘導する行動を、さまざまな場において通用させようともする。しかし、そうした行動が受入れられることはほとんど有り得ないことであり、その結果、程度の差こそあれ大部分の青年は外部環境に対して敵対的になり、主観的に孤独になる。

　この時期に、①そのような周囲に対する敵対性を暴発させたり、②早ばやと外部環境と折り合いを付けてしまったり、③疎外感を抱きながら自分一人を高しとしたり、④生理的欲求と怠惰の中に閉じ籠もってしまったり、⑤孤独を、物に対する執着で補ったりなどすることは、どれも好ましくない。これらを避けながら個性化した心理的環境の誘導を理想にまで高めていき、具体的な表現形式によって、少しずつ、外部環境と折り合いを付けて行くことが大切なのである。望ましい大人に発達するとはこのようなことであり、それを可能にする土台が、5～7歳の時期に成立した基本的な社会性なのである。

　個性化し始めたこの時期を乗り越えるためには、"極性[28]"というもう一つの重要な問題がある。

　外部環境に対して多くの責任を持っている大人と、この青年期に入ったばかりの青年との間には、外部環境に対して認められている行動に質的な大きな差異がなければならない。その差が無いか、あってもわずかである場合には、青年が、外部環境と折り合いを付けて行こうとする困難な努力を、放棄しないまでも通り一遍のものにしてしまうかも知れない。この問題は、今日、多くの実例によって裏付けられている。それにもかかわらず、教育関係者は、それほど深刻には考えていないように思われる。

第3節　環境の教育課程[29]

　環境という語の内容は、近年、一層多様に、複雑になってきた。今では、地球あるいは人間生存の環境問題までを含んでいる。環境の意味をどこまで広げるか迷うところであるが、ここでは、「周囲の様々な環境に好奇心や探究心をもってかかわり，それらを生活に取り入れていこうとする力を養う」ことによって章の初めに上げた目標を達成するために「入園から修了に至るまでの長期的な視野をもって充実した生活が展開できるよう」(『要領』) な全体計画が教育課程であるということに従って、その概略を示すこととする。

　これから示す教育課程では、一々上げることはしないが、危険に対する注意はいつの場合でも最重要である。

1　3歳児
(1) 人間的環境

　時空間を越えて最も遠くまで保持され、心理的環境を方向付ける記憶の主要な部分を為すのが、この人間的環境である。自然は、一人ひとりの子どもに、人為の関与することのできない、しばしば不公平な特徴を与える。そうした特徴のする作用を、先ず周囲の人々が自然に肯定的に受け入れることが、望ましい人間的環境にとって何より大切である。

　家族の一人ひとりとの間で、担任と子どもとの間で、あるいは子ども同士の間で取り交わす挨拶は、人間的環境に望ましく作用するだけではなく、挨拶をするという行為自体が、一人ひとりの心理的環境を望ましく変容させていく。

① 　園や学級における基本的な行動規則の要求を、子どもが素直に受け入れられるよう、抱く、声をかけるなどで、"担任－子ども"の安心できる親しい関係を、できるだけ早く作る

② 　"子ども－子ども"の関係は、同一の集団に属したという抽象的な関係ではなく、具体的な名前をもって指し示すことのできる個々の子ども同士から始める。同じ組であるということをもって友達同士がまとまるのは、ずっと後のことである

③ "子ども－家族"の関係でさえも、同一の家族に属しているという理由ではなく、始めは個々に結んでいく
④ 同じ幼稚園・保育所の先生とは、挨拶ができるよう早く顔見知りになる
⑤ 友達の両親と挨拶するようになる関係は、具体的な友人の母親から始める
⑥ 同じ幼稚園・保育所の子どもとの関係は、組、年齢などが等しくなくても挨拶ができるようにしていく
⑦ 顔見知りの大人に挨拶する（さまざまな問題があるので、注意を要する）

上記一連の活動は、ねらいの［#2］に関連し、ことに、内容の［#2、7、10］などは、良好な人間関係無しには実現しない。

(2) 空間的環境

3歳児では難しいことであるが、空間的環境は"公－私"の軸の中で指導することが大切である。たとえ、家庭であってもいくらかは公の性格を持っており、どう"私"を抑え"公－私"の軸のどこに自分を位置付けるかは、環境教育が是非取り組まなければならない点である。

① 新しい場では、自分の位置、靴箱、椅子と机、棚など、自分の物や場所が決まらないと、なかなか心が安定しない。一人ひとりの子どもの"しるし"を定めて、それを目じるしにして子ども一人ひとりの場所や物をはっきりさせることは、こどもの安定のために非常に有効である。また、便所や水道などの生活に必須の設備も、どれを使ってもよいというより、始めは、場所を特定しておく方が安心できるようである。他の組、廊下、園庭などは、保育者が一緒に散歩したりしながら案内する。

② "皆の物品"、"皆で使う物"などの言い方は、なかなか理解できない。しかし、○○組の物、幼稚園・保育所の物、自分のではない物などの区別はできるので、そうした物品について、理解できる範囲で仕組みなどを知ることも必要である。保育者は、物品の扱い方が、物に対する子どもの姿勢や、その物が"公－私"の軸のどのあたりに位置づくのかなどによって決まって来ることを知っていなければならない。

③ 自分の家と幼稚園・保育所とではどのように行動するか、その違いについて知る

④ 自分の組とよその組（廊下なども含む）での行動の違い

⑤ 自分の家と他所の家での行動の違い（現在では、この点で軋轢が生ずることが少なからずある）
⑥ 自分の組と3歳児全体、幼稚園・保育所全体の違い（違いがわかるだけでよい）
⑦ 道路など公の場所と自分の家、幼稚園・保育所などとの行動の違い

本項に示した一連の活動は、ねらい［#2］に関連し、ことに内容の［#6,7］を実現する活動を導く土台となる。

(3) 時間的環境

時間的環境を実感するには、子ども個々の身体性、ことに身体運動や身体の変化を媒介にすることが不可欠である。行動や変化が時間の経過であり、この時間的知覚が因果の理解や論理の土台となる。比較的長い時間の経過も、本人の変化を手掛かりにすれば実感させることが可能であり、過去から未来への時間も少しずつ感じ取れるようになる。

① さっき−今−これから
② 食べ物、食事などを手掛かりとした、今朝−今（幼稚園・保育所）−夕方
③ 何をしたかなどを手掛かりに、昨日−今日−明日
④ 先週−今週−来週の変化と繰り返しに気が付かせる
⑤ カレンダーなどを活用し、季節、月の変化を、その都度気付かせる

時間的環境に関する活動は、ねらい［#1］に関連するものであり、ことに内容の［#3］を実現する活動となっている。

(4) 社会的行動

人間的、空間的環境も社会的環境の一つであるが、ここでは、社会的な場における振る舞い方を中心に取上げる。

3歳児の行動は、自己の心理的状態に従う傾向が強く、このことは"社会−自然"では"自然"が、"公−私"では"私"が優位であることを示している。したがって、幼稚園・保育所を始めとするさまざまな社会における振る舞い方を、自然のうちに修得していくことは非常に困難である。

また、職業などの理解は、自分や友人の家族、慣れ親しんだ物品などを手掛かりにする。

① "お早うございます"、"今日は"、"さようなら"、"おやすみなさい"、"お

めでとう"、"ありがとう"、"ごめんなさい"などの挨拶は、振る舞い方の基本である
② 行動の場が、"公－私"の軸のどこにあるかによって、振る舞い方の違いを少しずつ教えていくことが大切である。ことに、人間関係のありようによって公私の度合いが変化し、たとえ組の中の親しい者同士であっても公の性格を色濃く持っていることに注意する
③ さまざまな物品についても、その位置が"公－私"のどこにあるかによって、専有できるかなど、取り扱いに異なった態度が求められる。また、無駄にしない、丁寧に扱うなど、いずれの場合にも共通する態度を要求することも、大切である。
④ 自己を律することも社会的行動であり、一人でいる時の振る舞い方についても、3歳児なりにできるよう要求することが必要である

この項は、ねらい［#2］に関連し、ことに内容の［#6、10］を実現する活動である。

(5) 自然的環境

自然的環境の中で最も身近であり、最も大きく心理的環境に作用するものが自他の身体である。したがって、それをどう受け入れるかが、自然的環境の最大の課題となる。自他の身体に対する健全な態度無しには、生き物を始めとする自然に対する望ましい態度の育成が不可能になる。
① 身体に対する態度は、全体より手、足、顔などの部分に対する見方から入っていく
② 動植物など命あるものに対する態度は、自分の身体についての見方から類推することで形成する
③ 誰もがうとましく思うゴキブリ、蚊、蝿、雑草なども自然であり、そうしたものの命にも自分の身体や命からの類推が働くわけであるから、自然の意味は単純ではない。"蝿は殺すのにトンボを殺さないのどうしてか"、"花を取ってはいけないのに雑草を引き抜いてもよいのはどうしてか"程度の問題は、適当な機会があったなら、この時期の何時かは、子どもたちに投げかけてみてもよいように思える
④ 動植物の成育時間なども、自分の身体の成長との類推によって多少は感じ

取ることができる
　⑤　季節や天候の変化などは、生活の変化を含む自分の行動を手掛かりにすると、実感をもって理解することができる。落葉を使った遊びなども、自然と人間との関係に興味を抱かせることに役立つ
　ねらい［#1］に関連するのが本項の活動であり、内容の［1、3、4、5］を実現するものである。
(6)　数量的枠組み
　指で対応できる程度までの外界の事物との対応は比較的容易であるが、数によって対象を捉えること、抽象的な数を操作することなどは、この段階では、意図的に要求してはならない。
(7)　図形的枠組み
　4歳児に近くなれば、基本的な形である丸、三角、四角は、対象を捉えるのに十分有効な枠組みとして機能する。さらに、似ている、違っているなどの捉え方も、基本的な形から可能になる。
　前項と本項の活動は、共にねらいの［#3］を達成しようとするものであり、内容の［#8］を実現するものである。
(8)　環境の象徴
　①　自分の椅子、机、靴箱、棚、持ち物などに、動物、植物、雑貨などの絵を利用した自分固有の"しるし"を付すことで、象徴の意味を感性的にも捉えることができるようになる
　②　園旗の他に組の"しるし"や旗などがあってもよい
　③　自分の名前が分るなど文字に対して子ども自身が興味を示した場合は、そのまま見守ればよい。止めたり、揶揄したりして興味を削ぐようなまねをしてはならない。しかし、文字を教える必要はないばかりか、この段階で教えることは有害無益である
　④　国旗の理解までには、上記のような経過が必要であり、導入段階では、自分の"しるし"同様に大切にするものであるということを感じることが重要である
　これらは、ねらい［#3］を達成しようとするものであり、内容の［#9、11］を実現する活動である。

2　4歳児

特別の断りが無い限り、3歳児の教育課程は、指導の仕方、程度、内容、事例などに違いがあるだけで、4歳児でも変らない。以下には、それにつけ加える点だけを上げている。

『要領』との対応は、3歳児の各項末に記した通りであり、4歳児における同一の項目は、3歳児のその項目と同様の対応をする。

(1) 人間的環境

親から離れた時の無力感が大きいので、個々の"子ども－保育者"の関係で、具体的な一人ひとりの子どもに好意をはっきりと伝え、早く安心させることが重要である。

① 3歳児の指導過程に加えて、自分が地域や日本の一員であること、赤ん坊から老人までの間の幼児であることなども、わずかながら理解できる

② 自分たちと異なった風土の地域や国の人々については、知らせることはできても、具体的に理解させることは難しい。中でも外国に関しては、自分についての誇りに加えて日本人としての誇り持つことからの類推によるのでなければ、望ましい理解はできない

(2) 空間的環境

行動の場を"公－私"の軸に位置付けることは、3歳児では困難であったが、4歳児になるとある程度できるようになる。場の包含関係の理解は未だに困難であるが"公－私"の位置付けは、少しずつ前面に出していく必要がある。

① 自分－家庭－自分の組－幼稚園・保育所－地域などの違い

② 道路、公園、交通機関など、公の場が持っている皆が利用するという意味を伝える。ことに、公の度合いに従って私を抑えられるようになることが大切である。近頃の、どこにも座り込む、どこでも化粧をするなどの風潮は、そうした教育を怠ってきた結果であるのかも知れない

(3) 時間的環境

過去のない者には、未来が無い。したがって、さしたる過去の無い子どもが、遠い未来に起こるであろうことを、現在を律するための動機とすることは不可能である。先ず、子ども一人ひとりの身体性を媒介にしながら、時間の経過を感じ取らせ

ていくことが大切である。3歳児に比して感じとれる時間はやや長くなり、未来や過去に仮定した時点の前後という関係も、理解できるようになる。
　① カレンダーなどを手掛かりに、"先月－今月－来月"を理解させる
　② 年少－年中－年長の関係から、"去年－今年－来年"の理解が可能である
　③ 過去のある地点より"前－その時－それから"という関係は把握できるが、未来に関しては、これまでのところ、あまり良い結果が得られていない

(4) 社会的行動

　依然として、自己の心理的状態によった行動が優位であるが、この段階になったら、社会的な場においては、その"私＝自然＝自由"を抑制して、その場が求めるように振る舞わなければならない。このことを、たんなる抑圧と捉えてはならない。そうした場の求める振る舞いの型に身体を添わせることは、身体性の自覚、情動の制御、衝動の抑制などにもつながることなのである。
　また、職業などの理解もおいおい必要になるが、それは、友人の家族や参観日の両親の話しなどを手掛かりに、ゆっくりと行っていけばよい。
　① 人間関係や場所の"公－私"の違いによって、振る舞い方を変えることを求める
　② "いや"、"だめ"、"そうじゃない"、"ちがう"などの、否定や拒否を、どのように用いるかが重要になる。露骨に用いた場合、相手に不快感を与えることで本来の意味が機能しなくなる場合もあることを、言われる方に立場を変えて感じとらせる
　③ 自分の行動に対する反作用を、できるだけ敏感に感じ取れるようにする。4歳児段階に達すると、立場の置き換えが可能になり、そのことによって、充分に反作用を感じ取ることができる

(5) 自然的環境

　怪我や病気などを手掛かりにすると、身体が、自分自身でありながら変更することが不可能であり、自分では制御しきれないものであることが理解できるようになり、そうした宿命的環境を受け入れられるようにもなる。
　① 身体を、制御しきれぬものとして受け入れると、暴飲暴食を慎む、規則正しい生活をする、危険に注意するなどが、切実なものとなる
　② 地球環境の問題も、自分から折り合いを付けなければならない身体からの

類推によって、自分たちの身体同様の自然であることを伝えると、それによっていくらかは理解させることができる

(6) 数量的枠組み

物の集まりを数と対応させたり、集まり同士を対応させたりすることは可能になる。しかし、この段階の数をそれ自体で操作させることは、絶対に避けなければならない。また、数唱を増やしていくことには、ほとんど意味がない。

(7) 図形的枠組み

この段階になると、外界を、丸、三角、四角などのさまざまな形の組合わせとして捉えることができるようになる。

(8) 環境の象徴

① 自分のしるしは、4歳児以降でも重要である。その他、園旗、市町村の旗、しるし、家紋なども取り上げてみてよいと思われる

② 自分の名前が分るなど、文字に対して子ども自身が興味を示した場合は、それを励ましてやる程度にする。様子を見ながらではあるが、4歳児の後半からは、平仮名の読み方を教えてもよい。しかし、教える場合は、最低、音節に関する考え方だけは学んでおく必要がある。ドリルなどを安易に用いるのは、あまり益にならないばかりか、時には害になったりすることさえあるので注意を要する

③ 国旗は、上記のさまざまな象徴の意味を感じることを経て、理解できるようになるのである。この段階では、自分の"しるし"、幼稚園・保育所の旗などと同様に国の"しるし"であることを理解することが大切。ことに、自分の"しるし"を大切にする気持ち、踏まれたり足蹴にされたりした場合に感じる不快感や怒りの気持ち、そうした気持ちは、身近な"しるし"から類推することで国旗に対しても抱くようになる

3　5歳児

それぞれの項の指導過程は3歳児から連続するものであり、子どもたちの実態によっては、3歳児のある段階からの指導が必要な場合もある。以下に上げるのは、3、4歳児にさらに付け加える点のみである。

5歳児以降の環境教育では、行動環境を"公－私"の軸にどう位置付けるかが

重要な課題であり、このあたりから是非とも教え始めなければならない。自然環境といえども、決して"私"の側にのみ位置付けられるものではない。"公－私"の軸とは"観念－身体"、"人為－自然"、"管理－自由"、"保証－放置"、"人為選択－自然選択"などの軸に置き換えて考えることのできるものである。行動環境の"公－私"間の位置付けとは"公"の何を目的に"私"を何処まで抑制するかの問題である。

『要領』との対応は、3、4歳児の同一項目名の項末に記した通りである。

(1) 人間的環境

周囲にどのような人間関係があるかを、感じ取って行動するよう指導することが大切である。また、環境としての記憶の主要部分がこの人間関係であり、好ましい人間関係が、心理的環境を豊かな暖かい行動を誘導する方向へ向ける働きがあることを、忘れてはならない。

① 周囲の人間関係の多様さを感じ取らせる。人間関係の存在するところに"私"の百％の自由は無いことを感じ取らせる。このことは、立場の置き換えで容易に感じ取らせることができる

② 自分が、家族、親族、友人、組、幼稚園・保育所、地域、国など、さまざまな人間関係に属していること、および、それらが多様な包含関係をなしていることなども理解し始める

(2) 空間的環境

人間関係同様"公－私"間の位置付け、包含関係などを感じ取り、理解し始める。

① たとえば、物品などに関しては、それの属する場が"公－私"の何処に位置しているか、それぞれの包含関係はどうであるかなどによって、それに対する接し方が決まって来るが、その理解も可能になる

② 場所に関しても、同様の理解が可能になる

(3) 時間的環境

身体性を媒介にする点は変らないが、5歳児では、相互の行動を含むさまざまな変化の経過、順序などを捉らえることが不可欠で、これは、因果の理解や論理に直接つながるものである。

① "過去－現在－未来"の経過を、数年の長さで感じ取ることができるように

なる
②　4歳児でも幾分かは可能であったが、約束などの人間関係の連続性を実感できるようになる
③　過去や未来に、ある時点を仮定し、その前後の変化の順序、経過などを捉らえることが少しずつ可能になってくる。年月の経過や季節の変化などに対しても、このような捉らえ方ができるようになる

(4) 社会的行動

　行動環境の"公"の側面が求めている振る舞いを感じ取れるようになる。しかし、このことは"管理－自由"の対立における束縛を一層強く感じさせることでもある。そのため、心理的環境を望ましく方向付けるには"公"の側における多くの喜びの体験を保証する必要がある。さまざまな行事は、子どもの存在が周りから祝福され喜ばれていることを子どもに知らせ、そのことによって上記を保障しようとするものなのである。

　振る舞いそのものを美的視点から見ることも、忘れてはならない課題である。
　また、職業などについては、直接的な手掛かり無しにも理解できるようになる。

①　遠足などの行事で、子どもの行動環境は幼稚園・保育所を越えて広がる。そうした場における適切な振る舞いも、自分から感じ取ることができるようになる。子どもがそれを感じとれない場合は、指導過程を反省することが必要である
②　ものの言い方も振る舞いの一つであり、場の性質の相違による挨拶の仕方の違いや、言い方や言葉遣いの違いを、感性的にも捉えることができるようになる
③　施設設備や物品などに対する態度も"公－私"の複雑な状態を考慮して決めることができるようになる
④　自分の振る舞いによって生じた周囲の変化を感じ取り、不用意な振る舞いを抑制する。このことは非常に重要であるが、立場を置き換えれば理解するのにそれほど難しいことはない

(5) 自然的環境

　場の要求する表現行動の型や振る舞い方に身体を添わせることが、自分の身体の自覚につながることは既に述べた。しかし、こうした、ものの言い方も含めた振る

舞い方との関係で自然としての身体を自覚させようとすることは、多くの場合、子どもを抑圧するものだと受け取られ勝ちである。しかし、生得的条件は不公平であり、それを乗り越える美は振る舞い方の型にしか存在しないのである。このことを知ったなら、抑圧と取ってその指導を避けることが、いかに残酷なことであるかがわかるであろう。そして、その振る舞いを初めとするさまざまな面での型こそが、文化の中心でもあるのだ。

　自然に対する美的視点も、身体の、そうした人為で管理し得る側面と管理できない側面からの類推が無ければ、ただの感傷に終わる。自然の不思議さは、その管理し得ない側面にあり、人為による美の側面を欠けば、同時に他方も失われてしまうのである。

① 花壇のような管理された自然と、命のように管理できない自然の美しさと不思議さを、身体との類推で感じ取らせる

② 地球環境の問題を考えるための基本的な感性も、自然を身体になぞらえることで育つ可能性がある

③ この身体からの類推による人為と自然の関係は、動植物から天候、季節、山河、地球にまで及ぶものであり、それらを自分たちの外にあるものとして扱う限り、自然に対する望ましい態度形成は困難である

(6) 数量的枠組み

　この段階に至ると、外界からの入力の数量的な処理の延長として、内部だけで足す、引くなどの数量の操作を行うようになる。しかし、このことを急ぐより、身体性を媒介に外界との対応をしっかり付けることの方が大切である。

(7) 図形的枠組み

　自分の中で行う図形の操作が、模様、デザインなどのように外側に現れる。この活動は、数量とは異なって幾分かは早く発達する空間に属するものであるため、充分に実践に組込むことが可能である。この活動によって、構造や形態に対する美的視点も養うことができる。しかし、外界を基本的図形と対応させながら捉えることは、この段階でも忘れてはならない。

(8) 環境の象徴

① 自分および自分たちの"しるし"からの類推によって、さまざまな組織が、それぞれの"しるし"を持っていること、その"しるし"がその組織を表し

ていることなどが、理解できるようになる
② 文字を書こうとする子どもが現われたりするが、書き方を教えることは避けた方がよい。しかし、平仮名の読み方に関しては、この段階では読めるようになることが望ましい。指導の詳細については、言葉の章で触れる
③ 国旗も、その意味を感性的に捉えることができるようになる

4 環境の教育課程を編成する立場

　環境の教育を感傷的、情緒的なものにしようとする傾向も、例外的なものではない。とんぼの羽をむしる子どもの心を美化する実践、みみずを結び合わせて水に浸ける遊びを素晴らしいと感動してしまう実践などは、各種研究会でいくらも見聞きできる例である。
　こうした傾向の人々は、自分の実践を正当化するのに、領域環境の「内容の取扱い」に関する留意事項の4項目に示された「遊びの中で」、「次第に周囲の世界に好奇心を抱き」、「自分なりに考え」、「過程を大切」、「幼児の心が安らぎ」、「感動を伝え合い」、「自分からかかわろうとする意欲を育てる」(『要領』)などの言葉を盾に取るかも知れない。
　これに対して知性的認識を強調し、物理的環境をいかに認識させるかの立場に立てば「法則性に気付き」、「工夫する」、「養われるようにする」(『要領』)などの字句を、その正当性を示す手掛かりにするかも知れない。
　本論は、そのどちらの立場でもない。行動を誘導する行動環境は、物理的環境の作用を受けながらも、それに対して自分自身も作用することで統合成立した心理的環境である、という立場に立っている。この立場に立てば、「周囲の様々な環境に好奇心や探究心をもってかかわり、それらを生活に取り入れていこうとする力を養う」のは、教育する大人の責任だということになる。
　物理的環境を認識させる、あるいは子どもの行動を感傷的に美化するなどによって成立した心理的環境では、この領域が目標とする行動を誘導することは難しいのではないか。そうした望ましい心理的環境を成立させるためには、身体性を媒介に「環境とかかわり」、「不思議さなどに直接触れ」、「伝え合い，共感し合」い、「感覚」を養うなどの点を重視することが大切ではないのか。子どもの現われを感傷的に美化するのは論外であるが、物理的環境を認識することは確かに大切である。し

かし、本論は、後者を認めつつも、そのどちらでもない立場に立っている。前述した教育課程は、その立場から編成したものである。

---

[1] 鈴木敏朗の『環境（心理的）の発達と教育課程』(1998、教育実践研究紀要第20号、秋田大学教育文化学部附属教育実践研究指導センター、pp. ??-??) に参照した文献を上げて論じている。

[2] 人間の精神が白紙として生まれてくるという考え方は、古来からあった。この考え方によれば、さまざまな能力は、生後の経験によって、その白紙の上に書き込まれていったものなのである。近代では、ロック（『世界の名著　ロック・ヒューム』大槻春彦編（1995）中央公論社などを参照）が、これを主張した。

[3] 環境は人の行動を方向付け、誘導する。この点から見た環境を行動環境と呼ぶ。
人の行動を誘導する環境が心理的環境であると論じて以後は、行動を誘導する所に力点が掛かった場合に行動環境と、人の内に成立しているという所に力点をおいた場合に心理的環境と、双方の言葉を用いるが同じものを指している。

[4] N.チョムスキーが、この説を唱えた。『ことばと認識』(1980、井上和子他訳 (1984) 大修館書店) などを参照。

[5] W.ケーラーの『心理学における力学説』(1940、相良守次訳 (1951) 岩波書店) を参照

[6] 相良守次の『行動と生活環境』(1947、築土書店) を参照

[7] 相良守次の前掲書

[8] K.コフカが、『ゲシュタルト心理学の原理』(1935、鈴木正弥監訳、福村出版) において用いている用語。

[9] ケーラーの前掲書。

[10] 相良の前掲書

[11] W.ハイゼンベルクの言葉。『現代物理学の自然象』(1955、尾崎辰之助訳 (1965) みすず書房) を参照。

[12] 『環境心理学』1～6（H.M.プロシャンスキー、,W.H.イッテルソン、L.G.リプリン編(1970) 穐山貞登訳編 (1974) の1概念と研究態度、今井省吾訳編 (1976) の2基本的心理過程と環境、広田君美訳編 (1974) の3環境組織内の人間の欲求、大原健士郎訳編 (1975) の4社会的制度と環境デザイン、入谷敏男訳編 (1975) 5環境計画、船津孝行訳編 (1975) の6環境研究の方法、誠信書房) を参照。入谷敏男の『環境心理学への道』(1974、日本放送出版協会)、D.カンターの『環境心理とは何か』(乾正雄編 (1972) 彰国社)、C.マーサー『環境心理学序説』(1975、永田良昭訳 (1979)、新曜社) なども、基本的姿勢は変らない。

[13] V.パッカードの『人間操作の時代』(1977、中村保男訳 (1978) プレジデント社) を参照。

[14] K.レヴィンの『パーソナリティの力学説』(1935、相良守次訳 (1957) 岩波書店)、『トポロギー心理学の原理』(1936、外林大作、松村康平訳 (1942) 生活社)、『社会科学における場の理論』(1951、猪股佐登留訳 (1956) 誠信書房) などを参照。

[15] 柄谷行人が『倫理21』(2000、平凡社) のなかで、この問題を詳細に論じている

[16] E.H.エリクソンの言葉。『幼児期と社会』1と2 (1950、仁科弥生訳 (1977、1980)

みすず書房）を参照。
[17] 物理的環境と同じく、主客を截然と分けたと仮定した場合の、客体の側の環境を言う。
[18] レヴィン (1935) の前掲書
[19] レヴィン (1951) の前掲書
[20] T.G.R.バウアーの『赤ちゃんは内的言語をもって生まれてきます』(1984、岡本夏木他訳、ミネルヴァ書房）などを参照
[21] 三島二郎の『Mental distance についての基礎的研究Ⅰ』(1978、学術研究 27、早稲田大学教育学部 pp.23-36)、『Mental distance についての基礎的研究Ⅱ』(1983、学術研究 32、早稲田大学教育学部 pp.29-42) などを参照
[22] 生活圏については、領域人間関係の項でも詳しく触れている。三島の前掲書を参照。
[23] レヴィン (1935) の前掲書
[24] レヴィン (1935) の前掲書
[25] レヴィン (1935) の前掲書
[26] 個々の行動形式に対して、一つの場が求めるさまざまな行動形式の全体が集まって示す "〜風" といったものをさしている。
[27] レヴィン (1936)、コフカ (1935) などの前掲書
[28] "子どもと大人"、"女性と男性" ばかりではなく、"年少と年中、年長"、"年中と年長"、"幼稚園・保育所と小学校" などの違いを、電極の正負の差異になぞらえて極性という。たとえば、"子どもと大人" の違いを無くしていき、子どもに多くの行動を認めてしまうと、彼等はなかなか大人にならなくなってしまう。大人のすることの全てをすることができた上に、大人の責任は負わなくてもよい訳であるから、いつまでも子どもでい続けようとすることになる。
[29] 『要領』の環境領域
　1　ねらい
　(1) 身近な環境に親しみ、自然と触れ合う中で様々な事象に興味や関心をもつ。
　(2) 身近な環境に自分からかかわり、発見を楽しんだり、考えたりし、それを生活に取り入れようとする。
　(3) 身近な事象を見たり、考えたり、扱ったりする中で、物の性質や数量、文字などに対する感覚を豊かにする。
　2　内　容
　(1) 自然に触れて生活し、その大きさ、美しさ、不思議さなどに気付く。
　(2) 生活の中で、様々な物に触れ、その性質や仕組みに興味や関心をもつ。
　(3) 季節により自然や人間の生活に変化のあることに気付く。
　(4) 自然などの身近な事象に関心をもち、取り入れて遊ぶ。
　(5) 身近な動植物に親しみをもって接し、生命の尊さに気付き、いたわったり、大切にしたりする。
　(6) 身近な物を大切にする。
　(7) 身近な物や遊具に興味をもってかかわり、考えたり、試したりして工夫して遊ぶ。
　(8) 日常生活の中で数量や図形などに関心をもつ。
　(9) 日常生活の中で簡単な標識や文字などに関心をもつ。
　(10)生活に関係の深い情報や施設などに興味や関心をもつ。

(11) 幼稚園内外の行事において国旗に親しむ。
3　内容の取扱い
　上記の取扱いに当たっては，次の事項に留意する必要がある。
(1) 幼児が，遊びの中で周囲の環境とかかわり，次第に周囲の世界に好奇心を抱き，その意味や操作の仕方に関心をもち，物事の法則性に気付き，自分なりに考えることができるようになる過程を大切にすること。
(2) 幼児期において自然のもつ意味は大きく，自然の大きさ，美しさ，不思議さなどに直接触れる体験を通して，幼児の心が安らぎ，豊かな感情，好奇心，思考力，表現力の基礎が培われることを踏まえ，幼児が自然とのかかわりを深めることができるよう工夫すること。
(3) 身近な事象や動植物に対する感動を伝え合い，共感し合うことなどを通して自分からかかわろうとする意欲を育てるとともに，様々なかかわり方を通してそれらに対する親しみや畏敬の念，生命を大切にする気持ち，公共心，探究心などが養われるようにすること。
(4) 数量や文字などに関しては，日常生活の中で幼児自身の必要感に基づく体験を大切にし，数量や文字などに関する興味や関心，感覚が養われるようにすること。

第5章　領域言葉[1]

『要領』は、言葉領域の目標を「日常生活の中で言葉への興味や関心を育て，喜んで話したり，聞いたりする態度や言葉に対する感覚を養うようにすること。」だと述べている。

本章では、話し言葉が中心である場合には"ことば"、書き言葉をも含めた言葉一般及び領域言葉を表す場合には"言葉"と、二様の表記をしている。

第1節　領域言葉の保育

1　国語教育の問題点[2]

学校教育に限らず、広く我が国の国語教育には、何か非常に大きな欠落があるように感じる。その欠落がもたらした結果だと思われるのだが、日本人の言葉が汚くなってきたと指摘する[3]劇作家や文学者は、少なくない。

欠落など決して無い、との反論があるかも知れない。中身の理解はともかく、読むだけであれば、かつては、ほとんどの中学生が夏目漱石や森鴎外、樋口一葉などの著作をさほどの苦労無く読んだ。明治・大正や昭和初期の中学生を言っているのではない。新制中学初期の頃のことである。ところが、今の大学生は、それらの作品を読むのに大変な苦労するばかりか、ほとんど読めない者さえ少なくない。欠落など無いとの反論があるのであれば、その方がたの国語教育の目標が、こうした状況を産み出すことであったのであろうか。

この兆候は、学制改革直後から現われ始めた[4]。幼稚園・保育所における言葉の教育は、そうした国語教育を受けた世代の保育者が担うことになっていく。そのためもあってか、幼児教育における言葉の教育は、上に述べた国語教育以上に欠落の多い文学趣味の濃厚なものである[5]。

いつの時代であっても、我が国の言葉を疎略にすれば、我々の文化が存在し得なくなるのみならず、我々日本人の存在自体までも危うくなろう[6]。我々の文化の根幹であり、日本人の精神そのものである日本語は、過去から伝えられて来たものであり、その豊さ、美しさ、的確さは、その日本語が積み重ねて来た歴史的遺産によ

っているのである。現今の国語教育は、それらと絶縁してしまったかに思えるのである。豊さ、美しさの源泉である過去の蓄積と切れてしまえば、言葉は、必然的に貧しく、醜くなる。

　どんな意見であれ"国際化"という言葉を付して述べられると、その意見に対する思考を停止してしまう嫌いがあるようだ。小学校から英語の学習を始めるなどは、そうした思考停止の典型的な例である。世界の潮流が国際化に向かっているのであれば、その流れに乗り遅れぬために我が国に必要なものは、優れた頭脳と強靱な精神ではないのか。そして、ほんのわずかでも世界の歴史から学ぶことができるのであれば、その上に"力"も必要であると、容易に理解できるであろう。

　肯定する場合の"新しい"、"革新"、"未来"、否定の場合の"古臭い"なども、そのような思考停止を招く言葉であるようだ。それらの言葉によって思考を停止したまま過去と断絶してしまった頭脳が、貧しい知性とひ弱な精神、貧弱な力に加えてペラペラ英語を喋る口さえあれば、国際社会で互角に渡り合って行くことができると本気で信じているのであろう。海外旅行の際、買い物に便利程度の効果に対しては、投ずる費用が膨大に過ぎよう。

　国語教育は、過去を切り捨てることによって歴史までを疎略に扱った。国語教育が底の浅い言葉と小手先の技巧しか持つことができなくなったのは、そのためであろう。歴史と断絶してしまったが故の奥行きの無い、上げ底の精神を育ててしまった責任の一端が、国語教育にあるように思えるのである。

　過去に学ぶことの無い"未来志向"や"革新"などは、いっときだけの珍奇な見世物でしかなく、たちまち忘れ去られてしまうものである。過去の無い者には未来が無いとは、これまでにも繰り返し述べてきた。よりよい未来へ向かう改良は、過去の歴史の学ぶべきを学び、捨てるべきを捨てた上にしかあり得ない。それを忘れてしまったところが、国語教育の最大の問題点[7]なのではないか。

　端的に言うなら、小学校から古典の教育を始めるべきなのである。幼児教育における言葉の教育であっても、そうした、我が国とその文化を愛する国語教育に連なるものとして為されるべきなのではないか。

2　問題点の検討方法

　前項で論じた問題点は、解決も幼児教育に生かすも不可能であるように思えた。

しかし、たとえわずかなであっても実践の可能性を探すべく、研究者と実践家による研究会[8]を発足させ、具体的な言葉の教育を模索し始めた[9]。その研究会では、早くから指摘されていた[10]以下の三点の弊に陥らぬよう自戒しながら、時間をかけて検討を行っていった。

① 教育実践と精神発達の間に、固い因果関係の無いことは明らかだが、まったく無関係であれば、教育そのものが無意味になる。この関係を少しでも明らかにしようとして続けられた実践が、ほとんど見当たらない

　これ点に対しては、一度に大きな改革を目指さず、改良できる部分をわずかずつ変更しながら、その結果を、できるだけ長い期間の実践によって確かめていくことで対処した。

② 原因と結果といった固い因果関係の存在しない教育では、教育とその結果の確かめられた関係の上に教育研究を為すことが、恐ろしく困難であることは理解できる。しかし、そのためであっても、何を為すべきかを定め、それを絶対視して実践を行ってはならないのではないか

　結果を検討することなく為すべきことを先行させ、その為すべきことを為したことで自画自賛してしまう教育実践が少なくなかった。そうした弊に陥らぬよう、実践結果を、それ以前の自分たちの実践結果だけでなく、他の方法による他園の多くの結果とも比較検討することで対処した。

③ 上の①②にもかかわらず、教育と発達結果との間に固い因果関係を措定し勝ちである

　これには、教育結果が確かめられたからといって、実践と発達結果の間に、時代的状況やその時の社会的状況と無関係に、閉ざされた固定的な因果関係を措定してしまうことのないよう注意することで対処した。

加えて、幼稚園・保育所時代の教育が、その後の人生にどの程度影響するかを確かめるため、その教育結果をできるだけ長く、できれば１０年２０年にわたって追跡する[11]よう心がけた。

3　メタ言語的教育法

この研究結果は、一応の結論を得た段階で幾つかの報告にまとめている[12]。その要約[13]は以下の通りである。

① 当初から予測していた[14]ように、言葉は体験から宙乗り[15]し易く、言葉だけの世界に閉ざされてしまい勝ちなものである
② 言葉は、基本的になかなか通じ難い性格のものであり、その使用に当たっては、送り手と受け手の双方に細心の注意を求めなければならない
③ 衝動を抑制し、自分自身を制御するのは、行動の形式と言葉によってである。そのために必要な言葉の行動調整機能の発達は、是非とも幼児期に図らなければならない
④ お喋りと思考を同時に行うことは不可能であり、反省的思考の発達を図るためには、お喋りを止めなければならない。沈黙の"間"をとることは、そのためにも必要なのである。
　幼児教育関係者の多くは、そうした沈黙の"間"を、子どもが生き生きと活動していない、沈んでいる、抑えつけられているなどと非難し、嫌うことが多い。しかし、そのように言う人びとであっても、精神がざわざわとした喧騒の中で活発に活動するとは考えないであろう
⑤ 思いやりとは相手の立場に身を置いてみることであり、この能力を育てるためには、立場の交換や子どもの見地を協調するための話し合い[16]がどうしても必要である
⑥ 話し合いが"吊るし上げ"や"相互批判"になってしまうと、批判する方もされる方も両者共に心に余裕が無くなり、相手の立場を見失ってしまい、話し合いから見地を協調させる効果が失われてしまう。したがって、必ず全員が幸福になる方へ向けて進行しなければならない
⑦ 話し合いは、たんなるお喋り合いではない。大げさに言えば、条理を尽くしてする討議である。その話し合いの進行を子どもに任せたため、恐るべき結論に至った例[17]は、枚挙に暇が無い。話し合いでは、必ず保育者が進行役[18]となり、話しの進め方や結論に責任を持たなければならない

話し合いは、模試でもなければ"ごっこ"でもなく、子どもにとっても保育者にとっても、切実な現実の生活なのである。
　子どもにとって確かに遊びは重要であり、それは幼児教育の場に限ったことではない。子どもたちは、遊びの中で沢山のことを学ぶ。しかし、子どもの生活の全てが遊びであるわけではない。食事も、排泄も、寒暖の調節も、喧嘩も、そして遊び

の中で起る葛藤も、それらは決して遊び事ではないのである。喧嘩を遊び事の連続と捉え、それを肯定する主張もある。しかし、遊びで負けても悔しいだけであるが、喧嘩で負けることは、死活に関係しさえするのである。

　いじめの問題なども、この点から考えてみる必要があるのではないか。幼児教育では、子どもの生活の全てを"ごっこ"で覆ってしまうことが普通に行われている。死活にまで響くような深刻な生活が幼児にもあるということを、まるで忘れてしまっているようである。こうしたことも、いじめの遠い原因となっていはしないだろうか。ともあれ、話し合いを"議会ごっこ"にすることは、絶対に避けなければならない。

⑧　我々の精神は、言葉そのものであり、作品を吟味した絵本、物語、詩歌の手助けなしには、真に豊かな言葉の発達は望めない。しかし、文学趣味に陥ってはならない

　保育者の中には、子どもたちが発する思いがけない言葉を記録し、口頭詩と称してそれを珍重する人びとがいる。小中学校の国語教育でも、児童生徒に詩を作らせたりする。しかし、詩と呼ぶに値するものを作り出すことは、たとえ中学生であっても不可能に近い。我々の言葉を美しく組織するためには、音韻の法則、配列の規則、全体を支配する形式、言葉の背後にある歴史を弁えていなければならず、それでもなお、詩を作るには不十分なのである。そうした法則や規則、形式、歴史の支配を拒絶した自由詩が、日本人に民族の詩歌を失わせてしまった事情を考えれば、このことは即座に納得できるはずである。

　一つの詩を作らせる時間があるなら、十の優れた詩を暗唱させる方が、豊かな日本語の教育としては遥かに優れている。

　口頭詩に対する疑問から"優れた詩の暗唱"を試みることになった。この実践から上記の考え方が生まれ、それは、"優れた詩の暗唱"の実践によって確かめられてきた。

⑨　自分のことばを確認するため、文字によって記録することを行ってみる。
　　そのため、"はんこ"による作文[19]という方法を考案した

　詩に関して述べたことは、文を綴る場合にも通ずることである。"思った通り自由に書け"、"話す通り自由に書け"という教育が、手紙一つ満足に書けない日本人を産み出してきた事実が、作文の練習には、何よりも先ず優れた例文を真似るこ

とだ、ということを示している。近頃驚愕した例に"家族に対する不満"を作文させるというものがある。こんな"揚げ足取り"を教育すれば、貧しいだけではなく、下劣でもある精神しか育たないであろう。

"はんこ"による作文の場合も、尻取り、頭字集めなどから始り、"せんせい、あのね"といった形式を与え、その範囲で綴ることを続けていく。

⑩ 感情の分化とそれに対応する豊かな感情を表す言葉は、多様な人間関係があって初めて育つことができる。そのために、子ども同士の多様な関係を作り出していくことが重要である

⑪ 身体や顔の表情、発話の音声形態[20]などは、ことばの意味以上の内容を表す場合が少なくない。他者の発話に現われたさまざまな表情に注意を払わせ、気付かせることで、語意以外の点にも注意して発話するようにしていく

⑫ ことばは、無意味なお喋りだけに酔ったり、意味することや言外の意味に無自覚、無頓着に喋り散らしたりし勝ちである。こうしたことをできる限り避けるためには、体験から遊離した方法は取らない方がよい

上記の要約のうち①②③⑩⑪⑫などは、幼児にことばを教える場合、具体的な生活の場に即して教えなければならないということを示している。これに対して、言葉それ自体の論理に従って、言葉を言葉によって教える方法が盛んに行われている。この方法は、誰でもが、いかにも言葉を教えているという気になれるという意味で分かりものであり、そのために、実践の方法も理解し易い。たしかに、青年期以後には、こうした教育法が有効であり、必要でもある。しかし、幼児期の子どもに対してこの方法を用いると、言葉は、簡単に体験から遊離してしまう。メタ言語的教育[21]とは、ここのような、言葉を言葉によって教える教育を指して名付けたものである。

4 実践から得た幼児の言葉の様子

メタ言語的教育に対して、教えたがりにならないこと、体験や身体性から遊離しないことなどの原則による言葉の教育は、理解が難しく、実践の方法も容易ではない。その上、保育者に絶え間ない学習を要求する。それにもかかわらず、この考え方に賛同し、実践を始める園が少しずつ増えていった。そうした多くの園での実践の結果、以下のようなことが少しずつ明らかになっていった[22]。

① 子どもは、音声形態的表情を非常に幼い時期から、極端に言えば、生後すぐから、感じ取ることができる
② 幼児期には、状況に応じて意味より音声形態的表情を多用することがある。ことに、何等かの感情処理[23]を要するような場合には、音声形態的表情が顕著に現われる
③ 発話に伴う節（ふし）は、ことばの生成[24]と同時に現われる。その音高の構造は、母語の音韻に制約されて成立する。我が国の"わらべうた"の旋法の構造は、母語と共に生成していく[25]
④ 子どもは、音声形態的表情を的確に理解する。発達的には、発信、受信の双方とも語の意味理解に先行する
⑤ 乳児の場合、養育者がかけてやる言葉は、語意や文法的な正確さより、暖かく明るい音声形態的表情と、触れる、抱く、揺するなどの運動感覚との関係が重要である
⑥ 音声形態的表情を、意図的に用いることができるよう指導することが大切である。それを充分に成立させないと、自分の発話の音声形態的表情に無自覚になり勝ちである
⑦ 自分の発話の音声形態的表情に無自覚な場合には、ことばが体験から宙乗りし易く、発話の意味する内容にも無自覚となり、自分の発話が他者に与える影響についても鈍感になり勝ちである
⑧ 幼児期にメタ言語的な言葉の指導を行うと、言葉が体験から遊離するなど、望ましくない結果を招くことが少なくない。ことに、自分の発話が他者に与える影響に無自覚となる

普段、欠席することの無い学生が出席していなかったので"どうしたのか"とたずねたところ、"わかりません"と切り口上の返事であった。その言い方は"取り付く島が無い"とか"にべもない"というもので、聞く人に非常な不快感を与えると注意したところ、それが"正しい標準語である"と習い"そう言えと教えられてきた"と言うのである。そこで、家で話しているように言うことを求めたところ"なしたんだすべ"ということであった。こちらの方がずっと友好的で、上品でさえあるではないか。

⑨ 言葉を生成していく過程は、同時に、社会的に悪とされた行為に対する禁

忌や、そうした悪を、隠れて為してしまう場合の後ろめたさなどが育つ時期でもある。これらの感覚は、倫理感の基礎でもあり、身体感覚と結びついた言葉の果す役割が大きい。身体感覚と遊離した言葉の教育では、こうした感覚を育成することが困難である。小学校から外国語を教えるなどは、言語獲得の初期段階にこうした感覚を育てなければならないということを、まったく考慮していないのであろうか

⑩　発話の音声形態については、それの表す表情との対応が生得的である可能性が大きい。もし生得的であるなら、感情処理と密接な関係をもちながらも、自分の発話に付く音声形態の他者に与える影響に無自覚になり易いのは、言葉の本質からくる問題であるのかも知れない。したがって、それを自覚させるための意図的な教育を欠いてはならないことになる

多くの実践から見出したこれらの事実は、幼児期の言葉の教育を試行錯誤の段階から抜け出させ、仮説を立てての実践と結果の検討を可能にした。このことは、実践結果の検証をより的確なものにすることとなり、さらに、多くのことが明らかになっていった[26]。

5　少しずつ明らかになる実践方法

見出した事実は再び実践に組み込まれ、言葉の教育の実践方法が、次第にはっきりとした姿を取り始めた。

①　3歳、4歳、5歳では、ことばの性格が非常に異なっている。その違い方は、とても連続しているとは思えないほどである

②　子ども同士がする会話は、大人と子どもがする会話に比べて、内容がはるかに豊かである[27]

③　平仮名文字を、一音節ずつ一つの"はんこ"にしたものを押しながら文を綴るのは、言葉を用いる速度を著しくゆっくりにする。そのため、必然的に沈黙の時間が生じ、一人言を誘発することになる。このことは、思考や行動調整の機能を果たす内言を育てることになり、加えて、ことばを身体化[28]する上でも有効である

④　発話は、話したその瞬間から消えていってしまう。話した当人は、自分がどういう積もりで話したかは記憶していても、どう発話したかという、受け手

に実際に効果を及ぼしたことばの方は、ほとんど覚えていない。このことは、幼児に限ったことではないようである。"言った"、"言わない"で起る揉め事は、成人の世界でもしばしば経験することである。

　発話を文に綴れば、綴った者は、それが自分の言葉であることを納得しないわけにはいかない。同時に、それを受け取った者にとっても、発信者がはっきりとする。複雑な感情問題なども、この作文を学級で紹介することで、全員が比較的容易に理解することができる。その結果、体験に根差した意味とことばとの関係も強化される

こうした点が少しずつ明らかになってきたことで、言葉に関する教育課程の編成が可能になったのである。

6　言語理論の概略[29] －言語研究－

以下に、言語理論の概略を眺めて見る。

言語そのものについての研究は、ソシュール[30]やヤーコブソン[31]あたりに始まると考えてよいであろう。

ソシュールは、言語とは"社会的慣行[32]"であるという。彼は、一つの社会で生活している全ての人びとが、生まれて以来の意識や行動において生成された意味体系の総体が言語であると考えていた。

この意味体系を用いてする意志の表示方法には、口語、文字、身体表現、さらには目くばせ、裾を引っ張る、泣く、叫ぶなどがある。これらは、その全てがサインだと言える。このサインには、感覚的に視覚を通すとたとえば文字、聴覚を通すとたとえば口語、運動触覚を通すとたとえば身体表現の三通りがある。それらの内、思考という高水準の内容を伝えることのできるのは口語や文字に限られ、しかもなお、それだけでは不十分である。

また、言語[33]は記号であり、その機能は、思考を含む読み書きを合わせたコミュニケーションが中心である[34]。言語と言った場合は、話す聴く、書く読むなどの言語機能の全般を指す。ところで、言語障害などの場合では、実際は、その全般を意味する言語より口語[35]が問題になることが多い。

言語についての考え方では、今日もなお有力なものに構造主義[36]がある。これは、ピアジェ[37]のいう構成主義[38]とは、区別しなければならない。この構造主義

によれば、言語は人間の可能性の総体であり、口語や言語は、そこから作り出される（生成される）のだという。

この構造主義は、人間科学を自称しており、言語学[39]は、その一つの重要な方法論として位置付けられているのである。そして、その言語をコミュニケーションの機能と考えており、特定の規則に従って組み立てられていく（構造）記号の体系だと言うのである。

このような構造は、人間のさまざまな形態が示す全体的な体制のモデルであることから、構造主義はただ言語学にのみ終始するものではないと主張する。構造主義者たちは、この構造主義を一つの踏み台として、人間の科学、あるいは社会科学などにも適用し得ると確信している。そして現実に、人類学[40]、精神分析学[41]、認識論哲学[42]、経済学[43]など、さまざまなものが現われることになった。

これらの構造主義は、心理学にとって非常に脅威でありながら、心理学者はそれを見逃していた、というのが実情であった。

いかなる立場から出たものであるにせよ、構造主義者の大部分には共通する特徴がある。その一つは、人間の社会行動を研究する場合、必ず言語学をモデルにすることであり、2つ目が、非歴史的、非イデオロギー的立場をとることである。非歴史的とは、非発達的、空間的[44]ということであり、非イデオロギー的とは非マルクス主義的ということである。これは、純粋な自然科学の立場に近いものだとも言える。しかし、このことが限界となり、今日では、構造主義は既に終わってしまったと言ってもよい。

7　言語研究の概略[45]－生成と発達－

このような、生成論的な構造主義の言語論に対して、伝統的な心理学[46]の立場からも言語は論じられている。その言語論は、生成論に対する学習論であり、言語条件づけと言えるものである。刺激や反応を言語で与え、言語で応答するというこの論は、ただ言語獲得の過程を研究するだけであり、人間には何故言語が生ずるか、という問いには答えることがない。

そのような状況であったために、心理学は、言語研究に関しては遅れているという批判がでることになった。認知心理学は、この空白を埋めるものとして出現するのであり、それが出現するように刺激したのは構造主義であったとも言える。心理

学が人間性に近付くためには、どうしても言語研究が避けられないからである。

　言語についての考え方で、構造主義に似た立場をとっている主張が、ピアジェのものである。彼の主張は、これまで述べてきた構造主義とは異なるものであり、区別するために構成主義と呼ぶのが適切であると思われる。

　このピアジェの構成主義は、論理的、数学的構造をモデルとしたもので、非歴史的、自然科学的である点では、構造主義と類似する。この非歴史的、自然科学的であることを徹底すると、行動主義と同じことになる。しかし、ピアジェ自身は、行動主義を否定する立場に立っており、それとの違いを強調するために、自分の立場を発生的構成主義と呼んでいる。ピアジェは、この進化論的であるということを意味する発生的を冠することによって、構造主義とも行動主義とも異なる立場を目指したわけである。

　ピアジェがあえてこの構成主義を主張する理由は、構成が、反映的抽象や自己制御の機構によって初めて可能になるのだということであり、このことが同化と調節を意味するものなのである。ピアジェは、構造主義や行動主義は、環境要因が中心だと考えていた。それに対して自分の発生的構成主義は、個体の内的要因にも注目していると言う。

　ワロン[47]は、このピアジェの影響で言語の研究に向かうことになる。ピアジェが、子どもの社会への適応と、児童に対する社会と二元論で、つまり、始め生物的存在であった子どもが、同化と調節を繰り返しながらやがて社会的存在になる、と考えたのに対して、ワロンは、子どもは生まれながらにして社会的存在であると主張する。そして言語行動については、

① 子どもは発語することのできる動物であり、それと共に社会生活をする動物である。

② 言語行動の能力は人間の身体組織の一部となっており、その点で人類の本質的特徴である

③ 言語はその修得以前に、たとえば、言語中枢といったものにあらかじめ仕込まれているものではない。持続的な社会生活無しには、考えられないものなのである。言語は社会が持っているものであり、その社会に生まれ、そこで生活する子どもが、個々の言語を創造していくのである

④ したがって、生育環境としては、言語の無い社会と等しい状態が有っても

不思議ではない。そして、決定的な障害が無いにもかかわらず言語が出現しないということは、その個体が、そうした言語の無い社会同様な環境に生きることを強制されたのと同じだということになる。したがって、野性児でもない限り、言語を持たない子どもを考えることはできない。つまり、社会において生成[48]していくものは、社会によって形成[49]されていくものでもある。

のように述べて、ピアジェの生理学的側面を肯定しながらも、内的要因説を否定している。

ピアジェが、より内的要因を強調するのに対して、ワロンは、社会的要因を重視している。ピアジェとワロンは、互いに相補い合う論を展開しているのだと考えるなら、個体における言語の出現とその発達に関しての答えは、この両者の統合にあるのではないかとも考えられる。

これまで述べてきた諸理論とは異なって、バンデュラ[50]の観察学習は、言語を中心に研究したわけでもなく、また、言語の学習あるいは創造に関する説明原理を持っているわけでもないが、それにもかかわらず、注目する必要がある。バンデュラ自身は、言語研究には手をつけなかったが、人間の学習は社会学習だと言うその論は、言語学習に関する有力な手がかりになる。バンデュラの論の概要は、以下の二点である。

① 他人の行動を観察する、あるいは表象するだけでも、新たな行動の獲得はあるし、習慣の修正ということもある
② 他人が学習したり、また他人の報酬行動を観察したりすることでも、学習は起こる。言い換えれば、行動を変容させる自己抑制が働く

彼は、"賞罰を考えるのは、頭の無い人間を考えるのに等しい"といって、新行動主義[51]をもっぱら批判した。そして、模倣学習、提示学習、代理学習、一致依存学習（見本学習）などの、モデル学習が、人間の学習の中心だという。新学習主義では、刺激（環境）が個人の行動を抑制し、行動は環境への適応が中心だと考えるのに対して、観察学習では、個体の側の制御システムに適合する限り、環境の選択が能動的に行なわれると考える。

ここには、メカニズム（外的要因説）にもヒューマニズム（内的要因説）にもかたよらない、相互制御システムが仮定されている。これは、それまで、個体か環境かという単式の制御理論であったものを、個体も環境もという複式の制御理論に発

展させたものだとも言え、その意味では、明らかに第三の発達理論だ、と考えることもできる。この考え方を利用するなら、言葉の生成を解き明かすに充分な説明をすることができるかも知れない。

8　言語の発達に関する理論の概略

人間においては、その働きを環境によって引き起こされるまでは、あらゆる形態的、構造的可能性が眠ったままである。そして、環境によって目覚めさせられた側面だけが、有効な機能を発揮する。したがって、"個体か環境か[52]"の対立的な発達論を考えることは、もともと不可能なことなのである。自己制御システムと環境制御システム[53]の相方が交互に作用することによって、言語や行動を発現させていくのである。どちらか一方の立場に立って言葉の出現を説明しようとすると、大きな困難に出会うことになる。

急速に成長する子どもの側に立った場合、その子どもは多様な環境システムにさらされていることになる。先ず手足が動くが、これは、"知覚-運動的システム"という暗号（code）を選択することである。そして、選択した暗号を用いて、さらに複雑な環境の選択、あるいは適応を継続していく。

しかし、他方の観点からするなら、この"知覚-運動的"暗号を選択したことは、社会的暗号を身につけたということであり、子どもの側からだけであると、この観点を決定的に欠くことになってしまう。

つまり、言葉は、個人の側からは創造（自己制御システム）するものであり、社会の側からは既に存在するもの（社会制御システム[54]）なのである。この両者の統合が、奇声や喃語、大人を真似て一語文、二語文と生成させていくのである。構成主義でも構造主義でもなく、観察学習でもなく、"自己制御システム-社会制御システム"という複雑な相互制御システムによって言語は発達していくのである。

生活体が自覚的個人に発達していく過程は、自分に適合する社会制御システムに接触することで、生物的存在から"生物-社会"的存在になった時言葉が出現するのである。これは"自然-人為"の均衡だと見ることができる。

この相互制御システムの発展に伴い、次第に明確な個性的自己制御システムが暗号化されていく。個人を中心にすれば言語は生成するものであり、社会から見れば学習（形成）したものである。この両者を対立させてはならない。

この発達に関する理論には、付け加えるべき重要な事実がある。それは、形態的構造的可能性としての機能を望ましく発現させるには、そのための適合した社会制御システムと、適切な時期に接触しなければならないということである。この適切な時期とは、二つのことを意味している。

その一つは、一般的な発達水準が、形態的、構造的に機能発現の可能性を用意する段階に達しているか、ということである。さらに付け加えるなら、目的の機能を発現させるために必要な知識や技能が、用意されているかどうかの問題もある。つまり、いつの時期から適合する社会制御システムと接触すればよいかという意味である。レディネス（readiness）とは、そうした機能を発現させる可能性が整った状態を指しているのである。

レディネスについては、才能教育や早期教育の弊害は確かに小さいとは言えないが、それでも大体のところで認めておけばよいと思われる。

しかし、適切な時期のもう一つの意味は、より切実かつ深刻な問題である。適切な時期を逸してしまった場合には、可能性が減退するだけではなく、形態的、構造的にも萎縮してしまう危険性が非常に大きいのである。言葉の場合、あらゆる身体性と結びついて生成し得るのは、青年前期（小学校段階）までと考えられている。

情動を制御し衝動を抑制するために、振る舞いの形式と共に不可欠な言葉の行動調整の機能も、その機能が最もよく発現するのは、3～8歳の時期であり、この時に適切な教育を行わないと、衝動の制御が著しく困難な人間を育ててしまう危険性がある。

第2節　言葉の発達段階と教育

前節の結論からは、何よりも見よう見まねが大事だという実践上の手がかりが得られる。また、実践研究と実証研究を結びつけて行なってきた結果、前節初めに述べたように、ことばは、それぞれの発達段階でいくつかの性格の異なった働きをなしている。その後の実践では、その一つひとつの段階を、その働きを用いて充分に活動することで越えて行かないと、その後のことばの性格に大きな負の影響を与えるということも分かってきた。

以下に、その異なった言葉の働きを中心に、一応の目安になる対応年齢と共に発

達の概略を述べる。

1　系統発生的性格の優位

2歳児になる前までがほぼ対応する。

この段階は、いわば系統発生的にある程度決定された論理を有する、安定した法則性を持つ段階だということもできる。

授乳、排泄の始末などは、世話する者が、泣く、騒ぐなどの乳児の様子を授乳や排泄の始末を要求する表現であると解釈して、その表現に応えるようにして為すことが重要である。この時、ただ授乳したり排泄の世話をするだけではなく、乳児の泣く、騒ぐなどに対して、ことばでも応えていくことが大切である。この、あたかも意図的に要求しているかのように解釈し、それに応えるように為される世話やことばが、社会の側から、個体の構造に対して機能的覚醒をうながす働きかけとなっているわけである。

この時乳児に対してかけることばは、運動感覚的に柔らかくゆったりとした、できるなら女性のかん高くない、中音域の、乳児を慰撫するような表情を持った、音声形態優位のことばであることが望ましい。そうしたことばを、身体的接触と合わせてかけてやることが、ことに大切な時期なのである。

上記を、前節で述べた理論の概略の項に即して言うなら、乳児の泣く、騒ぐ、手足を動かすなどは、"知覚－運動的"暗号であり、社会がそれを世話の要求と解釈し応えていくこと（社会制御システム）で、乳児によって一つの暗号が選択されるのである。それが、社会的暗号を身につけた、ということなのである。世話する者という社会の側が何の解釈もせず、したがって何の応答もしなければ、子どもは、ことばの無い社会にあるかのごとき状況となり、発語という機能を目覚めさせないか、あるいは目覚めるのが著しく遅くなる危険性が生じる。

発生的論理が優位だといえる段階である。

2　情緒と結びついた働きが優位

2歳児位がこの段階に当たる。

対象と結びついたことばを少しずつ覚えて行くので、"あれは何か"、"これは何か"とつい教え勝ちになる。しかし、この時期の傾向としては、そうしたことば

と対象の結びつきより、情緒、感情との結びつきが優位なことばの使用が目立っている。したがって、そういう情緒、感情を引き起こさない対象に対しては、興味を引かれることもなく、ことばもそれほど発することをしない。

この情緒、感情は、必ずしも快に限ったことではなく、不快の場合もそうした表情を込めてことばを発する。また、直接自分に向かって発せられたことばではなくとも、周囲で交されることばの快、不快を感じ取って反応したりすることもある。そのため、話しかける方も、ただ義務的にことばをかけるのではなく、状況に合った快、不快の表情を細かく使い分けることが大切である。

ただし、不快の表情には非常に敏感なので、強く付けなくとも感じ取ることができる。これは、親や保育者に特別の学習を要求する程難しいことではなく、子どもと本気でつき合いさえすれば、誰の発話にも自然にそうした表情が付いてしまうものである。

これを、前節の理論の概略に即して言うなら、情緒、感情と結びついた音声形態は斉一性[55]があり、周囲の人びとという社会が、それに特定の解釈を与えることによって、子どもは、その解釈と対応させる一つの発声の仕方を含めた発音を選択し、そこから一語文、二語文と生成させていくことになる。

上記のような意味で、情緒的だとも言える段階である。

3　自分の用法が優位

3歳児位がこの段階に当たる。

これまでの社会制御システムとの接触で、自分が発現させてきた機能を、つまり身につけてきたさまざまな力を、行使すること自体が面白い時期である。その力の行使は、現実に他者が存在する場合でも、その他者との関係によって制約されることが少なく、自分の用法に従ってなされてしまう。したがって、ことばの機能の水準に無自覚であるため、比較的物おじや人見知りをせず、積極的に行動することが多い。このような様子から、つい、社会的な関係に従ったことばを教え勝ちになるが、この段階では望ましいことではない。

ことに、幼稚園でも3年保育で入園することが多くなると、幼稚園・保育所の保育者は、つい、そうした関係の中で働くことばを教えたくなるかも知れない。しかし、この段階で関係の中で働くことばを教えることは、次段階での大変機嫌の悪い

4歳児を育ててしまう可能性がある。

　先ずは、子どものそうした力の行使を受け入れてやり、その上で、親や保育者の要求をはっきり伝えることが大切である。早々に順番を心得たり、並ぶことを心得たりするよりは、為すべきこと、為してはならぬことについての、親や保育者の要求に応えることの方が、ずっと重要である。

　しかし、上記のように、為すべきことや禁止を要求することは、子どもの自主性の発達を妨げると主張する人びと存在する。そのような親や保育者は、善悪を理解するように子どもとよく話し合うなどと言うことが多い。この話し合いは、親や保育者にとっては自分の意見に従って行うものであるから、非常に満足なものであろう。しかし、3歳児にとってみれば、言葉を人間関係の中で機能させようという意識が無いのであるから、苦痛以外の何物でもない。その上、話し合いの行き着く先は、子どもにとって不利な結論に決まっている。自分の用法が優位なことばの段階であれば、そのような話し合いは、それこそ不機嫌な、そのため学習水準を低下させた4歳児を育てることになってしまう。

　自分の用法に従っているという意味では、論理的で安定した段階とも言える。

4　自分と環境が結びついたことば

　この段階は、4歳児位である。
　自分の用法優位がさまざまな壁に突き当たり、その上、周囲の様子や、自分と周囲との関係にも気が付き出すため、自分の存在自体が不安定になったりする。そのため、親や保育者が受け入れられていることを具体的に確認させることで、安定を保つ必要が生じる。

　したがって、3歳児と比べると、新入園時の様子が遥かに不安そうであり、かえって幼く感じる程である。また、自分と特別に結びついた大人が不在になると、無力感が大きくなり、不安は一層大きくなる。ことに、親との関係が十分に満たされたものでなかった場合には、泣く、親と離れられないなど、非常に不安気であり、こうした子どもが親と離れると、泣かないまでもまったく活動せず、じっとしたままでいることが多い。

　そのように、新たな環境での不安が大きいため、先ず、保育者が子どもの存在それ自体を肯定的に受け入れてやることが重要である。しかし、周囲との関係にも気

が付いているため、ただ優しく受け入れるだけであると、その関係の中でのことばの機能水準が向上しないことになる。子どもに対する保育者の要求と、それに応えた場合の保育者の喜び、また、要求に反した場合の不快（勿論軽く）などを知らせるように、身体や顔の表情と音声形態的表情を合わせて働きかけていくことが大切である。

周囲に気が付き出したといっても、自分との関係についてが中心の段階であるから、複雑な関係で働くことばを教えることは、この段階でも避けた方がよい。そうしたことばより、"自分の気持ちは？"、"同じことをされた相手の気持ちは？"などのことばによって、"子ども－子ども"の一対一の関係をさまざまに結んでいきながら、根気良く共通の快、不快を成立させていくことが大切である。

順番、並ぶ、割り込むなどは充分理解できるが、これも具体的な事例に即してその時の気持ちをことばにしながら、知的にというより感じ取るようにことばをかけることで教えていく必要がある。とくに避けなければならないのは、"みんな仲良し"などの平板な人間関係の、しかも抽象水準の高いことばを使用することである。こうしたことばは、ただ周囲に対して鈍感にするだけである。

情の勝った、やや不安定な時期である。

5 外界の関係が優位

この段階は、幼稚園・保育所の年長である。

この時期になると、外界の事物や人間関係を表すことばを、それらの関係の中で理解できるようになる。しかも、それら外部の事物や人間同士の関係が、次第に、個々の事物や人より優位になっていく傾向がある。このように外界が構造化して来るため、外界に対する興味が優位となり、活動が外に向かって活発になる。

この段階で重要なことは、自分の言動によって周囲がどう変化したかを、本人が感じ取れるように話してやることである。

3歳位の時期から、他者と自分の区別がはっきりし始める。その他者から区別された自分の言動、あるいは存在自体によって、周囲は何程かの変化をするわけである。その変化する周囲という鏡に自分を映すことで自分がよりはっきりし、統合され、連続性のあるものになっていく。したがって、5歳児の段階では、話し合いと呼んでいる活動[56]が不可欠であり、それが言葉の発達を促す最も重要な活動とな

るのである。

　しかし、4歳児の段階で、先を急ぎ過ぎてメタ言語的指導を行ったり、立場の交換や一対一（人、事物の双方）の多様な結びつきなどの指導が不十分であったりすると、5歳児のこの段階に至っても、周囲の変化に鈍感で、それに気付くことができなかったりする。こうした場合は、それまでの指導過程を反省すると同時に、改めてそれらを指導する必要がある。こうした状況を招いた場合は、保育者自身が周囲の様子に鈍感であることが多く、修正することがなかなか難しい。この点が大きな課題となる。

　さまざまな人や事物、出来事などの関係を表すことばを理解する段階である。

6　内的言語優位に向かう

　周囲の関係を表すことばを発達させていきながら、それらを順次内化し、自分なりの用法で使用するようになっていく。青年期の初めの頃は、3歳児の場合と類似して、その成立した自分自身の用法でことばを使うようになる。また、周囲に対しても、その用法を押し通そうとする傾向がある。

　こうした言葉の用い方は、周囲を制御しようとして対立的になるという、この時期の基本的な在り方から来るものである。ここから、仲間内だけの言葉を作り出したり、意図的に乱暴な言葉を使ったり、難解な専門語を用いたり、流行語を多用したり、特殊な業界用語を用いたり、ということも起こってくる。社会人として他者と協調する必要が生じると、こうした状態は急速に消えていく。それでも、ことばの使い癖や、それまでが貧弱な語意や用法で済ませてきた場合などは、そのまま残ってしまうことが多い。そうした欠点に気が付いても、直すためには相当の努力を要し、それでも完全に直ることは少ない。つまり、この段階に入ってしまうと、常用した悪い言葉づかいは直り難いということなのである。

　そのような時期であるので、汚い言葉や隠語、流行語などを使うより、多少の恥をかいても、高度な関係を表す言葉や難解な言葉、美しい言葉など、多様な言葉づかいをしてみる方がよい。言葉における青年の客気は是非とも必要であり、我が国の古典的な作品などは、この時期の衒いや客気で読んでしまうことが多く、それ無しではなかなか読めるものではない。たとえ見せびらかしや見せかけのためであっても、そういった衒いや客気は奨励すべきものなのである。

そうした言葉における衒いや客気への方向付けは、感想文などに煩わされることなく楽しい読書をする、詩を作るなどということをせず優れた詩歌を数多く暗唱するなどの、5～8歳の時期の教育で相当程度にできることであり、この点も、今日の言葉の、そして国語の教育に欠落しているように思える。

言葉も個性化するのである。

第3節　言葉の教育課程[57]

『要領』は、「経験したことや考えたことなどを自分なりの言葉で表現し、相手の話す言葉を聞こうとする意欲や態度を育て、言葉に対する感覚や言葉で表現する力を養う」ことによって、本章の冒頭に上げた目標を達成するために、「ねらいが・・・達成される」教育課程を、「幼児の・・・発達の過程などを考慮」して「組織しなければならない」という。

教育課程の理想は、メタ言語的な指導を避けながら、無責任なお喋りを育てるのではなく、①他人の話しを聞く耳を持ち、②状況を察知し、③他者の存在を認め、④自分の思いと問題解決に向かう根拠ある意見との区別がつき、⑤洗練された豊かな語彙を目指し、⑥ことばが身体性にしっかり結びついていて、⑦美しい声と言葉づかいで話す、そのような言葉の持ち主を育てるものである。

既に有るものを批判するのは容易だが、新たに作成するのは難事である。上述のような理想を語ることはできても、その実現はおぼつかないが、以下に、第1節で述べた意図に添い、第2節で述べた発達過程を考慮しながら、教育課程を編成してみる。

他の領域とは異なった方法であるが、子どもたちの間に揉め事が生じた場合のの指導を想定することによって考えてみる。幼児は、仮に、**太郎**、**花子**、**一郎**、**月子**と名付けた4名とする。揉め事は、太郎が一郎を理由なく撲った、あるいは蹴った、という事態である。

これまで述べてきたことばの働きに従って、この揉め事に対する指導の典型を構成することで、3年保育の教育課程を例示しようとする。**保育者**と記したところには、教育課程編成の基本となる指導の手順を示している。しかし、これらは手引きではないので、ここから原則だけを感じ取って欲しい。これを、文字通りに適用す

ることは、絶対に避けなければならない。［］内に"＃"を付して記した番号は、対応する『要領』の「ねらい」及び「内容」の項目番号である。

1　3歳児

　どんなことばにも先立って、"おはようございます"、"今日は"、"いただきます"、"ごちそうさま"、"行って参ります"、"ただ今"、"さようなら"、"おやすみなさい"などの日常の挨拶を、明るく、機嫌良くする習慣を付ける。これは領域言葉の「内容」の［＃6］にあたる活動であり、非常に重要である。各家庭においても実行されるよう指導することが、ことに大切である。

　さて、揉め事についてであるが、この段階のことばの働きに相応しい指導は、
　保育者："太郎君！ぶっちゃだめ"などと、"保育者－太郎"二者関係で、直接制止することである。

　上記以外に、"子ども－子ども"の関係のことばには深入りしない方がよい。それよりは、一人ひとりの子どもの話をよく聴いてやることが大切である。話した子どもには、特別な意味を帯びてしまう音声形態的表情を避け、良き手本となるような美しい、普通の話し方のことばで、適切に応えてやる。

　保育者："先生は、ぶつのは嫌いです"と、保育者の価値観を伝えることがあってよいが、決して"ぶつ子は嫌い"と言ってはならない。"ぶつこと"と"ぶつ子"の区別は重要で、行為の評価は、行為者と切り放してしなければならない。

　これらのことで、ねらい［＃1,2］の達成には、充分過ぎるほどである。内容では、［＃1～3］を実現するものであり、［＃4,5］にも適う活動となっている。

　以下に上げるような指導は、あまり望ましくないか、避けなければならない言葉である。

　保育者："一郎君が痛い痛いって、だからぶっちゃだめよ"
　保育者："一郎君が痛い痛いって"
　保育者："花子ちゃんや月子ちゃんがどう思うかしら"
　保育者："ねえ皆！"などと他の子どもたちに呼びかけて、重要なことを全体に話す。

　前二つの言葉は、"ぶつ"ことは悪いことだ、ということを、端的に太郎に伝える力を弱めてしまう。その上、この段階では、相当の工夫をしても、立場の交換を

しっかり理解させることは難しい。後二つの方法が論外であることは、言うまでもない。この段階では、自分一人に直接向けられたことば以外は、自分に関するものとして受け取ることがほとんどできない。

2　4歳児

挨拶では、多様な場面での適切な挨拶の他、怒鳴らないなどの適切な音量や美しい声、音声形態的表情にも気付かせていく。ことに、声を痛めない、できるだけ美しい声になるよう心がけるなどは、言葉の教育で忘れられ勝ちであるが、大切なことである。

揉め事に関しては、4歳児になると、いくらか様子が変ってくる。

保育者："ぶっちゃだめ！"と、先ず止める。次に

保育者："先生が太郎君をぶったら、太郎君はどんな気持ちがする？"などと問いかける。そして、太郎の返事を聴いてから、

保育者："それなら、太郎君が一郎君をぶつと、一郎君はどんな気持ち？"と問う。自分がされたら嫌なことは、相手も嫌なことだということを、はっきりと理解させる。太郎の返事によって理解したと分ったら、

保育者："そう、それでも太郎君は一郎君をぶつの？"と問うてみる。

加害者と被害者の立場を置き換えて考えさせることで、ぶたれた相手の気持ちを推測させ、その上で自分の行為を判断させる。大方はこれで、たとえば"ぶたない"などの、自分の行為を否定する返事をするようになる。この時期の子どもは、"自分がされたら嫌だ"ということを、"相手も嫌だ"ということと関連させて理解したら、よほどの例外を除いてほとんどが、そうした行為を抑制しようとする。その意味でもこのことは、黄金律[58]だと言えよう。

最後に太郎に、一郎に対して"ごめんね"程度に軽く謝罪をさせ、一郎の気持ちをなだめる。謝るというのは、子どもの心に結構おおきな負荷をかけることになるものである。この謝罪の程度によって許しを得ようとするのではなく、行為者が悪いと気付き、今後は抑制すると言ったことで許してやるよに指導するのがよい。

一対一の多様な結びつきを図るというのは、このような、立場の交換などの中で有効に機能することばを用いていくことを指している。

上記の指導で、ねらいの [#1,2]、及び [#3] の前半の達成には充分であり、

内容の[#1〜6]を無理なく実現する活動となっている。

　以下に示す例は、望ましくないか、避けた方がよい。しかし、最初の例だけは、状況によっては有り得る。

　　保育者："ただ、制止するだけ"
　　保育者："太郎が被害者になった場合を想定しないで、上記の手順を踏む"
　　保育者："最初に制止しないで、上記の手順をたどる"
　　保育者："花子ちゃんや月子ちゃんがどう思うかしら"
　　保育者："皆、皆、ちょっと来てなどと、先ず他の子どもを呼び集める"
　　保育者："信号が赤になりました、ぶつのはやめてください"

　最後の例は、常識では考えられないやり方であり、信じ難いであろうが、実際に行われていた事例なのである。"保育者の指導をできる限り手控える"という考え方は、往々にして保育者をこうした悪技巧的に走らせるものである。このような有害無益な指導を、経験深いなどと持ち上げたりすることがあるのには驚かされる。これとよく似た例は無数にある。当然のことであるが、このようなやり方は論外である。

3　5歳児

　年中や年少の子どもたちに対して、積極的に挨拶することが大切である。朝の挨拶なら、相互に「おはよう」で十分であり、年中や年少に対して、年長に向かって「おはようございます」と言わせたり、双方共に「おはようございます」と言わせたりする必要はない。

　問題になることが多いのは、名前の呼び方である。近頃は、血相変えた母親が、「私ですら、我が子を呼び捨てにしたことなどないのに」などと、常識が疑われるようなことを口走りながら、文句を言って来ることが多くなった。しかし、呼び方は相互性の問題であり、子ども同士の双方が互いに呼び捨てにしているのは望ましいくらいである。

　この相手の呼び方は、対人距離と密接な関係があり、子どもたち相互の呼び方を形式的に定めたりすると、対人距離の接近を妨げ、よそよそしい関係しか作れなくしてしまう危険性が生じる。保育者と子どもの関係でも、ここに業務上の形式的な指示を持ち込んだりすると、保育者（教師）から子どもへの対人距離の接近を、著

しく妨げることになったりする。子ども相互の呼び方に違いがある場合には、互いに等しくなるよう指導する必要がある。

　揉め事については、この頃になると"理由なくぶつ"などということは、ほとんど起こらなくなる。教育関係者の中には、喧嘩を望ましいものと考える者も少なくなく、中には、ある程度喧嘩をさせてから保育者が介入する方がいい、などと言ったりする者もいる。しかし、喧嘩は、見つけ次第即座に制止する方が、後のちずっと望ましい結果となる[59]。

　したがって、これまでよりはっきりと、きつい調子で先ず制止することが大切である。両者を落ち着かせてから、揉め事の理由を問うていく。5歳児の指導が難しいのは、この理由によって扱いかたを変えていかなければならな点である。

① 当事者の太郎と一郎と保育者の3者関係で解決する
② 花子、月子などの第三者にも事情を聴いて解決する
③ この時期に大切な事柄であるため、クラス全員の話し合いの中で解決する

　普通に考えても、上記三様の解決方法が有り、どの方法によるかの判断は、保育者一人ひとりの感性に大きく依存している。ごく一般的には、些細かつめったに起こらない問題であれば①、あまり小さな問題ではないがしばしば起きる問題ではない場合であれば②、その他が③、と考えてよいであろう。

　そして3番目の場合に行う話し合いが、5歳児における言葉の教育の最も重要かつ典型的な活動となる。この話し合いの活動については、次項に詳しく述べる。

　上記のような活動によって、"自分の言動→周囲の変化"という関係の中で機能することばの指導が、『要領』の「ねらい」[#1,2]および[#3]の前半を達成させる。ことに、自分の言動が及ぼす周囲の変化に気が付くことが、「内容」[#1~3]は勿論のこと、[#4~8]をも望ましく実現する活動となる。

第4節　話し合い[60]とその他の活動

　話し合いでする問題解決の方向は、解決した時点以後は、それ以前より生活が明るくなることを目指している。それは、誰もが互いに仲良しであるかのごとく振る舞うことを全員に求めることであるのだが、その背後に、個々の対人距離の相違という暗黙の了解が無ければならない。この暗黙の了解の上で話し合いを進めて行く

ことは、非常に難しいことでもある。

1　話し合いのできる条件
　話し合いができるようになるためには、そのための前提となる条件を整える必要がある。この条件整備のための指導は、入園直後から始めるものである。
(1) 姿勢を整える
　① 　もじもじ動いたりしないで、足を床に付けて座り、静止していられる
　② 　勝手なお喋りをしたり、足を動かしたりしないで、静かにしていられる
　③ 　話しを聞く時は、しっかりと保育者の顔を見ている
　上記のことが無理無くできるように、子どもたちの姿勢を整えていく。
(2) 丸集合
　① 　話し手と聞き手が互いに顔が見えるように
　② 　保育者と子どもたち全員も互いに顔を見ることができるように
　上記の二つの理由で、円形に椅子を並べ、保育者もその中に入って座る。これを"丸集合"と呼んでいる。
(3) つまらない話しをしない
　子どもたちの話しを聞く姿勢を整えていくための活動は、先ず"丸集合"で保育者の話を聴くことである。この話しが長かったり、つまらなかったり、重要でなかったりすることは、絶対に避けなければならない。そのための活動の中心が、面白く、短い噺を、保育者のことばだけで語る"素話し"である。この素話し用に、我が国の昔噺を中心に多くの噺を心得ている必要があり、保育者同士でする素話しの練習も欠かすことができない。こうした昔噺のいくつかを心得ていることは、日本国民の共通教養の根幹を為すと考えらる。
(4) 保育者の話し方
　保育者は美しい、正しい、普通の話し方で話す。わざとらしい音声形態や、幼稚園・保育所語は、絶対に避けなければならない。発達の項で述べた若者の知的衒気と客気への準備は、幼児期のこの段階でも始っているのである。

2　話し合いの内容
　全てのことを、話し合いで解決しようとするのではない。その場で止めるだけ、

今は見ぬ振りをしておくなど、話し合いの話題としない出来事も多い。
(1) 理解できる
　話し合いに相応しい話題は、
　① 出来事と同時に、話し合いの経過も理解できるものである
　② その話し合いの中で、子どもたちの誰もが納得できる結論に達する
　③ その中から何かを発見するといった、満足と喜びが得られる
そのような話題である。
(2) 日々の生活に活かせる
　ただ分り易いというだけではなく、話し合った結果を日々の生活に活かせるものである必要がある。話し合いの結果を活かすことで、毎日の生活がよりよく変っていき、そこから一層の喜びが得られる、という話題であることが望ましい。
(3) 避けるべき話題
　① 子どもたちの一部しか理解できないような、難解な話題
　② 一回の話し合いでは、結論の得られない話題
　③ 保育者自身が、話し合いの筋道を混乱させてしまいそうな話題
　④ 保育者が、多く喋って話し合いを誘導してしまいそうな話題
　⑤ 結局はお説教になってしまうような話題
　上記のような話題は、絶対に避ける。

3　話し合いの進め方

　保育者が長々と話すことは、禁物である。"どう思うか"などの曖昧な問いかけも避けた方が良い。
(1) 形式的な発展の順序
　形式的には、以下の順をたどり、時期を追うごとに次第に発展していく。
　① 始めは"保育者⇔子ども"のような、一問一答の形になる。順番は、子どもが"次は自分"、"今に自分の番"と分るようにしていくことが大切である。機械的な順番を嫌う保育者が少なくないが、子どもには公平感を感じさせるものでもある。
　② 保育者と子どもとの一問一答ができるようになったら、次は"保育者→子どもたち"のように、全体に話しかけることができる。

③ 全体への話しかけを注意して聞く姿勢ができたなら"保育者⇔子どもたち"という全体への問いかけと、保育者が子どもの話をよく聴いて、分り易く伝え直すという活動に移ることができる。
④ こうして"保育者→子ども→保育者→子ども"という一貫した筋が、話しの中にはっきりと現れるようになる。
⑤ 最後に"保育者→子ども⇔子ども→保育者→子ども⇔子ども"という、子ども同士の話しの交換を交えた話し合いになる。

(2) 話題提供に関する順序

話題は、始めは保育者から提供する。それを繰り返しているうちに、次第に子どもからも出てくるようになる。

(3) 話　題

大事件が起きるようなことはめったに無く、また、有っては困る。そこで、日常の些細な目立たない問題であるが、しかし、重要であるという問題を発見することが求められる。そうした問題の中で、即座に解決の必要なことは、その場で解決してしまうことが大切である。その場ですぐに止める必要はないが、人間性の向かう方向として重要だという問題が、話題として最適である。たとえば、

1) 生活上の決まりや振る舞いの形式

①さまざまな場の規則、②安全に関する諸問題、③園生活を中心とする環境、④さまざまな事態に対する人間としての基本的な態度、⑤地域をも含めた行事、⑥学級や園、地域、我が国の文化などが、適した話題である。

2) 自立に関する話題

① 自分でできるようになった、あるいは一人でもできるようになった、などということは、各家庭における場合であっても適切な話題となる。
② 物事の結果に関して、誰の責任か、自分の責任である、などということも重要な話題である。
③ 自分の要求を全体に向けて出して見ることも必要である。

3) 人間関係

①挨拶に関するさまざまな出来事、②暗黙の了解を含んだ友人関係の問題、③喧嘩と仲直り、④人間関係で生じる快（これが多い方がよい）不快、⑤家族の話題、⑥近隣の友人についての話題などが、人間関係に関するものである。

また、ここでは、友人の家に遊びに行く場合の節度の問題を、是非とも取り上げなければならない。白か黒かの単純思考が主流で、節度とか程度という考え方ができなくなってきたように感じられるのだが、他家の訪問では、この点で悶着の起きることが多い。

(4) 時間帯

　朝、学級に集合し、出欠、視診を済ませた直後がよい。

　ことばの指導のためには、毎日一定の時間、たとえば１０時に、学級に集合することが絶対に必要である。それをしない日は、例外的であると考える方が良い。

(5) 時　間

　５分位から次第に長くなり、３０分位にまでなる。時間を長くしていくには、以下のような状況をよく観察している必要がある。

　①子どもが本音を言えるか、②自分の気持ちを話せるが、③物事の理由が言えるか、④異なった視点、見地、考え方が出せるか、⑤同質の他の問題と関連付けられるか、⑥たとえ他の子どもと同じであっても、自分の考えとして言えるか、⑦子どもが話題を用意するようになったか、⑧発言する子どもが増えてきたか、⑨快不快のとらえ方がはっきりしてきたか、⑩友人の話を興味深く聴くか、⑪立場の交換ができるか、⑫暖かい人間関係になったかなど。

　そしてなにより、話し合いをしたがるようになったかなどを、しっかり観察する。

(6) 事実関係の具体化

　事実関係を、どの子も飲み込めるようにするには、

　①早く判断してしまわない、②ゆっくりと落ち着いて聴いてやる、③話している子どもの顔を見て頷いたり、相槌を打ったりする、④横道に逸れない、⑤最後に分りやすく整理してやるなどのことが大切である。時には再現するために、劇として演じさせたりするのも効果的である。

(7) 話し合いでの心づかい

　話し合いが、どの一人にとってであれ、人格を傷つけ不快な思いをさせるようなことになると、子どもたちは、話し合いを嫌うようになる。そこで、さまざまな気遣いが必要になる。

　①未熟さが原因の出来事の場合は善意の方向へ、②周囲の子どものする補足も大切にする、③やっと話した本音を大切にする、④１問１答で子どもを追込まな

い、⑤誘導尋問をしない、⑥子どもが結論を見つけられるようにする、⑦問題点を子どもが見つけたら必ず評価する、⑧保育者の価値観が子どもの方向性に大きな影響を与えることを自覚する、⑨起こった事柄と人間とを切り離して考えるなど、保育者の基本的姿勢を整えることが先ず求められる。

(8) 原因、理由、解決

そのために子どもに問いかける中心は、

① "誰が快で、誰が不愉快か"、② "誰のせいなのか"、③ "何のせいなのか"、④ "故意なのか偶然なのか"、⑤ "要求あるいは願いは何なのか"、⑥ "何故要求するのか"、⑦ "発端から結果に至る経過はどうであったのか"、⑧ "そうなった理由は何か"、⑨ "両方が困っていることは何か" などである。

この最後の質問は、矛盾や問題点を明確化するものであり、省くことのできないものである。

(9) 解決に至る方法での心づかい

解決に至る方法にも、前項と同様の心づかいが不可欠である。たとえば、

①　正解は、必ず子どもが見つけるように進めて行く
②　それが残酷な方向へ進まないよう、日常から温かい人間関係を作っておく
③　話を横道に逸らさない
④　長くなってきたら時折要点を整理する
⑤　思わしくない意見が出てもその意見と発言者を切り離し、発言者との結びつきが弱まってから否定的例を示す
⑥　正解に早く達しようとして焦ったりしない
⑦　多数が発言を希望したら、消極的な子どもの順に発言させる
⑧　発言を強要してはならないが、全員が話したくなるようにすることが大切
⑨　順番に発言させるのは避ける
⑩　互いに考えている沈黙を恐れない

などの心づかいである。

(10) 解決のための方法

解決に至るために取る保育者の方法は、① "立場を交換してみる"、② "そのまま続けていたらどうなるか"、③ "その通り再現させてみる"、④ "反対の場合を提示する" などであり、問題が絞られてきたら、⑤ "どうしたいか"、⑥ "どうす

るか"、⑦ "もっといい方法はないか"、⑧ "自分はどう思うか"、⑨ "全員が快になったか" などの問いかけをしながら、子どもに結論を見つけさせる。

4　適用と評価

下記の事項を一つひとつ点検することで、保育者自身を評価する。
① もし解決したことで不都合が生じたら、それを次の話し合いにつなげる
② 一つが終わっても、必ず次の問題が生じるので、決して安心してしまわない
③ 話し合いの結論を決めっぱなしにしないで、つながりのあるより高度な問題が生ずるかもしれないことを、いつも心に留めておく
④ 解決した結論を子どもが実行している場合は、そのことを十分に評価する
これらのことが非常に大切である。
以下は、そのための点検項目である。
①結論を安心して実行しているか、②生活が少しでも良く変わったか、③子どもの判断基準に新たな基準が加わったか、④子どもが結論を自分で責任を取る問題にできるか、⑤解決に矛盾がないか、⑥もっと他の進めかたが無かったか、⑦結論がどの位実行されているか、⑧類似問題に応用できているか、⑨人間関係は一層良好な方向に向かっているかなど。

5　全体的な注意

以下に、話し合いを進める上での全体的注意と補足を上げる。
① "貸して"、"入れて"、"頂戴"、"順番" などを、ことばで説明することで教えてはならない。必ず実際の場面とつなげ、身体性と結びつけて教える
② 現実の課題に即して、美しく正確でかつ明確、的確なことばを使う
③ 返事や続きがすぐ察せられるような紋切り型の話し方を避ける
④ ことばに付くことば以外の表情に注意する。音声形態的に過剰表情は禁物であり、自然な調子がよい
⑤ 芝居がかった話し方ではなく、子どもに現実感を与える話し方をする
⑥ 保育者は、子どもの行為や発言を悪意にとってはならない
⑦ 子どもの話し方を直そうとしてはならない。それよりは、保育者が望まし

い見本を示す
⑧ 話し合いの理想の形を、きちんと持たねばならない
⑨ 発言に、都合のいい子、強い子、発言力のある子を利用してはならない
⑩ 大人でも、意見を垂れ流した後の多数決といったことはできても、筋道と根拠を持った話し合いはなかなかできない。したがって、何歳ではどの位できるなどと、決めてはならない
⑪ クラスの子どもを個別具体的に、しかもクラスの空間的、人間関係的な位置と共に知っておく
⑫ 確かに、子どもは主人公であるが、解決の方向を示すのは保育者であることを弁え、くれぐれも教育と責任を放棄しないようにする

6 その他の活動

　これまで述べてきたように、保育者のことばを手本に、あるいは見本に、"子ども－子ども"の会話の質を高めていくのが、本章で主張することばの教育の中心である。発達の早期には、この周囲からの働きかけが、混沌としたままである子どもの形態的、構造的可能性としての言語能力を、制限し刺激し誘発するという形で作用する。子どもの側からは、その作用を受け、模倣を中心に少しずつことばを生成していく。やがて模倣の次の段階に至り、自分自身の言語行動も、言語機能を開花させる方向へ作用するようになる。
　しかし、幼稚園・保育所の保育者が、自分のことばを、子どものことばを生成させるための良き手本として十分かどうかを省みることは少ないようである。"レルラレル"の無知、"有難うございました"などお礼の過去形の多用、"おめでとうございました"とお祝までを過去形にする無神経、過剰な音声形態的表情、音色や発音についての無頓着、俗語、流行語の頻発など、本項で主張するような教育は、そもそも不可能なのではないかと感じさせられるほどである。
　これまで述べてきた活動に加えて行う以下の活動は、ただ子どもたちのことばの発達を図るのみならず、保育者自身のことばをも鍛える活動である。これらの指導を注意深く行いながら、なお、保育者同士で練習を重ねることで、次第に、保育者のことばも子どもたちの手本として磨かれていく。
　以下の諸活動は、「ねらい」［#3］の後半を達成し、「内容」［#8～10］を実現す

るものとなっている。
(1) 素話し
　素話しとは、保育者が、子どもたちと向かい合って、一人ひとりの顔を見ながら語って聞かせる噺（はなし）のことである。勿論、絵本も、紙芝居も、虎の巻も見てはならない。
　言葉の教育は、教養と深い関係を持っている。その教養については、必要か不要か、教養とは何かなど、数かずの難しい論議が重ねられている。大学における一般教養科目の廃止は、そうした論議が形を取った一つである。
　しかし、本書が考える教養とは、国民の教養[61]とも呼ぶべきものであり、そうした難しい論議の対象となるワインの蘊蓄似た独・仏文学や、庭作りの秘伝を思わせる英文学などではないのである。勿論、最先端の自然科学・技術も、原産国直輸入の哲学・思想や社会科学も、国民の教養とは無関係である。
　教養とは、物事を見聞きし、理解し、語り合うときの一言が、典型的な人物や出来事の始終によって語られた豊かな物語の背景を有していることである。その物語が、全ての国民に共有されていなければならないことから、それを国民の教養と呼ぶのである。こうした物語の共有によって物事は、一瞬にして理解され、語り合えば電光のごとく伝わるのである。その豊かなことばの背景をなす物語とは、歴史であり、歴史の中の多様な人物の挿話であり、神話であり、物語の古典であり、各地に伝えられている民話なのである。
　勿論、これが教養の全てではない。しかし、国柄を定め、無秩序や混乱を再秩序化する復元力の土台であるという点で、教養の大部分を占めるものであり、国としての求心力の源泉をなす国民の倫理・道徳の根幹でもある。
　素話しで語るそれらの物語の数々が、国民の教養の出発点となり、土台となるのである。保育者は、素話しで語る物語を少しでも増やすよう努力しなければならない。
(2) 物語や絵本を読む
　精選した物語や絵本を数多く読んでやることも、子どもたちの教養の基礎となる活動である。それと同時に、保育者のことばをも磨く活動である。ここでも、我が国の昔噺が中心であるが、その作品の選定には、多くの知恵を集めることが求められる。
　また、毎週絵本を貸出し、保護者に読んでもらう活動なども、母語を豊かなもの

にする。これは"こども－保護者"のより良好な関係のためでもある。

　我が国の言葉では、その高度な使用になるに従って、話し言葉を聞いても文字を思い浮かべないと判り難い事態がしばしば起る。マルティメディアの時代であり、読書だけが情報取得の方法ではないと主張する人びとが居る。しかし、我が国の言葉の性質から、より高度な、洗練された言葉の使用には、読書をすることが不可欠なのである。その中心が古典であることは言うまでもない。

　本項の活動は、発達のそうした方向性への準備でもあり、このことを常時心得ながら展開することが必要である。

(3) 詩の暗唱

　詩の暗唱といっても、取り上げるものの中に"わらべうた"、"となえ言葉"、"ことわざ"などが多数含まれており、新しく作られた詩は、まどみちおの作品や、谷川俊太郎の"ことばあそび"程度である。

　伝統的言葉づかいを暗唱の中心とするのは、子どもたちから我が民族の詩歌を奪いたくないからである。法則や規則、形式、歴史などの支配を拒絶した自由詩が、日本人の民族の詩歌を破壊してしまった。我々は、民族の詩歌を失ってしまったのである。今の作家たちが、時間という厳しい選者に選ばれて後世に残るかも知れないという、ほんのわずかの可能性に賭けて新作を作るのは勝手である。しかし、幼児期に暗唱した詩歌は、生涯を通じて記憶しているかも知れない。その子どもたちに、時間の経過に耐える可能性がほとんど無い上に、先行世代と共に歌うこともできない詩歌など、教えられるものではない。

　できるのであれば、幼児期にであれ、誰もが経過するのを当然と感じる古典があって欲しいのである。これが実現していれば、暗唱する詩歌は自と定まることになる。我が国を健康に存続させるためにも、そうした古典が必要であろうし、上記の実践は、少しばかりその希望を含んだものでもある。

(4) かるた

　幼児教育で扱うかるたの中心は、伝統的な"いろはかるた"である。勿論のこと、伝統的仮名づかいのままである。

　人間の精神とは、言葉そのものであり、そして、国民とは、国語の中に住まうものである。その国家の秩序を維持し、混乱や無秩序を復元する国民精神の土台が国民の教養なのである。これらのことは、言葉の教育がそのまま、国民の教養の教育

であることを示している。ここから、国民の教養というものが、高等教育の領分に属するものではなく、また、細分化された各領域の専門家によって担われているものでもなく、幼稚園・保育所、小学校、中学校の段階に属し、その段階でこそ教育すべきものであることがわかる。したがって、国語教育には、早期から古典を中心にすべきであり、小学校の中学年からでも決して早過ぎない。"公－私"、"自己犠牲－自己実現"、"秩序－逸脱"などの緊張に耐え、大幅な逸脱や外からの撹乱による無秩序や混乱を復元する力を有する国民精神の育成は、そうした古典の教育による教養無しには不可能なのである。

　伝統的な"いろはかるた"によるかるた取りの活動は、そのような古典の教育につながるものとして為されるものなのである。

(5) 劇や人形劇

　保育者は、次々と新たな劇に取り組みたくなるものである。けれども、毎年同じ時期に、同じように繰り返され、後年になって、出会った者同士がその中のどの場面をも共通の話題にできる、こうした劇の指導の方がはるかに教育的である。このように考えてくると、劇の指導で取り上げる演目も、日本人であれば必ず心得ていなければならない物語ということになる。

　劇のもう一つ重要な点は、音楽劇などもそうであるが、子どもが、自分の好きな身近な人びとを喜ばせるという経験をすることである。ことに、依存している保護者に喜んでもらうことは、子どもの存在自体が具体的に肯定されることであり、招来への勇気と意欲の源泉でもある。

　人形劇は、保育者が行う。起こるかも知れない子どもの失敗や新たな規則、その他子どもに知らせることを周知させるため、担任一人で人形劇を演じるのである。これは、言葉の教育としても効果的であり、この人形劇の中で、美しいことば、後のちまで伝え残したいことばなどは、遠慮なく使っていくことが大切である。

(6) はんこによる作文[62]

　詰める音節、引く音節などを独立させ、拗音も一まとまりとして、一音節を一つの"はんこ"にし、清音全ての文字のはんこを作る。濁音、半濁音、音引きは、別のはんことした[63]。それを、一音節ずつ拾いながら、インクパッドでインクを付け、升目の帳面に押しながら作文をするのである。

　平仮名文字を読むことは、4歳児の後半から始まり、5歳児の前半には、ほぼ全

員が読めるようになる。決して書かせないことが重要である。5歳児の後半からはんこを使い始めるが、最初は一文字ずつゆっくり押していく。"あ"のつくものなどの頭字集め、尻取り、好きなものの羅列と、子どもの興味を持続させながらはんこの使い方に慣れてさせる。

次の段階は、"あのね、せんせい"、"あのね、おかあさん"などの言葉を初めに押して、その後に短文を続ける。

嫌な気持ちがしたことなどを綴ることはよいが、決して家族への不満などを綴ったりしないよう注意する。美術教育の章に、これまでに子どもたちがはんこを使って綴った作文の例をいくつか上げている。

---

[1] 長崎拓士、鈴木敏朗の『言葉の発達と教育課程』(1996、教育工学研究報告 18、秋田大学教育学部附属教育工学センター pp.61-71) にに参照した文献を上げて論じている。

[2] 丸谷才一編著『国語改革を批判する』(1999、中央公論新社) は、戦後の国語改革とそれに伴った国語教育の優れた批判となっている。

[3] 丸谷才一と山崎正和の対談集である『半日の客一夜の客』(1995、文藝春秋社) もその一つであるが、最近の日本語が汚くなったと嘆いているのはこの書に限らない

[4] 丸谷才一は、国語教育の文学青年趣味を繰り返し批判する。『私の教科書批判』(1972、朝日新聞社編、朝日新聞社) の中の『国語』を参照。

[5] 文学趣味の濃厚な教育が幼児教育の言葉に関する教育の中心であったことは、最大の民間教育団体である保育問題研究会が、音楽、絵画の部会と並んで文学部会は有していたものの、言葉に関する部門を持たなかったことによっても裏付けられよう。その他にも幼児の文学教育に関するいくつかの研究団体があるが、言葉に関する研究団体は、それらに比して目立つ存在ではない。

[6] シオランが『告白と呪い』(1994、出口裕弘訳、紀伊国屋書店) の中で、国民とは国土ではなく国語の中に住まう者だと言っている。

[7] 歴史との断絶を示す事例の一つが、仮名遣"ひ"である。

[8] 感覚教育研究所を略して感研と呼んでいた研究会を、心理学者の乾孝、中村恵一に幼稚園の実践家を加えて計6人で、月に1回第4金曜日に行っていた。

[9] 鈴木敏朗の『はんこによる幼児の作文教育-なぜ始めたか、その後どのような成果が上がったかー』(1979、美の教育創刊号、いかだ社 pp.2-6) は、その研究会の成果の一つを報告したものである。

[10] J.ピアジェの『教育学と心理学』(1969、竹内良和、吉田和夫訳、明治図書) は、教育実践及び教育研究について、この2点をはっきり指摘している。他にも藤永保が、岩波新書で出している心理学の中で同様な指摘をしている。

[11] この追跡調査は、言葉の教育に限ってではない。我々の幼児教育が子どもの将来にど

のような影響を与えるかを確かめずして、自分たちの教育に対する不安を軽減することは不可能であった。まず小学校における生活態度はどうであるかの追跡から始めた。転居なども多く、中学、高校と時が経つに従って追跡は艱難になるが、友人などから様子を聞くなど間接的な情報収集も交えて今日もその調査を継続し、毎年2回の研究会で報告している。

12 今美佐子の『保育の基礎としての話し合い』(1979、美の教育創刊号、いかだ社 pp.7-24)、西脇(現姓は当麻)昭子の『はんこによる幼児の作文教育をどう実践するか』(同 pp.37-50)、岩田由紀子の『5歳児の話し合い』(同 pp.25-36)、鈴木敏朗の『うたうことと話すこと-調子のいい発話をめぐる一考察-』(同 pp.51-77)などが、感覚教育研究所における成果をまとめたものである。

13 鈴木敏朗の『幼児教育における教育実践と精神発達の関係についての比較研究』(1981、秋田大学教育学部研究紀要教育科学第33集 pp.1-17)に感覚教育研究所における教育研究の結果を要約している。

14 乾孝の『乾孝幼児教育論集』(1972、風媒社)を参照

15 宙乗りは乾の用いた用語であり、体験に根差す度合いが希薄になることを意味する

16 意見というものが"個々人がどう思うか"ということであるなら、話し合いは、皆で意見を言い合うという場ではない。意見を言うことをまったく否定する訳ではないが、話しを結論に向けて進展させるのは、根拠のある論理である。俗に"話し合いで解決"とか"話し合ってみれば"などと使われる話し合いではない。むしろ、討議とか討論といった方が近いかも知れない

17 忘れ物が議題となった小学校5年生の学級会で、忘れ物をした場合には、罰として上半身裸で校庭を二周すると決めてしまった。ある時忘れ物をした女児を、嫌がるのを無理やり裸にして走らせてしまった。親が怒ったのは当然だが、担任は"子どもたちが自主的決めたことだから正しい処置であって、教師は介入できない"と答えた。女児の身体には性徴が現われているし、また、冬もあれば体調の問題もある。教師が、これを弁えて会議を進行しなければならないのである

18 小学校以上になると、あたかも無責任な議会ごっこのように子どもが議長になって会議を進行させたりすることが多い。学級会などは、ほとんどがそのように行われていると考えてよいようだ。しかし、これは、最悪の方法である。話の方向付けの責任は偏に教師にあり、そこで出された結論の適不適に関する責任も教師にあるのだ。そうであるから、議長は教師が務めねばならず、子どもの将来の準備としても、幼稚な議長ごっこをするより教師の的確な議長ぶりを経験する方がはるかに優れており、かつ有効である。もっとも、子どもに議長をやらせて何等不思議に思わぬ教師では、とても話を望ましく方向付けることなどできるとは思えないが。

19 引く音節、詰める音節、拗音を一つの音節とする1音節の平仮名を一つの印判にし、それを押しながら文を綴る。鈴木敏朗の『はんこによる幼児の作文教育-なぜ始めたか、その後どのような成果が上がったか-』(1979、美の教育創刊号、いかだ社 pp.2-6)や西脇昭子の前掲論文に詳しく述べられている

20 発話の意味側面を除いた音声的側面について、その速さ、律動、節回しなどの形を"音声形態"と呼んでいる。SUZUKI, T. の『Genetic Study on Tonal Sense (Like a Schema) Peculiar to Japanese People』(1982、JOURNAL of CHILD DEVELOPMENT Vol.18、Japan Society for Research in Child Development pp.1-15)や鈴木敏朗の『言

語コミュニケーションにおける音声の形態と機能の関係について』(1983、教育工学研究報告第5号、秋田大学教育学部 pp.57-67)、『発話における節の型の機能』(1984、教育工学研究報告第6号、秋田大学教育学部 pp.71-78)、『音声形態と機能の対応表作成の試み』(1986、教育工学研究報告第8号、秋田大学教育学部 pp.69-86)、『放送における子どもへの発話－その音声形態と情動的機能－』(1989、秋田大　学教育学部研究紀要教育科学第40集 pp.31-46) などを参照

[21] R.ヤーコブソンは、言葉に階層構造をなす認知的、情動的、命令的、交話的、詩的、メタ言語的の6つの機能があるという。メタ言語的機能とは言葉を説明する言葉の機能を意味し、メタ言語的教育とは、そのような教育と言う意味で、彼の用語を借用したものである。『一般言語学』(1973、川本茂雄他訳、みすず書房)

[22] 鈴木敏朗、佐藤公子の『幼児教育における感情処理の問題(1) 節のついたことば』(1981、日本教育心理学会第23回総会発表論文集 pp.340-341)、藤原敏子、佐藤文子の『幼児教育における感情処理の問題(2) 欲求不満場面における感情処理』(同 pp.342-343)、鈴木敏朗、佐藤公子の『節のついた発話(1) 節の発生』(1982、同第24回 pp.64-65)、佐藤公子、佐藤文子の『節のついた発話(2) 発話状況と教育』(同 pp.66-67)、佐藤文子、鈴木敏朗の『節のついた発話(1) 音声形態と機能の関係』(1983、同第25回 pp.258-259)、鈴木敏朗、佐藤文子の『節のついた発話(2) 音声形態的特徴と意味の理解』(同 pp.260-261)、鈴木敏朗、佐藤文子の『節のついた発話II　その1節の理解』(1984、同第26回 pp.268-269)、佐藤文子、鈴木敏朗の『節のついた発話II　その2 形態と機能』(同 pp.270-271)、佐藤文子、鈴木敏朗の『節のついた発話(1) 節と感情』(1985、第27回 pp.268-269)、鈴木敏朗、佐藤文子の『節のついた発話(2) 乳児の節』(同 pp.270-271) などで報告している

[23] 前掲の鈴木、佐藤 (1981)、藤原、佐藤 (1981) がこの問題を報告している

[24] 機能や構造が、主に外部環境の制御によって形作られる場合には"形成"と呼び、外部環境の制御も受けながらあたかも自分自身で作り出すように形作って行く場合を"生成"と呼ぶ

[25] Suzuki, T.の前掲書 (1982) がこのことを詳細に論じている。

[26] 鈴木敏朗 (1983、1984、1986、1989など) の前掲論文で報告している

[27] 保育者は、結構傲慢なものであり、子どもをよく知っていると思い勝ちなものである。しかし、子ども同士の会話を注意深く聞いていると、大人と子どもの会話に比べてはるかに豊かであるということがわかるであろう。このことは、うっかり子どもを知っているなどと思い込んでしまうことを戒めてくれた

[28] 鈴木敏朗、林良雄、篠田伸夫共著の『情報化社会と常識』(1997、情報科学研究紀要第6号 pp.97-122) は、言葉の身体性の問題を述べている。

[29] 本項と次項の"言語理論の概略"及びその次の"言語の発達に関する理論の概略"は、早稲田大学名誉教授の三島二郎と秋田大学教授の長崎拓士の両氏による個人的討議に基づいて執筆したものである。両氏に深甚の謝意を申し上げます。

[30] Ferdinand de Saussure (1857～1913) は、スイスの言語学者。彼は言語学の著作を残していない。ジュネーブ大学教授 (1891～1913) 時代に行った『一般言語学講義』(T. de Mauro、1972、小林英夫訳、岩波書店) を、彼の死後、弟子や協力者がまとめて出版した。そこに示されている理論が構造主義言語学の元となった。その影響は、言語学を越えて人間諸科学全てに及び、認識論の枠組みを変えるまでに至っている。

[31] Roman Jakobson（1896～1982）は、ロシアに生まれた言語学者。ソシュールの影響を受けたプラハ言語学の設立などヨーロッパ各地の活躍を経て1941年にアメリカに移り、そこでレビ・ストロースと親交を結び、知的に刺激し合うことになる。46年コロンビア大学教授、49年ハーバード大学教授、57～67年マサチューセッツ工科大学教授兼任。前掲書（1973）を参照

[32] social institution。ソシュール自身は institution に特別な定義を与えていない。社会的慣行程度の意味と考えてよいであろう。

[33] ソシュール（前掲）は、人間の一般的な言語能力、記号化の働きを language（ランガージュ）と呼んだ。対して国語などのような社会制度としての言語を langue（ラング）といい、個人によって現実に行われている言語を parole（パロール）と分けていた。

[34] ルリヤは、言葉に伝達、思考の他に行動調整の機能があることを、実証している。『言語と精神発達』（1969、松野豊、関口昇訳、明治図書）を参照

[35] Parol は、現実に個人が発話し、使用する言語（前述）

[36] structuralism。構造主義は、20世紀半ば過ぎに、ソシュールに始る構造主義言語学や数学などに学んで、レビ・ストロースが構造主義人類学を提唱。『野性の思考』（1976、大橋保夫訳、みすず書房）において、未開と言われる人びとの神話的思考が、西欧の科学的思考に劣らない具体の科学であると主張した。

[37] Jean Piaget（1896～1980）は、スイスの心理学者。ジュネーブ大学の教授。彼の研究は比較的截然と3つの時期に分けることができる。第一期（1920年代）は、『臨床児童心理学1（児童の自己中心性）、2（児童の世界観）、3（児童道徳判断の発達）』（1954～57、大伴茂訳、同文書院）などに見られる児童の思考の自己中心性という概念を手がかりとした研究である。第二期（1940年代）は、『知能の心理学』（1952、波多野完治、滝沢武久訳、みすず書房）に代表される知能の起源や発達に関する研究である。第三期（1950年以後）は、『発生的認識論序説1，2，3』（1975、田辺振太郎、島雄元訳、三省堂）に代表される発生的認識論の研究である。

[38] structivism。ピアジェが自分の理論をあえて構成主義と呼んだのは、環境要因を中心に考える構造主義や行動主義と区別するためである。ピアジェは、行動主義と同じく非イデオロギー的、自然科学的でありながら行動主義には反対であり、構成は同化と調節という自己制御の機構によってなされると考えており、個体の内的要因にも注目したものである。

[39] Linguistics。言語学

[40] この分野の代表的研究者の Caude Levy-Strauss（1908～）は、フランスの人類学者。ソシュール、ヤーコブソンの構造主義言語学に示唆を受け、文化の基本構造が言語に似た相互伝達の体系をなしていると看做した。前術の構造主義を参照。

[41] Jacques Lacan（1901～1981）は、フランスの精神分析学者。フロイト主義者であり、ソシュールの影響を受けて無意識が言語の構造を持つと主張した。この分野の代表的研究者である。

[42] この分野の代表的研究者の Michel Foucault（1926～1984）は、フランスの哲学者。1960年代後半から構造主義の代表的思想家として広く知られた。近代の人間に関する知識の構造的変化を認識系の考え方で示した。

[43] Louis Althusser（1918～1990）は、フランスの哲学者。マルクス思想の構造論的な再

理解を試みた構造主義的マルクス主義者。この分野の代表的研究者である。
44 時間的ではないという意味
45 前項同様、三島二郎、長崎拓士の両氏による個人的討議に基づいている。
46 伝統的な心理学と行動主義心理学を指す。主観的な意識を内観法によって捉える心理学に反対し、客観的な行動を対象として、観察可能な刺激反応の面から扱って行動の法則性を求めていくと主張した心理学。20世紀初頭にJ.B.ワトソンが提唱、構造主義言語学が広く行われるようになった頃はこの行動主義心理学が主流であった。
47 Henri Wallon (1879～1962) は、フランスの心理学者。初め精神病医として治療と研究に従事し、精神障害が生物的要因だけではなく社会的欠陥などの環境要因も関与していることを明らかにした。このことが、後に教育に力を注ぐことになる契機となった。児童研究では、ピアジェに反対して、人間が生まれながらに社会的存在であることを主張した。『子どもの思考の起源上、中、下』(1968、滝沢武久，岸田秀訳、明治図書)、『子どもの精神的発達』(1982、竹内良知訳、人文書院)『児童の性格の起源』(1965、久保田正人訳、明治図書) など。
48 Becoming。生成は、外部要因の作用を受けながらも自己制御の機構によって、あたかも創造するかのごとく成立させることを、形成と区別して呼ぶ。
49 Formation。形成は、外部要因の作用を受けて成立すること
50 A. Bandura (1925～) の観察学習に関しては、『社会的学習理論 人間理解と教育の基礎』(1979)、『人間行動の形成と自己制御 新しい社会的学習理論』(1974)、『モデリングの心理学 観察学習の理論と方法』(1975) など (いずれも原野広太郎などの訳で金子書房) がある。バンデュラは行動結果に対する報酬を否定したが、観察学習した行動に対しても報酬が必要だという研究がある。それによれば、効果がなければ観察学習した行動は定着しないというのである。
51 Neo-Behaviorism。新行動主義は、行動主義心理学がゲシュタルト心理学、動物行動学、哲学などから批判を受け、トールマン (E.C.Tolman)、ハル (C.L.Hull)、スキナー (B.F.Skinner) などの各種の新たな行動主義理論に別れていった心理学を指す。
52 個体を構造、環境を機能と考えると、概略を理解し易くなる。呼吸という機能さえも、要素の適当な配合の空気によって引き起こされる
53 形態的、構造的可能性は一定の方向性を有する論理を内在している。自己制御システムは、その総体を意味する。環境は、個体にさまざまな機能を発揮させるべく作用するが、その作用も一定の方向性と論理を有している。この総体が、環境制御システムである。この両者が適合したときにのみ、形態的、構造的可能性は機能を目覚めさせる。環境は、空を飛ぶようにも、水中を泳ぐようにも作用しているが、その可能性を持たない人間は、その作用と適合しないというわけである。
54 環境制御システムの内、個体に作用する社会環境の総体が社会制御システムである。社会環境以外の環境は、社会環境が意図的に遮断しない限り必ず個体に作用することを考えれば、社会制御システムと環境制御システムとは同じものだと言うことができる。場合によって使い分けたりするが、本質的な相違はなく、双方とも個体外から個体に作用する総体と考えてよい。
55 Abe (1955, Intonational Patterns of English and Japanese, Word Vol.11 No3, P.398) は、非常に早くから、日本語と英語の間に、音声形態の表す表情に斉一性があることを指摘している。斉一性の見られることは、生得性の必要条件であり、音声形態と表情の

関係が生得的である可能性を示唆している。
56 今美佐子の前掲書（1979）を参照
57 『要領』の領域言葉
　1　ねらい
(1) 自分の気持ちを言葉で表現する楽しさを味わう。
(2) 人の言葉や話などをよく聞き，自分の経験したことや考えたことを話し，伝え合う喜びを味わう。
(3) 日常生活に必要な言葉が分かるようになるとともに，絵本や物語などに親しみ，先生や友達と心を通わせる。
　2　内　容
(1) 先生や友達の言葉や話に興味や関心をもち，親しみをもって聞いたり，話したりする。
(2) したこと，見たこと，聞いたこと，感じたことなどを自分なりに言葉で表現する。
(3) したいこと，してほしいことを言葉で表現したり，分からないことを尋ねたりする。
(4) 人の話を注意して聞き，相手に分かるように話す。
(5) 生活の中で必要な言葉が分かり，使う。
(6) 親しみをもって日常のあいさつをする。
(7) 生活の中で言葉の楽しさや美しさに気付く。
(8) いろいろな体験を通じてイメージや言葉を豊かにする。
(9) 絵本や物語などに親しみ，興味をもって聞き，想像をする楽しさを味わう。
(10)日常生活の中で，文字などで伝える楽しさを味わう。
　3　内容の取扱い「次の事項に留意する」(要約)　(1)言葉を交わす喜びを味わえるようにすること。(2) 絵本や物語などで・・・想像・・・する楽しみを十分に味わう (3) 文字に対する興味や関心をもつようにすること。
58 キリスト教の新約聖書のマタイ伝福音書第7章12節に「然らば凡て人に為られんと思ふことは，人にも又その如くせよ」とある。論語の衛霊公編には「子貢問いて曰く，一言にして以て終身之行う可き者有りやと。子曰く，其れ恕か。己の欲せざる所は，人に施す勿れと」とある。"自分が嫌だから人も嫌だろう，だからしない"ということは，まさに，上記の倫理における黄金律を実行することである。
59 このことは，実践の中で確かめられたことであり，鈴木敏朗の前掲書（1981）でいくらかは触れている。誰もが納得するためには，考え方の異なる園同士の比較をすれば良いのだが，それを歓迎しているのは我々の関係する実践園だけで，第3者の検討であっても比較対照園となることを承知する園を見出すことができなかった。
60 今美佐子の前掲書（1979）が，話し合いについて詳しく報告している。この項は，その要約を中心に記したものである。
61 心身共に健康な国民が備えているべき教養の意で国民の教養と言った。
62 西脇（現姓は当麻）昭子の前掲書（1979）、鈴木敏朗の前掲書（1979）、鈴木敏朗、美の教育研究会の『お母さんがみてると力がわいてくる－はんこによる幼児の作文その1－』（1989、自由現代社）などが，はんこの作文について詳述している。
63 濁音，半濁音，音引きなどを別のはんこにしたことは，一音節一はんこの対応という原則に反することになるが，はんこの数が増え過ぎると使用が困難になるため，別にせざるを得なかった。当初は保護者に負担をお願いしたことによる費用の問題もあった。

第6章　領域表現の音楽[1]

『要領』は目標を「多様な体験を通じて豊かな感性を育て，創造性を豊かにするようにすること」と述べている。

第1節　表現と表出

1　多種多様な音楽教育

音楽教育に関しては、無数の理論や方法が主張されている。以下に、その概略をいくつかの類型に分けてみる。

① 指導書、あるいは養成校の教科書を目的とする類いには、教育や教育実践に関する意見を編者の見解でまとめたものが多い。大部分は、複数の編者、執筆者の手になるものであり、その実践例は、大方の場合、執筆者の個人的な経験によっている[2]。

② 音楽を、道徳、生活指導、あるいは世界観や思想を教えたり、それとなく染み込ませたりする手段だと看做しているものがある[3]。ここに分類されるものには、その音楽以外のことを教える実践を詳細に述べたものがある。少なくはなったが、特定の思想によって色濃く染め上げられているものも、幾らかは存在する[4]。

③ 外国の音楽教育法を、翻訳、翻案したものも少なくない。これらは主に、コダーイ・ゾルタン[5]、エミール＝ジャック・ダルクローズ[6]、そしてカール・オルフ[7]などが提唱した教育方法によるものである。音楽教育の方法に関して最も学ぶところの多いものがこの種類である。我が国の伝統音楽やわらべうたなどを主要な教材として取り上げているのは、ほとんどがこの分類の翻案に属するものである[8]。

④ 最近増えてきたものに、外国の民族音楽の教育を、あたかもその国の人間になってしまったかのように実践しているものがある。多くの場合、異文化理解とか国際化などをその理由にしている。しかし、それらは口実に過ぎなく、偶然のきっかけで始めてしまったある民族の音楽を、他に為すべきことを知ら

ないがために、行き掛かり上とか惰性でやっているとしか思えないものが少なくない。不思議なことに、そうした人びとは、我が国の伝統音楽に非常に冷淡な場合が多いのである。
⑤ 早期教育、あるいは才能教育と呼ぶものがある。この教育法が取り上げる音楽は、ここ二百年の西欧音楽の歴史に限られており、才能を伸ばすという主張の下に、最も愛さなければならない我が国の音楽を取り上げることは、まったくない。
⑥ 子どもの形無しの行動を、非常に優れた創造でもあるかのように強弁し、それを一心に推進しようとするものがある。それらは、表現の型による衝動の抑制も、身体性の制約もまったく考慮することのない、極端な反応促進型の教育である。それらのうちの多くは、自分の主張を、創造性、個性、自己表現などの言葉で飾っており、そのことがまた、反応促進型の教育であることを裏付けている[9]。
⑦ 実証的な研究を土台にしたものは、その元となった研究の多くが音楽をそれぞれの要素に細分化して為されており、音楽教育を方向付ける性格を有していない。したがって、同じ研究を踏まえた教育法であっても、それぞれの主張に方向の一致の見られない場合がある。
⑧ 絵画や文学に頼ることの多い、思い、情感、気持ち、あるいは形象的イメージなどを強調する主張がある。このような情緒的な教育では、生徒に対する教師の要求がはっきりせず、その根拠も曖昧であり、生徒の側もそれぞれ勝手に受け取ることで授業が進行していく。しかし、このような情緒的な音楽教育では、生徒に対して確かな根拠に基づくはっきりした要求があっても、それを実現することはできることではない[10]。

2　多様な音楽教育に共通する性質

　これら多種多様な音楽教育の主張には、その全てに共通してみられる二つの特徴がある。
(1) 反応を抑制しない
　総じて反応を促進する方向へ傾いた教育であるという点が、共通する第一の特徴である。人間関係においては、"待つ"、"合わせる"、"間を取る" などが、反応の

促進に比してはるかに重要である。それにもかかわらず、この点に関しては、問題意識すら持っていないものが多い。"促進"か、それとも"間"かという問題は、我が国の伝統音楽と並んで音楽教育の中心的課題でなければならない。この課題を見過ごしたまま音楽教育を考えることは、不可能な筈である。

(2) 自国の音楽に冷淡である

我が国の伝統音楽に対して非常に冷淡であるという点[11]が、共通する二番目の特徴である。これには、幾つかの理由が考えられる。

先ず、異文化理解、あるいは国際理解が、相手を知ることによって為されると誤解していることである。世界にどの位の言語があり、どれほどの民族が独自な文化を有しているかを少しでも考えることができたなら、知ろうとしてその何十分の一も知ることができないと、すぐにも分かる筈である。

また、我が国の伝統音楽は、今の子どもたちの感覚に合わないから取り上げても受入れられない、と主張している場合もある。しかし、我々自身のものは、感覚に合おうと合うまいと我々自身のものである。個人的な趣味としては何を愛好しようと勝手であり、その趣味から他を指して"合う合わぬ"を言うことも自由である。しかし、個人的な趣味がどうであろうと、そうしたことを超えて、我が国の伝統音楽が我々自身でもあることに気付かなければならない。交換の叶わぬ宿命である自分の身体ですら、その全てを気に入っている者はそれほど多くはあるまい。それでもなお、自分の身体なのだということを考えれば、このことは、すぐにも理解できるはずである。

異文化理解とか国際理解は、心の方向性の問題である。我々の精神そのものである母国語や自身の誇れる歴史、愛する文化があって初めて、我々と異なる民族にもその人びとの言葉と独自な歴史、愛する文化のあることを理解する可能性が生じるのである。知ることではなく、我々の心の中にあるものによって察することが国際理解なのである。

したがって、たとえどれほど嫌であろうと、われわれ自身の中に確かにある"あなどり"や"むさぼり"、"ごまかし"、"あざむき"などが、国際間にもあると察することが真の異文化理解、国際理解であるのだ。そして、他民族の音楽を熱心に取り上げ、一民族、二民族の音楽を詳しく知るよりも、自民族の文化の方法で礼節を守り、虚言を弄さず、人を欺かず、約束を違えず、利に左右されず、強い意志を

持ち、品格がある、そうした強靱な精神と表現行動を有する方が、国際社会では、はるかに敬意を払われるものなのである。

3 研究方法上の問題点

また、研究方法の上でも共通する幾つかの点がある。

第一は、比較的短期間の実践で結論をだしている点である。

極端な場合には、一保育時間で実践の当否を論じている。日々の実践には、いろいろな事情による変動があるものである。実践の当否を検討しようとするなら、一定の期間の実践が必要であろう。

第二は、一定の目標を達成しようとする実践に当たって、その結果を評価する具体的な事項を持っていないということである。

それらしいものがあっても、"生き生きとし始めた"、"伸び伸びと歌う"などのような具体的性を欠いた、子どもに何が育っているのが不明なものに限られている。この、結果を評価するための事項とは、達成しようとする目標を具体的な子どもたちの行動として点検項目化[12]したものであり、実践結果の評価には不可欠のものなのである。

第三は、実践に変化が見られないことである。

点検評価すれば、必ず、必ず意に反する結果が見えてくるものであり、そこから計画や実践の修正、変更が迫られるものである。教育が、自然科学のような固い因果関係では発達結果を規定することができないことからも、実践方法が固定してしまうことは不可能な筈なのである。

最後の四つ目は、小学校以降の追跡調査をまったく行っていないということである。

徘徊する、自分勝手である、話を聞けない、じっとしていられない、お喋りを止められない、そして学級崩壊、一年生問題、不登校など、小中高における教育上のさまざまな問題の原因の一つが、幼稚園や保育所の幼児教育、ことに、保育者の指導をできる限り手控えようとする保育にあると言われている[13]。全ての原因がそこにあるわけではないであろうが、両者の間にどの程度の関係があるかは、追跡調査をしてみれば簡単に分ることである。

しかし、自分達の仕事の結果をきちんと追跡調査している幼稚園・保育所、学校

を見出すことが難しい事実は、教育の責任があからさまになることを嫌う体質が、幼児教育だけに限らないことを示しているようにように思える。

　初めに分類した音楽教育の諸々の主張は、それが、個人的な趣味である私的な習い事に対してのものであれば、それこそ好き好きでであり、批判の必要もまったく無い。しかし、義務教育化されてないとはいえ、公教育の一環である幼児教育で行う音楽教育の主張としては、品格ある「心身共に健全なる国民の育成を期」(『基本法』)するところが少しも見えない内容では、不適切という他ないであろう。

4　長期間の実践と追跡調査

　望ましい音楽教育を探るための方法を、以下のように考えた。
(1)　検討には長期の実践が必要

　望ましくない事態が生じた場合には、すぐにも原因を検討し、できる限り早く改めるが、実践結果の本格的な検討は、最低でも数箇月かそれ以上の、できるだけ長い期間の実践を経てから行う。

　衝動の抑制、表現形式や言葉による行動調整などを実現するための具体的実践方法は、一つの方法を相当長期間(一年間程度)試みた後でなければ、教育効果を検討することが難しい。ことに、行動を促進する傾向の主張が全てであるような音楽教育において、衝動の抑制や行動の制御を中心に据えた教育法こそが、音楽教育に課された目標の達成に適うものであることを実証するには、その実践方法の検討にどうしても長期の実践結果が必要であった。
(2)　評価には点検項目が必要

　実践の目標は、抽象的、情緒的な字句ではなく、具体的な子どもの行動の姿で描き出し、それを点検項目化しておく。

　全員で一つの歌を歌いながら歩き、その最後で決められた動作をしてから二人組になるという遊戯がある。しっかり抱き合って二人組になるのであるが、差し伸べられた手を拒否したり、お気に入りや仲良しを探したりして、なかなか二人組にならず、遊びが滑らかに進行しないのである。こうした遊戯では"差し伸べられた誰の手も拒否しないで二人組になる"ことや、自分も"近くの誰にでも手を差し伸べて二人組になる"ことが鍵となっているのである。こうしたことが実現しているか否かが、実践を評価するための具体的な点検項目となるのである。

(3) 結果を次の実践に反映

　実践を検討した結果は、必ず、新たな教育課程としてまとめ、改めるべきは必ず改める。

　行動の抑制を中心に据えた音楽教育という、華やかさのまったくない教育法に非常に多くの園の協力があった。そうした園での実践を報告し合う会では、検討項目に従って自分の実践を評価することになり、方法や結果の違いが明らかになった。こうした多くの園や保育者の協力があって、より合理的な段階、よりよい手順、実践上の工夫などが、少しずつ次の実践に活かせるようになっていった。

(4) 追跡調査は不可欠

　新たな教育課程は、再び、長期の実践結果の検討によって確かめ、卒業後、できるかぎり長年月の追跡調査を行う。

　幼児教育に取り組み始めてすぐに、実践結果の追跡調査を実施した。追跡調査を始めてすぐに気付いたことは、卒園した施設によって小学校における生活態度が著しく異なるということであった。生徒同士のちょっとした揉め事にもすぐに刃物を出す生徒が、ある施設の卒園児に限られていたり、授業中のお喋りが止まらない生徒が特定の施設の卒園児ばかりであったりしたのである。

　幼小の関連に関する研究会などで、小学校の教師が、生徒の卒園した施設を特定した上でその事実を幼児教育の側に伝えていれば、今日の小学校における惨状のほとんどは起こらなかったのではないかなどと考えてしまう。ともかくも、卒園した施設によって子どもの姿があまりにも違うことに衝撃を受けたことが、追跡調査を今日まで継続させる原動力になった。

5　音楽教育のための条件

　行動の制御を中心に据えたこの教育に、多くの保育者や施設の強力が得られたことで、音楽教育に課せられた真の課題が、決して"反応の促進"などではないことが次第に明らかになっていった。それに伴って、その課題を達成するために、それ以前に整えるべき前提条件があるがわかって来た。このことは、音楽教育ばかりではなく、幼児教育自体を改めて考え直させることにもなった。

　音楽教育以前に整えておくべき条件は、その多くが"反応の促進"より"間"に、すなわち"待つこと"に関連している。そして、この"間"をとることは確

かに音楽教育の前提条件であるのだが、それだけに止まらず、さまざまな領域の教育においても整備の必要な前提条件であることもわかって来た。

以下の各項が、検討の過程で少しずつわかってきた前提条件や音楽教育に課せられた目標である。これらは、遊びの中で最もよく実現するものであるため、そのことを示そうと、各項の終りの遊びについての一言を付け加えた。

(1) 保育者の表情

保育者のことば、態度、表情などの持つ意味が、明確に伝わるように表されていなければならない。

子どもたちに伝えるべきことがあるなら、曖昧な言い回しや好き悪いの不明確な態度、快不快のはっきりしない表情などは、絶対に避けなければならない。伝えるべき内容に適切な、はっきりとしたことばと態度で、短く明瞭に伝えることが大切である。

自分に対する他者の明快な表情に確実に、しかも頻繁に出会うのは遊びの中である。

(2) 子どもに対する好意

子どもに対する愛情や好意などは、過剰と思えるほどにはっきりと示すことが必要である。

しかし、そうであるからといって、芝居掛かった大袈裟なわざとらしさは避けなければならない。これをしてしまうと、真実味が薄れると共に、受け取る子どもの側の現実感も希薄になる。また、個人に対する評価は、声高に公表するものではなく、個別的に、そっと伝えるものである。

最も子どもの評価を高める行動とは、遊びの中での成功である。

(3) 子どもの行動の否定

子どもの行動を否定する場合は、否定すべき事態が生じたその場で、短く、しかも回りくどく無く"だめ"、"やめなさい"などと、はっきり制止する。

それらが向けられた子どもの心には、多少なりとも圧力がかかるため、無神経に行なってはならないが、否定や禁止、制止を避けるのはもっとよくない。また、止めた後でそのことについて子どもに話して聞かせることや、猫なで声の長話しの後でする"お約束"などは、決して取ってはならない方法である。

遊びの中での場の要求に反した行動は、例外なく否定される。

(4) 無造作には賞められない

　子どもを賞める場合には、賞められた子ども本人が"うまくいった"、あるいは賞められてみれば自分でも"成功"したと思える、そういうところでぴったりと賞めることが大事である。

　幼児教育における子どもに対するさまざまな要求は、賞める機会を得るためにするのだと考えている方が、適切な実践ができるようだ。

　賞めることが子どもを伸ばすなどと、無造作に主張する向きは少なくない。適切な場面や子どもの気持ちを捉えるのは非常に難しく、不適切な場合に賞めたりすると効果が無いばかりか逆効果になったりもする。

　遊びの中で受ける賞賛に、不適切なものは無い。

(5) 大事な"保育者－子ども"

　3歳児や新入園の4歳児などには、二人が一緒に居るというだけで"仲良しだね"などと声を掛けてやるのがよい。

　順番、割り込まない、仲間に入れる、一緒に遊ぶなどの社会的行動は、子どもたちが実行すれば園生活が円滑に進むため、つい要求していまい勝ちになる。けれども、"子ども－子ども"の関係は急がない方がよい。先ずは、できるだけ早期に"保育者－子ども"の良好な関係を作ることが大切である。

　保育者の遊ばせ歌が、この関係を構築するのに非常に有効である。

(6) なつくのは一人の担任

　子どもと保育者の本当の親しい関係とは、他の誰でもない特定の一人の担任との個別具体的な関係なのである。

　大人の側の都合で担任を複数にした場合など、両者に等しい役割を与えたりすることが多い。しかし、子どもと保育者の関係では、必ず優劣が出てしまうものである。"子ども－保育者"の関係は、役割としての保育者、あるいは先生という抽象的な存在との関係ではないのである。したがって、中心は特定の一人の保育者であることが大切で、そうした特別な関係を背景にして初めて、子どもは、場に対して働き掛ける力を感じることができるのである。主要な担任が一人でなければならないということは、思いの他重要なことなのである。

　複数の保育者が、互いに遊ばせ歌で子どもとの関係を構築しようと競った場合、子どもの中に葛藤を生じさせることがある。

(7) 生活の世話はほどほどに

　手洗い、排泄などの生活の世話は、ほどほどにする。

　未熟な場合であっても、できるだけゆっくりと待ってやることが大切である。せかさないで待ってやると、ほとんどの子どもは自分でできるようになっていく。大人に世話を焼かれ過ぎた子どもは、"子ども－子ども"の関係を作ることにいくらか困難をするようになり、その後の人間関係に行き違いをきたす可能性も出てくる。

　遊びの中では、子どもは自立しないわけにはいかない。

(8) 子ども集団の規模

　子どもは、子どもの中で育つのである。そのため、集団の規模は、ある程度なければならない。

　学級集団を小さくする要求は各所から出されるが、大きくする要求が出て来ることはまったく無い。少人数で、保育者や教師の世話が行き届けば、必ず、子どもは望ましく育つと言うのである。しかし、結果を規定する固い因果関係の存在できない教育では、そうした過信は最も禁物である。

　適切な集団の具体的な人数については、考慮すべき事情が多く、望んでも叶わない場合が多いであろう。それでも、4、5歳児の集団が二十人を割るようだと、構成員一人ひとりに対する他の子どもからの見方に、柔軟性がまったく無くなってしまう。その上、その集団の中に、相互の対人距離が等しい友だちを得られない構成員が出たりすることもある。

　ある規模の集団が、共に行動する最も普通の活動が遊びである。

(9) 定型であることが重要

　初期教育においては、表現分野における音楽の独自性や、音楽分野における作品の独自性などは、教育に大きく反映させない方がよい。

　"わらべうた"は、しばしば"どれを取っても紋切り型であり、同じようなものだ"と批判される。けれども、特別な独自性を持たないからこそ"同型繰り返し"や"合の手"、"輪唱"などの音楽の仕組みが分り易くなり、楽しむことができるのである。[14]

　音楽に限らず、言葉であれ、絵画であれ、才能教育を行っているのではない。伝統文化を自分自身の一部と感じられるようになるという意味での"たしなみ"な

のである。
　遊びの中で求められる行動ほど、形式的束縛の強いものは無い。
(10) 個別性より社会性
　音楽に限らず、全ての領域が、人間関係の複雑化、構造化に見合った表現行動として発達する。表現行動とは、場を同じくする特定、あるいは不特定の相手に、自分の伝えたい内容をその場の求める形式に従って整え、表す行動をいう。その表現行動の発達の中心が、社会的技術に裏付けられた社会行動、つまり社会性の発達なのである。
　絶対に非合理な出来事など起こらない、と確信している人びとが居る。他方、非合理な出来事を、奇跡として信じている人間が存在することも事実である。双方が同じ"場"にあるなら、互いに"合理的に見よ"とも"奇跡を信ぜよ"とも相手に要求しないというのが、その"場"の求める形式の一つである。そうしたさまざまな形式に従って表現行動を整えて行くことが、社会性の発達なのである。この形式に反する個別性が、"場"の復元力を越えて発揮されると、"場"はあっけなく崩壊してしまうものなのである。
　社会性の発達は、遊びの中で最も顕著であり、楽しく遊びを展開したことのある者ほど、社会性の重要性を心得ているものである。

6　教材としてのわらべうたと遊戯[15]

　幼児の音楽教育の場合であれば、我が国の伝統音楽も、"間"も、そして集団生活における人間関係の発展や社会的行動の向上も、その全てが"わらべうた"とその遊戯の中にある。わらべうたと遊戯を教材の中心に据えた音楽教育[16]の意味は、この点にあるのである。さらに、わらべうたとその遊戯を教材の中心に据えることは、音楽のみならず、我が国の文化全体を愛することにもつながる。加えて、わらべうたによる音楽教育には、以下の重要な点[17]がある。

(1) 音の構造が自然である
　わらべうたの音階[18]とリズムは、日本語生成の過程で一緒に身に付いて行くものである[19]。そのため、子どもにとって自然な音の構造であり、その上単純でもあるので、負担なく歌うことができる。歌唱に負担が掛からないことによって、場における音楽の表現行動に最も重要な"声を合わせる"、"テンポやリズムを合わ

せる"、"間を取る"という課題を、容易に果たすことが可能となる。

　素晴らしい技量をもって、場を共にする人びとを楽しませる側に回るという目標は、幼児に対する一般的な音楽教育の課題ではない。

(2) 豊かな感情を担える

　わらべうたは、どれをとっても同じような曲想であり、音楽的に非常に貧しいものだ、という批判がある。しかし、どれも同じであることが、かえって、人間関係の中で生ずるさまざまな感情を、豊かに担うことを可能にしているのである。個々の独自性は、多様な感情を音楽全体の豊な内容にするのではなく、一つの感情を、一つの特定の楽曲や曲想に閉ざしてしまうことになり兼ねない。

　楽曲それ自体が、読み取るべき一定の内容を持っているわけではない。それにもかかわらず、楽曲と内容を結びつけたくなるのは、西洋音楽近代二百年の悪影響であるように思われる。西洋近代の音楽は、独自な作品自体が価値を内在させていると看做すことによって成り立っているからである。

　音楽に豊かな内容を与えるのは、日常生活において多様に展開する豊かな人間関係のみである。その人間関係が展開する場に音楽があるとき、そこで生ずるさまざまな心の起伏が音楽の内容となるのである。幼児にとっては、まさに、わらべうたと遊戯そのものである。

(3) 節は語意を曖昧にする

　言葉が深い内容を持っていないということも、わらべうたが音楽的に貧しいと批判する理由になっている。

　発話に伴う節が過剰になればなるほど、言葉と対象世界との関係は希薄になる。自然な抑揚[20]を欠いた単調な発話も、音声形態の過剰な例の一つである。歌は、節の過剰の極致であり、歌の中の言葉は、日常的実践と結びついた意味を削ぎ落したものである。音楽教育が、生活指導など、音楽以外の諸もろを教えようとした場合、対象世界との関係の希薄なことばのもたらす危険性は無視できない。"挨拶の歌"、"食事の歌"、"片付けの歌"、"親切の歌"などによってする生活指導は、身につきそうな気がしても、現実にはただの掛け声に終ってしまうだけでなく、本来の表現行動をも不適切なものとする。

　ことばに節を付けて発することは、感情処理などには有効であるが、現実と言葉とつながりが希薄になる危険性があり[21]、ことばがさしたる内容を持っていない

わらべうたは、見事にその危険を避けたものだと言えよう。加えて、歌われていることばは、口にして気持ちよく、音としての日本語の美しさを存分に発揮したものでもある。

この心地よさが遊戯の感興をより一層増すのである。

(4) 遊戯と社会性

遊戯を伴ったわらべうたが、非常に豊富にある。遊戯は、具体的な人間関係の展開である。この遊戯の中で、音楽の豊かな内容となる多様な感情の起伏を味わうことができ、衝動性を抑制し、そのことで感情の分化を可能にしていく。また、遊戯が求める表現形式に身を添わせることは、場における自分の"公−私"の位置を感じ取らなければならないことでもあり、必然的に、社会的行動を向上させることになる。

前にも上げた例であるが、歌の終りに素速く二人組になるという遊戯の中で、ただの一人でも、好まぬ相手を拒否する、あるいは好む相手をいつまでも探しているなどの行動を取れば、遊戯はそこで停滞する。このとき、拒否した子どもと拒否された子どもの立場を置き換えてやることで容易にその意味を納得する。この、好まぬ相手を拒否せずに遊戯を進めることが、自分の"公−私"の位置を感じとらせ、社会的行動を発達させる要因の一つとなるのである。

遊戯は豊かな社会性を培い、豊かな社会性が遊戯を一層楽しくする。

(5) 音楽上の母語

人は、日常的に用いる"母語[22]"を、文学作品から学ぶのではない。普段の、とても完全とは言えない標本から、あたかも生得的機能でもあるかのように生成していくのである。確かに、書き言葉は話し言葉の師匠でもある。正誤、美醜の判断基準ともなるものである。しかし、その書き言葉に触れる前提条件は、不完全、不十分な話し言葉の標本の中で生成されるのである。

わらべうたが、音楽作品と呼ばれる程の完成度を持たないことは、教材として不適格であることを示すものではない。わらべうたは、音楽上の母語を生成するに十分な標本なのである。独自な作品としての完成度が低いことは、かえって、生成した音楽上の母語という機能が、生得的な形態的、構造的可能性の自然な発揮である可能性を高くしている。その意味で、最適の音楽的標本であると言える。

完成度の高い独自な作品では、遊戯を楽しく展開することは不可能であろう。子

どもの遊戯は、舞踊ではないのである。
　母語のように自然な歌が、遊戯を円滑に進行させる。

7　表現に対する二つの見方

　一般に言われているわらべうたの音楽上の欠点が、かえって、初期音楽教育においては大きな利点になっているのである。その遊戯は、子ども同士の関係を非常に豊なものにしていき、そこで実現した豊さは、音楽に限らず、全ての表現領域の教育的基盤となる。
　教育についてのこのような考え方は、どちらかと言えば"知識や技術、形を通して教育する"、"教育できるのは、知識や技術、形だけである"などという立場に立つものだと言えるかも知れない。
　現今の教育では、個性的表現[23]、創造的表現[24]、自己表現[25]などを強調する意見が主流を占めている。こうした考え方は"心を音楽で直接教育し得る"と考えることで初めて成り立つものである。そのためか、それらの考え方による音楽教育では、表現行動全般が"形無し"であってよいのだと言っている場合が多い。
　そうした主流となっている考え方からわらべうたを教材に用いた音楽教育を見た場合、
　① どれも同じようであり、十分な自己表現が望めない
　② 内容に情景や気持ちが歌われておらず、単純で型通りあるため、創造的表現ができない
　③ 決まり切った形にはめ込むことになり、個性の表現を抑えてしまう
などの見方が出てくるであろう。この"知識や技術、形を通しての教育"に対立する"心を直接教育し得る"という考え方の中では、"表現"が"心の状態が身体を通して外に現われる"程度の意味で用られている。この意味を"何物にもとらわれない"、"自由な自己表現"などと一層強調することはあっても、その意味以上に深く考えることはほとんどしない。
　教育できるのは知識と技術、形だけであると考える立場では、表現とは、場の求める表現形式に則して行動を調整し、相手に一定の効果を及ぼそうとするものである。他方、心を直接教育できると考える立場の表現とは、何物にもさえぎられずに心の状態が身体を通して外に現われることである。

表現とは、両者のいずれであるのだろうか。あるいは、是非とも教育しなければならないものであるとしたら、どちらの表現がそれに当たるのであろうか。わらべうたを教材とする音楽教育に対立する立場が主流であるだけに、このことについての検討は、是非とも為さなければならないであろう。

8　表現活動の意味の曖昧さ

音楽（旧音楽リズム）は、美術（旧絵画製作）と共に表現領域一つにまとめられた。音楽教育についての考えを先へ進めていくためには、先ずこの"表現"の意味を明確にしなければならない。

しかし、音楽教育では、前項でも述べたように表現の意味を曖昧にしたまま、それぞれに勝手な解釈をするか、あるいは深く考えることなしに教育を進めているというのが現状である[26]。その典型的な例が、教師は何の指導もせずただそこにいるだけという指導法である。放任したままの子どもたちは、その時どきの情動や衝動に従って行動する。そうした子どもたちの形無しの行動が"自由でのびのびとした表現"だと言うのである。

それほど極端ではない、表現とは"子どもたちの自己の開放である"、"自己の何物にも制約されない表出である"程度の主張を加えれば[27]、表現を"心の状態が身体を通して外に現われること"と解しているのは、音楽教育関係者のほとんど全てだと言えそうである。本書のように"心の教育は、知識や技術、形の教育を通してする他無い"と考える者は、見当たらないようである。

しかし、以下に上げるように、幼児期に経験し学ぶことが必須である課題は、その全てが"何物にも捕われずに自己を開放すること"とは無縁である。そればかりか逆に"場の求める表現形式に身を添わせること"によって"自己の衝動を抑制"して初めて達成可能な課題であるのだ。つまり、それらの課題は"知識や技術、形の教育を通して（ある程度は）心を教育し得る"からこそ、達成可能なのだということなのである。

(1) 場に応じた適切な振る舞い

集団生活における適切な振る舞い方は、幼児期に学び始めなければならない重要な課題である。

子どもであろうとも、集団で生活をするためには、構成員に対する適切な対人的

距離感を持ち、その距離感に従ってさまざまに振る舞わなければならない。さらに、その振る舞いが、その時どきの状況に応じて集団が求める対人距離に適している必要がある。それが不適当であると、集団生活においていろいろな行き違いを来すことになる。

幼児期は、発達的に情動が優位であり、心の状態が衝動的に行動に現われ易い。これを、場の求める表現形式によって抑制することによって、上記の課題を達成することの可能性が生じるのである。

(2) 感情の分化、発達

感情の分化、発達も重要な課題である。

感情が混沌とした分化しないままの状態であると、衝動性の抑制は非常に困難である。そのため、しばしば感情の暴発が生じ、著しい不適応を引き起こすことにもなり兼ねない。

感情は、多様な対人関係の中で、さまざまな状況に応じて場が要求する行動形式に従って行動するとき、それぞれの行動と対応することで分化、発達する。場は、構成員の生起する感情が、人間関係の在り方に従って適切であるよう、振る舞いを通して間接的に求めているわけである。生起した感情によって引き起こされた行動が場違いであった場合には、場は、反作用によって行動者に非常に大きな圧力を及ぼすことになる。

人間関係の複雑さに見合う分化した行動形式に対応して、感情も分化していくわけである。その分化した感情を、場の求める適切な方法に従った身体活動によって表すことで、感情は、一層豊かに分化し、こまやかに発達していくのである。

(3) 生きる力と徳

自分の能力を意図的に用いて何事かを成就したとき、それが生きる力になっていくのである。

このことも、幼児期に経験するべき重要な課題である。子どもたちは、生後すぐからさまざまな機能を発揮し始め、能力を身につけていく。やがては、それらの機能・能力を意図的に用いることで、いろいろな問題を解決しようとする。その解決に成功したときの喜びは、人生で味わえる最大の喜びの一つなのである。この喜びこそが生きる力となり、より良く生きることへの意欲と原動力にもなるのである。

成し遂げた何事かが身近な人に喜びを与えることができた場合に、その行為は一

層幸福な経験となり、その幸福な経験が未来への勇気と意欲をもたらす。問題解決に向けて行動を調整し、その目的以外の行動を抑制し、努力を持続することは、何物にもとらわれない自己表現で為し得ることではない。

(4) 美の基本は美しい振る舞い

前項までに上げた課題は、いずれも人間関係の中での表現行動であり、その表現の評価も同じ人間関係で為される。したがって、自分の行動の意味を得ようとするなら、他者の目と反作用を感じ取る力が必要である。その力があることで、場違いを避け、行動を調整し、社会的性を発達させていくことができるのである。そのようにしてなった振る舞いが、集団のよりよいの生活を可能にする。

表現における美の根本は、そのような美しい振る舞いにあり、これこそが、上手な歌、巧みな絵などよりはるかに勝る表現活動なのである。音楽や絵画も、集団の生活をよりよくする振る舞いのためにあるものだと言ってもよい位である。

こうして、この時期に果すことが必須である課題そのものが、"制約されない自己の開放"に対立するもう一つの表現の意味を導き出す。その表現行動とは、場を同じくする相手を有する行為[28]であり、何を表現して相手にどのような効果を及ぼしたいのか、そのためにどんな型と技術を用いてどのように表現するのかなどによって、行動をできる限り制御して行う意図的な行為を指しているのである。

9 表現と表出[29]

表現と似た用い方をされる言葉に、表出がある。さらに、表現の意味を検討するに当たって、表出と合わせて考えてみよう。

表現であれ、表出であれ、どちらも、何らかの心の状態が身体を通した活動[30]によって感覚世界に現われた諸々の現象であることには違いない。そして、その身体を通しての活動が重要になるのは、何を、誰に、どのように表すかを、活動する当人が把握している場合である。表現が重要な活動であるが故に、その教育が不可欠であるとするなら、表現とは、そのような活動でなければならない。

上記のように、活動の重要性から考えれば、表現に関する議論の余地など有り得ない筈である。それにもかかわらず表現[31]と表出[32]の用法はまちまちであり、教育する者のそれぞれが自分なりに解している。このような状況は、表現と表出の用法が日本語とドイツ語、英語との間で錯綜していることによってもたらされたもの

であるかも知れない。

　ここで仮に、我々の行動を、何を表すかの内容と、どう表すかの形式に分けて考えてみよう。前者の内容を表現、後者の形式を表出と呼ぶことにするなら、我々の意識内容が意識作用に含まれるように、表現は表出に含まれることになる。このように考えたとき両者の関係は、表出が"地"であり、表現はその地の上に描かれた"図"ということになり、人間の行動は、表出を背景として表現されていくということになる。そして、人間生活の大部分は、行動表出に過ぎないということにもなる。

　しかし、表現は、必ずどう表すかの形式を伴う。行動する当人が内容を把握しているということは、その行動を向ける相手を有しているということであり、行動の形式は、その相手に一定の効果を及ぼすべく、その時点で最適と判断したものが選ばれる。他方、表出が内容に無自覚だということは、たとえば、思わず出てしまう欠伸などのように、行動の相手と意図をもたないばかりでなく、その行動自体に気付かないことさえあるというこである。この場合、意図的に選択した行動形式と思わずに出る選択意図を持たない行動形式を、共に表出としてよいであろうか。

　このように見てくると、知っている、あるいは把握しているのは、内容が主であるが、それを感覚世界に現すためには、適切な随意の形式を選択する必要がある。他方、自分でも気付かない行動とは不随意の形式であり、その形式に対して他者がどのような意味を与えようと、行動した当人の主観では何の意味内容も持っていない。この前者が表現であり、後者が表出だということになる。

　けれども、どれほど意図的に選び抜かれた行動形式であっても、本人の気付かない癖とも言うべき行動が、それに独自の色合いをもたらしてしまう。したがって、意図的な表現であっても、表出の要素を含んでいると考えなければならない。しかし、そこまで厳密に考えると、現実の教育に対しての有効性を失ってしまうことになる。初めに述べた"心の状態が感覚世界に現われた現象"ということに当てはめて、表出とは、自分でも気付かない不随意の行動であり、表現とは、自分で知っている、あるいは把握している随意の行為だ、と定義しておくのが適切であろう。

　表現と表出の概念規定や関連については、さらに、いろいろと考えることができるであろう。しかし、少なくとも、不随意かつ無自覚な行動を、意図的に教育しようとすることを、表現の教育とは呼べないことは確かである。表現を意図的に教育

することが必要だと考えていることは、必然的に、表現が相手を有する、その相手に一定の効果を及ぼそうとする、意図的な行為だと定義していることになる。

　音楽の教育が為すべきことは、表現すべき内容の教育ではなく、各自の内容を感覚世界に現すための適切かつ十分な行動形式と、それをよりよく実現するための知識と技術の教育なのである。ことのことは、ここまで述べてきたことから十分に理解できるであろう。これが"知識や秘術、形の教育を通して心を教育する"ということなのである。

10　"間"の発達[33]

　内容を把握し、一定の形式に則して、相手に一定の効果を及ぼそうと為される行為が表現であり、他方、不随意な意図しない行動が表出であるという結論を得た。幼児にあっては、この表現行動が、極めて速く、そして近く、弱く、狭く、動揺が大きい。これは、幼児の表現行動の、時間的、空間的双方の特徴であり、発達の未成熟を示すものでもある。

　しかし、この未成熟は、感情の分化と発達を考えると、必ずしも否定的には捉えられない。幼児期の特徴は、情動[34]（感情）の発達優先性であり、情動能力が、運動能力、知的能力、社会的能力など、心の他の諸側面に比してはるかに早く成熟する。基本的には、3歳にして既に成熟に達し、成人同様の水準には8歳で到達する。したがって、幼児期は、この情動が盛んに発達する時期であり、その分化と発達を図る教育にとって最適の時期なのである。そして、この未成熟な表現行動の分化と発達を図ることが、情動の豊かな分化と発達を図ることになるのである。表現行動の未成熟が、感情の分化、発達のための絶好の活動を可能にするわけである。

　この表現行動の時間的形態と空間的形態を統合した場合、それを"間"という言葉で考えることができる。上記の、幼児の未成熟な表現行動の時間的、空間的特徴は、"間"がとれないということであり、このことはつまり、幼児期の教育の中心が"間"の発達を助成することにあるということなのである。

　この"間"の教育は、音楽、美術などの表現領域において中心となるばかりではなく、幼児の人格形成にも深く関わる教育である。しかも、行動表現におけるこの"間"については、速さ、および強さ、近さ、広さ、そして、それらの動揺と持続という、多次元の指標で測定することができるため、実証的に検討[35]するこ

とが可能なのである。

11 要 約
　ここまでのことは、以下のようにまとめることができる。
① "制約されない自己の開放"を表現だと認めてしまうと、誕生から終焉までの人の生そのものが十分な表現行動となり、意図的な表現教育の一切が不必要になる。
②　ある行動に対し、その行動を経験する他者が、その行動にどのような意味を見出すかは、行動した者が意味内容を意図したか否かに無関係である。したがって、行動する者が意図した意味内容と、それを経験した他者が見出す意味内容とを少しでも近づけようとすれば、必然的に内容とそれに適した表現形式の関係を学ばなければならない。
③　表現とは、相手を有する、その相手に一定の効果を与えようとする意図的な行為のみを指すことになる。その表現のための学習は、ただ内容と形式の関係のみならず、その表現形式を実現するための知識や技術の修得にまで及ぶ必要がある。
④　発達的に情動優位である幼児は、その行動が、意味内容との関連で為されるよりは、情動と直結して為される傾向がある。その結果として、内在するかも知れない意味内容と、その行動を経験する他者が見る意味が、大きくずれてしまう可能性がある。このことは、"子ども－子ども"の関係にとってばかりではなく、人間関係全般の形成と発展を阻害することになる。
　感情の発達が人間関係の豊かさに負っているため、行動する者の意図と、それを経験する他者の見る意味とがずれたままであると、この時期に図らなければならない感情の分化、発達が、望ましく進まないことになる。こうしたことから、先ずは、情動と直結する行動を一時"待つ"、ということが不可欠となって来る。
⑤　意味内容に相応しい表現形式は、表現の場にある人びとの全てにとって、相互のものである。そのために"間"がとれること、つまり、場が引き起こす意味内容に対して、場の構成員相互の行動を協調させるということが不可欠の課題となる。情動と直結する行動を一時"待つ"のは、この協調のためな

のである。
　つまり、"間"の教育とは、待つことの教育なのである。これは、情動に直結した行動を無理やり押さえるのではなく、相互に合わせること、協調することによって、情動と直結する行動を抑制し、"待つ"ことができるようにすることである。このことによって起こる社会的行動の分化と発達に対応して、情動も分化、発達をするのである。
　大方の音楽教育が、行動の促進を狙いとしているのに対して、幼児期には、"待つこと"、"間"がとれること、つまり行動の対人的相互性の教育が重要であり、それこそが優先されるべきなのである。

第2節　音楽の発達段階と教育

　前節までで、"待てる"、つまり"間がとれる"、相互に"合わせられる"という能力を育てることが何よりも重要なのだという、音楽教育を実践する上での手掛かりが得られた。しかし、この"間"は、それぞれの発達段階で一様ではない。そして、それぞれ段階毎に適した活動を充分に展開することが、次の段階における活動の基盤となるのである。この節では、"間"の発達について、それぞれの段階の特徴を述べる。

1　世話する大人の中で合わせる段階

　生後から2歳になる前まで位が、この段階に当たる。
　『指針』では、ここまでを、6ヵ月未満児、6ヵ月〜1歳3ヵ月未満児、1歳3ヵ月〜2歳未満児の三段階に区分している。
　赤ん坊は、生まれてすぐに、泣くことで空腹や排泄後の不快などを訴える。大人の世話は、その訴えへの応答として為される。しかし、そこに両者の協調が存在するわけではない。赤ん坊の泣くことに、世話する者へ向けての表現意図は無く、したがって、泣くという行動形式は、表現のために意図的に選ばれた随意の行為とは言えないからである。汚れや空腹の不快から、意図することなく現れてしまった不随意の行動であり、発生的に規定された行動形式の表出なのである。
　この赤ん坊の泣くことに、何かの訴えとしての意味を見出すのは、世話をする大

人の側なのである。そして、自分の見出したその意味に応えるのも、同じ世話をする大人である。つまり、協調は、世話をする大人の中に存在しているのであり、いわば、自問自答の形で行われているのである。この大人の中にある協調は、次第に赤ん坊と世話をする大人との協調へと移行していき、やがては、赤ん坊の中でもその協調が為されるようになる[36]。もっとも、それが為されるようになるのは、赤ん坊とは呼べなくなった段階においてである。

音楽教育も、上記の赤ん坊に対する世話とまったく同じ原則で行う。世話する大人が、静かに、規則的なゆったりとした拍節に乗って歌いかけてやり、その歌に"合った"、"間のいい"行動表現をしてみせたり、抱いてゆすってやったりする。これが、この段階の音楽教育の全てである。

遠い昔から、ごく当たり前の育児の一環として行われてきたと思われる、ゆっくりとした速さと静かな声で子守歌を歌いかけ、その速さに合わせて静かにゆすってやることなどは、最高の音楽教育であったわけである。この段階の"待つ"とは、このような、世話をする大人の側の問題なのである。赤ん坊の表出行動を的確に解釈し、ゆったりとした"間のいい"世話によって、あたかも両者が協調しているかのように応答する（これが社会制御システムの作用である）ことが待つことであり、これ以外の事情に急き立てられ、せわしなく世話をすることは禁物だということなのである。

2　大人が合わせてやる段階

3歳前まで位が、この段階に当たる。

生後の最初の段階で、上記のような"間のいい"世話を経験した子どもは、この頃になると、盛んに一人歌を歌ったり、一人言を言ったりするようになる。こうした一人歌は、その時どきの感情の状態に従って、まったく表現を意図しない歌として表出されるものであり、決して、特定の相手に一定の効果を及ぼすことを意図して歌っているわけではない。けれども、その様子がまことに可愛いために、子どもに芸をさせるように、大人の側から求めてやらせてしまったりする。これは、あまり望ましいことではない。

一人歌が一人言とただ一つ異なる点は、言葉が不快と結びついて出ることがあるのに対して、歌は、不快の感情と結びついて出ることがほとんど無いということで

ある。歌が出るような快感情は、直接生理的な快があった場合に感ずることは勿論であるが、子どもを取り巻くその場の人間関係が醸し出す雰囲気によっても引き起こされることが非常に多い。

したがって、この段階の音楽教育は、子どもに芸をさせるのではなく、子どもを取り巻く大人の方から、楽しげな雰囲気と共に一人歌に合わせてやることである。子どもの歌に合わせて、軽く表現行動をして見せる。共に歌っているかのように子どもに協調してやるなどが、この時期の音楽教育となる。勿論、大人が歌いかけてやることは、非常に大切である。このとき、唱え言や短いわらべうたなどを、大いに活用したいものである。

3　大人と子どもが合わせる段階

幼稚園の3歳児辺りが、この段階に当たる。

『指針』では、満年齢によって区分けをしているが、満3歳の4月から3歳児として、一定の構成員が一年程度は持続する組編成をした方が、ゆったりと安定して生活できるようである。

これまでの経験で身につけた歌、あるいは歌の背後にある法則[37]などの能力を使って、まとまった歌を歌ったりするようになる。しかし、この時期は、まったく自分なりのやり方で歌うことが面白い時期であり、出鱈目な歌なども含めて、自分の感情が命ずるままに歌うことが多い。そのため、歌唱に抑制が働かず、ことに、子どもたちが大勢集う場では大声になり勝ちである。自他の区別がいくらかは出てきているので、まったく相手を無視しているのではなく、聞いて貰いたいという気持ちはある。それでも、決して、相手に向けた表現を意図しているわけではないのである。

その自他の区別の甘さから、周囲をそれ程気にせず、自分なりのやり方で喜んでいられるので、ほとんど人見知りをすることが無い。しかも、近くの人に歌いかけているかのように歌ったりすることもある。そういう様子を目にすると、つい、組の皆で一緒に"元気に歌ってみよう"などと要求してしまったりする。ことに、三年保育が常態化し、この段階から集団保育を行うようになると、"皆で合わせて"、"皆一緒に"、"皆元気に"、"今度はこの歌を"などの要求をしたくなるものである。しかし、この段階での"合わせる"や"間"は、大人の要求を、個々の

子どもにはっきりと伝えることであり、音楽教育は、"保育者－子ども"の一対一関係で、大人が主導権を取りながら歌い、動作し、誘導することで互いに"合わせる"ことなのである。

この項の初めに述べた通り、この段階の子どもの歌唱は抑制が働かないので、皆で歌うという、いかにも一般的な幼児教育らしい活動を行うと、表現に不可欠な行動形式に対する学習水準を著しく低下させることになる。自由とは、既に学習の結果相当な能力を身につけた者にとっては望ましいものであるが、これから学習する者にとっては、大敵となることもあるものなのである。

4 場にしたがって皆で合わせる段階

幼稚園の4歳児である。

この段階に入った子どもたちは、未だに無自覚にではあるが、自分の表現の受け手を求め始めている。このことは、自他の区別が相当にはっきりしてきたということを示している。したがって、これまでのように周囲をあまり気にせず、受け手を念頭におくことなく、ただ自分の気分にしたがって歌うということが、ほとんどできなくなってしまう。周囲が気になれば人見知りもするし、不安にもなる。その子どもたちを集団の中で安定させるのは、特定の保育者一人の役目である。その保育者を初め、組の子どもたちという受け手が信頼できなければ、まったく歌わなくなったりもする。

この段階になると、保育者は何の疑いもなくピアノの前に座って、一斉にさまざまな歌を歌わせている、というのが幼児教育の一般的実態であるようだ。

しかし、そうした指導では、受け手が不明であったり、曖昧であったりすることから、自分の表現行動が空しく宙に消えるように感じられ、なんとはなしに不安になったりする。不安は、多くの場合、行為の抑制を過剰にするか、外してしまうかのどちらかになる。ピアノを弾いて一斉に歌わせる指導は、条件を整えた上で細心の注意を払って行わないと、かえって音楽的に鈍感な子どもを育ててしまうことになる。

先ず、一人の特定の保育者が子どもを受け入れ、信頼を獲得し、その保育者が受け手となって、子どもたちに歌わせるようにすることが大切である。先を急がず、この活動を繰り返し行う中で"子ども－子ども"の一対一の関係をさまざまに結

んでいくと、やがて子どもたちは、少しずつ場の示す雰囲気を感じとることができるようになっていく。そうなれば、子どもたちに共通して、その感情を表すのに相応しい表現形式を求めることが可能になる。

こうして、少しずつ子どもたちの表現行動が協調していく。やがては、感情をも共有[38]するようになり、その感情を共通の表現形式にのっとって表現できるようになる。これが、遊戯歌であり、皆で一緒に歌うということである。このことを実現するのは、大部分の子どもたちが同一の文化圏で育ってきたのであるから、それほど難しいことではない。

5 子ども同士で合わせる段階

幼稚園の年長に当たる。

これは、満5歳の4月から入学までの一年間であり、満年齢が達する毎に、5歳児組となっていくのは、集団での安定した生活を非常に妨げることになる。

主に人間関係によってかもし出される場の雰囲気を感じ取り、その感情に相応しい表現形式を共有すると、"子ども－子ども"関係での行き違いは大幅に減少し、子ども同士の関係は多様に分化、構造化し、活動が豊かに展開されるようになる。この多様な人間関係が感情（情動、情緒）の分化を一層促進し、その分化した感情に相応しい新たな表現形式を共有させていくことになる。

しかしながら、現今の、幼児教育に限らず教育全般には、大きな危惧の念を抱かされる。主流となっている教育は、人間関係が分化し構造化するのを押さえ、感情の大部分を未分化なまま放置し、表現形式を呆れるほど稚拙な水準に止めておこうとしているかのようなのである。

誰もが例外なく経験していることであり、その経験から少しでも学べるなら簡単に分かることだが、数十人もの人間が集まれば、そこに生じる無数の"人－人"の関係は、決して一様ではない。そこに属する誰であっても、他の構成員一人ひとりとの対人距離は、それぞれ多少、あるいは大幅に異なる筈である。"甲"には好意を持っているが"乙"は好きになれない。好ましい人びともいるが、好ましくない、あるいは関心の持てない人びともいる。集団において、構成員一人ひとりがこのような対人距離感を抱くのは、至極当然のことである。

集団という場における振る舞い方は、そのような個々人の多様な対人距離を一旦

棚上げした上で、その時どきの状況に合わせて場が求める表現形式に添ったものとしなければならない。行為する者は、主観的には自分の感じる距離感に従った表現形式を取りたいのである。他の構成員がそうであろうことを察するのは、心の重要な働きであり、思いやりの原点でもある。つまり、誰にもそのような対人的距離の違いがあるということを暗黙の内に了解しているからこそ、それほど大きな精神的重圧を感じることなく、場の求めるその時どきの状況に相応しい表現形式に身を添わせることができるのである。

　何人の人間が集まろうと、個々の対人距離が等しい一様な対人関係であれば、その場は"私"的な場であり、決して"公"の場とはならない。したがって、そこでの振る舞い方は、常に一様であって差し支えない。それに対して、たとえ集団を構成する人数が少なくとも、個々の対人距離感の異なった者同士の集まりなら、その場は"公"の性格を持つ。そこでは、基本的に、最も遠い関係の相手に対して相応しい振る舞い方を、場の求める共通の表現形式としなければならない。

　自分の対人距離感を棚上げしなければならないのであるから、必然的に葛藤を生じる。こうした、"公−私"の度合いに従って変わる場の要求を察知すること、その表現形式の要求に応えること、それらと自分の対人距離感との葛藤、その葛藤を抱えている感情と振る舞い方の対応などの発達が、表現の発達なのである。場違いな振る舞いとは、そうした表現の未発達な者のする振る舞いをいうのである。"皆、仲良し"の一言で、こうした複雑な心の動きの全てを無視してしまえば、感情の分化が不十分な、場違いな振る舞いしかできない人間を育ててしまうことになるかも知れない。皆仲良しが大事だということは、皆仲良しであるかのごとく振る舞うことが大事だということなのである。

　ともかくも、この段階の音楽教育では、表現する相手を具体的に明確にし、歌うことによって、それらの人びとに一定の効果を及ぼそうとしていることを、子どもたちに理解させることが重要である。この段階の子どもたちは、十分にこのことを理解できるし、一旦理解したなら、ただ歌うことのみならず、よりよく歌うための相当な練習にも意欲的に取り組むようになる。音楽会や発表会は、上記の過程が子どもにもはっきりわかる活動として重要な意味をもつものであり、子どもの発達に資するところの非常に大きいものなのである。

6 音楽の好みは色いろ

一連のリズム反応の研究から得られた結果は、表現行動も次第に個性化するということであった。[39]

小学校の低学年は、幼稚園の年長と同じ発達的特徴の段階であり、外部の要求にできる限り自分を添わせようとする。そうして現れる表現行動は、場の個々の要求より、それらのまとまりに対応しようとするものである。

高学年になると、精神的な恒常性が生じてくる。この恒常性は個性的なものであり、外部の状況をその精神のリズムを通して知覚するようになる。このことは、音楽的好みも次第に個性化してきていることを示しており、我々日本人にとって音楽的に重要である問題に、同じように興味関心を抱かせようとすることはなかなか難しくなる。このことも、音楽教育の中心が、技術や知識、形を通したものであることを示している。

中学年は、低学年的特徴から高学年の個性化への移行期であり、個体内でも個体間でもさまざまに混乱している。低学年のように、外部の要求に自分を添わせようとしたり、自分なりの要求を外部に押し出そうとしたりで、こうした状態が個体内でも個体間でも混在しているのである。高学年は、青年期の入り口であり、ある意味では大人であるが、中学年は、ときには大人であったり、ときに子どもであったりするということである。

第3節　音楽の教育課程[40]

これまで述べてきた音楽教育の内容や方法についての検討結果から、教育課程、あるいは保育計画を導き出すことは比較的容易である。しかし、提示する教育課程が、実践者の創意工夫を呼び起こそうとする視点の乏しい、融通のきかない固い枠組みであったら、かえって実践者の意欲を削ぐことになりかねない。従来の教育課程には、堅牢な教育システム[41]として構築されたものまであり、これでは、保育者が創意工夫をする実践者だと看做されていないだけではなく、忠実かつ精巧な人造人間と見られていることでもある。

実践者は、ただせわしなく保育するだけではなく、自分の実践を検討する研究者でもある。その実践者が、目の前の子どもたちにとって最適な教材を工夫し、意欲

を持って実践に取り組むためには、提示する教育課程、あるいは保育計画は、そうした意欲を刺激し、かつ可能にする、柔軟なものでなければならないであろう。

　優れた保育実践とは、保育者の養成機関において、訓練する者の手によって音楽教育の課程や方法、技術などを訓練され、それを子どもたちの前で間違いなく繰り返す人造人間のような実践者によって為されるものではない。自分の日々の実践をたゆまず検討し、教材や教え方に創意工夫を重ね、その上で、職員や両親、研究者とも協力をする、そのような実践者にして初めて優れた実践は可能になる。

　本節の教育課程（保育計画）は、こうしたことを可能にしようと試みている。したがって、定まった、固定的な方法とも、堅牢なシステムとも無縁なものである。保育者一人ひとりの創意工夫によって補われることを、当初から想定しているために、手引書としての役割を果すことは望めない。「各幼稚園において」「法令及びこの幼稚園教育要領の示すところに従い，創意工夫を生かし，幼児の心身の発達と幼稚園及び地域の実態に即応した適切な教育課程を編成する」際、より優れた保育を目指して創意工夫するための手掛かりとなるよう心掛けて、この音楽に関する教育課程の概略を編成した。「感じたことや考えたことを自分なりに表現することを通して，豊かな感性や表現する力を養い，創造性を豊かにする」（『要領』）ことで、章頭に引いた目標を達成しようとしている。

　いずれの段階も、教材にはわらべうたを用いている。この点でも、実践者自身が教材化の工夫[42]をすることを容易にしている。なお、『要領』の「表現」が繰り返す「自己表現」は、ただの「表現」と解するのが適当である。

1　未満児の音楽教育

　未満児の音楽教育は、保育者が歌いかけ、その歌に合った"間"のいい表現行動をしてやることに尽きる。

　抱く、接触するなどが不可欠の段階では、歌いかけながら動作をして見せるなどの他に、子もり歌に合わせてゆったりと静かに、小さく揺すってやるなどの表現行動も大切である。

　歩き始めたり、離乳が始まったりする頃には、歌いかけ、それに合わせて動作をして見せることが中心となってくる。

　いずれの場合も、短いわらべうたや唱え言葉が、教材として最適である。

3歳に近くなる頃は、子どもたちの表出行動に、大人の側が表現としての意味を見て応答してやることが効果的な音楽教育となる。一人歌などに合わせて動作をしてやる、人形などをゆったりと"間"のいい早さでゆらしてやる、小声で一緒に歌ってやるなどがそれである。

2　3歳児の音楽教育

以下に、3歳児の音楽教育の課程（保育計画）を編成する場合の原則を示す。3歳児とは、満3歳の誕生日ごとに入って行く集団ではなく、3歳の4月から4歳の3月までの子どもたちを指す。

(1) 丸集合

全員が円形に並べた椅子に座り、保育者もその輪の中に、子どもと同じように座る。保育者の両側や近くは、比較的注意を必要とする子どもの場所であり、見え難い左右は、保育者との親しい関係が早く成立した子どもの席である。向かい側は、しっかりしてはいるのだが、銚子に乗ったりするので常に注意を要する子どもなどの席にする。

この円形に座った形を"丸集合"と呼んでいる。この隊形での保育は、長い実践の中で少しずつ形ができてきたものである。その過程での、"みんなが見える"、"みんな同じ"、"みんなが僕を見ている"、"みんなが話をきいて呉れる"などの子どもたちのことばが、"丸集合"への方向を確信する大きな根拠になた。

机、ピアノ、他の子どもなど、"保育者−子ども"の間を遮るものの無いことも重要で、円形でない場合の利点を上げることの方が、ずっと困難である。

(2) 遊ばせ歌

音楽教育の中心となるのは、"保育者−子ども"の一対一の関係で行う活動であり、教材は、全てわらべうたの中の遊ばせ歌である。保育者は、できる限り静かな声、はっきりしたことば、ゆったりとした速さ、清潔な音程で歌い、その歌に合わせた動作で子どもを遊ばせる。

子どもが集団の中で安定して活動するには、何よりも"保育者−子ども"の親しい信頼関係を作ることが必要である。"保育者−子ども"の一対一の関係で行う遊ばせ歌は、そのための活動として非常に重要である。一人の子どもと行っているとき、他の子どもたちには、落ち着いて二人の活動を見ているようにさせる。これ

を実現するのは案外に簡単であり、決して子どもを押さえつけるようなことにはならない。"保育者-子ども"の関係が親しげで、遊戯が楽しそうであれば、子どもたちは大きな負担無く待っていられるものである。

　前項で述べたように、3歳児の行動の発達的特徴は、自分流、情緒と直結した表出などが中心だということである。そのため、"合わせる"、"待つ"、"間をとる"などの活動は、保育者の側で行う必要がある。保育者の歌に合わせて遊戯の動作を行うのは、その典型的な例である。

(3) 遊ばせ方

　"保育者-子ども"の一対一関係で遊ばせ歌を行う場合、保育者は座ったままで、その前に立った子どもの手を取る、あるいは、向かい合って子どもを膝にまたがらせる、前向きに保育者と同方向を向いて膝に座らせる、子どもを立たせたまま身体に軽く腕をまわすなどして、必ず子どもの身体に触れて遊戯を行うことが大切である。

　この段階の子どもは、他者との関係にいつもしっかりした注意を向けているわけではい。したがって、何らかの接触を伴わないと、保育者に対する注意でさえ簡単に逸れてしまう。上記のような接触は、ただ子どもの注意を保育者に向けさせるだけではなく、その接触した所から、保育者の子どもを受け入れる気持ちも伝わっていくことになる。

(4) 待つことの学習

　歌と共に、必ず、静かなゆったりとした動作による表現を、身体的接触を通して子どもに伝える。これが、場違いでない振る舞いの基盤である"間"を学習するための、この段階での最も重要な活動である。

　"保育者-子ども"の遊戯が二人の世界を構成していても、保育者と遊戯している子どもが、自分流の行動をとろうとする傾向を押さえているわけではない。こうした子どもを、無理なく保育者の動作に合わせ、歌を含むその場に相応しい行動表現へと導いて行く活動の中心が、遊ばせ歌による遊戯なのである。保育者は、はっきりと口を明け、美しい言葉で歌うのであるが、その歌声は、最も遠方に位置する子どもに辛うじて聞こえる程度の静かさでなければならない。

(5) 親しい関係を作る

　一人の遊戯が終わったら、小さな声で、その子どもの耳元に"いい子だね"、"大

好きだよ"、"ちゃんと座っていてね" など、子どもへの好意を中心にして伝える。遊戯の動作を保育者と合わせた後に、このように好意を伝えることで、言葉も生き生きとした内容を持ち、保育者の子どもを受け入れる気持ちが一層はっきりと子どもに伝わる。また、他の子どもが遊戯をしているときに、落ち着いて見ているといった態度も、好意とともに耳元で要求すると、より一所懸命に応えようとするようになる。

子どもの耳元に、静かな声とゆったりした口調で伝えることについては、相手に対する好意を、普通の声で誰にも聞こえるように公然と伝えたときのわざとらしさを考えれば、その必要性が理解できよう。

(6) 公平な順番

たとえば、反時計回りで保育者の隣の子どもから始めたら、その順番をくずしてはならない。そして、その保育時間内に、必ず全員と遊戯を行うのを原則とする。

待っている子どもは非常に大きな期待をしており、その期待を裏切らないことが大切である。何らかの事情があって途中で切らなければならなくなってしまった場合は、次回に必ず、順番に当たった子どもからその続きをしなければならない。子どもたちは、どこで中断したかを非常に良く憶えており、このことが期待の大きさを物語っている。

さらに、中断してしまった場合、次回に必ず続きから開始することが、子どもたちに生活の連続性に気付かせていくことにもなる。こうした席の並びによる機械的な順序を、子どもたちは公平だと感じるのである。他の方法を採用した場合には、待っている子どもが、自分の番が来ない理由をなかなか納得できない。保育者が、納得させようと説明を考えても、その説明を子どもたちは決して理解しない。

この、子どもたちが最も公平と感じる順番は、"丸集合" で、一人ひとりの位置が定まっていることによって可能になる。

(7) 他の子どもの待ち方

保育者と遊戯をしている子ども以外は、その遊戯を見ながら、静かに待つようにさせるのであるが、保育者の歌に唱和することは望ましいことである。このときの歌い方は "口は大きく、声は小さく" が絶対条件である。

既に述べたように、子どもは、必ず自分の番が回ってくることがわかっており、見ている活動が親しげ、かつ楽しげであれば、待っていられだけではなく、待ち遠

しいという意味での、待つ楽しささえ感じるようになる。

(8) 保育者の話し方

保育者の発話では、

① 甲高い声にならないよう中音域の高さで話す
② 大声を出さないよう静かな音量で話す
③ 明るい声で話す。発声練習などをして共鳴に気を付けると声が明るくなる
④ 美しい日本語で話す。レルラレルや流行語、俗語、幼児語に気を付ける
⑤ はっきりと口を開ける。発音が聞き取り難い話し方をしない
⑥ 口を横に開かない。ＴＶに登場する大半が、俗に言うひらべったい声である。そうならないように気を付ける
⑦ 甘えた口調にならない。同様にＴＶに頻出する話し方である。真似るのであれば、優れた落語家など、話芸の達人を真似るようにする
⑧ 語尾を上げて伸ばすことをしない。相当の年配以外は、この聞き苦しい話し方が身に付いてしまったようである。ネサヨ廃止運動がよくなかったのかも知れない。話しの間が取り難くなってしまったのであろう。しかし、このことを自覚して気を付けると、思わぬ美しい話し方になるものである
⑨ ゆっくりと話す

など、これらのことを心掛ける。

　日常の何気ない話し方が、子どもたちの言葉に影響するのであるから、言葉遣いは勿論、音色や発音、音量にも普段から十分に気をつけて発話する。

(9) 子どもの歌い方

　子どもたちが唱和するときは、はっきり口を開け、静かに歌わせるのであるが、行動調整の能力が不十分であるため、外部からの支えによって行動する力を加減させないと、他者の表現を受容するための余力が残らない。また、他者に向けての表現では、相手を不快にしないよう心しなければならない。そのためには、静かな声とはっきりした発音で歌うのであるが、保育者のが外から支えなければそうした歌い方を実現させることはできない。

　一般にどこでも見られる保育の形態が、保育者のピアノ伴奏による童謡の斉唱である。しかし、繰り返し述べたように、この段階の子どもは、場から求められる表現形式による行動調整がほとんどできないため、多くの場合、歌は、大声でただ怒

鳴るだけになってしまう。学級全体で一斉に歌うことは、非常に稀な例外的場合に限らなければならない。

(10) 教材の選択

　年少も後半になってくると、全員で一緒に遊ぶ遊戯歌も入ってくる。この場合であっても、保育者は、必ず遊びの中に入らなければならない。主体的になどと称して、子どもだけで遊ばせたりすることがあるが、全員で遊ぶ遊戯歌では、遊びの動作を共に合わせることが求められているのであるから、"間"合いを取る中心に保育者が居なければならない。

　歌いながらする遊戯は、必ずしも、そのわらべうたに付帯した元の遊戯でなくてもよい。子どもたちに相応しい遊戯を工夫したら、それに合うわらべうたを用いて差し支えない。

　用いるわらべうたは、短いもの、2〜4音の範囲で歌える音数の少ないもの、リズムの単純なものなどが選ぶときの条件である。4分音符と8分音符の組み合わせ程度のリズムが適しており、付点音符の弾むリズムの歌は、適当ではない。

　こうしたわらべうたを、静かな声とゆったりとした早さ、はっきりと開けた口で歌っている限り、それ以上の音楽の要素的技術を要求する必要はない。

3　3歳児の音楽教育と要領

　わらべうたの遊戯だけでは、音楽教育として不十分だと感じるかも知れない。そこで、以下に、前項の音楽教育と『要領』を対応させて見る。

　ぎらぎらした電飾看板のような光と色の氾濫の中で、「美しさなどに対する豊かな感性」が育つとは誰も考えないであろう。それにもかかわらず、豊かな感性を育てるためには、多彩な音を経験したり、さまざまな色や形を経験することが必要だと考える人が少なくない。

　また「自分なりに表現して楽しむ」ことについても、表現の場や受け手に関して考える必要があろう。受け取るものの誰も居ない無人の広野で何かをしようというのであれば、「自分なり」で一向に構わない。しかし、受け手の事情も、送り手と受け手が共に属している場の性格も、他者との協調も考慮しない「自分なり」などに、受け取る者が目を向けなければならない理由は何一つ無い。

　「イメージを豊かに」するとは、頭の中に極彩色の絵が描けるようにすることで

はない。対人関係の中で多様に分化した感情だけが、イメージの豊かさを保証して呉れるのである。「様々な表現を楽しむ」も同様である。人間関係の中で周囲からの様々な反応を感じ取るからこそ、表現の喜びがあるのである。

「表現」の項の「ねらい」で言われる「感性」や「表現」を、何の制約も受けない自己の開放であるとか、内容を持たぬ不随意の行動である表出などと捉えてはならない。静かな穏やかな表現の微妙な変化を感じ取る、自分でもそうした変化を伴った表現ができる、そのような中でなければ、豊かな感性は決して育たないのである。

「自分なりの表現」とは、自分勝手な表現を意味しているのではない。自分勝手であっては、誰も受け取っては呉れず、受け手が不在なため表現が空しく宙に消えてしまう。そんなところに、喜びなどあろう筈が無いからである。自分なりとは、自分なりの内容を、ということであろう。

その自分なりの内容を表現することが喜びになるためは、その表現が目指す人に受け取られ、その受け手から肯定的な反応が返ってこなければならない。これは、受け手の事情を考慮し、場の求める表現形式を弁え、それに身を添わせることによって初めて可能になることなのである。上に示した3歳児の教育課程は、表現領域のねらいを完全に満たしていると言える。(「」内は全て『要領』)

4 4歳児の音楽教育

4歳児の教育課程は、三年保育か、二年保育かで、ことにその前半が大きく異なる。ここでは、二年保育の留意点を考慮しながら、三年保育の二年目の4歳児について、その原則を列挙する。

(1) 子どもの表現の受け手

3歳児の教育課程に示した原則の全てが、4歳児の、ことにその前期には、非常に重要である。二年保育の場合は、人見知りがあったりして園生活になかなか馴染めないので、新担任の場合も含めて、3歳児の段階の活動を丁寧に行っていく必要がある。

皆で歌うことが極端な例外ではなくなり、後半には、子ども同士の協調も少しずつ可能になってくる。このときに忘れてはならないことは、保育者が子どもたちの表現の受け手だということである。このことを、子どもたちの目にはっきりとさせ

ることが大事なのである。しかし、童謡と呼ばれる子ども用の歌曲は、この段階になっても、音楽教育の中心的教材とはしない方がよい。

　大人の手になる個性的な表現からさまざまな情緒を感ずることは、なかなかできることではない。感情の分化発達は、ひとえに人間関係によっているのであり、個性的な歌が持つ情緒は、子どもの感情の分化発達にはほとんど意味を持たない。そうした個性的な曲という特殊な情緒を数多く与えることが、かえって子どもの感情を紋切り型に止めてしまう嫌いさえある。

(2) 音楽教育の中心

　音楽教育の中心は、室内、室外で、わらべうたを歌いながら皆で遊戯をすることにある。これらの遊戯に伴う動作は、ゆったりとした、静かな、単純なものでなければならない。ことに、表現形式の共有が明確な課題となる段階であるので、そのことへ注意を向けるよう要求するためにも、動作をする速度や力は、押さえる必要がある。

　このような活動で、子どもたちは、合わせること、つまり"間"がいいことの快を感じ取ることになる。保育者は、子どもがそうした快を感じ取ることができるように、落ち着いて活動を進めていくことが大切である。

　そうした遊戯の初めは、全員が同じ動作をするものが適当である。子ども同士の関係の変化、鬼と子などの役割の交代、あるいは隊型の変化などを伴うものは、中期から後期にかけての活動になる。

　先に、場における子どもの"公－私"の位置について述べたが、この遊戯の場が、その"公"の場なのである。したがって、どの相手に対しても、その遊戯が求める最適の振る舞いで同じように行動しなければならない。学級の誰もが、場に相応しい表現形式に身を添わせたとき、わらべうたによる遊戯は、社会的にも音楽的にも信じられぬほどの効力を発揮するのである。

　教材に用いるわらべうたは、音の数も五音程度に増え、リズムも、後間[43]や付点などのやや複雑なものも入ってくる。

(3) 技術の教育

　簡単な音楽の要素的技術も、楽しむことができるようになる。

　① 声に出さないで心の中で歌う"内(黙)唱[44]"
　② 一つの歌を交代で歌い継いでいく"交互唱"

③ 手や足で拍を取りながら歌う"等拍打叩唱"
④ 上下や左右など2拍子の動作と共に歌う"拍節動作唱"
⑤ 交互唱の一方が等拍打叩を伴った"内（黙）唱"で応じる"等拍分担唱"
⑥ 拍子を伴った"内（黙）唱"で応じる"拍節分担唱"
⑦ 音節通りのリズム打ちをする"リズム型抽出"

これらが要素的技術の内容である。いずれの場合も、その内部構造に気付かせれば、十分、楽しさを味わうことができる。

(4) 新たな表現の受け手

3歳児や他の保育者、他の学級のこどもたち、両親など、新たな表現相手に向けた活動を導入する。

表現する相手が、親しい人びと、愛する人びとだとはっきりわかって表現することは、非常な喜びである。その表現がそれらの人びとに受け取られ、肯定的な反応となって返ってきたなら、子どもたちの表現の喜びはこの上無いものになる。こうした喜びを子どもたちが感じ取ることができるように導いたなら、発表会、遊戯会、音楽会などは、発達に資するところの非常に大きい行事となる。

5 4歳児の音楽教育と要領

3歳児の場合と同様わらべうた中心の音楽教育であるので、以下に『要領』との対応を行う。

猫が手鞠にじゃれつくように「様々な音，色，形，手触り，動きなどに気付いたり，楽しんだりする」するのではないであろう。表現に関連して気付くのであるから、その背景には、当然、人間関係がある筈である。楽しみは、その場における"誰と"、"誰に"、"誰を"などなどの対人関係の中にしか有り得ないのである。

頭の中に極彩色の絵を描くことがイメージである筈がないことは、3歳児の項で既に述べた。過去の体験の断片でしかないイメージが、行為の目標とそこへ至る過程となってまとまるのは、内なる他者[45]への表現を通してである。表現形式を有する場で、その場の誰かに向けて表現しようとしたそのとき、イメージがまとまりを得るのである。当然、「イメージを豊かにする」体験を為し得るのは、多様な人間関係の中でのみである。

心が動けば感動した、というわけではない。ただの驚愕は、感動ではないのだか

ら。初期育児において、"乳児－世話する大人"の相互交流に欠けるところがあった場合、感動しない子どもに育ってしまう可能性がある。感動は、この相互交流の中にあるのである。「感動した」ということは"人から喜びを与えられた"、"人に喜びを与えることができた"、"人と喜びを分かち合えた"、"心の中で人と喜びを分かち合えた"などの場合に起こることなのである。その感動を「伝え合う楽しさ」を味わうためには、相手の事情を考慮し、共通の表現形式に則して表現する他ない。

　自在に発揮する力を得た者にとって自由に行動することは、望ましいものであるかも知れない。しかし、これから学習していく者には、自由気ままに行動してしまうことは、学習水準を低下させるものでしかない。たとえば、球技運動で、自由に投げ、自由に取り、自在に打ち、打ち返すまでになるには、著しく自由を制限した訓練が必要であった。このことは、わざわざ言うまでもなく、全ての人が承知していることである。

　それが表現の問題になると、未熟、未発達、未分化、形無し、そして相手構わぬ自分勝手が自由だということになるのはどうしてであろう。精神的な内容の表現であっても、事情は、運動の場合と少しも変わらないのである。精神内に生じた内容を自在に表そうとすれば、身体運動の場合と同様、やはり、激しい練習を必要とするのである。

　自由を無条件で望ましいものだと思い込めば、未熟な形無しの段階にある子どもたちにも、無制限に与えるという誤りを犯してしまうであろう。この誤りは、ただ学習能力の著しい低下を招くのみならず、衝動の抑制がまったく不可能な人間を育ててしまう危険もある。「音や動きなどで表現したり、自由にかいたり、つくったりする」ためには、場の求める型の「きまりがわるい[46]」表出になってしまわぬよう、音や動きに関する表現形式、描いたり、書いたり、作ったりする表現形式の学習が不可欠なのである。

　多様な経験が、周囲の反応に対する感性を育てるわけではないことは、はっきりしている。経験がどこまで多様であったらよいかは、宿命的な条件もあって一概には言えないが、変化の少ない物理的環境であっても、その微妙な変化を感じ取れるよう導くなら、その中で子どもたちの工夫が現れてくるものである。あらゆる素材が手に入る今の子どもたちが、昔の子どもに比してより工夫しているとは思えない

ではないか。

　楽しさという言葉が頻出するが、「歌ったり」、「楽器を使ったりする楽しさを味わう」には、成功と失敗の基準が必要である。その基準が、場の求める表現形式である。場の求める表現形式による抑制をまったくしない、相手構わぬ自分勝手な形無しの歌や楽器の使用を楽しむには、周囲の反応の一切を無視するほどの独善的感性か、それらを少しも感じない鈍感な感性を必要とする。

　イメージについては、既に述べた。それを「表現したり」、「演じ」たりして楽しむには、どうしても、喜んで呉れる親しい者に向けて表現する必要がある。恒例の行事である発表会、遊戯会、音楽会などが大きな意味を持つのは、この点においてなのである。しかし、子どもたちは、決して表現して「遊んだり」しているわけではない。そうした場面が、手に汗を握る緊張を伴う切実な生活であるからこそ、大きな喜びが得られるのである。そうした大きな喜び、楽しみの背後には、必ず努力があるものなのである。

　前項までに述べた3〜4歳児の音楽の教育課程は、『要領』の「表現」領域の「ねらい」や「内容」の各項目を十分に満たしているのである。(注記していない引用は『要領』)

6　5歳児の音楽教育

　三年保育か、二年保育かで、教育課程編成の原則が多少変ることは4歳児の場合と同様である。しかし、5歳児であれば、この保育年限による教育課程の相違は、一年保育と二、三年保育の場合には考慮しなければならないが、二年保育と三年保育の間では、それほど神経質になる必要はない。

(1) 役割分担や隊形の変化

　4歳児の教育課程の各項目について、その意味する本質は、5歳児でも忘れてはならない。

　ことに、外に向かって活発に活動する段階であるため、その方にばかり目が向いてしまい、落ち着いた、穏やかな、ゆったりとした、静かで、丁寧な活動を忘れ勝ちである。こうした落ち着きや穏やかさ、静かさを身につけることは、小学校以降においても重要な課題なのである。

　遊戯は、役割を有するものが増え、子ども同士の関係も多様になる。ことに、隊

型の変化が重要な構成要素である遊戯では、その点がおろそかになり勝ちであるので注意を要する。
(2) 皆で歌う教材

　5歳児では、表現の相手を、これまでより一層明確にすることが必要になる。この目的のための活動としては、4歳児や年度の後半には3歳児を招いたりしての"歌を聞いてもらう会"などが適してい。

　皆で歌う活動は、新たな歌を教えるときから、表現する相手を子どもたちが想像できるようにする。子ども同士の協調が相当程度できているため、"間"に対する感覚や"待つこと"のために重要な"合わせる"ことを中心にするなら、皆で歌う活動が、わらべうたによる遊戯と匹敵するほどになってもよい。

　この皆で歌う活動では、子どもの歌曲などを歌うことになるのだが、両親や祖父母、できるならもう少し遡った先祖など、先行世代と共通の歌を歌うことが非常に重要である。この活動では、一般的に、指導の中心が"どのように歌うか"ということにおかれる。しかし、音楽教育が重要な意味をもつのは、"何を歌うか"ということによってなのである。人生に大きな影響を与えるのは、どのくらい巧みに歌えるかではなく、"何の歌を、誰と歌えるか"であることは明らかであろう。巧みさを問題にすれば、音楽的発達は、生得的な限界を越えられぬことになる。音楽教育では、選曲を誤らなければ九分九厘の成功なのである。

　そうは言うものの、"どう歌うか"もおろそかにはできない。けれども、指導は"気持ちを込めて"とか"歌詞の情景"とかにこだわるのではなく、子ども同士の歌声の協調を中心にすべきである。その協調の中心が、表現の形なのである。

　教材の中心は、易しい民謡をも含めた我が国の歌でなければならない[47]。
(3) 共同活動における作法

　"子ども－子ども"の関係の中で、一緒に活動するときの作法を共有させていくことが大切である。これまでは、振る舞いに含めて論じてきたが、この場合は、作法と呼んだ方がわかり易く意味も明快になるので、ここでは作法を用いる。この"作法"という言葉は、口にしただけで拒否反応の返ってくることが多い。しかし、遊びであれ何であれ、共同で生活する場では何程かの作法が不可欠であり、これを欠けば、子ども同士の関係は混乱するだけである。その結果、、歌声の協調を実現することなど不可能ということになる。

作法を共有させようと意図して、子ども同士互いに作法違反に注意し合うのは、できるだけ避けた方がよい。一人ひとりの子どもは、共同活動時の自分の態度や、どの程度作法を守っているかについて、無自覚であるかも知れない。しかし、自分の態度に気が付かなくとも、他の子どもによって常に評価されているのだということは、知らせておかなければならない。子どもは、作法を見る側に立場を置き換えてやると、このことを簡単に理解する。

また、学級での活動などの"公"の場合と、私的に集まった"私"の場合の振る舞い方の違いなど、一層はっきりとわからせなければならない。

(4) 技術的な水準

極端に困難なリズム、音程、転調、音域、相応しくない歌詞などを除けば、教材選択にそれほどの技術的な制限は無くなる。選択についての制約は、外国の歌より我々が受け継いできた歌を中心に選ぶということくらいである。

音楽の要素的技術は、適切な教材を選択または作成し、その技術を実現する楽しさ感じさせながら段階を追って教えていく。このことを順調に積み重ねることができれば、最終的には、輪唱に定型の繰り返しを付した無伴奏の三声合唱まで歌いこなし、それを楽しむことができるようになる。

ことに、音楽の形式や皆で協調する歌い方に気付かせていくことで、多様な楽器を用いるよりはるかに、音色に対する鋭い感性が育つ。

(5) 取り組む意欲と勇気

年間に組み込まれたさまざまな行事は、そのどれを取っても、子どもの表現を受け取る相手が眼の前に居る場での活動である。通常、目の前に居る人びとは自分の愛する大事な人である。その人びとに喜びを与えることができたという経験は、子どもに、自己の受容を、より一層肯定的にさせることになる。こうした経験をすることは、この段階の子どもにとって非常に貴重であり、望ましい成長発達に資するところの大きいものである。

そのような活動によって、子どもたちは、表現する喜びを一層強く感じるようになり、物事に取り組む意欲が増し、未来への勇気が湧いてくる。

7 教育課程と要領との対応

前項までの教育課程で示した音楽教育の原則は、『要領』の表現領域の音楽に関

わる「内容」の実現と、「ねらい」の達成を十分に果すものである。

　何が心を動かすかは、子どもたちの活動する人間関係の場が有する価値観によっている。何が「美しいもの」であり，何が「優れたもの」であり、何が「心を動かす出来事」であるかは、子どもたちが活動する場にどのような価値観が形成されているかで大きく異なってしまう。

　多くの実践者と実践結果の検討を重ねることで、わらべうたの遊戯を中心的な教材とする、

① 場の求める表現形式に則した"間がいい、場違いではない"表現行動のための"待つ"ことを中心とした音楽教育
② 感情の分化を"子ども－子ども"関係の多様化、豊かさによって図る音楽教育
③ 子どもたちが、場の求める表現形式に則して表現することで「感動を他の子どもたちや教師と共有」できる音楽教育
④ 表現の受け手を子どもに見えるようにするため、先ずは、保育者が受け手になる音楽教育
⑤ 「自己表現」と抑制の利かぬ勝手な振る舞いとをはっきり区別する音楽教育
⑥ 自己を表現するため、多様な表現形式に添った活動を学ぶ音楽教育

を行なうに至った。この音楽教育は、子どもたちの間に望ましい価値観を形成することにもなったのである。こうしたことから、「内容の取り扱い」に関する留意事項をも十分満たしている。

8　学童期以後

　小学校の音楽教科書[48]には、わらべうたはあってもわらべうたの遊戯は無い。しかし、わらべうたの遊戯は、低学年には最適の教材なのである。遊戯の中でしか学べない"公"の場における振る舞い方や作法は、それ以後の教育の効果を高める働きをもするのではないか。

　中学年になったら、わらべうたをさまざまな形式で合唱曲としたものが、適切な教材となる。そのわらべうたの上に、我が国の民謡を数多く加えて欲しいと願っている。しかし、小学校の音楽教育は、西欧にばかり目が向いており、その願いが実

現することは期待できない。

　小中学校の音楽の授業は、"興味関心を抱かせる"というねらいで行なわれることが非常に多い。ことに、今流行ではない歌や、我が国の伝統音楽を教材とした場合には、ほとんどの実践が"興味関心を抱かせ"ようとする。そのような、我が国の伝統音楽を教材とした中学校の実践に対して、"今の中学生には、感覚的に合わないから、受け付けない"と評した大学の教員も居た。

　我が国の伝統音楽に、子どもたちが"興味関心"を抱かなくとも、それが"感覚的に"合わなくとも、そうしたことは一切問題ではないのである。子どもたちがどんな態度で臨もうと、我が国の伝統音楽は我々の歴史であり、我々の文化であり、我々自身なのである。このことを知識として教え、知的に納得させるのが、小学校高学年から中学の音楽教育の使命である。

　小学校高学年〜中学校では、上記の"知的に歴史に連なる"音楽学習が絶対に必要である。我が国が、文芸や美術、演劇、舞踊ばかりではなく、音楽にも豊かな歴史を有していることを知らせるのが、この時期における音楽教育の中心の一つであるべきなのである。

　そうした教育を受けた児童生徒であっても、やがては、今流行の世代別音楽に血道を上げることになるであろう。しかし、いつかは、中学までに学んだ我が国の伝統音楽に回帰するかも知れない。少なくとも、バッハやベートーベンの名前まで憶えさせられた上に、交響曲やピアノ協奏曲を"すごい"、"立派だ"、"傑作だ"と教えられ、"黒髪"や"六段"どころか"春の海"の作曲者も知らない人間より、はるかに自分の国を愛する国民に育つに違いない。そうした健康な国民を育成することこそが、音楽教育の目的である筈である。

---

[1] 長崎拓士、鈴木敏朗の『音楽の発達と教育課程』(1997、教育工学研究報告19、秋田大学教育学部附属教育工学センター pp.67-79)に参照文献を上げて論じている。

[2] 飯田秀一編の『音楽リズムその指導と実際』(1969、同文書院)、池内友次郎監修、音楽教育研究会編の『幼児の音楽教育法』(1987、音楽教育研究会)、池田富造の『最新幼児音楽教育法』(1972、ひかりのくに株式会社)、教師養成研究会幼児教育部会の『幼児の音楽リズム』(1956、学藝図書株式会社)、真篠将指導の『新しい音楽リズムの指導』(1972、ひかりのくに株式会社)、森田百合子、山本金雄、山本啓、秋山衛等の『幼児の音楽教育』(1983、教育芸術社)、大畑祥行、志村洋子等の『標準音楽リズム教育法』(1984、

音楽の友社)、玉腰三郎、坂本彦太郎他の『幼稚園の音楽教育とその教材』(1958、フレーベル館)、大学音楽教育研究グループ『小学校課程・幼稚園課程・保母養成課程用声楽教本』(1978、教育芸術社)など、この類いのものは枚挙に暇が無い。

3 鈴木敏朗は『言語コミュニケーションにおける音声の形態と機能の関係について』(1983、工5 pp.57-67)『発話における節の型の機能』(1984、工6 pp.71-78)『音声形態と機能の対応表作成の試み』(1986、工8 pp.69-86)『放送における子供への発話－その音声形態と情動的機能－』(1989、秋田大学教育学部研究紀要教育科学40集 pp.31-46)などに、発話に節が付いた場合の認知機能の低下について実証的に検討している。

4 山住正巳の『音楽と教育』(1966、国土社)などは、その傾向が見られる。

5 コダーイ・ゾルタン (Kodaly Zoltan、1882～1967) はハンガリーの作曲家。ハンガリーでの人名の呼称は姓名であるので、姓のコダーイ、名のゾルタンの順が正しい。1904年、音楽院を卒業する頃から、ハプスブルグの支配下にあり、ドイツ文化に席巻されていたハンガリーの国民音楽創造に関心を持つ。1907年、バルトークとの交友が始まり、共にハンガリーの民謡の収集を行う。それに基づいて、声楽的ソルフェージュによる"コダーイ・システム"と呼ばれることになる組織的な音楽教育の方法を創出しそのための教材を作成する。後、生地のケチケメートにそのための音楽学校が作られる。世界に最も大きな影響を与えた音楽教育法である。

6 エミール・ジャック＝ダルクローズ (Emile Jaques=Dalcroze、1865～1950) はスイスの作曲家。1892年、ジュネーブ音楽院の和声学の教授になる。そこで学生の紙の上の和声学に驚き、感覚運動とリズムの有機的な結びつきにより、身体運動を通して音楽感覚を養おうとする教育法の創出に力を注いだ。1905年、彼の研究が発表され、クラパレートが認めたこともあって広く知られることになる。1914年にジュネーブにジャック＝ダルクローズ研究所を、次いでロンドン、パリ、ベルリン、ウイーン、ストックホルム、ニューヨークなどに設立。今も、指導者の養成を行っている。詳細は『－ダルクローズ・ロトミック教則本－リズム運動』(1971、板野平訳、全音楽譜出版社) 参照

7 カール・オルフ (Carl Orff、1895～1982) はドイツの作曲家。作品はほとんどが劇音楽である。1931以降にリズムに基づいた音楽教育用の"学校作品"、"子どものための音楽"は、器楽を中心とした音楽教育に大きな寄与をした。

8 T.S.ババジャンの『乳幼児の音楽教育』(1969、川島道子訳、新読書社)、ヒーザ・ジェルの『こどものための音楽と動き』(1973、板野、鈴木訳、全音楽譜出版社)、W.ケラーとF.ロイシュの『子どものための音楽解説』(1971、橋本清司訳、音楽の友社)、コダーイ芸術教育研究所の『保育園・幼稚園の音楽』(1975、明治図書)、リトミック研究会の『幼児のリトミック』(1965、全音楽譜出版社)、シャンドル・フリジェシの『ハンガリーの音楽教育』(1968、音楽の友社) など。この類いも少なくない。

9 松本恒敏、山本文茂の『創造的音楽学習の試み－この音でいいかな？－』(1985、音楽之友社)、小原光一、山本文茂監修、加藤富美子他編著の『音楽教育論－子供・音楽・授業・教師』(1997、、教育芸術社)、高須一『創造的な音楽活動と子ども中心学習に関する一考察－その系譜と今日的視点－』(1992、音楽教育学第22-1号、日本音楽教育学会 pp.23-34) などは、子どもの形無しを優れた創造と思い込んでいる典型例である。大湊勝弘の『音楽科指導事例 天気の移り変わりを音で表そう3』(1991、教育音楽 (小学版) 1991年11月号 p.99-97)は、その実践例であり、こうした例は他に無数にある。

10 足利紀子の『授業を生き生き第6学年　音楽科指導事例　子どもが描くイメージを豊かに表現しょう4』(1991、教育音楽（小学版）1991年11月号、音楽之友社 pp.90-92)、岡健の『音楽授業にとって「教材解釈」とは何か－歌唱教材「おぼろ月夜」の指導における「教材解釈」の検討を通して－』(1989、音楽教育学第19巻第1号、日本音楽教育学会 p.3-12) などの例がある。また、"おどるこねこ：情景を思い浮かべながら聴かせる"、"出発：遠足の情景と重ねながら聴かせる"、"かじやのポルカ：かじやの見学など、合科的に発展したい" などと盛んに述べる教員養成大学音楽教育研究会編の『教員養成大学小学校課程用新版音楽科教育法』(1989、音楽之友社) にも、そうした傾向が顕著に見られる。

11 その典型的な例が小学校の音楽教科書である。桂博章、鈴木敏朗の『小学校の音楽教科書における日本と西欧』(1998、教育工学研究報告第20号、秋田大学教育学部 pp53-62) を参照。

12 『ことば』の章の話し合いの項に、具体的行動による点検項目の例がある

13 この点は新聞記事にまでなった。

14 H. ゼードルマイヤーの『中心の喪失－危機に立つ近代芸術－』(1965、石川他訳、美術出版社) は、各分野の独自性の主張、孤立化が芸術を衰弱させていくと、近代のその危険性に警鐘を鳴らしている。

15 鈴木敏朗の『幼年教育講座6 音楽の教育』(1969、黎明書房)、『これからの保育内容4 音楽とその導きかた』(1973、明治図書)、本間雅夫と共著の『遊びと合唱・幼児から小学生へ　わらべうたによる音楽教育』(1982、自由現代社) などは、人間関係の発展を軸に音楽的発達を捉え、わらべうたとその遊戯を教材とした音楽教育について述べたものである。

16 鈴木敏朗の『わらべうたの教材化の試み－リズムの系統性－』(1986、研究所報23、秋田大学教育学部教育研究所 pp.87-96)、『わらべうたの教材化の試み－音階の系統性－』(1987、研究所報24、秋田大学教育学部教育研究所 pp.116-124) は、わらべうたを教材化するに当たっての技術的系統性を検討したものである。

17 鈴木敏朗の『クラス集団であそぶわらべうた』(1981、幼児の指導第27巻第9号、学習研究社 pp.26-37) に、わらべうたの遊戯による音楽教育の利点を述べている。

18 旋法 (mode) と呼んだ方が適切であるが、分り易く音階とした。

19 言葉の章に上げたSUZUKI,T.の前掲書 (1982) は、このことを詳細に論じたものである。

20 抑揚 (intonation) は、発話に付帯する節である音声形態の中心である。

21 言葉の章に上げた鈴木敏朗の前掲書 (1983、1984、1986、1989) で詳述している。

22 母語 (mother tongue) と母国語 (national language) とは区別して用いる。母語とは、母親からお乳をのむように受け継いだことばである。

23 長島真人の『個性を生かす音楽の指導計画』(1988、56　pp.11-20) のように個性的表現を主張する論は少なくない。同様の主張をする松本恒敏の『共通教材で何を表現したらよいか』(1989、60 pp.26-31) や石川隆史の『音を探して表現する』(1989、61 pp.11-16) などは、明らかに形として捉えることのできるものを否定する。これらの論はいずれも『季刊音楽教育研究』(音楽乃友社) による。

24 個性的表現と同様に創造的表現も『季刊音楽教育研究』(音楽乃友社) を見るだけ

第6章　領域表現の音楽　243

で、後藤充郎の『創造的音楽学習の試み』(1986、49、pp.38-43)、佐野靖の『創造性と表現技能』(1987、50、pp.15-24)、菅野道夫の『授業は子ども達が作る』(1987、50、pp.25-30)、谷中優の『創造的活動についての一考察』(1989、61、pp.29-34)、星野圭朗の『日本の子ども達のための音楽科カリキュラムの改善』(1990、64、pp.19-28)、人見恵子の『幼児は音楽を創造するか』(1990、64、pp.10-18)、河本建一の『児童の意識の流れを大切にして』(1990、65、pp.33-38)、大和淳二の『音楽をつくって表現できるようにする』(1991、67、pp.2-14)、久保信男の『創造性を育成する教科としての期待』(1993、77、pp.43-50) など、無数にある。どれも形を嫌うこと、個性的表現の場合と同じである。

25　田中義浩の『自己表出の意欲』(1986、45 pp.33-38)、田中由美子『児童自らすすんで取り組む音楽学習のあり方』(1987、45 pp.86-90)、杉山一成の『主体的な音楽活動を展開させるために』(1991、68 pp.60-70)、津田正之の『「自己表現力」の育成と「表現科」構想』(1993、77 pp.68-72)、高川進作の『豊かなイメージ形成を通して』(1987、50 pp.37-43) など（いずれも『季刊音楽教育研究』音楽乃友社）がこの類いの主張であるが、それらに加えて、教員養成においても勝手な自己表出を表現と教えている実例として石沢真紀夫の『教員養成課程の学生に見る小・中・高校の音楽科授業の実体』(1992、教育音楽中・高版8月号 pp.38-41) がある。これらも個性的表現や創造的表現の場合と同じく、形を忌避する。

26　表現の意味を曖昧にしたまま勝手に解釈しての音楽教育の実例は、創造的表現に関する注を参照。

27　表現が自己の開放であると主張する論については、自己表現についての注に上げてある。

28　なにを感覚世界に現すかによって意図的に選ばれた行動。

29　本項と次項は、前掲の長崎拓士、鈴木敏朗の共著 (1997) の内、長崎拓士の担当部分によっている。

30　行動といった方が分かりやすいであろうが、ここでは、表現の内容という精神活動と対比させているために身体を通した活動と言った。

31　expression (英)、Ausduruck (独)。これが、時に表出 (たとえば乾孝の『表出の理解』(1954、性格の心理学、金子書房)) と訳され、表現 (たとえば千谷七郎訳の『表現学の基礎理論』(クラーゲス著、1960、勁草書房)) と訳されたりする。

32　exhibition (英)、Darstellung (独)。これは表現と訳される。

33　鈴木敏朗の『間・リズム・テンポ－日本的特質と発達的特徴－』(1985、体育の科学Vol.35、11月、杏林書院体育の科学社) に我が国の音楽的"間"については考察しているが、本論での"間"は、音楽的な間も含みながら、主には、間が合う、間が抜けるなどと言う場合の"間"を指している。

34　情動は心理学で用いられ、情緒は教育学で用いられる。これらと感情の区別は必ずしも厳密ではないが、感情は理性と対応して、情動や情緒よりやや上位の水準を表す場合に用いる。本書では感情を用いることが多いが、この語が最も多く一般的に使用されていて、理解を得易いとかんがえたことによる。

³⁵ 長崎は"行動表現（間）は、速さ、強さ、近さ、広さ、およびこれらの動揺と持続という、多次元の指標で測定すべき全体的な形態（morphology）である"という新たな表現原理を提起している。

³⁶ "初め2人の人に分かち持たれていた役割が、やがて、1人の中で行われるようになる"（A.R.ルリヤの『人間の脳と心理過程』(1976、松野豊訳、金子書房)）ということである。

³⁷ 鈴木敏朗の『わらべうたの音階の発生的研究』(1986、秋田大学教育学部研究紀要教育科学36集 pp.193-204)及びわらべうたに関する前掲書(1986、1987)に、言葉と共に生成する音の空間的（高さ）、時間的（拍節とリズム）法則性について述べている。

³⁸ 感情の分化は、表現形式の分化に対応しているため、表現行動の協調が、感情の共有が為されていることを示している。

³⁹ 1987年から1991年までの間に、3歳児～小学校6年生の全年齢についてリズム反応の実験を行い、それを発達的に検討した。『幼児のリズム反応－4分－8分－8分のグルーピング－』(1987、紀教37、pp.157-172)、『幼児のリズム反応－等拍に対する反応－』(1987、工9、pp.89-105)、『幼児のリズム反応－3拍子（4分－8分－8分－4分）のグルーピング－』(1988、紀教38、pp.77-89)、『リズムパターン（4分－8分－8分）刺激に対する反応－小学生の場合－』(1989、工11、pp.59-74)、『幼児の4拍子のリズムパターンに対する反応(1)』(1990、共所報27、pp.63-70)、『3拍子のリズムパターンに対する反応－小学生の場合－』(1990、工12、pp.59-74)、『幼児の4拍子のリズムパターンに対する反応(2)』(1991、所報28、pp.61-73)、『4拍子のリズムパターンに対する反応－小学生の場合－』(1991、工13、pp.33-45)などがそれであり、この項で述べていることはこれらの研究から得られた。略字は、紀教：秋田大学教育学部研究紀要教育科学、工：教育工学研究報告秋田大学教育学部附属教育工学センター、所報：秋田大学教育学部教育研究所研究所報。

⁴⁰ 『要領』の領域表現
1 ねらい
(1) いろいろなものの美しさなどに対する豊かな感性をもつ。
(2) 感じたことや考えたことを自分なりに表現して楽しむ。
(3) 生活の中でイメージを豊かにし、様々な表現を楽しむ。
2 内　容
(1) 生活の中で様々な音、色、形、手触り、動きなどに気付いたり、楽しんだりする。
(2) 生活の中で美しいものや心を動かす出来事に触れ、イメージを豊かにする。
(3) 様々な出来事の中で、感動したことを伝え合う楽しさを味わう。
(4) 感じたこと、考えたことなどを音や動きなどで表現したり、自由にかいたり、つくったりする。
(5) いろいろな素材に親しみ、工夫して遊ぶ。
(6) 音楽に親しみ、歌を歌ったり、簡単なリズム楽器を使ったりする楽しさを味わう。
(7) かいたり、つくったりすることを楽しみ、遊びに使ったり、飾ったりする。
(8) 自分のイメージを動きや言葉などで表現したり、演じて遊んだりする楽しさを味わう。
3 内容の取扱い
上記の取扱いに当たっては、次の事項に留意する必要がある。

(1) 豊かな感性は，自然などの身近な環境と十分にかかわる中で美しいもの，れたもの，心を動かす出来事などに出会い，そこから得た感動を他の幼児や教師と共有し，様々に表現することなどを通して養われるようにすること。
(2) 幼児の自己表現は素朴な形で行われることが多いので，教師はそのような表現を受容し，幼児自身の表現しようとする意欲を受け止めて，幼児が生活の中で幼児らしい様々な表現を楽しむことができるようにすること。
(3) 生活経験や発達に応じ，自ら様々な表現を楽しみ，表現する意欲を十分に発揮させることができるような遊具や用具などを整え，自己表現を楽しめるように工夫すること。

[41] コダイ・ゾルタンの音楽教育がその例になる。しかし、システムが教育するわけではない。その成否は、どこまでも人間にかかっているのである。システムをこの上なく完全に修得した者でも、それほどの成果をあげることのできない場合が少なくない。それどころか、システムなど触れたこともない教師がすばらしい成果をあげたりすることさえある。教育研究が無用だというのではない。実践者の意欲を一層高め、創意工夫を引き出す、そうした性格をもってなお優れた計画となっている教育課程を編成すべく、さらに研究を重ねていく必要がある。

[42] 鈴木敏朗のわらべうたの教材化に関する前掲書（1986、1987）や音階の生成に関する前掲書（1986）、『固定ド移動ド試論1』（1988、秋田大学教育学部教育研究所研究所報第25号、pp.131-137）、『同2』（1989、同26号、pp.131-137）などが、わらべうたの教材化の参考になるであろう。

[43] 小泉文夫は、日本音楽のリズムの特徴が、西欧の拍子のように強拍と弱拍でなる拍子の上に構成されるのではなく、前の間、後の間と呼ぶのが相応しいような空間的構成の土台の上に構成されるという。後間は、その後の間に掛け声が入ったり、そこ間ら歌い出したりする場合を指している。

[44] inner singing あるいは silent singing などと言われる。

[45] 乾孝は、この内なる他者を"私の中の私たち"と呼ぶ。乾の『私の中の私たち－認識と行動の弁証法－』（1970、いかだ社）、『表現・発達・伝えあい』（1975、いかだ社）などが、この問題を詳述している。

[46] 安田武は『音楽教育のこと』（1974、型の文化再興、筑摩書房 pp.75-89）と題して、この問題を怒りと共に論じている。

[47] 桂博章、鈴木敏朗の『今日の音楽教育が忘れているもの』（1994、教育工学研究報告16、秋田大学教育学部附属教育実践指導センター pp43-53）は、"形に添って表現する"、"我々を愛する歌"や"父祖の歌"を歌うなどの重要性を論じている。

[48] 桂博章、鈴木敏朗の前掲書（1998）は、2社の教科書について、数年ごとに小学校全学年の教材を分析している。

第7章 領域表現の美術－絵画を中心に－

　平成12年4月1日から施行された現行『要領』では、音楽と合わせて「表現」領域となり、したがって、目標は音楽と同じである。それを、音楽とは別に独立させて、美術教育の意味、発達、教育課程を検討しようとするのは、望ましい発達を図る幼児期の教育として、音楽におけるわらべうたの遊戯とならんで、美術、中でも絵画が最も優れた活動であるからである。ことに、物事に取り組む姿勢を整えるための活動として、絵画教育は、理想的な条件を備えている。このことが、美術教育について、絵画教育を中心に検討する理由である。
　この、幼児教育において最も重要な領域二つが「表現」一つにまとめられたことは、やがては、小学校、中学校の両教科が「表現」一つにまとめられるであろうことを予測させる。ともかくも、絵画教育は、子どもたちの物事に取り組む姿勢を整える幼児期の最適な活動であり、以下に述べるのは、なぜ、物事に取り組む姿勢を整える最適な活動であるのかについてである。

第1節　秩序と創造性

1　美術作品と絶対的な価値

　筆の背腹、その運び順まで決まっていた江戸時代の絵画各流派[1]の硬直や、それが明治以降にも影響したのか、写生を説きながらも現実には絵手本の模写になってしまった絵画教育、そうした束縛から逃れたかったのであろうか、自由画は、個人の心を何の制限も無く行動に移す自由をことさらに強調してしまった。
　美術教育が、今でもぬり絵を毛嫌いする理由は、その自由画の影響もあるのかも知れない[2]。
　西欧の近代とは、個人、個性、独自性、創造性[3]などを目指した時代である。われわれは、明治以後、ことに敗戦後の20世紀後半には、西欧近代の目指したものを無条件で賛美してしまった。自由画の運動は、その傾向と合致し、そのために隆盛を極めることになる。
　美術教育がぬり絵を嫌うもう一つの理由は、その西欧の近代が目指した独自性賛

美と無関係ではないように思える。

　自由と独自性の賛美が個々の作品に及ぶと、一つひとつの作品それ自体の中に、無と至上の間のどこかに位置する独自な価値が存在することになり、やがては、それぞれの価値が定評として定まることになる。世間が口を揃えて"傑作だ"という作品に触れてその価値が感じ取れなければ、疑わしいのは見る者の感性なのである。作品の価値は微動だにせず、価値が揺れ動いているのは、常に見る側の人間なのである。音楽の場合でも"作品自体が絶対的な価値を有する[4]"と信じられており、こうした考え方は、西欧近代の非常な悪影響であるように思われる[5]。

　この傾向は止まること無く進行し、ついには、美術教育における子どもたちの製作物にまで適用されることになる。その結果、子どもたちの製作物は、個性の何物にも制約されない表出[6]であり、自己のほとばしり出た独自な創造でなければならないという事態になる。

　西欧で１９世紀から顕著になる音楽、絵画、演劇、彫刻、建築など各領域の共通様式を排除した独自性の主張[7]は、人間一人ひとりの独自性、個別性の過大視と人間相互の共通性の極端な矮小化にまでつながったのであろう。さらにそれが、一つひとつの作品から、発達の過程で受ける美術教育での子どもたちの製作物にまで拡張されることになってしまったわけである。

　個人を因習や教条の束縛から開放しようとしてなされた自由と独自性の主張が、一つひとつの作品自体に独自の価値を見るに至って、皮肉なことに、かえって、美の見方、感じ方を不自由にしてしまった。自分の好みをあからさまに口に出し、それが定評と異なれば、美に対する感性から教養まで疑われることになり兼ねない。美術作品が、人間の感性や教養を判定する物差しとなってしまったわけだ。

　今や、美を判定し、それを教える専門家までが、その領域の独自性を主張する。我々は、自分自身の感性とは無関係なその教えを自分に強い、やがては、他人にも強いるようになる[8]。こうして、人びとの美的感性は鈍麻して来たわけである。

2　個性、創造性、自己表現

　美術教育においては「個性を生かす」、「創造的な活動」、「自分らしさ」、「主体的」、「思いのままにかいたり」などが、非常に強調されている。表現活動の基礎的な能力は、「おもいのまま」する活動の中で、児童が自らはぐくんでいくとまで考

えているようである[9]。

さまざまな論が"個性に応じた学習の場の保障"、"自由な雰囲気で、自分の気持ちを自由に表現させる"、"その子らしい豊かなイメージ"、"一人ひとりの欲求や感情"などと繰り返す。しかし、表現教育において、個性、創造性、自己表現などを繰り返し強調してきたことは、これまで何の成果も生んではいない[10]。

(1) 個性を伸ばすことについて

幼児期に子どもの個性を伸ばそうとする教育を行うことは、以下に述べる解決不能な問題の存在によって、絶対に不可能なのである。

その問題の第一は、保育者が、幼児期に出現する個人差を、生涯を通じての個性であると断定しなければならないということである。しかし、保育者がいかなる人物であるとしても、そうした断定を軽々しくしてしまうほどに無責任になれるとは信じられない。万が一断定したとしても、それが個性である確率は著しく低い[11]であろうし、的中したとしても偶然に過ぎない。

二番目の問題は、一番目の問題を逆に考えた場合である。個性を伸ばす教育を可能にするためには、全ての保育者が、子ども一人ひとりの個性を、幼児期の内に、少しの間違いもなく見抜ける能力を備えていなければならない。しかし、誰一人として、自分にそんな眼力があるとは思わないであろう。たとえ、疑念なく思い込めるほど傲慢な保育者が居たとしても、その判断が子どもの人生を幸福なものにする確率もまた無に近く低いに相違ない。

最後に第三の問題は、近年の人びとの心性に関する問題である。運動会では、あらゆる競争を止めてしまう。学力では、優等生を廃止する。自己犠牲など考えもせず、自己実現ばかりを権利だと主張する。近頃の人びとの心性は、こうした、ほんのわずかな違いや順位付けにすら耐えられないというだけでなく、機会ばかりか結果の平等すら要求しかねないものである。このような人びとが、どうして、個性の違いという強烈な差異を受け入れることができよう。これこそが、個性の教育を不可能にする最大の解決不能な問題であると言えよう。

加えて、個性を発揮したとしても、そのことが、必ずしも幸福な人生を約束するとは限らない。止むに止まれぬ発揮が悲惨な結果を招くことは、しばしば起こることである。したがって、個性を発揮した人生を送るか否かは、勇気と覚悟をもって当人が決める他ない。たとえ、幼児に対してであれ、他人があれこれ口出しする問

題ではないのである。

　この辺りの事情を安直に考えるから、子どもの形無しの行動が、"素直で原初的な表出"、"自己表出による充足感"などの個性的な表現になったりするのであろう。子どもの未熟で形無しの表現行動をそんな風に持ち上げることは、子どもの自己を、いつまでも未熟な形無しのままに止めておくことになる。教育の為すべきことは、各自が個性を発揮するか否かを決意するその日までに、そのための足場である知識や技術、我々自身の生活文化の型を、一人ひとりの子どもたちに十分に与えることではないのか。

(2) 自己表現について

　自己表現についても、それを直接の目標とした場合には、多くの問題を引き起こす可能性がある。

　自己表現の豊かさとは、受け手に与えた効果の豊かさを言うのである。周囲からなんら注目されず、まったく無反応の自己表現が、豊かであるとは言えないであろう。豊かな表現とするためには、受け手に意図した効果を引き起こさなければならず、どうしても場が共有[12]すべき表現形式の練磨が必要となる。伝統や生活文化の型や技術の拘束、守るべき知的な基準などを持たない表出は、"本人だけが価値と思い込んでいる"他者には無意味なばかりか、迷惑この上無い邪魔ものである場合が多い。

(3) 創造性について

　表現教育の論が"創造的に表現する"、"創造的・独創的な芸術表現を追求"、"創造的に取りくませる"、"創造性に関しては子どもたちの表出するものをまず認め"、"創造的で自発的な表現活動"などと強調する創造性についても、教えられない問題だということを別にしても、個性同様いくつかの問題点がある。

　第一の問題点は、創造性が、社会ににとって有害無益な方向に発揮される可能性もあるということである。伸ばしたやるどころか、反社会的な方向性の見られる場合には、何としても抑えなければならないであろう。

　第二に、創造性は、自分と異なった創造性に対して興味や関心を示さないか、あるいは非常に不寛容である。受け手の立場に立った場合、他者の表現行動に対する許容の幅が著しく狭い。創造性を育成しようとする教育を受けたからといって、全ての子どもが優れた創造性を発揮するということは起らない。しかし、他者の表現

に対する許容度だけは、確実に低下する。結果として、許容度だけを低下させて、独自性の発揮は全員がためらってしまうという事態になる可能性がある。

　第三の問題は、創造性が、個性、自己表現などと共に、秩序からの逸脱だということである。社会が一つの有機体として機能しているのは、そこに、要素間の定まった関係と、手順通りに働く機能という秩序があるからである。社会的な仕組みの安定は、要素間の関係の安定によっており、利便と能率は、お決まりの仕事を手順通りに遂行する機能によっている。このような秩序に混乱と逸脱という無秩序が持ち込まれた場合、再秩序化による秩序の回復がなければ社会は崩壊する。強力な復元力を有する社会秩序という基盤があって初めて、表現の安定性も、個性や創造性の発揮も可能になるのである。

　人間の一人ひとりは、全て異なっている。同じ人間は、1人として存在しない。一卵性双生児であれ、まったく同じ人間ではない。その違いが個別性である。個人が否応なく有しているその個別姓は、個別的であるという理由だけで秩序からの逸脱なのである。もともと秩序から逸脱しているところへ、秩序への復元力を無視してさらに逸脱へと方向付けたなら、その逸脱を発揮し得る基盤を保持する者は皆無となってしまう。

3　秩序と無秩序

　組織、あるいは構造を成り立たせる秩序とは「反復、恒常性、不変性に属するすべてのものであり、蓋然性の高い関係を後ろ盾にもつもの、法則への依存の枠内にあるすべてのもの」であり、それに対して無秩序とは「不規則性、所与の構造からの逸脱、偶発性、予測不可能性に属するすべてのもの」だと言う。秩序ある組織では、構成要素間に定まった関係があり、それぞれの要素が既定の手順を繰り返すことで、全体が能率的に機能している。無秩序であるとは、関係も手順も定まらないことであり、したがって、そこには、構造としての全体も、それを構成する要素も存在しない。

　確かに、一切の逸脱も無しに「秩序が貫徹した宇宙があるとすれば、そこには革新も創造も進化もなく」当然ながら「生物も人間も存在しない」。しかし「組織化の基礎となるような安定した要素」の何一つない「無秩序のなかでは、いかなる存在も不可能」である[13]。そして、創造や個性は、反復、安定した関係、定まった

手順で働く機能などの全ての概念に対立する。創造や個性は、独自でなければならないが故に、必然的に与えられた構造から逸脱する無秩序なのである。

したがって、一つの社会の構成員全員が創造的、個性的になり、一斉に自己表現を始めたなら、そこにもたらされるのは、完全な無秩序状態による組織の崩壊だけである。しかし、そうであるからといって、不変の相互関係と手順の定まった機能の構成員のみが、合理的、理想的に見える組織を作れば、そこには、一切の変るもの、命あるものが存在できないばかりか、その組織自体の安定的持続もあり得ないのである。これでは、教育が、個性や創造性の育成を目指せば、社会に無秩序と混乱をもたらす可能性があり、所与の社会に対する適応のみを目的とすれば、社会に沈滞と衰退をもたらすかも知れないということになる。

ところが、人間は、本質的に、合理性の貫徹した存在ではないのである。一人ひとりが互いに異なった独自性を有するというだけで、そこには不規則性、所与の構造からの逸脱、偶発性、予測不可能性のすべてが存在するのである。所与の社会秩序を安定して維持するべく教育されたとしても、決して、完全な秩序に貫かれた合理性のみの人間には育たないのである。

社会秩序に対する脅威が、無いわけではない。いかなる組織、構造も、予測不可能な無秩序を含む世界の中にあり、さまざまな偶発的脅威にさらされている。決まり切った手順で働く組織は非常に能率的であるが、それは、全ての事態が不変である場合にのみ機能できるのであり、ほんの些細な不測の事態にも対処不可能なのである。そうした秩序に対する脅威に対処し得るのは、秩序からの逸脱である創造性や個性なのであり、それら逸脱を含みながら社会は、不断に再組織化、再秩序化することで持続、発展することができるのである。

再秩序化という復元力が強力である時、創造性や個性の大きな逸脱をも再組織化の可能な範囲に含むことができる。その時、創造性や個性は、何よりも独特であることをもって社会に活気をもたらし、社会秩序に対するさまざまな脅威に対処し得る可能性をもたらす。

人間の生自体が、無秩序の再組織化の過程であり、逸脱を含むことは存在の本質なのである。その人間に対して、さらに逸脱を要求する教育を行えば、再組織化不能な無秩序を招くかも知れない。逸脱は、再秩序化が可能な限りで、許容されるものなのである。そして、社会に安定して持続する秩序があって初めて、表現は豊か

な効果を発揮するのである。

4 復元力を高める

　知識や技術、形などのを象徴するものとして、本章の最初にぬり絵について触れたのである。そのぬり絵を嫌う必要は、まったく無かったのである。それどころか、作業するに当たっての丁寧さ、道具の適切な使用、絵画表現の型などを身につけるのに、これほど適した教材も稀なのである。

　社会的行動であれ、美的行動であれ、表現は、先ず型を修得するところから始まる。そして、型通りに終ることより、"形無し"であること、"型の決まりが悪いこと"の方が、はるかに恥ずべきことなのである。秩序の復元力である型通りの表現形式の教育を、ためらう必要はまったくないのだ[14]。絵画、彫刻、写真など何であれ、そこに秩序を認めるからこそ、一つの美のまとまりを見ることができるのである。

　人は、誰でもが個性的であり、いくばくかは創造的であり、どう教育しようと、全ての人を型通りにすることは決してできることではない[15]。時には、個性や創造性が発揮された結果を再組織化するのに、長い時間を要することもある。あるいは、発揮した結果が再組織化の限界を超えてしまう場合もあるかも知れない。その時、それらの個性や創造性は、社会から大きな抵抗や圧力を受けたり、排除されたりすることになる。個性や創造性とは、そうであると知っていながら止むに止まれず発揮してしまうものでもあるのだ。個性や創造性の発揮に周囲からの少なからぬ抵抗があるのは当然のことであり、その抵抗があるからこそ、社会は、再組織化不能に陥らずにいられるのである。

　「のびのびと自己表現」させる、「個性を育て」る、「創造的人格を育て」る、「自主的に」活動させるなどを目標とする美術教育は、この抵抗の軽減を目指しているのかも知れない[16]。しかし、送り手の側の抵抗を減らすために、制約をできる限り減らし、表出の水準での欲求の開放を促進したのでは、結果の個性も創造性もはた迷惑なものにしかならない。活気あふれる創造的社会を目指すのであれば、何よりも先ず、受け手の許容の幅を広げることではないのか。一つの社会が興隆していくということは、その社会の再組織化する復元力の水準が、著しく高いということである。再組織化の水準が高ければ、表現行動の受け手は、許容の幅を安んじて広

げることができる。

5　再組織化と個人

　個性や創造性が逸脱であるのは、個人の秩序にとっても同様である。個性を教えることは不可能であるし、個性的、創造的であれと奨めたところで、それによって個性的、創造的な人格を形成することはできない。その上、社会にとって異質であれと教えて、異質な人間に育てようとすることは、教育の本旨に反することであろう。

　真に個性的、創造的である者は、個性的に生き、創造し続けること以外に存在の形式を持つことのできない者なのである。それ故に、自己に実現不能なほどの高い要求を課し、その実現のために自分自身にあらゆる義務を負わせるのである。そのことは同時に、自分自身の能力に大きな疑いを抱かされることでもある。

　教育によって個性、創造性を伸ばせと主張するのは、誰にも上記の厳しい生き方を強制したいからであろうか。それとも、勝手気ままな自由のために、自分自身が歴史文化的制約を免れたいための口実としてなのであろうか。後者であるなら、それは、品格ある人生の対極にある存在形式である。そして、教育では、個性、創造性を伸ばせないのであるから、後者であるに相違ない。

　これらのことは、個性的、創造的であることが、個人の存在をおびやかすかも知れないということを示唆している。自分に課す高い要求と義務は、人格的統合である秩序を絶えず乱すことになるからである。この逸脱をも統合する再秩序化を持続するためには、非常に強靱な精神力を要する。この個人における再秩序化という精神の復元力を支えるものが、伝統であり、文化であり、習俗なのである。

　大方の幼児教育が、教育目標として、強靱な精神力を要する個性と創造性の育成を長期に渡って掲げてきた。そして、その結果育ったものは、"癒し"や"カウンセリング"無しには、自分の精神的安定すらの維持できない脆弱な精神だけであった。

　そのような非力な内的秩序の復元力では、個性的にも創造的にも、生きていかれる筈がないのである。個人においても社会とまったく同様に、どの程度の逸脱まで許容できるかは、精神の復元力である再組織化の水準によるのである。個性や創造性の幅を広げようとするなら、何よりも強い復元力を有する精神を育てなければな

らない。そうした精神だけが、個性的な生き方や創造性の発揮を実現するかも知れない可能性を用意できるのである。そして、そうした精神は"癒し"などを必要とはしない。

6 美術教育の課題

再組織化が可能な範囲内という条件はあるが、結果として、創造的であること、集団に生気と活気をもたらす個性にあふれていること、それらを生き生きと表現する力を備えていることなどは、望ましいことである。それにもかかわらず、それらの実現を直接の目標とした教育は、これまで少しもよい結果も産んでこなかった。

再三繰り返したことだが、"心を直接教育することは不可能"なのだ。"教育することのできるのは、知識と技術と形"だけなのである。「教えることのできない創造の課題」には、教えることのできる知識や技術、形を体系化して与えながら直面させていけばよいのである[17]。美術教育の課題は、ここから考えていかなければならない。

(1) 知識、技術、形の教育

視覚的な美的表現の教育課題で、多くの指導書などに共通するのは、リード[18]の"芸術を通しての教育"を引いて言う全人格の教育である。しかし、このことばによって説かれた人間性の教育は、具体性に乏しい嫌いがあり、その上、直接的な心の教育につながる危険性さえある。

人間性の教育とは心の教育と同じことであり、それこそが、教育の最終的な目標なのである。しかし、心を直接教育することは不可能なのである。リードを真似て言うなら"知識や技術、形を通しての心の教育"なのである。したがって、美術教育の第一の重要な課題は、美的表現の知識や技術、形を身に付けさせることであるのだ。知識や技術、形を体系的に教えていく過程で、子どもたちを創造的課題と出会わせ、その課題に対する能動的活動によって、また、知識や技術、形を学ばせていくのである。

創造的課題とは、対象世界をより的確に捉えるために、世界との交渉で生じた自分の中のおぼろげな姿を、他者に伝える形で視覚的な世界の物の上に再構成すること[19]であり、これが表現活動である。内なる他者へ、そして現実の相手へ表現することによって、対象世界についての認識はより深まっていくのである。自分の力

で対象を掴み取りたい[20]という願いは、世界に対する認識を一層深めたいという欲求でもあるのだ。こうした活動の結果、多くの相手と経験を共有することができたなら、世界の像は一層はっきりすることになるであろう。

(2) 表現の喜びと人間関係

　この、知識や技術、形を修得するための最良の練習である創造的課題を、喜びをもって遂行するようになること、これが第二の課題となる。

　美的表現活動は、強制されて嫌々するものではない。しかし、猫が毛糸の鞠にじゃれるような自分一人に閉ざされた活動を、いつまでも喜んでいればよいというものでもない。美的表現の真の喜びとは、それが目指す人に伝わり、理解され、肯定的な反応を得た時感じることのできるものなのである。したがって、暖かく、親しい、穏やかな、こころよい人間関係が無ければ、美的表現の本当の喜びを感じることはできない。そのこころよい人間関係の中で表現の喜びを味わいさえすれば、課題に取り組む意欲はおのずと湧いてくるものである。

　そのような人間関係は、関係を幾らかでも暖かくこころよいものにする可能性のある子どもたちの振る舞いに対して、周囲が（具体的には保育者が）高い評価を与えていくことで少しずつ実現していく。そのような暖かい人間関係は、美的表現に喜びを与えると共に、喜んでする美的表現が人間関係を一層こころよいものにしていく。この上昇する循環の中にあってこそ、子どもたちは、豊かな人間性を育んでいくことができるのである。豊かな人間性を育てるに必須のこのような循環を実現すること、これが美的表現に課せられた第三の課題だと言えよう。

7　知識、技術、形を身に付ける喜び

　視覚世界で、物の上に自分の行為の軌跡を定着させるために必要とする全てが、美術教育の第一の課題である知識、技術、形の対象となる。

　材料、用具に関する知識を初め、表現の受け手についてから、最終的には、広く対象世界の知識までが必要となる。

　技術には、素形[21]のような対象を見るための枠組みも含まれる。材料、用具をいかに扱うか、自分の行為をどこまで制御できるか、どれほどの技法を使いこなせるかなどは、全て技術である。

　絵画での創造的課題に直面し、対象世界を自分のものにしたいと願った時、物の

形をどの画材でどう描くか、対象の色を何を使ってどうしたら出せるかなども、無くてはならない知識であり、技術である。

　形とは、表現行動を構成する要素の形式に止まらず、表現行動自体をどのように行うかの形式や様式をも含むものである。

　これらの知識、技術、形によって、行動のできる限り多くの部分を自己の制御下に置いた随意のものとし、"なんとか相手に良い効果を与え"ようと、その随意の行動の軌跡を、一つのまとまりとして視覚世界の物の上に定着させていくこと、これが美術における表現行動であり、創造的課題の遂行なのである。

　この表現行動は、自分の勝手なやり方が通じないために、容易にできるわけではない。表現する相手が自分と"場"を共にしており、その上で"場"に共通のやり方によらなければならない。我々が、話しや文章で自分独自の内容を語ろうとすれば、我が国という"場"を共にする人びとに、その"場"に共通の技術である日本語を用いて語るであろう。この事情は、音楽や美術でも少しも変わらない。知識や技術、形とは、一人ひとりの独自性を超えた普遍的なものなのである。したがって、それらを心得さえすれば、誰でもが利用できるものでもあるのだ。

　教育関係者の多くは、子どもたちが、こうした知識や技術、形の学習を嫌がると言う。しかし、大人には当たり前のことである知識や技術、形が、子どもにとっては発見であり、驚きであるのだ。"蜜柑と柿と林檎は、同じ丸のようで少しずつ違っている"、"黄色と青を混ぜたら緑になった"、"ゆっくり、そっと描いたら、形を捉えることができた"、"三角と四角で家ができた"などは、全てが驚きを伴った発見なのである。教育する者に見る目があれば、その一つひとつに喜んでいる子どもたちをいくらでも見出せるであろう。

　この知識や技術、形には、科学と芸術の区別はない。それは、我々の日常の経験を支えるものであり、経験は、この知識や技術、形を通してなさるのだ。何を学んで来たかによって対象から引き出すもの、捨て去るものが異なるのは、そのためである。そして、何を引き出し、何を捨て去るかによって、科学とも、芸術ともなっていくのである。したがって、たとえ分野が芸術だからといって、未熟な形無しであるが故の風変わりな現れを個性だなどと持ち上げてしまえば、その時見えなかったがために捨て去ってしまったものを、生涯見えぬままにしてしまうということにもなる。「すべての子に才能の踏み台としての基礎をあたえることこそ、本当の才

能教育[22]」なのである。

8　普遍性と自己と教育

知識や技術、形を系統的に教育するためには、経験と一体になっているものを分離しなければならない。経験全体から切り離されて初めて、誰にも利用可能な普遍的なものとなるのである。経験から分離され体系化された知識や技術、形は、その普遍的な性格もあって非常に確固とした強力な存在となり、その後の経験の仕方を支配する可能性がある。

その普遍性の支配力が強大になると、自分が、普遍性に解消されてしまいそうな不安を感じたりもする。心までが、普遍法則の下に置かれそうになるのである。人びとの表現行動が、自分の属する集団の特殊性である民族文化に依拠するのは、普遍性の圧力を軽減させようとすることでもある。それができなければ、存在の不安さえ感じることになるかも知れない。これが、アイデンティティ[23]の問題であり、その確立を重大視することが、人間が普遍性の中だけでは生きられないことを示している。そのような不安は幼児には無縁であるが、やはり、知識や技術、形の制御を意識させずに描かせることもなくてはならない。

人の心は、普遍的法則では、なかなか律し切れるものではない[24]。もし、絶対に正しい教育の方法というものが存在するとしたら、それが、人の心を完全に律することのできる普遍的法則によっているということになる。百パーセント正しい科学的な教育法とは、この方法による教育が、例外なく特定の発達結果を実現するということである。しかし、人は、結構天の邪鬼なものであり、教育をうける者がそのことを知れば、そうはなるものかと思う者が現れるに違いない。つまり、どれほど考えぬかれた教育でも、思わぬ結果を招くことはあるというわけである[25]。それでも、特別の意味を持つ瞬間瞬間に何が最善かを判断し、自分の責任で選び取って実践するのが、教育なのであろう。

9　個別性と普遍性

表現するということは、自分を語ることである。その中に意図しない表出が含まれたとしても、意図的に表現するのは、自分自身が納得した内容についてである。納得できるか否かは、実際の相手に表現する前に、自分の中の自分[26]に表現して

みることで、確かめることができる。この時、その内容が、自分の中で未処理の混沌とした部分や秘めている部分にまで及んだとしても、内なる自分の納得が得られたなら、一応の処理がなされたことになる。

内なる自分に向かって表現した場合にどのような納得が得られかは、想定する表現の場の人間関係によって異なる。小学校までの寝小便についての以下のような例が、上記の事情をよく示している。
① 兄弟には話せるが、親とは話題にできない
② 親には話せるが、兄弟とは話題にできない
③ 友達には話せるが、教師（保育者）とは話題にできない
④ 中学校までは話題にできなかったが、高校を過ぎたらできるようになった
⑤ 学級（幼稚園・保育所、学校）で、平気で話題にしてしまう

上記の多様な納得の有り様は、自分の中の自分が、現実の人間関係の影響を大きく受けて成立したことを示している。この内なる自分は、表現のための行動環境であり、現実の人間関係という環境制御システムと、その時点での内なる自分という自己制御システムの統合として成立したものなのである。

内なる自分の納得した内容が、現実の他者へ向けた意図的な表現の内容となるのであるる。この時、意図していなかった部分が表出する可能性がある。意図した内容についての共感を得られても喜びであるが、表出してしまったことに対する共感が得られた場合は、安堵を含めた一層大きな喜びがあるかも知れないい。それまで未処理であった問題に関する緊張がほぐれ、不安も解消する。暖かい人間関係の中では、絵の嫌いな子どもが居なくなるのは、内なる自分が暖かいため、安心して自分を語ることができるからである。

表現に対する負担が軽いということは、経験を表現する場が豊かになるということである。その結果、必然的に、世界のおぼろげな経験がよりはっきりした認識となる機会が増加し、自分自身の像も明確になり、自分の中に自分自身の歴史が積み重ねられていく。それに従って、自分と周囲の関係もはっきりとし、したいこと、為すべきことも見えてくる。これらが再び節度ある表現となり、それが共感されるという循環が重なると、人生で立ち現れるであろうさまざまな障害を乗り越える意欲と勇気が湧いてくるに違いない。

本項の初めに、表現とは自分を語ることだと言った。自分を語るのは表現行動に

よってであり、その表現行動を意図的に制御するのは、普遍的な知識や技術、形である。しかし、その普遍的な表現行動によって語られる自分は、他でもない自分自身であり、全てを普遍性のなかに解消することのできないものなのである。美術教育は、表現行動を制御する普遍性と、それによって語られる自分の特殊性との、微妙な均衡をとらなければならない。

この、両極の均衡をとらなければならない事態はさまざまに存在し、"自然－人為"、"私－公"、"個人－社会"、"自己実現－自己犠牲"、"実－虚"などは全てそうした例である[27]。しかし、これらの均衡は、簡単には保てない。両極が非常な緊張関係にあり、その緊張に耐え続けなければならない場合もある。

表現活動には、知識や技術、形の普遍性と、それによって語る自己の特殊性との均衡以外にも、均衡の必要な要する問題があり、その具体的指導を考えなければならない。

10　指導における二つの均衡

(1) 保育者の援助と子どもの満足

幼児は、見る目の水準に見合った表現技術を十分には獲得していない。そのため表現の結果は、なかなか本人の満足するものにはならない。不満足が重なれば、表現活動に対する意欲を失ってしまう。このことは、技術の修得を目的とした課題の場合でも同様で、ただ機械的に練習するのではなく、子どもの満足が得られる表現の中で修得させなければならない。どうしても、描いた結果に満足させなければならないわけである。そのためには、目的とする技術的課題の困難さを適度なものと為し、それ以外の困難さをできる限り減らすための、保育者の準備と援助が不可欠となる。

たとえば、人の上半身を描きたいと願っても、ただの白い紙の上に直接それを描くことは、特別な子ども以外にはできないことが多い。そこで、身体を描くための勘所を事前にしるしておき、それを手がかりとするなどの保育者の準備と援助が必要となるる。課題遂行過程でのさまざまな援助も欠かすことができない。ことに、次回への意欲を削ぐような失敗を避けるための援助は、忘れることができない。

しかし、こうした準備や援助が過ぎると、子どもが、自分が描いたと感じられなくなってしまう場合が出て来る。どれほどよい結果が得られても自分で描いた実感

がなければ、次への意欲が湧かないばかりか、課題本来の目的も果たせない。子どもに、自分が成し遂げたという実感を十分に抱かせながら、描いた結果にも満足するような均衡の取れた適切な準備と援助を行うこと、これが指導における第一の均衡である。

(2) 普遍と特殊の均衡

二つ目は、表現の土台である普遍的な知識、技術、形を修得するための課題と、自分を表現するための課題の均衡である。

題材や画材についての知識や、それらを駆使する技術の修得は避けられないが、その訓練が過ぎると、子どもが束縛を感じるようにもなる。この課題のためには、保育者が考え抜いた題材が選ばれているであろうし、遂行結果にも十分な満足が得られるような準備と援助もなされてはいるであろう。確かに、そうした課題を果たし終えたところには、課題のでき栄えに加えて自分の力が向上した喜びもある。

他方、自分で表現したい題材を選び、それを表現し得た場合の喜びは、上記とは質の違うものである。この時には、それまで苦労した知識や技術の修得が、改めて大きな喜びともなる。この題材の選択はまったくの自由ではなく、表現を学級や幼稚園で共有するための共通の主題が必要であり、その主題によって限定された枠の中から子どもが題材を選ぶのである。

この二種の課題の均衡を保つことが大切である。

絵画教育を中心とした幼児の美術教育の大まかな姿は見えてきたが、実際の指導は、明確に分類整理できるものではなく、それぞれの課題も、はっきりとは定められない。そのため、確定的な姿を示すことは非常に難しいが、見通しを立て、実践を見直すための手がかりとして、一応の姿を示す必要があろう。

絵画教育の一応の構造

(1) 表現活動の前提条件を整える課題		
(2) 知識、技術、形の課題 （普遍的課題）	① 保育者の援助準備 ② 自分で成し遂げたと感じる	これらの間の微妙な均衡を取ることが重要
(3) 自分を表現する課題 （個別的課題）	① 主題を保育者が選択する ② 主題に関係した題材を子どもが選ぶ	

11 技術以前の課題

実際に自分を表現するためには、その前に身に付けておかなければならない基礎的な力がある。その大半は、表現領域全般に共通する前提条件である。

(1) 人の話を聞く力

人の話を聞くことは、易しいことではない。人は、受容と反応を同時に行うことが不可能であり、話を聞くためには、反応を一時制止しなければならない。聞いた話は、適切な沈黙の時間に、短縮した言葉に変えて心の中で繰り返してみる[28]ことで、よりよく理解する。何より有害なものがお喋りであり、的確な言葉によって自分を表現する力も、人の話を聞き取る力の上に育つのである。これまで観察した限りでは、学習障害などと呼ばれる子どもたちは、ただ一人の例外もなく始終手足が、ことに足が動いている。これなども、上記を裏付ける例の一つである。

子どもたちの表現活動の結果は、それだけで十分に語り尽した表現となる可能性は少ない。説明を加える言葉や、表現を子ども同士に仲介する保育者の言葉が必要であったりもする。話を聞く力は、ただ保育者の話を聞くためのみならず、上記の過程に参加するためにも、身に付けなければならないものである。そして、この過程に参加することが、表現する体験をさらに楽しくしてくれるのである。

(2) 道具や材料の扱い方

材料を無駄にせず大切に使う、用具を正しく丁寧に扱う、作業の後始末をきちんとすることなどは、忘れてはならない課題である。子どもたちが勝手にする活動の初期段階であれば、上記に多少反するところがあっても、それほど大きな悪影響はない。しかし、意図的教育の最初にこれらの点をおろそかにすると、以後の教育が著しく困難になり、なかなか身に付けることができなくなる。何かを学ぶ場合、その課題で一旦勝手に行動させてしまうと、以後の学習水準は著しく低下する。

意欲的に表現活動を行い、そこから大きな喜びを得ることと、自分が作り出した物を大切にすることとは、無関係ではない。子どもたちは、乱雑にせず、汚さず、丁寧に作業したものほど、大切にするものである。失敗をするとすぐ破棄させ、新しい材料を与えるなどは、わざわざ作業結果を粗末にするようにさせ、表現の喜びを奪うようなものである。

(3) 目的へ向けて姿勢[29]を整える

幼児段階の子どもたちは、未だ、目的をしっかりと持つことが難しい。持ったと

しても、外部刺激や時どきの欲求が目的を逸らせたり、すり変えたり、忘れさせたり、ぼやけさせたりし勝ちである。子どもは、そうした目的に対する障害を、手助けなしではなかなか退けられない。

　子どもたちの心が豊かであれば、他者にもそれを理解して欲しいに違いない。心が豊かであればあるほど、それを表現するには豊富な知識や技術、多様な表現形式に加えて集中を要する。そのために、目的を逸らせ勝ちな誘惑を退けるよう手助けをすることで目的を再確認させながら、存分な集中力を発揮させてやらなければならない。こうした姿勢を整えることは、各人各様の表現によって他者の共感を呼び起こすために不可欠なことなのである。

(4)　ゆっくり丁寧に作業する

　行動の自由とは、目標に向かって、自分の意図するように身体を動かせるところにあり、そこに至る過程での苦労や努力が、目標を達成した時に大きな喜びをもたらすのである。何の制約もない行動でその時どきの欲求を満たしても、それほど大きな喜びは得られるものではない。子どもに、そうした苦労や努力を進んでなさせる目標は、一旦立ち止まらなければ生じないものである。その上、年長児であっても、遠い目標を抱くことは、非常に難しいことなのである。

　ゆっくりとした丁寧な作業は、その過程で立ち止まることでもあり、その都度、少し先の近い目標に向かって努力するという繰り返しを可能にする。

12　知識、技術、形などの課題

　知識や技術、形であっても、創造的ともいえる課題に取り組むことで学習していくのである。それは、経験の過程で生じた自分の中のおぼろげな像を、他者に伝える形で再構成する課題である。そのための題材は、子どもが努力して結果を得た時に、必ず成功したと感じるものでなければならない。目的に照らした結果の評価の他に、仕上りの面白さや美しさなどからも評価が可能な題材であると、次への意欲を、さらに呼び起こすことができる。

　学ぶ知識や技術、形は、表現活動の中で頻繁に使用可能なものであり、活動に要する努力を効果的するものであることが望ましい。ボディペインティングなどのように、子どもにとって物珍しい画材、派手な活動、極端な題材などを選択すると、その極端さの故にすべての作業がその課題と固く結びついてしまう。その結果、折

角の経験が、自分の表現には活せないことになる。受け手も、その極端さにとらわれ、表現結果からから描いた子どもの表現意図を読み取ることが難しく、結局、何一つ共有することができなくなってしまう。

　この課題では、保育者がする準備、援助の程度と、子どもが自分で成し遂げたと感じることとの均衡を取ることが必要である。

(1) 保育者の準備と援助

　上記の成功をより確実なものとするためには、保育者の周到な準備と援助が不可欠である。時には、題材の要点を、画面の上にあらかじめしるしておくことさえしなければならない。

　ぬり絵や模写などは、そうした援助の一つであり、子どもの創造性を損なわないばかりか、より豊かな表現を呼び起こしさえする。子どもたちにとっては、対象そっくりな模写でさえ喜びであり、そこに幾らかの自分らしさが加わるなら、子ども自身の表現と呼んで少しの差し支えも無い。

　観察画を、こうした技術的な準備と援助無しに成功させることは難しく、子どもの表現力の向上にも結び付かない場合が多い。

(2) 自分で成し遂げたと感じる

　課題遂行に要する努力が子どもの手に余ると、保育者の援助がより必要になる。その援助が、自分で成し遂げたと感じる限界を越えてしまうと、子どもから描く喜びを奪うことにもなる。また、子どもが現在持っている力の範囲で何の苦労もなく遂行できる課題であっても、描いた結果の喜びは半減する。

　保育者の表立たない準備と援助によって、大き過ぎる困難を伴わない努力をすることで課題を遂行し、自分が成し遂げた結果だと感じられること、これが大切なのである。

13　個別的課題

　興味を示す対象はさまざまであるが、どの子どもも表現活動によってそれを我が物にしたいと感じている。しかし、表現の結果だけで十分に自分を語ることのできない子どもに、個々の子どもに即した課題だからといって任意に題材を選ばせたのでは、他の子どもたちに対して何も物語らないということにもなり兼ねない。子どもは、援助無しには明確な目的を抱くことが難しく、表現への心構えも持ち続け

はいられない。心には、おぼろげであれ表現したい像を抱いていたとしても、再構成することはなかなか難しいことなのである。

　主題は、どの子どもが表現した結果であっても、そこに現われた世界を全ての子どもたちで共有できる手がかりとして与えるのであり、そのための援助なのである。その一つの主題、たとえば"運動会"から、個々の子どもが、自分の興味ある題材を選ぶ。その結果は、どの子どもにも表現意図が読み取れるものになるであろう。

　この主題の選択には、以下の二点に考慮する。

(1) 関連する事物の豊富な主題

　子どもたちは、主題を表わす鍵として具体物を利用することが多い。そこで、利用可能な具体物をできるだけ多く含んでいる事柄が、主題として適した条件を備えていることになる。入場門、万国旗、紅白のだるま、玉入れなど、主題を示す具体物の豊富な運動会は、その意味で適切な主題の一つである。遊具、乗り物など特徴的な物が関係しているなら、遠足もよい主題となる可能性がある。どこの幼稚園・保育所も豊富な遊具があることを考慮すれば、自由遊びなどもよい主題だと言うことができる。

　これに対して"芋堀"などは、表現が困難な割には、はかばかしい結果が得られない主題である。子どもが掘っている姿を描くのは大人でも難しく、シャベルや容器によって説明しても、すぐに納得できるものにはならない。

　それなら、母の日や父の日にそれぞれの顔を描き、周囲に父母の好物などを加えたりする方が、成功の確率が高い。父母の好物の一つ一つは、子どもから聞いて名前を書き加えてもよい。この結果が物語る内容は非常に豊かで、両親の満足までも得られ、子どもたちは、表現する喜びを十分に体験することになる。

(2) いろいろな題材が選べる主題

　もう一つは、子ども一人ひとりが自分の表現力や好みによって、多様な題材選択の可能な主題が適しているということである。七夕なども主題となるが、七夕飾りの一場面以外の選択が難しい。自分を表現するための主題は、生活の中から選ばれる。幼稚園・保育所ではそれが園生活であるため、園行事が主題となることが多くなる傾向があるが、一見主題として適切に見えて、意外に選択の幅が狭い場合が多いものである。

劇、音楽劇、踊りなどの発表会を行っていれば、選択する場面はなかなかに豊富である。特徴的な生き物などを加えて一番目の条件を満たしていれば、物語も選択す場面の少なくない主題である。選択の幅があれば、子どもたちは、自分の力に応じてその主題に参加することができるわけである。

(3) 主題を保育者が選択する

　子どもに成功の喜びを与えるには、主題が、上に述べた条件を備えていることが必要である。そのため、主題は、保育者が知恵を集め、熟慮して選ばなければならない。

　この時、知識や技術、形などの難易の順序性などには、あまりこだわらなくてもよい。子どもたちの一人ひとりが、現在の力を存分に発揮することで主題に参加できればよいのである。

　また、大部分の子どもが同じ題材を選んだとしても、気にする必要はない。何人かの子どもの面白い視点、異なった題材選択などがあれば、そのことによって安心したり、それらに刺激されたりして、次からは少しずつ変化も増してくる。

(4) 題材は子どもが選ぶ

　描くことで自分を表現することは、大変な難事である。知識や技術、形による表現行動の制御だけを目的とする課題の方が、遂行自体は、はるかに容易である。そのため、保育者が取越苦労をする可能性が出てくる。たとえば、子ども一人ひとりの表現の水準を知っていればいるほど、子どもに合った題材を示唆したくなる。描いている最中も、限度を越えて助言、援助をしたくもなる。

　しかし、ここでは、仕上りの上手さより、子ども一人ひとりが、提示された主題に自分の選んだ題材によって参加することの方が重要なのである。したがって、主題に関係してさえいれば、題材は子ども自身が選ぶことが重要なのである。助言をするとしても、子どもが自分で選んだ題材であると思える範囲内でなければならない。描いている際の援助も、取り組む態度を正したり、姿勢を整えたりするためのものを中心に行ない、表現行動に直接関係する援助は、確実な失敗を避けるなどのやむを得ない場合以外は避けた方がよい。

　保育者が選ぶ主題と、主題に関連して子どもが選ぶ題材との関係には、微妙な均衡が必要である。この活動の中心は、題材の表現を通して子どもが自分を語るところに有り、あくまでも、題材は自分で選び、最後まで自分で描いたと感ずることが

大切である。したがって評価も、知識や技術、形を身につける課題とは異なり、表現した結果から、主題にどの場面で参加しているかを読み取るところから行う。そうであるから、どの子どもにも肯定的評価を与えることのできる主題を、選ばなければならないのである。

第2節　美術の発達段階[30]と教育

1　はんこによる幼児の作文から

　子どもたちの現在の発達水準をさまざまなテストで測定する場合、応答はどうしてもことばなどの普遍的方法によらざるを得ない。これまで述べてきたことによっても明らかなように、この普遍的方法による説明の技術を子どもにが十分に獲得しているとはいい難い。したがって、テストを施行する者に対して、被験者の子どもが自分の体験を整理し、組み立て直し、普遍的方法によって表現するということを十分な水準で行なうのは不可能なのである。その結果が、さまざまな発達論に反映しているとも考えられる。

　しかし、子どもたちの十分とはいえないその表現によく耳を澄ますと、背後に、大人が想像する以上の豊かな感情や高度な倫理感があることに気付かされる。それらはぼんやりとしており、はっきりと言葉に表わすこともないが、しかし、子ども自身は、それらの感情や倫理感を感じており、周囲の応答がそれに反すれば、不自然な感じを抱くことになる。

　そのような不自然な感じがある水準を越えて激しくなった場合、子どもは、非常な困難に陥ることになる。最初の感情自体がおぼろげである上に、その感じ方も漠然としている。したがって、周囲の誤解による応答の訂正を求めるために、その感じを表現することで感情を処理の道ををつけることも十分にできない。この感情処理の難しさが、行動が著しく混乱させることにもなる。このことがまた、子どもの幼さとして現れてしまうわけである。

　我々が、こうしたことを子どもから直接気付かされたのは、はんこによる幼児の作文[31]によってである。この子どもの作文に現れた心の発達については、まとめて著す用意をしているが、ここでは、これまでに子どもたちが綴った作文からいくつかの例を上げて、子どもたちの感情の豊かさを見ていくことにする。

第7章 領域表現の美術－絵画を中心に－　267

(1) 東天紅を描いて

　はなひろゆき君は、東天紅を描いた後、次の作文をはんこで押している。

　　　おすは　しっぽが　きれいだなあ　つめが　かっこいいなあ
　　　おすのしっぽのいろを　かんがえた　ごこ　つかったんだ
　　　むねが　おっきいなあ　－後略－

　この文は、子どもたちの高度な観察力を示していると同時に、描くという表現を通して東天紅の体験が再構成され、一層深くなったことをも示している。

(2) 薔薇とマーガレット

　薔薇とマーガレットを描いた後で、さとうしょうじ君が綴った作文がある。

　　　－前略－
　　　ばらのはなびらは　なかからだんだんちがういろに
　　　　なっていたから
　　　いちまいいちまい　かさなって
　　　　みえないところをかいているみたいに　かいた
　　　えのぐがぬれていると　きたなくなった
　　　かわいてからぬると
　　　　じかんがかかったけど　こく　きれいにぬれた　－後略－

　この文も、東天紅の場合と同様、確かな観察力と描くことによって一層確かになった認識を示している。加えて、重なった花びらを描かなければならないという困難を、自分の力を用いて克服した喜びも現れている。

(3) ままをむかえに

　さかもとしんじ君の作文には、ちょっと見栄を張ってみたい気持ち、母親の留守によって生じた自分の気持ちが、非常によく表れている。

　　　ままがかいしゃにいってたら　ぼくは　なきそうになった
　　　ぼくは　さみしいから　むかえにいった　さむかった
　　　しばらくしてから　かえってきた　もう　なきやんだの
　　　おかあさんが　どうしてって　ゆった　なんでもないって　ゆった
　　　ちょっとさみしいけど　がまんしてゆったの　つよそうだから　－後略－

(4) はずかしかった

　なかじまゆみえさんは、弟の誕生を父親と一緒に産院で待っている時の出来事を

以下のように綴っている。

　　　－前略－
　　おとうさんが　あかちゃん　うまれましたかと　きいたら
　　かんごふさんが　うまれましたと　いった
　　そうして　あたしが　かわいいって　いったら
　　おとうさんが　ゆみえ　ちょうしにのるなって　ゆったので
　　わたしは　かんごふさんが　きいたかとおもったので
　　ちょっと　はずかしかった

　ここには、父親と自分、看護婦と自分の関係の違いから生じた微妙な気持ち、自分の日常を知られていない人の前で、より一人前として振る舞いたいという気持ち、その気持ちを急場の故か無下に退けた父親への多少の恨めしさ、こうした複雑な気持ちが非常によく表れている。

(5) はんこってふしぎだな

　子どもたちが既に、相当高度な感情を持っていることは、ここまでの作文の例でも十分に納得できることだと思われる。これらの作文には、自分を表現する喜びが滲み出ているが、次に紹介するかすやかずひろ君の作文には、その喜びが鮮明に表れている。

　　　はんこで　じぶんの　おしゃべりしたいことを　なんでも　おしたの
　　　じぶんが　おしゃべりしたのが　わかんなくなっても
　　　　のーとにおせば　わかる
　　　はんこって　ふしぎだな　－中略－
　　　のーとに　のこっているから　たのしいよ　－後略－

(6) 作文の実践から学んだこと

　これらの作文から、以下のような点を学んだ。
　① 自分の好みがはっきりすることで、自分がはっきりしていく喜び
　② いろいろな問題を解決していく力が、向上していく喜び
　③ そうした力によって、自分を表現できる喜び
　④ 自分の表現が受入れられ、他者と共有できた喜び
　⑤ 他者の表現を理解し、共有できた喜び
　⑥ 表現を通して、互いに共感できた喜び

⑦ そのようにして、自分自身の人生を生きていく喜び
⑧ これらの喜びが、単に言葉だけではない子どもたちの心の複雑な豊かさ
　本章の幼児の美術教育は、こうしたことの上に立って実践を重ね、その中で確かめてきたものである。

2　世話する大人が安全を見守る段階

　これまでと同様、誕生から2歳程度までを、この段階のおおよその目安としている。
　子どもの描画の発達段階に関する記述は、その多くが"なぐり描き"の時期から始めている。運動の軌跡が物の上に残されていくのを見るのは、生まれて間もない子どもたちにとっても喜びであるのだろう。このことは、類人猿に絵を描かせた試み[32]によっても確かめられる。彼らは、一様に自分の運動の軌跡に興味を示し、進んで何回も描いたという。しかし、類人猿の描画には、同じものを決して描かない、閉じた円形を描かないなど、人間の子どもの場合と著しく異なった特徴が見られた。このことは、いつまで経っても、物の上に記された自分の運動の軌跡を、実在の物と対応させることができないことを示している。
　さらに、類人猿では、運動と跡付けられた軌跡との対応すらが、最後まで、双方共未分化なままのその時どきの閉ざされた対応だけで終る。運動を分節化し、その要素と軌跡とを対応させることができるならば、横の動きが横の線をもたらすかどうかを確かめずにはいられない。同じ軌跡の現れる運動を繰り返すことは、こうした分節化を促さずにはおかない。人間の子どもたちは、そのようにして、次第に同一の運動を繰り返すようになる。
　『指針』では、この段階を、6ヵ月未満、1歳3ヵ月未満、2歳未満の3つに分けており、その始めの2段階である1歳3ヵ月未満までは、美術に限らず、表現に類する保育内容は出てこない。それまでは、「体位を変」えたり、「手や指を使って遊」んだりなど、「状態に合った活動を十分に」（『指針』）展開することが中心の、視覚的な表現活動の前段階の時期と捉えているのであろう。
　運動の軌跡を物の上に定着させるためには、なんらかの画材が必要である。あらゆる物を口に入れて確かめようとするこの時期には、どんな画材であれ、与えるには危険が大き過ぎる。その意味からも前段階とせざるを得ないのかも知れない。

『指針』は、1歳3ヵ月以上2歳未満になって、保育内容に表現を加える。この時期になれば、養育者が十分気を付けることで、危険の少ない画材を与えることができるようになる。本来は、運動を意識化させるには抵抗の大きい画材の方が適しているのであるが、尖った鉛筆などは危険で与えることができないであろう。その意味では、ただ画材を与えて見守るだけであり、未だに、指導には不適当な時期でもある。この時期に"惜しみなく紙を与えよ"と説く美術教育の書もあるが、これは、"あまり惜しむな"程度に受け取る方が適当である。紙は、広告の裏などでよく、白黒の印刷が多少あっても差し支えない。

普通は"錯画期"とか"乱画期"[33]と呼ばれることの多いこの時期は、未分化なでたらめ描きから始まって、少しずつ運動が分節化していき、制御されようになっていく。やがて、円形のなぐり描きが閉じた領域を現すようになると、次の段階へ移る。

3　子どもの意味付けに合わせる段階

円形のなぐり描きから閉じた領域が生まれると、その内側が外側に比して密度の濃い印象を与えるため、そこがなんらかの物として知覚される[34]。子どもは、初めから閉じた円形を描こうとしたわけではない。幾分かは制御されて円形に動いた運動の軌跡が偶然に閉じられただけなのだが、そこに物を知覚した子どもは、それを実在の物と対応させようとするようになる。このことが可能なのは、この時期の子どもに既に表象が成立しているからだと考えられる。

余談であるが、現物が目の前から無くなってもその像を思い浮かべることのできる表象の能力は、類人猿にもあるようである[35]。このことは、この時期の子どもに十分表象能力が成立していることの、裏付けと言えるかも知れない。

円形は、知覚が未分化であるこの段階の子どもにとっては、全ての形を表すものである[36]。したがって、対応させようとするなら、視覚的まとまりを有するあらゆる実在との対応が可能であるが、初めは、母親などの人間である場合が多い。

子どもは、たとえば母親であるなどと説明するが、そこに"それらしき形"が描かれているわけではない。しかし、名付けることは明らかに"記号化"の萌芽であり、画面上の閉じた図形を指して実在の名をいうのは"記号の読み取り"の芽生えであるとも言える。

第7章 領域表現の美術-絵画を中心に- 271

　説明としての命名は明らかであっても、運動とそれが描く軌跡とは未分化な一体
であり、そのような運動に子どもを駆り立てた感情とも結びついている。したがっ
て、命名の中には、行動を引き起こした感情と結びついた実在が頻出する。このよ
うな点からは、それらの絵は、未だ表現とは呼べない表出の段階のものであるかも
知れない。しかし、その説明を受け取り、受け入れたことを子どもに返してやる親
しい相手（適切な環境制御システムの作用）無しには、これらの描画活動（自己制
御システムの選択的活動）は積極的には現われない。このことを考えあわせると、
すでになんらかの表現意図が芽生えていると言えないこともない。
　環境の章で述べた通り、この段階では、家族的生活圏の分化が辛うじてなされ始
めるが、未だに自己と環境との境界は不分明であり、広範囲におよんで環境と一つ
の力学的な統一体なのである[37]。この時期に、急いで環境の特定の部分に集中し
た活動をさせることは、望ましいことではない。こうした環境との関係からは、親
しい大人の側の働きかけは、描いたものについての子どもの話を一所懸命に聞いて
やり、その話の続きを促すようにして描くことを動機付ける程度に止めておく。
　この時期は"象徴期"または"命名期"あるいは"意味付け期"[38]などと呼ば
れている。この段階での経験を重ねながら、円以外のさまざまな図形を獲得してい
き、やがては、大人の目からも何が描かれているかが分かるようになり、次の段階
へと進む。

4　基本的行動形式を身に付ける段階

　子どもは、非常に漠然としたもの以外に、時間的に遠い未来の目的を持つことが
できない。たとえ持てたとしても、遠い将来の目的に従って現在の行動を調整する
ことは、ほとんど不可能に近い。そればかりか、大方の場合、周囲の助力が無けれ
ば、現在の生理的欲求に屈してしまうことになる。
　こうした周囲の助力は、親子関係にあっても不可欠である。親が、大人としての
見通しによって、子どもが自分の生理的欲求に打ち勝つ手助けをしなければ、子ど
もの健康まで損うことになる。幼児、小学生の成人病が増加したなどの調査結果が
報道されたりすると、かえって、子どもの生理的欲求に手を貸してやったりしてい
るのではないかと心配のなる。
　このことは、描いている過程でも変わらない。子どもは、結果の程度いかんにか

かわらずさっさと仕上げてしまいたいなど、それほどの重要な意味も無く自分の衝動を開放したくなったりする。このような場合も、保育者は、専門家としての見通しによって、子どもがそれらの衝動を克服できるよう手助けをしてやらなければならない。そうした手助け無しだと、描き始めてすぐにも"もう描けた"などと保育者のところへ持ってきたりする。

　これらの点は、3歳児に顕著に見られ、悔しい、恥かしい、羨ましい、嬉しい、可哀相などの豊かな感情や、善悪、良否などの高度な倫理感の萌芽があっても、その時どきの欲求や外部からの刺激に屈してしまい、それらをはっきりと体験することはほとんど無い。3歳児では"保育者－子ども"の一対一の関係で、子どもの行動を注意深く観察しながら手助けすることで、それらの豊かな心と結びついた経験を与え、分化を促してやらなければならない。

　この段階の子どもに対してであっても、絵画表現の教育をしようとすると、たとえば"どう描くか"、"喜んで描くか"など、描くことそれ自体を気にしてしまうことになる。しかし、同一の作業を持続することの難しい子どもたちには、そうした描くこと自体に関する"ねらい"は相応しくなく、したがって、そうした活動では、豊かな体験を保証することもできない。それより、

① どのように画材を取り出しに行くか、移動の仕方、取り出し方
② 机上のどの位置に、どのように置くか
③ 必要な画材をどう取り、どう持つか
④ 色を代える時、使っていた画材をどう戻し、新たな画材をどう取るか
⑤ 終了後、使用した画材をどのように片付けるか
⑥ 描いた絵をどのように取り扱うか
⑦ どの程度、同一の作業を続けられるか

などの方が重要な"ねらい"なのである。

　上記のことに注意しながら一定の時間作業を行えれば、それは十分に評価に値することである。そのためには、十分可愛がり信頼を得た上で、保育者の望みを一つはっきりと伝えることが大切である。その結果、自分の目的というよりは保育者の望みによって、その都度肯定的な気持ちを感じながら、行動を調整することができるようになっていく。豊かな感情や倫理感に見合う経験は、こうした中でこそ可能になるのである。

描画の発達では、それまでに獲得した図形を組み合わせて、大人の目からも実在との対応が可能な新たな図形を作り出すようになる。この図形の組み合わせは、円形の中に小さな図形を描く、あるいは小さな図形を円形で包む、円形と直線を組み合わせる、円形から放射状に直線が伸びる、これらを組み合わせて顔や人、生き物とする、などの順に進んで行く。これらは、必ずしも全てが"環境の制御"によって学習していくのではなく、画面の広がりとの関係で"自己制御"という内発性が大きく関与しながら、言語の場合と同様に"環境制御システム－自己制御システム"[39]によって生成していくと考える方が適切である。

しかし、同一画面に複数の図形を描いた場合でも、それら相互の空間的位置関係は存在せず、ただ空いている場所に描いたというのに近い。この点から"前図式期"とか"羅列期"、"カタログ期"、"並べ描き期"[40]などと呼ばれるのである。

このようにして、獲得した図形を組み合わせてさまざまな新たな図形を産み出していくうちに、組み立てる方法の学習も進み、初め"頭足人"[41]であった人物に胴体が付き、手足がはっきりとし始め、やがては基本的な空間の関係が現れ、次の段階へと進む。

5 取り組む姿勢を整える段階

4歳児になると、おぼろげではあるが自分の目的を持ち、それへ向けて行動を制御する可能性が出てくる。子ども同士で明日の約束を交わすなどは、その現れの一つである。しかし、その目的はそれほど確かなものではなく、そこへ向けての作業遂行中に、目的を失ってしまったり、変えてしまったりすることが多い。

描く場合では、でき上がった作品が目的に外れたものであっても、それが面白かったり、きれいだったりすると満足してしまい勝ちである。目的の視点に無関係でさえなければ、肯定的な評価が与えられると満足したりするのも同様である。したがって、結果に対して"きれいにできた"あるいは"目的に適った"のどちらかで評価ができる課題を選ぶと、取り組む意欲を高める効果がある。

たとえば、自分を表現する課題の場合に、具体的な品物、道具などでその主題との関係が表わせれば、そこからの評価が、保育者ばかりではなく自分にも他の子どもにも可能である。知識や技術、形などの課題の場合なら、丁寧に一所懸命作業しさえすれば、必ず仕上りの良い結果が得られる課題を選べば、万が一、目的の知識

や技術、形などを十分に用いることができなかったとしても、結果の満足を与えることができる。こうしたことの積み重ねがあって、少しずつその場の欲求を、目的への期待を持って克服できるようになっていく。

　美的表現を教育しようとする場合、この段階でも"描くこと"自体に関連したねらいを第一に持つことは不適当である。
　①　3歳段階での課題がきちんとできているか
　②　どの位ゆっくりと落ち着いて作業することができるか
　③　いかに丁寧に作業するか
　④　どの位静かに集中していられるか
　⑤　自分の作品にどの位関心があるか
などの、取り組む姿勢を整えることを第一のねらいとする。

　この時期の最も大きな特徴は、子どもが、画面などの作業対象を含めた物理的環境から独立し始めることである。このことは、当然、物理的環境を対象化するのであるが、それのみならず、描いている画面をも対象化することになる。このことから、物理的環境と画面との間に対応が生ずることになり、平らに置いた画面の手前が下であり、遠い方が上となるなどの、絵画表現における約束事が成立するようになる。こうした約束事は、成長に従っていずれは現れるものではあるが、写真や絵本など、暮らしている社会の視覚的な文化との接触で学習する側面も大きい。

　画面に上下が生ずれば、描かれてそこに存在するものは、支えなしには落下することになる。この頃に出現する基底線は、それらの描かれたものを支える土台であり、地面でもある。この画面の下方に横に引かれる基底線は、前段階の場合と同じように、"環境制御システム－自己制御システム"として生成したと考えてよいと思われる。こうして、画面の縦横に空間の上下左右が対応することになり、画面が秩序付けられることになる。

　これは、前段階におけるさまざまな記号としての意味を持った図形に、空間的秩序が与えられたということであり、それぞれの実在が写実的に描かれたわけではない。木や草や花、鳥や虫や獣、家や道や人、そして太陽などは、全て言葉と同じ記号なのである。

　しかし、そうした記号であることによって、子どもたちは、画面と対話することが可能になり、それらの記号を用いて思考することもできるようになるのである。

さらには、自分の絵と対話するように、他の子どもたちの絵をも読み取ることができるようになるのである。つまり、実在を記号化して描く故にこの時期が"図式期"と呼ばれるのである。美術教育をする者の多くから目の敵にされるこの時期の記号的な絵は、子どもたちが初めて公共化した美術表現でもあるのである。

6 知識と技術を活かし始める段階

一般に、なぐり描きから図式期への発達的変化には、それに対応する大まかな年齢が想定されている。

① なぐり描きの段階には、1歳位から2歳半位が当てられ
② 図形に名付けるようになる段階には、2歳～2歳半位から3歳位が
③ 図形が組み合わされ記号化する段階には、3歳位～4歳から5歳位が
④ 秩序付けられた図記号の段階には、4歳～5歳位から7歳～8歳位が

それぞれ当てられている。

この各段階に対応する年齢では、最後が幼児教育の段階を超えている。しかし、この節の初めに幼児の作文を通して見たように、5歳児には、内なる評価者が十分に育っており、描いたものを実物と比較したりもする。したがって、たんなる図記号の秩序化程度では満足できなくなっている。この頃の子どもたちが描きたいと思っているのは、極端に言うなら、自動車の広告にあるような絵でもあるのだ。

目的については、作業の遂行過程で、行為の軌跡に触発されて少しずつ確かになったり、逸れたり、失いそうになったりするが、当初から相当しっかりと持つことが可能となる。周囲の適切な指導と助力があれば、その目的のために自分の行動を制御し統合することも比較的容易にできる。

課題を遂行する過程で一時目的を失いかけたとしても、作業結果はそれを思い出させるものである。したがって、結果が目的に外れていれば、たとえ面白く、あるいは美しく仕上がっていたとしても、十分な満足が得られなかったりもする。偶然生じた面白さを認めはするが、釈然としない気持ちも残ってしまうのである。この気持ちは、次への意欲を妨げたりすることもある。

これらのことは、5歳児が、一般に"図式期"と呼ばれる段階を超えようとしていることを示している。この頃の子どもは、外側の基準に自分を合わせようとする傾向を有しており、目は外界の関係に向けられ、生活圏の価値観を積極的に受け

入れて実現しようとしている。この傾向は、描く時には、当然、でき得る限り写実的でありたいという願いとなるものである。

教育は、自然状態で出現する子どもたちの表現に対応するのではなく、子どもたちの願いに応じて為すものであろう。そして、この子どもたちの写実的でありたいという願いに応える教育が、いかにしたら世界を画面の中に捉え、我が物とすることができるかの知識と技術、形を教えることなのである。こうした理由から、この時期の子どもたちを"図式期"に入れるには、少なからぬ抵抗があるのである。

一般には、9歳位から写実的傾向が現れると言われるが[42]、教育的発達[43]を考えるなら、この時期を"写実期"とでも呼びたいところである。少なくともそうした捉え方をすることで、子どもたちが記号化段階で停滞することから免れさせることができるであろう。

7 絵画表現も個性化する

3～4歳児の時期は、行動形式によって衝動を抑制することで自分自身を公共化して行く段階である。人間の品格とは、生き方の様式であろう。その様式は、日常的に形式の取得を積み重ねていかなければ身につけることはできない。この意味で3～4歳児に対する教育は、生き方の様式につながる品格の教育だとも言える。

こうして"公"の世界に入ることができるようになった子どもは、そこで、さまざまな行為の決断を迫られることになる。5歳児が、生活圏の論理に合わせながら、その価値観を実現しようとする傾向を示すのは、公共の場において、確信無く行為を決断しなければならないことに対する不安もあるのではないか。表現とは一種の力の行使であり、不確かなままの力の行使には、余程に傲慢でもないかぎり不安を抱いて当然であろう。その不安の中で表現を支えるものが、形であり、様式であるのだ。

幼児期に、形式によって衝動を抑制する学習を欠いてしまったか、それが不十分であった場合、その後に学習することは非常に難しい。その影響は、ただ衝動を抑制する学習のみならず、全ての点における学習に及び、その水準を著しく低下させることになる。学級崩壊、学校崩壊、一年生問題、切れるなどと刺激的な言葉で言われる現象は、この点からも考えてみる必要がありそうである。また、衝動の抑制が困難な者のする行動が傲慢に見えるのも、衝動と直結しているため、行動の選択

に何の決断も要せず、当然のこと少しの迷いも不安も無いからではないのか。
　青年期に至ったということは、上記が自覚的な過程になってきたということである。謙虚であれば表現の決断には必ずためらいがあり、不安を抱きながらそれを押して表現をしようとするなら、その表現行動を支える形や様式が無くてはならない筈である。自己の行為を制御する内的規範としての表現の型が在る筈である。それ無しには、表現の品位は際限無く下降し、ただ醜いだけの行為となり、表現自体も不安定なものとなる。安易に伝統を拒否する表現とは、自覚無しに衝動を開放した品位の疑われる傲慢な行為だと言う他なく、そうした表現自体が不安定なだけでなく、表現の機能一般をも不安定なものにし兼ねない。こうした不安定な表現の氾濫は、生活圏に対する信頼をも低下させ、再秩序化不能なほどの無秩序をもたらしもする。
　個性や創造性の発揮は、そうした抵抗にもかかわらず為してしまうものなのである。真に個性的、創造的である者は、個性を発揮し創造することが自分の存在形式なのである。万人にそれが有ると言い張る者が少なくないのは、自分の創造性についても無条件で認めたいからであろう。そうなれば、表現結果がいかに貧しくあろうとも、原因はいつも他にあることになり、自分自身に懐疑する必要は少しも無くなるからである。
　青年期とは、この岐路に立って、自分自身の生き方を決めなければならない時なのである。その選択肢は、
① 自分自身に対して、その実現が危ぶまれるほどの要求をなし、その実現に向けて多くものを捨てるための義務を課し、その上なお、実現せぬ場合の責の全てを自分に帰する、そのような個性的、創造的な人生を選ぶか、それとも
② 歴史と伝統に則った行動の型と様式を内的規範として、抑制の効いた品格ある人生を選ぶか、それとも
③ "公"を拒否し、それ故衝動の抑制が働かず、生活圏からの抑制の要求を不当と感じ、文化的抑制の外にある勝手にしたいという自由と個別的な満足を求める、そのような群衆の一員として、品格など考慮せぬ人生を選ぶのか

の三通りの人生である。この、どの人生を選ぶかの岐路に立っている時、それが青年期なのである。だが、このどれかを自由に選べるわけではない。衝動の抑制の十分な学習なしに選べるのは③の人生だけであり、①を選択するには優れた教育以

外の条件が必要である。そして、①または②の人生のどちらを選んでも、それは個性的な生き方であると言える。

8 青年期は我々の歴史を学ぶ

　ある陶芸家を"たんなる職人技ではなく芸術にまで高めた"[44]と評していた。これは、陶芸に限らず全ての表現分野について、ごく普通に、しかもしばしば言われることである。しかし、芸術、あるいは美術とは、職人の仕事を見下げるほどに素晴らしいものであるのだろうか。どのような人生を選ぶかについては、その責を自分で負う限り相当の自由度があるが、その中に、他者の仕事を見下げる自由は含まれていない。けれども、芸術家を名乗る人びとによって景観が破壊され、伝統が足蹴にされていくのを見れば、品格を欠いた傲慢さが芸術家たるの条件であるのかも知れない。

　ところで、天平の彫刻の素晴らしさは、誰もが認めるところであろう。ガンダーラからの途次に多くの知識や技術、形を加え、さまざまな表現意図を吸収し、その終着点で花開いたものが、日光菩薩像、月光菩薩像、阿形、吽形の二カ士像、執金剛神像、多聞天像、増長天像、広目天像、持国天像の四天王像、梵天像、帝釈天像、そして乾漆八部衆像、中でも阿修羅像など、天平の彫刻の数かずであろう。

　ところが、日本の大学生には、ミロのビーナスを知る者はあっても、同様な水準で天平の彫刻を知る者は皆無なのである。我々の歴史には、遠い先祖のギリシャ彫刻にも匹敵する精華を産み出した時代があったということを、誰も知らないのである。彼等の身勝手な個性とやらを見るにつけ、あんなものを伸ばすくらいなら、世界に誇り得る天平の彫刻を始めとする我が国の美術について、徹底的に教えて呉れた方がどれほどよかったことか。

　当然のことであるが、これらの驚くべき数々を産み出した一人と思われる"司馬鞍首止利仏師（鞍作鳥）"を知る者も、皆無であった。この"鞍作鳥"は、芸術家であったのだろうか。勿論のこと、芸術家などという観念すら存在しなかったであろう。天平の彫刻から、人間の我がきれいに消えているのはその故ではないか。それは、職人技の究極が、職人技を蔑む者たちの個性や創造性など、はるかに越えるものであることを証明している。青年期とは、個性、創造性についての幻想を抱くより、そうした我々の歴史が積み重ねて来た素晴らしい精華について学ぶ時でも

あるのだ。
　個性的に生きる、創造性を発揮するとは、自分の責任においてどのような人生を選ぶかを決することだけを意味しているのであり、これが個性的生き方と定められた道を選ぶことではない。青年期に至ってどのように生きるかを考えた時、内的抑制の働かぬ故に品格から最も遠い群衆としての人生以外の道は、どれも選ぶ能力を身につけてこなかったということにならぬよう努めるのが、教育の最低の義務であるのではないか。

第3節　美術の教育課程[45]

　『要領』の「表現[46]」は、目標が「感じたことや考えたことを自分なりに表現することを通して、豊かな感性や表現する力を養い、創造性を豊かにする」と述べる。この「自分なり」は、決して知識や技術、形の修得を欠いたものではない。

1　幼稚園という新たな環境
　新たな環境に入ることは、それだけで不安なものである。持ち物の置き場所がわからなかったりすると、一層不安は増し、置いてはみたものの何となく気になりいつまでも落ち着かない。さらに、何をするかが不明なうちに周囲の人々が行動を開始したりすると、自分の慣れた場所に帰ってしまいたくさえなる。これは、大人でもそうである。
　幼稚園は、それまでの子どもの生活圏に比して、格段に複雑な世界であり、豊かで、多様な経験の可能性がある。けれども、放任しておいたのでは、それらの可能性のたった一つすら実現することはできない。新入園児を活発に活動させようとするなら、その前に整えなければならない多くの条件がある。
　以下に述べるのは、たとえ何歳児であろうと、幼稚園という新たな環境に入って来た全ての子どもに実現すべき事柄である。
(1) 場所と物の安定
　新たな環境で子どもが安定して生活するための最初の条件は、自分の場所、自分の物やその置き場所、便所の場所や行く方法などの行動の仕方、こうしたことがはっきりすることである。

①自分の靴箱、②自分の道具棚、③持ち物の置き場所、④自分の居場所、⑤自分の物、⑥便所の場所、⑦行きたくなったらどうするかなどを、一人ひとりに丁寧に教える。ことに、自分の持ち物に対する不安が大きいので、持ち物の名前はしつこいほどに書いておく。クレパスなら、蓋の裏表、中箱の裏、クレパス1本1本にまで、書いておく。

　子どもが名前を読めない場合のことを考え、一人ひとりを象徴する"しるし（シンボルマークと呼んでいる）"を決め、固有の場所にそれを付しておくという実践を重ね、それが非常に有効であることを確かめてきた。居場所、靴箱、道具棚、持ち物など、名前が読めない場合はこの"しるし"を活用する。

(2) 振る舞い方を知る

　子どもは、決して、自信を持って行動しているわけではない。そのため、振る舞い方を知らないが故の失敗であっても、以後の行動に強い不安を抱くようになってしまうことがある。①持ち運び方を知らず、落としてしまった、②整理の仕方を知らないため乱雑になった結果、他の子どもの物と区別できなくなった、③室内での振る舞い方を知らず、物に当たったり、引っ掛けたり、落としたり、自分や他の子どもに怪我をさせたりするなど、こうした失敗の種は至る所に転がっている。したがって、目的に従った適切な振る舞いを教えることは、子どもに自信を持って行動させるために非常に重要なことなのである。

　振舞い方が身についてくると、次第に、作業の前に為すべきことがわかり、揃って、ゆっくりと準備することがができるようになる。ゆっくりと丁寧に行動することで自分の物も確かめられ、不安も無くなるので、早く準備が終わっ他場合でも、次の作業を期待しながら落ち着いて待っていることができる。

　この一連の指導では、気を付けて振る舞った結果の失敗を心配しないよう、しっかり知らせておくことが大切である。どんな簡単なことであっても、必ず肯定的評価が行えるよう十分に配慮することも、忘れてはならない。

(3) 子どもたちの位置

　黒板を背にした保育者には、全ての子どもの顔が見えなければならないが、一人ひとりが保育者と向き合った形では、子どもが落ち着けない。一人ひとりに声をかけ、励まして回るためには、どの子どもの場所へも移動し易いよう、幾らかの余裕も必要である。机に向かって腰掛けた状態で保育者の話を聞く時には、全員から黒

板と話し手の顔が見えなければならない。さらに、その隊形でいろいろな道具を使ってさまざまな作業をするのであるから、室内の移動も円滑に行えなければならない。可能であれば、保育者の説明を集中して聞く場合には、その前に集って説明者を注視できる空間があることが望ましい。

これまでの実践では、上記の条件を満たすには、保育者の前を空けた片仮名の"コ"の字型がもっとも適しているようである。この子どもの位置は、描画に限らず、さまざまな作業の場合にも適用できる。

(4) 保育者の発話

保育者の発話には、①指示は直截に、②要点を外さない、③要領よく、短く、④一度に一つ、⑤声が高過ぎない、⑥ゆっくりとはっきり話す、⑦子どもの表情や動きに目を配る、⑧幼児語や"幼稚園語"などを使用しない、⑨抽象的な言葉を使わない、⑩一つが完全に終わってから次の指示など[47]、注意すべき点が多々ある。

子どもは、基本的に保育者が好きであり、保育者の要求には応えたいと思っている。しかし、保育者の発話が理解できない場合でも"何いってるの"とは聞き返さない。周囲を見回したり、保育者の表情を見たりして、何とか要求に応えようと努力する。これが度重なると、次第に注意が散漫になる。また、保育者の勘違いから注意をされたり、要求に応えても評価されなかったりしても、即座に意欲を減退させてしまう。

発話が的確で、それに子どもが応えたなら、簡単でよいからすぐに"そう"、"すてき"、"できた"などと評価する。その結果、一層の意欲が湧き、子どもはみるみる明るくなってくる。要求は、子どもを賞めるためにするのだと考えていると、適切な対処ができるのではないか。

①発話が通じなかった、②指示通りできない、③　同じことを繰り返さなければならない、④子どもが騒々しく、落ち着かない、⑤保育者に注意が向かないなどの事態が生じたら、先ず、話し方に問題があると考えてみる必要がある。

(5) 安定した身体の姿勢

姿勢と心は密接な関係があるようである。注意が散漫な子どもは、静止することができず、姿勢もよくない。①足を組んで、斜めに座る、②浅く腰掛け、背もたれに寄り掛かる、③背を丸め、顎を上げる、④　つま先立ちし、足を椅子掛ける、

⑤足に体重がかかっていない、⑥両足を大きく広げているなどの姿勢で座っている子どもは、①指や爪をいじったり、②服を丸めたり伸ばしたり、③身体のどこかをゆすったり、④貧乏ゆすりをしたり、椅子をゆらしたり、⑤髪の毛をいじったり、⑥絶えず身体のあちこちを掻いたり、⑦視線が定まらなかったり、⑧保育者と目が合わなかったり、⑨視線が宙に浮いて、ぼんやりしたり、⑩居眠りしたり、⑪友達の陰に隠れたり、⑫不安そうであったりなどをすることが、非常に多い。

　座り方を知らないこともあると思うが、大人のように、注意を向けることと身体の姿勢とを切り離すことができず、緊張感を欠いた姿勢が、注意を散漫にさせているようである。そのため、子どもの前に立った時は、上記の①の"爪いじり"以下⑫までを、すばやく見るようにし、その場で直せるものはすぐに直すよう心掛ける。

　しかし、子どもの場合、①１回注意したからといって直るものではない、②きつく注意したからといってわかるものではない、③いつも言葉を荒げていれば心が沈んでしまう、④落ち込めば好奇心や注意力が低下するなど、口で言ったからといって直るわけではない。大切なことは、保育者が、直そうとしている点を常に心に留めておくことである。ちょっとした注意で気が付く子どもには、小さな変化を認める肯定的な評価が効果的であるし、気が付きにくい子どもには、短く、きつく否定して、すぐに変化を認めて評価することが効果的である。何よりも、徹することが肝要である。

(6) 生活の仕切りを明確に

　"自然に、移行する"とはよく言われることであるが、一つの活動から次の活動への漸次的な移行は、今が何をする時か、いつまで続けるのか、どうしたら終わるのかなどを定かにしないため、子どもは、行動に確信が持てず、非常に不安定になる。"何してもよい"と言われても、日常生活での子どもの行動には必ず"時、所、場合"の制限がある。したがって、何処で、いつまで、何をする場合なのかということが不明であると、安心して行動することができない。次の行動の概略を知り、安定して活動するためには、活動の変わり目を明確にしなければならない。

　幼稚園とは、子どもたちの目的的活動を組織する場でもある。いかなる目的的活動であれ、取り組む心構えが大切である。その心構えを整えるためにも、生活形

態の変わり目は、明確でなければならない。

これらさまざまな"時、所、場合"に応じて一人ひとりに注意を向け、子どもの行動や表情を適切に評価していくことが、安定した"保育者－子ども"関係の形成に最も有効な手立てであり、美術教育の土台でもある。

2 3歳児の美術教育

3歳児は、画材を見たり、道具に触れたりするだけでも楽しむことができる。何かをやってみたいという気持ちも直截に表わし、見た目にあまりきれいとはいえない結果であっても、やったということだけで喜べる。この時期の教育課程は、そうした気持ちを手掛かりにして、道具を扱う場合の基本的行動形式を丁寧に身に付けていくという目標の下に編成する。以下に、いくつかの教材や画材の指導過程によって教育課程の原則を示し、取り組む題材例を上げる。

(1) 教材の導入1－粘土－
　① 出会いを劇的に演出する
　② どこに置いてあるか
　③ どの位置の子どもから取りに行くか
　④ 室内をどのように歩いて行くか
　⑤ 机のどこに置くか
　⑥ 粘土箱からの出し入れをどうするか
　⑦ 扱い方（口に入れない、落としたら拾う、ゴミを付けない、人のを取らないなど）
　⑧ 片付けかた
　⑨ 何を作るかは、それほど重要ではない
　⑩ できた時に評価するのを忘れない

(2) 教材の導入2－クレヨン－
　① 5月中頃から
　② 粘土の①～⑤と同様、どの子どももできるように丁寧に
　③ 扱い方（取り出しかた、持ちかた、力を入れると折れる、別の色を取る場合前の色は元の位置に、当然口に入れない、終わった時のしまい方）
　④ 以下粘土の⑧～⑩と同じ、全ての子どもを評価できるように丁寧に

(3) 教材の導入3 －画用紙－
  ① 指示に従って一段階ずつ丁寧に
  ② 先ず、保育者が、机上の所定の場所に置く
  ③ すぐに描き始めない
  ④ 汚さない
  ⑤ 折り曲げない
  ⑥ 作品の取り扱い方
(4) 教材の導入4 －折り紙－
  ① 指示に従って一段階ずつ丁寧に
  ② 先ず、所定の場所に置く
  ③ すぐに折る、切るなど、始めないように
  ④ 製作物の取り扱い方
(5) 教材の導入5 －糊－
  ① 6月中頃から
  ② クレヨンの②と同じ、どの子どももできるように丁寧に（決して急がない、一つの段階ずつ丁寧にゆっくり）
  ③ 扱い方（絶対に急がない、一つの段階ずつ丁寧にゆっくり）
  ④ 以下クレヨンの④と同じ、全ての子どもを評価できるように丁寧に
(6) 教材の導入6 －はさみ－
  ① 6月下旬～7月初め頃から
  ② ゆっくり待つ、歩き回らない、指示を守れるなど、危険を伴う"はさみ"を使わせるには、整えておくべき条件がある。条件が整わない場合には絶対に導入しない
  ③ 実際に切る段階へ至るまでの準備を、1段階ずつ急がず、丁寧に
  ④ 1回で"チョキン"と切る
  ⑤ 続けて"チョキチョキ"と切る
(7) 取り組む題材例
  ① 母の日の贈り物
  ② クレヨンで洗濯機の渦巻、風船
  ③ 父の日の贈り物

④ てるてる坊主
⑤ 七夕飾り
⑥ 祖父母への贈り物
⑦ 顔のいろいろな表情
⑧ 運動会の嬉しそうな顔、運動会の装飾
⑨ 芋堀の後さつま芋を描く
⑩ 易しく、仕上がりのきれいなぬり絵
⑪ 好きな絵を描く（たとえば顔の表情の内怒った顔）
⑫ 凧の絵、鬼のお面、お雛様作り

(8) 『要領』の領域表現との関連

　『要領』の「内容の取扱い」［#1］に留意しつつ「内容」［#1~2］を実現する中で「ねらい」［#1］を達成することは、行動形式による衝動の抑制無くしては不可能である。3歳児段階での前述した指導がいかに重要かは、この点からも理解できよう。

　また、衝動の抑制無くして「感じたり」、「考えたり」（「ねらい」［#2］）することは不可能であり、当然「イメージ[48]」を豊かになどできよう筈がない。いかなる行動を引き起こそうと、衝動は自覚できないものであり、その衝動を他に訴えるために「素朴な表現」（「内容の取扱い」［#2］）とするにも、先ず、表現すべき衝動を自覚するための抑制ができなければならない。

　「内容」の［#3、5、7］は"子ども－子ども"の関係の中でしか実現しないものであり、「伝え合う」（「内容」［#3］）ための絶対条件である、他の子どもに"肯定的な反応の得られるなんらかの効果"を及ぼそうとするなら、衝動の抑制だけでなく、表現に取り組む姿勢、方法や技術、「いろいろな素材」（「内容」［#5］）に関する知識や取り扱い方までもが必要となるであろう。これらが、次の4歳~5歳で教育課程の中心となる。

3　4歳児の美術教育

　4歳児は、特徴が比較的はっきりした傾向を示す3歳から、どうようにはっきりした傾向の5歳へ移行する段階にあり、両者の傾向が混在しているというのがその特徴である。

以下に、4歳児の特徴を上げ、その特徴を考慮した教育課程の原則と題材例を示す。対象は、2年保育の4歳児であり、3年保育に関して留意すべき点には、その都度触れている。4歳児の教育課程の中心は、取り組む姿勢を整えることであり、とくにこの点を、クレパスによる描画を例に詳述する。

(1) 4歳児の特徴

　4歳児の教育課程を考えるためには、3歳児とは異なる以下のような特徴について考慮する必要がある。

　4歳児には、3歳児とは異なる以下の特徴が見られる。それらは、①比較的自分がはっきりしてくる、②周囲の様子も気になりだす、③自分の行動の成否が心配になる、④自分を周囲の子どもと比較し、評価する、⑤自分の苦手を拒否し、得手だけをしたがる、⑦見栄、羞恥、照れ、など感情が分化してくる、⑧5歳児ほどの苦手を克服する強さが無い、⑨失敗や間違いに関する感情処理がなかなかできない、⑩自分を多面的に見る柔軟性は無い、⑪個々の刺激に注意を引かれる3歳児的要素と、物事を関係で捉える5歳児の要素が混在している、⑫個人差が非常に大きい時期である、などである。これら4歳児の特徴は、新たな課題に対する不安を非常に大きくする。

　このような子どもたちに"気にしなくてもいい"、"失敗してもいい"などとあだ言葉で伝えても、少しも不安を解決することにはならない。繰り返し"やったらできた"、"やればできる"、"失敗をやり直したらできた"、"うまくいかなかったが誰も笑わなかった"、"頑張ってほめられた"などの体験をさせる以外に、不安を解消する方法はない。

(2) 絵画指導の土台

　①自分の居場所、②持ち物の収納場所、③生活に必要な場所などがわかり、生活の仕方が安定してくると、いよいよ、自分の道具を使って何かしてみたくなってくる。"いつ描くの"、"これ使わないの"などと言い始めるかも知れない。

　この時に、安易に描かせてしまうと、幼児教育全体の失敗につながることにもなる。たとえば、クレヨン（今は、クレパスを使う場合が多いようであり、以後はクレパスをもって代表させる）を初めて使う場合では、3歳児の場合と同様、行動形式を的確に身に付ける必要がある。3年保育の場合も、年中になったら、その初めに、あらためて確認する必要がある。

① クレパスの出して来方
② 持ち運び方
③ 置き場所、蓋の開け方
④ 一本一本取り出し方
⑤ 色の前を知る
⑥ 出したクレパスの戻し方
⑦ 蓋の閉じ方
⑧ 所定の場所へのしまい方

などを、丁寧に２〜３日繰り返す。

　どの一段階も、ゆっくりと落ち着いて行動することが重要で、それができた場合には最大級の評価をする。これらは、多くの大切なことを含んでいる他に、全ての子どもに達成可能なことであり、したがって、全員を褒めることができる。たとえ単純なことであっても成功の喜びに変わりはなく、この気持ちが次の作業への期待となっていくのである。評価では"良い場合"、"悪い場合"、"普通"の語調や表情の切り換え、言葉の選択などが重要で、無表情やいつも笑顔の同じ表情では、ほとんどその効果が期待できない。

　こうして、毎日１０〜１５分間繰り返していると、全ての段階が確実にできるようになってくる。このことは、描く時の不安をも解消し、意欲的を高めることにもつながる。

(3) その他の用具の導入

　クレパスに先立って導入するであろう粘土の場合も同様で、たとえ３年保育であっても、３歳児の保育の確認を含めて一段階ずつ丁寧に行っていく。その他、糊、はさみ、そしてクレパスの次の段階である絵の具の場合も、すべて、細かい段階に分けて、一段階ずつ丁寧に行っていく。

　紙粘土の製作と絵の具による彩色なども、慌てることなく一段階ずつゆっくりと行っていく。

(4) 自由画帳の使い方

　いろいろな画材の中でも自由画帳の使わせ方は難しく、不適当な使い方をつい見逃してしまったりするものである。①１頁ずつ使う、②どの頁もゆっくりと丁寧に集中して描く、③無駄にしない、④自由画帳を丁寧に扱うなど、その扱い方は、

これまた段階に分けてその一段階毎をしっかりと行なわせていく。
(5) 絵画指導のねらい

クレパスを例に考えて見よう。
1) 集中して取り組む心地好さを知らせる

集中して物事に取り組む心地好さを知らせるには、その前に、話を集中して聞く姿勢が整えられていなければならない。このことは、クレパスに限ったことではなく、この姿勢が整えられていない場合には、どんな作業であっても集中することはできない。

一般に、"4歳児では十分な集中ができない"と思われているのは、以下の、①保育者の話が長い、②のべつ話している、③声（高過ぎるなど）や言葉が汚い、④話の要領を得ない、⑤話がつまらない、⑥すぐ"お約束"や"お説教"になる、⑦子どもの隊形（動き回ったり勝手にお喋りするなどの）や姿勢、視線、表情にかまわず話し出す、⑧矛盾することが多い、⑨内容が（保育者の誤解などで）見当外れ、⑩保育者の好き嫌い、価値観が分からない、⑪保育者の表情が単調である、⑫話が子どもに対する日常の評価と関連していない、などの理由によることが多い。

話を聞く姿勢が整っていない場合は、クレパスを導入する前に、日本の民話を中心にした"素話し"[49]などを活用しながら、1～2週間かけて少しずつ話しを聞く姿勢を整えていく。"浦島太郎"、"一寸法師"、"桃太郎"等など、なん十かの昔噺を心得ていることは、国民の必須の教養でもある。

描き始めたら、夢中のあまりか否かを見分けながら、①画用紙を乱暴に扱う、②何となくいたずら描きをする、③机や椅子を動かす、④辺りに画材をつける、⑤髪の毛や手をいじる、などに注意する。これらの他にも、集中の喜びを味わう妨げになる事柄は多く、その全てが、いずれ直るというものではない。
2) 画材としての性質を知る

①色の名前、②色の明暗、③似ている色の美しさ、④色の変化、⑤似合う色、似合わない色、⑥彩色する時の力の入れ方、⑦画いた線の面白さなどを知らせながら、描くことへの期待感を高めていく。
3) 描く意欲を高める

①分らなくても教えてもらえる、②慌てず、自分の速度でゆっくりやっても

大丈夫、③保育者に教えてもらうと、必ずできる、④保育者の話しをよく聴いていると、自分でもできる、⑤描く前に描けるような気がするなどの気持ちを抱くよう導く。そのために、不要な困難が生じないよう、十分な事前の準備をしておくことが必要である。

4）素形[50]とその組合わせを楽しむ

さまざまな丸や三角、四角、それらの変形や組合わせなどの面白さを知ることは、描くことへの意欲を高めるための基本的条件の一つである。これらの形が自由に描けるようになると、表現の幅は大きくひろり、それが周囲の世界を捉える枠組みともなる。

5）子ども一人ひとりの工夫を認める

子どもは、相当に心を許さないと、自分なりの工夫を表さないものである。そのため、①"保育者－子ども"関係を一層親密なものにする、②保育者が規則を示し、"子ども－子ども"関係を安心できるものにする、③保育者は一人ひとりの子どもに関心を持ち、毎日、一人のもれ無く全ての子どもに目を止める、④一人ひとりの変化や成長を、言葉にして他の子どもにも伝える、⑤子ども同士も、互いに変化や成長を認めるようにするなどを心掛けると、子どもたちは次第に安心し、一人ひとりがその子らしさを発揮するようになる。

(6) 望ましい結果

①保育者も皆も一緒で楽しかった、②自分のは友達と少し違った点がある、③保育者の言ったこととも少し違う、④誇りをもって自分のだって言える、⑤保育者の言うことを良く聞いてやったら前よりよく描けた、⑥友達のを見るとそれも面白い、⑦面白くて、教材の性質を覚えたり、扱い方を練習することだとは思わなかった、⑧とても早く終わった気がする、⑨もっとやってみたい、⑩好きになった気がするなどが、子どもの中に生じてきたような様子が見えたら成功である。

白い画用紙の前で途方に暮れさせないために、保育者は十分な準備をしておく必要がある。たとえば、たった一本の線を用意するだけで、子どもは描くきっかけを掴んだりするものである。その結果、自信が持てれば、少しずつ自分なりのやり方が出てくる。

(7) 取り組む題材例

① 新聞紙で兜を作る

② てるてるぼうず
③ 母の日の贈り物と壁面の装飾
④ 父の日の贈り物
⑤ 食べたいお弁当の絵（給食であったら、1日だけお弁当[51]の日を設ける）
⑥ 小運動会の絵
⑦ 七夕飾り
⑧ 祖父母への贈り物
⑨ お母さんの顔（中央に）と（その周囲に配置した）お母さんの好きなもの
⑩ 運動会の装飾とおわってからその絵
⑪ 芋堀りの後に芋の絵
⑫ 落葉遊びと模様
⑬ クレパスと絵の具ではじき絵（海の中などの題材）
⑭ 年末の飾りと装飾画
⑮ 凧とぬり絵
⑯ 鬼の面とお雛様

(8) 『要領』の領域表現との関係

「自己表現を楽しむ」（「内容の取扱い」[#3]）などということは、極端に難しいことである。子猫が鞠にじゃれるような自分だけの閉じた行動は、生後からそれほど経ないうちに減少し始める。領域「表現」の目標である"表現意図を持った行為"に対する積極性や能動性は、"他者の肯定的な反応"無しには育たないものなのである。「ねらい」、「内容」、「内容の取扱い」の全てが、人間関係を含む外の世界の"美しさ"や"豊かさ"に感動し、それを喜んで表現することを示している。この外の世界の"美しさ"や"豊かさ"に感動することが、"表現意図を持った行為"であり、したがって、感動する心自体が、他者の肯定的反応によって育っていくものなのである。

幼児教育における最初の"他者の肯定的な反応"は、保育者によるものであるが、しかし、"反応"がいつまでも保育者に限られていたのでは、"表現意図"は次第に衰えていく他ない。領域「表現」の「目標」、「ねらい」、「内容」、「内容の取扱い」の全てが、表現に対して"子ども−子ども"間の"肯定的な反応"が得られることにかかっているのである。この相互の"肯定的な反応"があって初めて、

「豊かな感性」も「創造性」(「目標」[#5])も実現する可能性が生まれるのである。物事に取り組む姿勢を整えることは、上記の過程を実現するための不可欠の条件であるのだ。

4　5歳児の美術教育

(1)　5歳児には5歳児の活動

　3歳児段階では決して歌わない歌、使わない教材、教具、絶対に行わない活動などがなければならない。4歳児でも同様に、5歳児にならなければできない活動がなければならない。こうしたものがあって初めて、発達に不可欠な"手本（モデル）"に具体性を与えることができるのである。日常の活動の中で"年中になればあれが使える"、"年長になればあの活動ができる"と期待することが、発達の手本を具体化するのである。

　5歳児だけに許された活動があることは、5歳児に、3歳児や4歳児から手本にされているという自覚を生じさせる。その自覚が、子どもたちの行動を誇と共に律することになる。このことは、生活圏の価値基準を実現しようとする傾向を持つ5歳児にとって、倫理感や品格ある生き方の基礎となるものである。

　成長・発達への力は、3、4、5歳児の活動の相違による"極性"によって生み出されるところが大きく、縦割り保育などが、少しもはかばかしい結果を生まない理由がここにある。

(2)　フェルトペンの導入

　フェルトペン（いろいろな商品名でさまざまな会社が出している）を、上に述べた5歳児だけが使える画材として定めている。

　フェルトペンは、発色がよく、仕上りが鮮やかであり、短時間で子どもたちの満足する効果が得られる画材である。このことから、落ち着いた時間の取れない時期の格好な画材となる。鮮やかな仕上りは描く楽しさを増し、華やかな効果は一層の努力を呼び起こし、自信をも深めていく。水性と油性、細い太いなどは、題材や描く方法によって使い分ける。

　フェルトペンは繊細な画材であり、その導入には細心の注意が必要である。

　①　年長しか使えない画材であること
　②　開けたままでは乾燥してしまうので、不使用時は必ずキャップ閉める

③ 力を入れるとペン先を痛めるので、軽く持って、優しく描く
④ 注意深くゆっくりを、小さな画用紙の中央に小さな丸を描くなどで練習
⑤ きちんとできるようになるまで、画用紙を代えて何度でもやり直す。そのために、無駄にならないよう小さく切った画用紙を使う

上記の点に注意しながら、これまでの新規の教材を導入した場合と同様、段階を区分して、一段階毎に丁寧に行っていく。

(3) フェルトペンとぬり絵

美術教育では、ぬり絵の評判がよくない。しかし、多くの方がたが、ぬり絵は子どもの頃の大きな楽しみだったと言う。子どもにやらせて見れば、その喜びようは尋常ではない。ぬり絵を目の敵にする人びとは、それが、子どもの創造性を妨げると言うのだが、そうであるなら、子どもの頃にぬり絵を楽しんだ方がたは、個性が希薄であり創造性に欠けていることになる。しかし、少なくとも、ぬり絵を目の敵にする人びとよりは、表現力も創造力も勝っているとしか思えないのである。

そうしたわけで、こだわらずにぬり絵を取上げている。実践してみると、創造性を損なわないどころか、自信と意欲が高まることで一層自分らしさを発揮するようになる。その上、この章の初めに述べたように、作業するに当たっての丁寧さ、画材の適切な使用、絵画表現の型などを身につけるのに、これほど適した教材は他に考えられない。

フェルトペンによるぬり絵の題材は、花、魚、鳥、虫、ステンドグラスなどの模様、平安の王朝貴族を初めとするさまざまな風俗など、多種多様である。これらを適切に配置してぬり絵の原画を作り、印刷しておく。それに、色の組み合わせを考えながら、細かいところまで丁寧にぬっていくと、その結果は驚くほどに楽しいものである。多少のはみ出しや色使いの失敗も、原画がしっかりしているので、当人に大きな失敗感を抱かせることがない。

原画が用意されていても、丁寧に作業をすると、投入した努力に従って自分の力で描き上げたと思えるようになってくる。この努力と結果の好ましい関係が、子どもたちの意欲を一層高めていくのである。

(4) 写実への願い1－鉛筆－

1) そろそろそっと

"そろそろそっと"と呼んでいる描き方は、画面上に描こうと仮定した線に

そって、十分に手の動きを制御しながら、ゆっくりと、そっと描いていく方法である。この描き方は、子どもたちの写実への願いに応える最初の技術である。

　子どもたちは、画用紙や画材を手にすると、それらに刺激されて、先に手が動いてしまう[52]。手が滑ってしまうわけである。外界を観察することは、"表現意図を持った行為"の一環であるため、手が先に滑ってしまえば、何も見えないことになる。"そろそろそっと"とは、反応系を抑制することで受容系を十分に働かせようとすることなのである。ゆっくり描いているため、描いた部分が、次から描こうとする線を画面上に仮定させることも起こる。

　"そろそろそっと"は、手を、先に動かしてしまうのではなく、頭や心に従って動かすための抵抗である。したがって、身につけるために用いる画材も抵抗の大きいものが適している。それが鉛筆なのである。一人ひとりの持ち方に十分注意しながら、易しい題材を選んでゆっくりと進めていく。

2）さっさの線

　鉛筆で、少しずつ確かめながら描いていく方法を"さっさの線"と呼んでいる。

　これまでの指導が的確に行われていれば、この頃から"本物そっくり"に描きたいという願いが、少しずつ出てくる。"さっさの線"は、そうした願いに応える身の回りの世界を掴み取るもう一つの"知識、技術"である。これは、大人が素描を（デッサン）する時に用いる、箒で掃くように描く技術である。

　3歳児段階での行動の形式が身に付き、4歳児段階における取り組む姿勢が整えられていれば、上記の技術は表現行動の中で十分に活かされていく。

(5) 写実への願い2－絵の具－

絵の具でも、これまでと同じように描く前の指導をゆっくりと丁寧に行なう。その段階と要点は、下記の通りである。

① 出し入れ（道具のある場所から出して来る）
② 配置（周りに気を配ることをとくに心がけて指導）
③ 水の用意の仕方（分量、こぼさないよう）
④ 色作り（絵の具の出し方、混色する場合）
⑤ 水加減（筆洗の使い方）
⑥ 筆の水切り（水をはねない）

⑦　筆の運び方（縦、横、円、線に添って）、重ね方
　⑧　ぬり方のいろいろ（点、線、面）
　⑨　色の使い方（光と陰、物の質感）
　⑩　後始末（きちんと）
(6) 取り組む題材例
　①　フェルトペンを使ったぬり絵（たとえば虹）
　②　組の実用品（たとえば当番表）を作る
　③　母の日の贈り物や壁面の装飾
　④　父の日の贈り物
　⑤　遠足の印象を描く（自由画）
　⑥　絵の具で縞のＴしゃつなど
　⑦　七夕飾り
　⑧　祖父母への贈り物
　⑨　運動会のポスターや装飾
　⑩　運動会の絵
　⑪　人間のいろいろな動きのクロッキー
　⑫　芋堀りの後に芋の絵
　⑬　絵の具で木などを良く見て描く
　⑭　年末の飾りと装飾画
　⑮　凧とぬり絵
　⑯　絵の具を用いて観察画
　⑰　鬼の面やお雛様
(7) 『要領』の領域表現との関係
　表現力と表現結果を見る力とは、並行しない。後者の見る力は表現力を越えて発達するのであり、表現力を伸ばすための意図的な教育を欠いた集団では、ことに、その差が大きくなる。多くの絵画表現に関する発達段階が言及していないにもかかわらず、5歳児になると、画いた絵が本物に似ていないことに悩むようになる。写実への願いが生じ始めたわけである。
　このことは、5歳児の頃が、生活圏の価値観を自分の価値観として実現しようという傾向を有する時期であることと関係があるのであろう。したがって、「感じた

ことや考えたこと」、「生活の中」の「イメージ」、「感動したこと」(『要領』)が豊かであればあるほど、自分の画く力と見る力の落差についての悩みが大きくなってしまうわけである。

　そうした悩みを少しでも軽減し、表現に対して肯定的な反応を得る喜びを経験させるためには、画くための知識、技術、形の指導が不可欠である。この意味から、本項の教育課程は、『要領』の「内容」を実現し「ねらい」を達成するものとなっている。

5　指導計画案 (当麻昭子[53])
(1) クレパスで"魔法の煙突"

　2年保育の新入園児が、五月の連休明け頃に初めて取り組む絵である。

画材：クレパス、十六切りの画用紙

画材の位置：クレパスは、利き腕側に置き、画用紙は、保育者が表裏を確かめた上で、子どもの正面に横に置いていく。

子どもの位置：黒板に向かって"コ"の字になるように机を配置し、保育者と黒板の前に集れるだけの空間を設ける。

1) 天地の確認

　これらの準備が済んだところで、画用紙の天地をしっかりと確認させる。

　①"画用紙の上は、どこ？"、②"画用紙の下は、どこ？"、③"画用紙の一番上を、指で端から端までさわってみて"、④"画用紙の一番下を、指で端から端までさわってみて"、⑤"それでは、画用紙の真ん中はどこ？"、⑥"よーくみて、画用紙の真ん中に、手をげんこつにして置いてみて"などと、一つずつ確かめながら、はっきりと、ゆっくり指示していく。

　一人ひとりがきちんとできていることを確認し、分らない子どもがいる場合には、全員ができるまで言葉を変えては指示を繰り返していく。全員ができたなら"素晴らしいね。上、下、真ん中がわかるんだね。これなら、いろんな絵が描けるようになるよ"などと、評価する。

　保育者の話しをよく聴き、理解し、それを行動に移すことは非常に大切であり、子どもにもこの大切さが感じ取れるよう、ゆっくりと、丁寧に、しかも楽しい雰囲気を保ちながら進めていく。

2) 煙突を描く

　次の段階は、灰色のクレパスを選んで持つことである。①持つだけである、②色が違っていないか、③正しく持っているかなどを、一人ひとりもれなく見ていくことが重要である。

　全員が正しく持てたら、画用紙中央の下側に、その子どもが持っている灰色を使って**保育者**が煙突を描く。①"これは、何かな"、②"面白いもの、始り、始り"、③"灰色で、ぎゅうっと"、④"もう少し、待ってね"、⑤"これ、なーんだ、考えていてね"などと声を掛けながら、子どもの後に回って描いていく。

　灰色で輪郭を描くのは、①目立たない、②画用紙を汚さない、③訂正し易いなどの利点があり、今後もいろいろな絵の中でしばしば用いる。人間を描くようになったら、それを、黄土色や黄色などに変えていく。

3) 煙突をぬる

　全員に描き終わったところで、①静かに、椅子を机の中に入れ、②ゆっくりと、③落ち着いて、黒板の前に集める。走ったり騒いだりしてはならないということは、はっきりと伝えておくことが大切である。それが実行された時には、忘れずに肯定的な評価をする。

　子どもの視線を保育者の方に向けてから、黒板に、画用紙に描いたものと同じ煙突を描き、**保**"これ、何だと思う？"、**子**"電信柱、長い棒、四角の積み木、テレビ・・・"、**保**"これは、煙突です。煙突って何だか知ってる？"、**子**"サンタさんが、入ってくるの"、**子**"お風呂屋さんにある"、**子**"煙が、もくもく出てくるやつ"、**保**"何色の煙が出てくるか知ってる？"、**子**"灰色、白、黒いのもある"、**保**"そうだね、でも、これは魔法の煙突なんだよ"、**子**"えーっ"、**保**"先ずね、煙突の色は紫色。ねっ、こんな色の煙突なんて、無いでしょ"　と言いながら輪郭の中をぬる。紫に限ったことではなく、組の色が決まっているならその色などでもよい。**保**"そして、出てくる煙は・・・これもまた不思議な色・・・これは、皆と一緒にやりたいな"。

　この辺りで子どもたちは、自分もやってみたくなってくる。そこで、静かに自分の席に戻るように指示する。全員が座り、視線が保育者の方に集ったのを確かめてから、紫色のクレパスを取り、灰色の中を、はみ出さないように、白いところが残らないように、ゆっくりと、丁寧にぬるよう指示する。あらかじめ、ぬり

終わったらクレパスを元に戻し、静かに待っているよう伝えておく。
　①"ゆっくり、丁寧にね"、②"紫色の煙突、きれいだね"、③"何か、不思議な感じがするね"、④"ちょっとはみ出しても心配しないで、その後、気をつけてね"、⑤"失敗ではないよ、大丈夫だよ"、⑥"ぎゅっぎゅって、クレパスをぬる音が聞こえる"、⑦"いいよ、上手だよ、うまいうまい"などと、全員が描き終わるまで、それぞれの子どもに合った適切な言葉を掛けながらはげましていく。
　次の段階は煙を描くことである。
4)　煙を描く
　全員がぬれたら、黒板を見るよう子どもたちに指示する。保"この煙突からは、いろいろな色の煙が出てくるんだよ"、子"えーっ、本当？"、保"先ずは、煙突の真ん中から・・・赤い煙がもくもくもく"と言いながら、上に向けて螺旋を描いていく。子"わーっ、血みたいだ"、子"面白い"、保"さあ、皆も赤いクレパスを持って"と言い、全員が正しく持っていることを確認してから、保"真ん中から、赤い煙がもくもくもく"、保"こんどは、煙突の端から青い煙がもくもくもく"、保"次は、煙突の反対の端から黄色い煙がもくもくもく"と描いていく。真ん中、端、反対の端などの位置を示す言葉は、意図的に用いており、3原色を体験させることも意図している。保"さあ、後は、自分でこんな色の煙が出たら面白いなって思う色を選んで、どんどん煙を出してみて"と声を掛け、再び適切な言葉掛けをしながら見て回る。
　煙突の出口がほぼ一杯になったところで、終わりにする。螺旋が描けないでジグザグになったり、丸の連鎖になったりする子どももいるが、保育者が背後から子どもの手を取って、一，二度一緒に描いてやると、すぐに自分で描けるようになる。
5)　自分なりに表現する
　最後に、『要領』の「ねらい」[#2〜3]、「内容の取り扱い」[#2〜3]を満たす活動が行われる。
　煙が、画面一杯になったところで、保"魔法の煙がいやだよーって、逃げて行くものがいるの。さあて、何が逃げて行くのかな？"、子"ちょうちょ、とんぼ、鳥、飛行機・・・"、保"煙がいやで逃げて行くものを、自分の好きなよう

に描いてごらん"と言って、好きなものを描かせる。子どもたちが、逃げて行くものの名前をいいながら、描き始めたら、① "本当だ、煙い煙いって逃げている"、② "かわいそうだね"、③ "煙と遊んでいるみたいだね"、④ "上手だね"などと、子どもの描いているものを肯定しながら、時どきは、1人の子どもの描いている絵を持って、⑤ "〇〇ちゃんは、こんな小さなハエが逃げていくところを描いたんだって・・・" などと紹介したりする。最後に、はっきりした色で、保育者が自信を持って描ける "空を飛ぶもの" を、それぞれの子どもの絵に描き加えて、終わりにする。

6) 保育者の準備について

　この絵には、煙突と、最後に描き加えた飛ぶものの、保育者が準備するところが二箇所ある。

　この絵の中心が不思議な色の煙突と派手な煙であるため、この準備は、全ての子どもに初めての絵を成功させる働きをするものであって、子どもが "保育者にやってもらった" という気になることはまったくない。それどころか、①自分の好きなものも描いた、②保育者の少しの援助で仕上りがきれいになった、③ともかくもきれいに見える、④今後の絵に自信が出てくる、⑤全員描けたので、皆が描けたと心置き無く喜べる（子どもは、できない子どものことを思いの他気にするので、全員ができると、非常に安心し、安定する）などの結果が得られる。

(2) 素形を使ってるてる坊主

　2年保育の進入園児が、七月の暑中休暇前頃に、三番目位として取り組む絵である。画材、画材の位置、子どもの位置は、(1) "魔法の煙突" と同じ。

　1) 保育者の準備

　　てるてる坊主を横に3つ並べて描いたと仮定し、中央の一つについて、頭の部分の円を、あらかじめ灰色のクレパスで描いておく。

　2) 三角を画く

　　子どもが描くのは、胴にあたる三角だけである。大きさの決まった円が描かれているため、子どもは安心してその下に胴の三角を描くことができる。多少曲ったり、変形したりしても、円と三角で、てるてる坊主に見えるので、失敗したという感じを持たない。

3) 色をぬる

　真ん中一つ（三角）が画けたら、"ちょっとおしゃれなてるてる坊主にしようよ"などと声を掛けて、てるてる坊主に似合う色をぬり、円と三角がぬれたら顔を描く。狭いところに、小さく、濃く、はっきりと目鼻口を入れなければならず、子どもは、非常に緊張する。

4) さまざまな表情

　でき上がったところで、それぞれのてるてる坊主の表情が、各々異なっていることを知らせる。他の子どもの絵を見ながら、子"本当だ"、子"泣いているみたい"、子"雨が降らないように、お願いしているみたい"、子"怒ってるみたい"など、いろいろな感想が出てくる。

5) 自分で画く

　この後１０分位かけて、二つ目と三つ目のてるてる坊主を自由に描かせる。中央の最初の一つが目安となるため、どの子どもも不安になることなく喜んで取り組むことができる。画いている子どもに対する評価は、当然取り組む姿勢に関してである。"ゆっくり"、"あわてず"、"丁寧に"描いている子どもの一人ひとりを的確な言葉で評価していくことで、取り組む姿勢は一層安定する。

---

[1] 浮世絵は非常に闊達であったが、明治の当初、大層俗なものと看做され、粗末に扱われていた。陶磁器の輸出に際して破損を防ぐ詰め物に使われたと言う話しも聞く。

[2] 乾孝は『観察画の歴史』(1974、東京保育問題研究会絵画部会、伝えあいの絵画教育、いかだ社)で、簡単に歴史をたどりながらその間の事情を述べている。

[3] H.ゼードルマイヤーの『中心の喪失－危機に立つ近代芸術－』(1965、石川他訳、美術出版社)は、芸術各領域の独自性の主張、孤立化、様式の喪失が近代の特徴であり、これがあらゆる分野に及んでいると主張する。

[4] これが如実に現われているのが音楽の教科書である。その様子は、桂博章、鈴木敏朗の『小学校の音楽教科書における日本と西欧』(音楽の章に既出)に詳しい。

[5] J.ブラッキングの『人間の音楽性』(1978、徳丸吉彦訳、岩波書店)は、生きた音楽とは、社会の中で機能する音楽であり、音楽に意味を与えるのはその機能である。西欧音楽は、いち早くその機能を失ってしまったという。

[6] 何物にも制約されない行動は自覚することができない。それ故に表出でしかなく、表現とはなり得ない。

[7] H.ゼードルマイヤーの『中心の喪失』(音楽の章に既出)が、各領域の独自性の主張と孤立化の進行の実体とその危険性を説いている。

8 曾野綾子は『二十一世紀への手紙－私の実感的教育論－』(1992、集英社) の中で"モーツアルトの音楽では私は嬉しくも悲しくもならない"と言い、傑作について沢山の知識を蓄えた人間になることより"好みをはっきり口にできない人間にならない"こと、"好みの違う人に悪意を持ったりしないような人間"になることの方が、教育の目的としてはるかに素敵だと言う。専門家はまったく無視するが、教育に関する提言として十分健闘しなければならない重要な論である。
9 これらは『小学校学習指導要領解説図画工作編』(1999、文部省、日本文教出版株式会社) に述べられている。『中学校学習指導要領 (平成10年12月解説－美術編－)』では、美術教育が「自己実現」のための教科であることが強調されている。
10 桂博章、鈴木敏朗の『今日の音楽教育が忘れているもの』(1994、秋田大学教育学部教育工学研究報告第16号 pp.43-53) では、音楽教育において個性、自己表現、創造性を強調することが無益であるばかりでなく、むしろ有害であることを詳細に論じている。このことは、美術教育についても同様である。
11 エルネスト・アンセルメ (Ernest Ansermet) はソルボンヌ大学で数学を学び、数学の教師をしていたスイスの指揮者。幼児期には彼の個性をどう見抜けたであろうか。その他にも、建築家から作曲家、画家から指揮者、文学者から指揮者など、中途から人生の路線を変更した人は数え切れないほどである。
12 幼児教育の場合、主要な表現の場である学級集団の共有する表現形式が非常に貧弱であり、表現を豊かにするためには、より豊かな表現形式を共有するよう指導して行かなければならない。この理由で共有すべきと言うのである。
13 E.モランの『複雑性とはなにか』(1990、古田幸男、中村典子訳、国文社) は、秩序と無秩序、複雑性の再組織化について詳細に論じている。
14 音楽の章の注に上げた安田武の前掲書 (1974) は、終始この型の問題を論じたものである。
15 子ども向けの書である森銑三の『オランダ正月』(1978、冨山房) を見れば、封建的の一言で片付けられ、誰もが型にはめられていたと思われている江戸時代に、どれほどの数の独創的な人物が現われたかが、分かる。しかも、ここに取り上げられているのは科学者だけであり、音楽、絵画、その他の分野を加えたら、２６０年あまりの間に驚くべき数の創造的人物が出現している。
16 一々の書名は上げないが、容易に入手できる幼児の美術教育に関する指導書の多くが、"主体的"、"自主的"、"個性" などを強調している。技術の重要性を説いた書も見られるが、そこでも"主体的"な"創造"活動の強調がなされることは同じである。
17 針生一郎の『図工・美術』(1972、朝日新聞社編、『私の教科書批判』、朝日新聞社 pp.161-186) に述べられている。この書は、今日でも最も優れた美術教育論の一つではないかと思われる。
18 Herbert Read (1893-1968) は、ロマン主義的な英国の詩人、批評家。美術批評家として芸術と社会の関係をも論じている。『芸術による教育』(1943、植村鷹千代訳、美術出版社) はそうした一冊である。
19 乾孝の『「表現」についての考え方』(1975、東京保育問題研究会編、『絵画教育の20年、博文社、pp.18-20) が、このことを最も簡潔に述べている。他に音楽の章に上げた『私の中の私たち』、『表現・発達・伝えあい』などがある。

[20] ささきみちお著の『親馬鹿教育論』(1972、評論社) はどの章も秀逸な教育論となっている。この書の七章目の『図工』は、針生の前掲論文 (1972) と合わせて、これまでの美術教育論の最も優れた一つではないか。
[21] 井手則雄は、幼児の絵画教育の初めの段階で、素形と呼んだ丸、三角、四角などの形の組み合わせで対象を捉えさせようとした。著書に『新編幼年期の美術教育』(1975、誠文堂新光社)、『3～4歳児の絵画・製作』(1971、新しい絵の会監修、誠文堂新光社)などがある。
[22] ささきみちおの前掲書 (1972) を参照。
[23] 自己同一性と訳されている。自分が自分であることを自分自身に証明すること。表現との関係で言えば、自分についてを内容として、内なる他者に表現できること。アイデンティティの確立とは、その表現が確かにできることである。E.H.エリクソンの『アイデンティティー青年と危機ー』(1973、岩瀬庸理訳、金沢文庫) などを参照。
[24] 分子生物学者のステント (Gunther S. Stent) は、「自然界の中の一つの対象として、人間を科学的に研究することにはそれほど賛成しておりません」(『〈真理〉と悟りー科学の形而上学と東洋哲学ー』、1981、小川、川口、長谷川訳、朝日出版社) と言って、人間精神を科学的普遍性の中に解消しようとすることを拒否している。
[25] 忠告について河合隼雄が、「１００％正しい忠告はまず役に立たない」『こころの処方箋』(1992、新潮社) と言ったのは、１００％正しい教育法は役に立たないということと同じであるのだろう。
[26] 乾孝は、自分の中の自分を内化した他者だと言う。『私の中の私たちー認識と行動の弁証法ー』(音楽の章に既出) 参照。
[27] 緊張を和らげる時、自分のある部分を否定しなければならない時、他者を厳しく批判する時、人の注意を引きつける時、理解を求める時、こうした時に不可欠な諧謔は、そうした両極の均衡の結果可能になるものである。
[28] 短縮された心の中の発話を内言と呼ぶ。内言は思考や行動調整の機能の他、受容した言葉の理解にも大きな役割をもっている。R.S.ヴィゴツキー『思考と言語上』(1962)、『下』(1966、柴田義松訳、明治図書) を参照。
[29] 姿勢、態度、構えなどは、全て同様の意味に用いている。姿勢が身体だけに関わる場合には、それとわかるように用いている。
[30] V.ローウェンフェルドの『美術による人間形成 ー創造的発達と精神的成長ー』(1963、竹内清、堀内敏、武井勝雄共訳、黎明書房) は、発達段階を詳細に区分し、この考え方は広く受け入れられている。
[31] 言葉の章に上げた『美の教育創刊号』(1979) の今美佐子、西脇昭子、岩田由紀子、鈴木敏朗などが、この作文を始めた経過、具体的な方法、その時点での成果などを述べている。また、『お母さんがみていると力がわいてくる』(自由現代社) がその後の成果を述べている。
[32] デスモンド・モリスの『美術の発生ー類人猿の画かき行動ー』(1966、小野嘉明訳、法政大学出版局) によれば、類人猿も絵を描くが、二度と同じ絵を描かないという。自分を真似るあるいは繰り返すということをするのは、人間だけだということであり、個別性を強調するのあまり真似ることを著しく嫌うのは、最も人間らしい点の発揮を押さえることになるのかも知れない。

[33] 一般には"錯画期"を用いることが多いようである。ことに、さまざまな試験に、この時期を錯画期とすることが正解である問題が出される。
[34] R.アルンハイムの『美術と視覚－ 美と創造の心理学上』(1963)『下』(1964、波多野完治、関計夫訳、美術出版社) を参照。
[35] J.グドールの『森の隣人－チンパンジーと私－』(1973、河合雅雄訳、平凡社) あるいは (1996、朝日選書、朝日新聞社) は、次のような出来事を紹介している。下位の類人猿がバナナを見つけた時上位の類人猿が現れる。上位の類人猿が気が付けば譲ることになる。彼らは相手の視線を追うので、下位の類人猿は見つけたバナナを見ないようにしてそこを立ち去る。上位の類人猿がいなくなった頃を見計らって現れた下位の類人猿はゆっくりと見つけたバナナを食する。下位の類人猿は再度現れで食すまで、眼前に無いバナナの像を抱き (表象) 続けてたわけである。
[36] R.アルンハイムの前掲書 (1963、1964) を参照。
[37] K.レヴィンの環境の章に掲げた書 (1935)、(1936)、(1951)、(1957) を参照。
[38] 一般には"象徴期"を用いることが多いようである。しかし、試験などでは"命名期"も有力な正解候補である場合が少なくない。
[39] 言葉の章の"環境制御システム－自己制御システム"を参照。
[40] これらの呼称の中では"前図式期"の使用頻度が最も高く、続いて頻出するのは"カタログ期"である。
[41] 文化の相違に関わり無く世界中どこの子どもでも、人物画の始まりが閉じた図形から直接足の出る"頭足人"であることが知られている。
[42] ローウェンフェルドの前掲書 (1963) は、なぐり描き (2～4歳、さらに運動、制御、円形、注釈の4段階に区分している)、前様式化 (4～7歳)、様式化 (7～9歳)、写実傾向 (9～11歳)、疑似的な写実 (11～13歳)、個性的な決定 (13歳～) に発達段階を区分している。
[43] できるだけ教育的働きかけの無い状態での子どもの発達的変化を捉えるのではなく、できるだけ望ましい教育的働きかけを行った結果の発達的変化を意味する。
[44] 2001/2/25-20:00 の新日曜美術館 (日本放送協会の教育放送)
[45] 本節は、新所沢幼稚園における実践を当麻昭子園長がまとめた未発表の原稿によるところが非常に大きい。
[46] 『要領』の領域表現 (音楽の章の注に全文を上げたので要約する)
　1　ねらい
　(1)「美しさ」に対する「豊かな感性」。
　(2)「感じたことや考えたことを」表現して楽しむ。
　(3)「様々な表現を楽しむ」。
　2　内　容
　(1)「生活の中で・・・色，形，手触り，動きなど」を楽しむ。
　(2)「生活の中で美しいもの・・・に触れ」る。
　(3)「感動」を「伝え合う楽しさを味わう」。
　(4)「感じたこと，考えたことなどを・・・かいたり，つくったりする」。
　(5)「いろいろな素材に親しみ，工夫して遊ぶ」。
　(6) 略

(7) かいたり，つくったりすることを楽しみ，遊びに使ったり，飾ったりする。
(8) 略
3　内容の取扱い
「次の事項に留意する」。
(1)「自然など」から得た感動を「様々に表現する」。
(2) 幼児の表現を教師は「受容」する。
(3) 略

[47] 幼児語、幼稚園語などの使用は、結果として子どもを侮っているようになる。また、言葉の難易は、言い方ではなく具体的か否かによる場合が多い。

[48] イメージという語の意味は非常に曖昧であり、各人各様に解されている。このような曖昧な語を鍵にして物事を検討すると、決定が筋道によることは決して無く、必ず、地位や数を頼んだ権力が制することになる。このイメージという語は、"過去の体験の痕跡"であり、それらを統合して構成した"行為の目標"や"目標に至る経過"と解するのがもっとも妥当であろう。

[49] 保育者は無数の"お話し"が、何も見ずにできるようになっていなければならない。そのための参考資料は無数にあるが、その中心は我が国の昔話でなければならない。

[50] 本章の脚注18を参照

[51] さまざまな本にあるような、飾りの多い弁当を作っては逆効果になる。今日では、簡単な弁当の例を提示する必要があるかも知れない。

[52] 針生の前掲論文（1972）のいう画材の抵抗とは、この手が滑ってしまうことを防ぐためのものであろう。

[53] 当麻昭子による新所沢幼稚園の実践。

第8章　指導計画

第1節　幼稚園の指導計画

『要領』は、「幼稚園教育は」幼児の「具体的な活動を通して、その目標の達成を図るものである」と述べ、以下の「指導計画作成上の留意事項」を上げている。
　「一般的な留意事項」として、
(1) 「幼児期にふさわしい生活を展開し、必要な体験を得られるよう」「具体的に作成する」、
(2) 「指導計画作成に当たって」は、
　ア　さまざまな実情に「応じて設定すること」
　イ　「幼児が自らその環境にかかわること」で「必要な体験を得られるように」し、「その環境が適切なものとなるようにすること」
　ウ　「幼児が望ましい方向に」「活動を展開」するよう「必要な援助をすること」「常に指導計画の改善を図ること」
(3) 「活動がそれぞれの時期にふさわしく展開されるようにすること」
(4) 「年、学期、月などにわたる指導計画」や「週、日などの指導計画を作成」する
(5) 「幼稚園全体の教師による協力」で「適切な援助を行うようにすること」
(6) 「活動の場面に応じて、適切な指導を行うようにすること」
(7) 「幼稚園における生活が家庭や地域社会と連続性を保ちつつ展開されるようにすること。その際、地域の自然、人材、行事や公共施設などを積極的に活用し、幼児が豊かな生活体験を得られるように工夫すること」
(8) 幼稚園教育は「小学校以降の生活や学習の基盤の育成につながる」ものであること。

などを上げている。
　この中の項目の(6)で「幼児の主体的な活動」という語を用い、「教師は、理解者、共同作業者など様々な役割を」持つと述べている。これまでに繰り返し述べてきたように「幼児の主体的な活動」とはたんなる"遊び"であり、それ以外の

何物でもない。この語に特別な意味を与えたことが、今日の教育の惨状を招いた主要な原因となったのである。

また項目の(8)では「創造的な思考」や「主体的な生活態度」などが強調されている。これらの語は、非常に危険な誤解を生み易い語であるが、この意味するところは、「創造的な思考」が"与えられた課題について、先ず自分で考えてみる"程度のことであり、後者については、"場の求める振る舞いを、他から言われなくともする"くらいのことである。大げさな言葉遣いに騙されてはならない。

次に、「特に留意する事項」として、
(1) 「安全に関する指導」に意を用い、「災害時に適切な行動がとれるようにするための訓練なども行うようにすること」
(2) 「障害のある幼児」に関しては、「家庭」や「専門機関との連携を図り」、「障害の種類、程度に応じて適切に配慮すること」
(3) 「障害のある幼児との交流の機会を積極的に設けるよう配慮すること」
(4) 「行事」については、「教育的価値を十分検討し、適切なものを精選し、幼児の負担にならないようにすること」
(5) 幼稚園は、「地域の幼児教育のセンターとしての役割を果たすよう努めること」
(6) 「教育課程に係る教育時間の終了後に・・・行う教育活動については・・・教育課程に基づく活動との関連、幼児の心身の負担、家庭との緊密な連携などに配慮して実施すること」

などを上げている。

指導計画は、これらに留意して立案すると言っている。

第2節　週の指導計画[1]

『要領』では、①年、②学期、③月、④週、⑤日の、五通りの指導計画の立案を示唆している。その内、④の週と⑤の日の指導計画が、幼児の具体的な生活に即したものになると述べている。

以下に、最も実用的な週案の例として、各学期の初めと終わりの週案を3〜5歳児の学年別に参考として示す。

1　年少の週案

4月第1週

◆：子どもが活動する事項　　※：保育者が留意する事項

事項＼月日		月曜日	火曜日	水曜日	木曜日	金曜日
行　事						
準備・連絡						
健康	生活指導	◆自分のしるしを覚える、椅子に座る、便所(場所、排泄、手洗い) ◆靴を履き代える（上靴、外靴）、外から帰ったらうがい、手洗い ◆色帽子のかぶり方、歩き方(ゆっくり、静かに、胸を張って、足を引きずらない) ◆片付け、持ち帰るものの始末、方法				
	遊び	◆室内遊び(ままごと、ブロック、積み木)、 ※細かいもの、危ないものは出さない ◆外遊び、固定遊具の使い方、危険について、規則について ◆保育者と追いかけっこ				
人間関係		◆にこにこ泣かないで登園した子どもをはっきりと評価 ◆保育者と仲良し、学級の象徴の人形を好きになる				
言　葉		◆組の名前、保育者の名前 ◆名前を呼ばれたら適切な音量で「はい」と返事、「ハーーーイ」にならない ◆お早うございます、さようなら、入れて、貸して、いいよ、ありがとう ◆絵本、紙芝居(どちらも短いもの)				
環　境		◆自分の部屋、自分の場所、自分の物、皆の物				
表現	音楽	※保育者が歌う(子どもに歌わせない)、唱和するのはよい。抑制がきかず大声になるので気を付ける ◆ "よいこ" ◆ "せんぞやまんぞ" ◆ "おふろはいいな"				
	美術	◆雨天の場合粘土(出し入れ、口にしない) ※装飾 ※新たな教材との出会いは劇的に				
留意点		◆不安解消、泣くのを止めるため自由遊びを楽しんだり、気にいった玩具で遊ぶ ◆一人ひとりの特徴をとらえ、保育者と個人的に仲良しになる ◆早くその子ども本来の姿が出るように心がける ◆無作法、乱暴はだめ、ことに他の子どもにちょっかいを出すことに気を付ける ◆外遊びの安全指導をその場その場で徹底。後は楽しく自由に遊べるようにする ◆降園時には、親に子どもの様子を楽しく報告、とくに泣いている子ども、不安そうな子どもの親には、まめに接触し様子を伝えることが重要				

7月第3週

◆:子どもが活動する事項　　※:保育者が留意する事項

事項＼月日		月曜日	火曜日	水曜日	木曜日	金曜日
行　事						
準備・連絡						
健康	生活指導	◆夏休みへ向けての生活習慣、園生活の総点検 ◆夏休みの過ごし方(早寝早起き、飲料はお茶、危険なことをしない)、テレビを見過ぎない。"早寝早起きテレビは一本" ◆自分の場所の掃除				
	遊び	◆仲良しと楽しく遊ぶ ◆誰にも仲良しが居る				
人間関係		◆一学期の楽しかったことは何か ◆誰にも仲良しが居るように ◆楽しい夏休み(お手伝い、過ごし方) ◆別れを劇的に演出(友達と、保育者と) ◆職員と別れの挨拶(一般の社会に通ずる挨拶)				
言　葉		◆夏休みの話 ◆夏休みの絵本 ◆詩(夏休みに誰かに聞かせて上げよう)				
環　境		◆園のさまざまなものとしばらくの別れ				
表現	音楽	◆大好きな歌を歌う ◆夏休みに、誰かに"わらべうたの遊戯"をしてあげよう				
	美術	◆おみやげの絵を大事にする				
留意点		◆一学期の楽しかったことを振り返ると同時に、二学期への期待感を盛り上げる ◆保育者との親しい関係を一層強化する ◆生活指導は、とくに夏休み中の家での生活につながるように ◆別れはできる限り劇的に				

9月第1週

◆：子どもが活動する事項　　※：保育者が留意する事項

事項＼月日		月曜日	火曜日	水曜日	木曜日	金曜日
行　事		始業式	午前保育	誕生会	弁当開始	
準備・連絡						
健康	生活指導	◆これまでの生活指導の再点検 ◆持ち物始末、片付け、お便り帳の扱い、衣服の着脱 ※夏休み前の指導にかかわらず、休み明けには生活が戻ってしまう。				
	遊び	◆友達と仲良く遊ぶ ◆緊張している子どもには、保育者から接触していく				
人間関係		◆皆と会えて嬉しい気持ちを、言葉ではっきり確認 ◆保育者や友人の夏休みの話し ◆生活表、約束の表の評価				
言　葉		◆保育者や友人の夏休みの話し ◆どんな本を読んだか、絵本の交換をしたか				
環　境		◆9月のカレンダー				
表現	音楽	◆今まで習った歌、ことにわらべうたの遊びを落ち着いて行う				
	美術	◆特別の活動なし				
留意点		◆元気で再会できたことを喜ぶ ◆子どもとの接触や子どもに言葉をかけることを欠かさない ◆園生活に円滑に戻れるように配慮 ◆生活習慣など、戻っていることがあるので、楽しみなどを利用して子どもと落ち着いて付き合う ◆約束表は保育に十分に生かし、ほめるきっかけにする ◆生活指導もほめて繰り返しやらせること、はりきってできるように励ます				

１２月第３週

◆：子どもが活動する事項　　※：保育者が留意する事項

事項＼月日		月曜日	火曜日	水曜日	木曜日	金曜日
行　事						終業式
準備・連絡						
健康	生活指導	◆一年の終わりに当たって生活指導を再点検（うがい、手洗い、朝の支度、衣服の着脱、弁当の作法、後片付け）冬休みにつなげる ◆冬休みの生活（早寝早起き、自分の事は自分でする、お手伝い、危険な事はしない、友達との約束、ＴＶを見過ぎない）				
	健康	◆スキップ（あわてないでゆっくり） ◆寒いので、遊具を使う場合に気を付ける				
	遊び	◆皆で遊ぶ ◆お正月の遊びの紹介（福笑い、こま回し、凧揚げ、かるた）				
人間関係		◆冬休みの事（年末、年越し、お正月の過ごし方、お手伝いをする） ◆二学期の楽しかった話し ◆三学期にまた元気良く合おう（再会を楽しみにさせること）、年中が近い三学期に期待を持たせる				
言　葉		◆お正月の話しと挨拶（明けましてお目出とうございます）年内には言わないこと、絶対に過去形にしないこと ◆年賀状の話し（来年の干支） ◆冬休みの絵本貸し出し				
環　境		◆年末の幼稚園や街の様子（さまざまな飾り） ◆新年の話し（１９９８年、カレンダーも新しくなる） ◆クリスマス会				
表現	音楽	◆クリスマスの歌 ◆"ちゅうちゅうちゅう"（隊形の円をしっかり保つ、丁寧に）				
	美術	◆クリスマスの飾り				
留意点		◆楽しい雰囲気で終われるよう、友達との関係を点検し、皆で遊ぶ時間をできるだけ作ること ◆冬休みの過ごし方（とくに交通安全、危険なところへは行かない、１人で遊びに行かない） ◆楽しく冬休みに入れるように、三学期も楽しい気持ちで来られるように（保育者との関係を強めて終わる） ◆生活習慣が身についているかを一人ひとりについて確かめ、赤ん坊ではない誇りを持たせ、家でも自分の事は自分でできるように励ます ◆大好きな友人など一人ひとり把握し、三学期の生活に役立てる ◆三学期につながるよう、儀式張らない、楽に参加できる終業式にする（辛いと三学期の登園の喜びが減少）				

1月第1週
◆：子どもが活動する事項　　※：保育者が留意する事項

事項＼月日	月曜日	火曜日	水曜日	木曜日	金曜日
行　事	始業式				
準備・連絡					
健康／生活指導	◆始業式の参加の仕方 ◆座る姿勢、話しの聞き方				
健康／健康	◆お正月の様子を聞く「風邪は引かなかったか」				
健康／遊び	◆お正月にどんな遊びをしたか				
人間関係	◆お正月にどんな人と出会ったか				
言　葉	◆新年の挨拶				
環　境	◆お正月の街の様子				
表現／音楽	◆お正月にはどんな歌が聞こえたか				
表現／美術	◆凧を見たか「どんな絵があったか」				
留意点	◆全体集会の参加の仕方 ◆椅子に座る姿勢、話しの聞き方に注意を向ける				

3月第3週
◆：子どもが活動する事項　　※：保育者が留意する事項

事項＼月日		月曜日	火曜日	水曜日	木曜日	金曜日
行　事						終業式
準備・連絡						
健康	生活指導	◆さまざまな生活習慣が年中でも誇りを持って出来るようはげます ◆遊具、棚、その他をきれいにする ◆春休みに向けて、生活習慣を規律有るように（歯磨き、うがい、その他）				
	健康	◆春休みに向けて、その過ごし方（睡眠、食事、その他）				
	遊び	◆春休みに向けて、友達との遊び方（家を訪ねる場合の作法）、双方の親が快く承知した場合、相手の家で勝手なことをしない、長居をしない（時間を決める）、土産を持たない ◆園で楽しく遊ぶ				
人間関係		◆一年間の思い出、年中への期待、保育者や友達にさようなら、年中になっても元気で頑張ろう ◆年長が卒園したことを話す ◆皆勤賞の友達に「おめでとう」				
言　葉		◆大好きな詩、絵本を取上げる				
環　境		◆棚、玩具をきれいに ◆暖かくなってきたこと ◆園内めぐり				
表現	音楽	◆これまでのわらべうたを楽しく遊ぶ				
	美術	◆作品のまとめ				
留意点		◆新たな子どもたちのことを考えて環境を整える ◆自分達の組の印象を強くすること ◆年少同士の交流を行い年中への不安を解消しておく ◆春休みの過ごし方をとくに丁寧に				

2　年中の週案

4月第1週

事項＼月日		月曜日	火曜日	水曜日	木曜日	金曜日
行　事		入園式				
準備・連絡						
健康	生活指導	◆安心させながら自分のしるし、持ち物、場所を知る ◆自分の椅子に座る、座ったら誉める、いいことが始まる(楽しく退屈させない) ◆片付け、保育者と一緒に、手伝う、誉める ◆移動、静かにゆっくりと色々な歩き方で(手をつなぐ、動物になって等)、保育者が先頭、飛出しを注意 ◆便所(安心してさせる) ◆降園の支度				
	健康					
	遊び	◆外遊び(走って発散)、整列(保育者が並べる、始めは余りきちんとしなくてもよい) ◆危険を知らせる				
人間関係		◆年中になった喜び(幼稚園生になった)、クラス、保育者、部屋、場所、名前 ※新入との違い、助かっている点で誇りを持たせる ◆保育者と仲良し(接触、名前を呼ぶ、同バッジ等)				
言　葉		◆紙芝居(短い物)、絵本(短いもの－例あんあんシリーズ等) ◆挨拶(お早ようございます、さようならを一緒に)※「ます」を強調しない ◆「どうぞ」「止る」の指示が分かる、けじめをしっかり(場合の切り換え) ◆「はい」の返事(短く、はっきり、丁度良い大きさで) ◆「入れて」「いいよ」「貸して」「ありがとう」				
環　境		※室内外の危険物を除いておく ◆自分の椅子に座れる状態にする				
表現	音楽	◆馬が走れば ◆ねんねんねやま				
	美術	◆粘土(形のさまざま、出し入れ、片付け)				
留意点		◆始めは不安なので、保育者が手伝う等して進める(そうしないと不安が倍加する) ◆靴箱の前に子どもを溜めない。順序を指示して整理 ◆1日1回以上の接触(だっこ、撫でる、誉める)で安心させる ◆初めてのことはあわてさせない(手伝うも可) ◆指示を実行したらすかさず誉める、保育者が喜んで見せる ◆指示は簡潔、はっきり、誉める時は大げさに振る舞って ◆保育者は「快」と「不快」をははっきりと表す(声にも表情にも) ◆痛いこと、危険なことははっきり止める、「いや」と言える				

7月第3週

◆：子どもが活動する事項　　※：保育者が留意する事項

事項＼月日		月曜日	火曜日	水曜日	木曜日	金曜日
行　事						終業式
準備・連絡						
健康	生活指導	◆基本的生活習慣の点検(身支度、排泄、歩き方、持ち物の扱い、とくに話の聞き方) ◆夏休みに家で行うお手伝い ◆家での生活(自分の事は自分でする) ◆友人の家に行った時の態度(絶対に家具－冷蔵庫その他に触らない)				
	健康	◆暑さに負けない(衣服で調節、汗を拭く、濡れたままでいない、日陰、帽子)				
	遊び	◆仲良しと楽しく遊ぶ ◆遊具の手入れ				
人間関係		◆夏休みの間の別れ ◆夏休みの具体的計画の話(保育者も羨ましがらせない程度に) ◆二学期へ向けて期待感を盛り上げる ◆職員との別れ(挨拶をきちんと－社会に通ずる挨拶)				
言　葉		◆別れの挨拶の仕方 ◆夏休みに関する絵本 ◆これまでの言葉遊び				
環　境		◆幼稚園の色々なものとしばらくの別れ ◆カレンダー(夏休みは何日？)				
表現	音楽	◆これまでのわらべうたを楽しく遊ぶ				
	美術	◆これまでの作品を振り返る(子どもは覚えているか、一所懸命やったか等)				
留意点		◆夏休みに向けてさまざまなものとのしばらくの別れ ◆夏休みの生活にまで保育者の注意を行き届かせる ◆別れは劇的に演出				

9月第1週

事項＼月日		月曜日	火曜日	水曜日	木曜日	金曜日
行事		始業式	午前保育	誕生会	弁当開始	祖父母への手紙
準備・連絡						
健康	生活指導	◆これまでの生活指導の再点検、二学期の行事を知る ◆自分の事は自分でできるように ◆園外保育に向けて、勝手に行動しない、支度が自分でできる ◆当番活動（喜んで、積極的にやるように）				
	健康	◆夏休み中の怪我や病院の話し、大きくなったことをみんなで喜ぶ ◆2列に並んであるく、前へならえ、集合解散				
	遊び	◆休み中にどんな遊びをしたか ◆好きな遊びに友達を誘い、一緒に遊ぶ ◆遊具の扱い、玩具の片付け等点検				
人間関係		◆皆と会えて嬉しい気持ちを、言葉ではっきり確認、新しい友達 ◆保育者や友人の夏休みの話し、生活表、約束の表の評価 ◆祖父母の話し（人間がどのようにつながって生まれてきたかを含めて） ◆園外保育に向けて、幼稚園以外の人々が、子どもたちをどう見るか（他者の目）				
言葉		◆保育者や友人の夏休みの話し、どんな本を読んだか、絵本の交換をしたか ◆挨拶、返事の適切な大きさと短くはっきり（声、顔の表情と共に） ◆はがきの紹介 ◆一学期に覚えた詩を唱える、「よいさっさ」				
環境		◆9月のカレンダー				
表現	音楽	◆今まで習った歌、ことにわらべうたの遊びを落ち着いて行う ◆すっかときって、うさぎうさぎ（わらべうた）				
	美術	◆特別の活動なし ◆夏休みの製作物があったら、必ず嬉しい気持ちを伝える ◆祖父母への贈り物（絵を描く）				
留意点		◆泣く子どもの予想と対策（その子の興味を知り、それを利用する）、とくに喜ぶことを利用し常時接触し、放っておかないことが大切 ◆新しい子どもが、園生活に融け込んでいるかを点検 ◆生活表は保育に十分に生かし、誉めるきっかけにする（個人的にも全体にも） ◆接触や言葉をかけることを欠かさない ◆園生活に円滑に戻れるように配慮、自分の事を自分でできるように励ます ◆生活習慣など、戻っていることがあるので、楽しみなどを利用して子どもと落ち着いて付き合う ◆園外保育に期待を持たせる				

１２月第３週

- ◆：子どもが活動する事項　　※：保育者が留意する事項

事項＼月日		月曜日	火曜日	水曜日	木曜日	金曜日
行　事						終業式
準備・連絡						
健康	生活指導	◆基本的な生活習慣を一人ひとり丁寧に再点検し評価する ◆冬休みの生活（早寝早起き、自分の事は自分でする、お手伝い、危険な事はしない、お年玉、他家での作法）				
	健康	◆風邪の予防（うがいの徹底） ◆天気の良い日は外で遊ぶ ◆冬の病気				
	遊び	◆二学期の楽しかった遊びを振り返る ◆お正月の遊びの紹介（福笑い、こま回し、凧揚げ、かるた、羽根突き）かるたに興味と期待を持たせる				
人間関係		◆大好きな事、大好きな人をできる限り多くする ◆二学期の楽しかった話し ◆三学期にまた元気良く合おう（再会を楽しみにさせること）、年長が近い三学期に期待を持たせる				
言　葉		◆年賀状、かるた、お正月の気分を盛り上げる ◆挨拶、「良いお年を」「明けましてお目出とうございます」 ◆冬休みの絵本貸し出し				
環　境		◆年末、新年の話し（１９９８年、カレンダーも新しくなる）、来年は寅年 ◆クリスマス会				
表現	音楽	◆クリスマスの歌 ◆あかおにあおに（丁寧に、静かに、歌は静かにはっきり口を開けて） ◆今までに覚えた歌を振り返る				
	美術	◆これまでの作品を振り返り、進歩した点を評価し、自信をつけさせる				
留意点		◆楽しい雰囲気で終われるよう、友達との関係を点検し、皆で遊ぶ時間をできるだけ作る事 ◆冬休みの過ごし方（とくに交通安全、危険なところへは行かない、１人で遊びに行かない） ◆楽しく冬休みに入れるように、三学期も楽しい気持ちで来られるように（保育者との関係を強めて終わる） ◆生活習慣が身についているかを一人ひとりについて確かめ、もうすぐ年長の誇りを持たせ、家でも自分の事は自分でできるように励ます ◆大好きな事、友人など一人ひとり把握し、三学期の生活に役立てる ◆三学期につながるよう、儀式張らない、楽に参加できる終業式にする（辛いと三学期の登園の喜びが減少）				

1月第1週

事項＼月日		月曜日	火曜日	水曜日	木曜日	金曜日
行　事		始業式			弁当開始	
準備・連絡						
健康	生活指導	◆生活指導を改めて指導し直す ◆新年の喜びを祝い、次の活動へのけじめも付けられるようにする ◆交通安全、火の用心（決して火を悪戯しない）				
	健康	◆室内の換気、風邪の予防（うがいの徹底） ◆安全に注意し、自分の体を調整できる範囲を心得させる				
	遊び	◆お正月の遊び（福笑い、こま回し、凧揚げ、かるた）かるたに興味と期待を持たせる ◆縄跳び				
人間関係		◆友達、保育者、幼稚園を大好きにさせる（言葉にすることが重要） ◆冬休みの話し、楽しかったこと ◆改めて個々の子どもに注意を向け、保育者―子どもの結びつきを一層深める				
言　葉		◆挨拶「明けましてお目出とうございます、今年もよろしくお願いします」 ◆年賀状、かるた、干支の話し ◆頭字集め				
環　境		◆新たな年をカレンダーを用いて知らせる ◆冬の様子を肌で感じ取る ◆成人の日の話し ◆鏡開き				
表現	音楽	◆お正月にはどんな歌が聞こえたか ◆あかおにあおおに（丁寧に、静かに、歌は静かにはっきり口を開けて）				
	美術	◆凧を見たか「どんな絵があったか」 ◆クレヨンかクーピーを使った塗り絵				
留意点		◆全体集会の参加の仕方 ◆椅子に座る姿勢、話しの聞き方に注意を向ける ◆始めが肝心であることを保育者が心得る ◆安全教育、生活指導、聞く態度、集中力 ◆保育者のお正月を具体的な物を通して伝え、正月の遊びを楽しめるようにする ◆保育を律動的に、速度も的確に ◆年長になる期待と誇りを、三学期を張り切って過ごす方向へ向ける				

3月第3週

◆：子どもが活動する事項　　※：保育者が留意する事項

事項＼月日		月曜日	火曜日	水曜日	木曜日	金曜日
行　事						終業式
準備・連絡						
健康	生活指導	◆新たな年中に対する環境の整備 ◆春休みに向けて、生活習慣を規律有るように（歯磨き、うがい、その他）				
	健康	◆春休みに向けて、その過ごし方（睡眠、食事、その他） ◆頑張ったことの評価				
	遊び	◆春休みに向けて、友達との遊び方（家を訪ねる場合の作法） 　双方の親が快く承知した場合、相手の家で勝手なことをしない、長居をしない（時間を決める）、土産を持たない ◆園で楽しく遊ぶ				
人間関係		◆一年間の思い出、年長への期待、保育者や友達にさようなら、年長になっても元気で頑張ろう ◆年長が卒園したことを話す ◆皆勤賞の友達に「おめでとう」				
言　葉		◆大好きな詩、絵本を取上げる				
環　境		◆棚、玩具をきれいに ◆暖かくなってきたこと ◆園内めぐり				
表現	音楽	◆これまでのわらべうたを楽しく遊ぶ				
	美術	◆作品のまとめ（自分の作品を大切にする）				
留意点		◆新たな子どもたちのことを考えて環境を整える ◆自分達の組の印象を強くすること ◆年中同士の交流を行い年長への不安を解消しておく ◆春休みの過ごし方をとくに丁寧に				

3 年長の週案

4月第1週

◆：子どもが活動する事項　※：保育者が留意する事項

事項＼月日		月曜日	火曜日	水曜日	木曜日	金曜日
行　事		始業式 入園式				
準備・連絡						
健康	生活 指導	◆座り方、姿勢、足、視線、椅子の扱い方(持ち方、重ね方) ◆遊具の片付け、置き場所の確認、皆で素速くきちんと、時計を気にかける ◆便所、走らない、並ぶ、手を洗う(よく拭く) ◆机の出し入れ(素速く、安全に) ◆降園(順番、並び方、待ち方、鞄、荷物は自分で持つ) ◆身体測定(年中より大きくなった喜び、新たな背の順) ◆集会(気を付け、前へならえがきちんとできる)				
	健康					
	遊び	◆保育者と遊ぶ、旧クラスで気にいった遊び ◆縄跳び(結び方、危険確認)、皆で跳んでみる ※遊びの中で声が出ていることを確認				
人間関係		◆担任に興味を持つ(名前、誕生日、出身、家族、好きなこと、嫌いなこと) ◆同級(一番近い仲間)意識を持つ(名札の色、しるし、合い言葉) ◆年中少との関係(何をしてあげられるか？、〜してたらどうしてあげるか？) ◆転入生との関係(名前、家族、住所、好きなこと等を知り親近感を持つ、案内してあげよう)				
言　葉		◆自分の呼称(僕、私) ◆「あいうえお」表で言葉遊び ◆はんこ(年長しか使えない教材)の出し入れ(走らない、落とさない) ◆絵本、詩				
環　境		◆新しい部屋(愛着を持つ) ◆クラスのいい所を探す、年長ならではの物品を探す ◆季節(春らしい変化を探す)				
表現	音楽	◆年中時代に気にいっていたわらべうた遊びなど ◆お茶を飲みに、おでんでんぐるま ◆「きょうからともだち」				
	美術	◆マーカー(年長しか使えない教材)の扱い方 ◆塗り絵(例—虹)、楽しくきれいに(塗る部屋を囲む、線を書くように塗る、こすらない、そっと) ◆当番表				
留意点		◆保育者の話し方、音高を下げる、間をとる、はっきり口をあく、遊ぶ時と真面目な時の差 ◆止めと進めのをきちんとする ◆自由遊びの様子、遊べない子どもなどを記録 ◆子どもが興味を示し集中したらたたみかけるように ◆懇談会に向けて挿話(いいエピソード)を拾っておく ◆年長の新たな心構えの切り換え時(嫌なこと—その場で注意—、いいことなど、見逃さない)誇りを持って切り換えさせる				

7月第3週

◆：子どもが活動する事項　　※：保育者が留意する事項

事項＼月日		月曜日	火曜日	水曜日	木曜日	金曜日
行　事						終業式
準備・連絡						
健康	生活指導	◆園生活を点検(気になる点がある筈) ◆夏休みの準備(大掃除、引出し整理、忘れ物をしない) ◆お泊り会の話、楽しい話で期待させる				
	健康	◆縄跳び(夏休みに向けて、しっかりやろうという気を起こさせる)				
	遊び	◆友達と楽しく遊ぶ(何より重要)				
人間関係		◆夏休みの保育者の予定(具体的に、羨ましがらせない) ◆連絡帳を見て、一学期を振り返る ◆二学期の話(始業式を楽しみに)				
言　葉		◆はんこの整理 ◆夏休みに関する絵本				
環　境		◆夏の野菜、果物(西瓜)、食べ物の季節感を失わないように				
表現	音楽	◆ふねのせんどうさん、あめこんこん(2声のカノンで) ◆○○にも聞かせて上げよう				
	美術	◆玩具を作って遊ぶ				
留意点		◆夏休みのための別れを劇的に演出 ◆職員ともお別れの挨拶をする ◆夏休みのお手伝い(簡単なことで必ずできること)				

9月第1週

事項＼月日		月曜日	火曜日	水曜日	木曜日	金曜日
行　事						祖父母への手紙
準備・連絡						
健康	生活指導	◆生活リズムの点検、持ち物の始末、遊具の扱い、片付け、便所、手洗い、お弁当 ◆態度の点検、座り方、足、背中、相手の顔を見て話しを聞く ◆二学期の行事を知る ◆園外保育に向けて、勝手に行動しない、自分の事が自分でできる				
	健康	◆大きくなったことをみんなで喜ぶ ◆夏休み中の怪我や病院の話し ◆2列に並んであるく、前へならえ，集合解散、組体操				
	遊び	◆休み中にどんな遊びをしたか、久しぶりに友人と遊べる喜びを言葉にする ◆遊具の扱い、玩具の片付け等点検、縄跳び、鉄棒（努力の過程を励まして、喜びを持ってやるようにする） ◆年長はことに1人で居る子どもに注意				
人間関係		◆皆と会えて嬉しい気持ちを、言葉ではっきり確認 ◆はがき紹介、休み中の変化、友達との交流、新しい友達 ◆生活表、手伝いの評価、保育者や友人の夏休みの話し ◆祖父母の話し（人間がどのようにつながって生まれてきたかを含めて） ◆園外保育に向けて、幼稚園以外の人々が、子どもたちをどう見るか（他者の目を教える）ことに、公共の態度をしっかりと				
言　葉		◆保育者や友人の夏休みの話し、どんな本を読んだか、絵本の交換をしたか ◆再会の挨拶、はがきの紹介 ◆はんこの扱いを丁寧に指導。祖父母へはんこで手紙を書く。書けない子どもには直接教えないで1問1答式にする ◆一学期に覚えた詩を唱える。「いしころ」				
環　境		◆9月のカレンダー− ◆野草園（色々な草花、樹木に出会う貴重な機会）、9月の草花				
表現	音楽	◆今まで習った歌、ことにわらべうたの遊びを落ち着いて行う ◆「うちのおじいさのばあさん」「ちきゅうはめりーごーらうんど」				
	美術	◆特別の活動なし ◆夏休みの製作物があったら、必ず嬉しい気持ちを伝える ◆祖父母への贈り物（絵を描く）				
留意点		◆新たな学期の開始に当たり気持ちを新たにし、子どもの意欲を高める ◆弁当、服装等、最初が肝心 ◆生活表は保育に十分に生かし、誉めるきっかけにする（個人的にも全体にも） ◆新しい友人との関係に配慮、新しい子どもが、園生活に融け込んでいるかを点検 ◆生活習慣など、戻っていることがあるので注意する ◆園外保育の話しを保育に生かす ◆組体操は、要点をきちんと教える ◆挨拶は、年長の場合は、既にできるようになっていなければならない。大事な点は、好感を与える、わざとらしくならない、進んでする				

１２月第３週

◆：子どもが活動する事項　　※：保育者が留意する事項

事項＼月日		月曜日	火曜日	水曜日	木曜日	金曜日
行　事						終業式
準備・連絡						
健康	生活指導	◆冬休みへ向けて生活習慣の徹底と、その話し合い ◆早寝早起き、自分の事は自分でする、お手伝い、危険な事はしない ◆交通安全、火の用心（決して火を悪戯しない） ◆お金の使い方（絶対に無駄遣いしない、色々欲しがらない）欲しがらない事の価値を伝える ◆身の回りの整理整頓（道具箱、室内遊具など）				
	健康	◆風邪の予防（うがいの徹底） ◆天気の良い日は外で遊ぶ				
	遊び	◆二学期の楽しかった遊びを振り返る ◆お正月の遊びの紹介（福笑い、こま回し、凧揚げ、かるた）かるたに興味と期待を持たせる ◆縄跳び、ドッジボール				
人間関係		◆友達、保育者、幼稚園に愛着を持たせ、冬休みに入る ◆二学期の楽しかった事、頑張った事を振り返り、三学期への期待と自信にする ◆冬休み中の交流について（他家での態度をとくにしっかり） ◆お正月に会える人				
言　葉		◆年賀状、かるた、お正月の気分を盛り上げる ◆挨拶、「良いお年を」「明けましてお目出とうございます」 ◆冬休みの絵本貸し出し				
環　境		◆年末、新年の話し（１９９８年、カレンダーも新しくなる）、来年は寅年				
表現	音楽	◆発表会ごっこ（他の役、他の組のもの） ◆クリスマスの歌 ◆ひいふうみっか、あめかあられか（丁寧に）				
	美術	◆これまでの作品を振り返り、進歩した点を評価し、自信をつけさせる ◆さっさの線				
留意点		◆冬休みの準備は子どもと一緒に計画的に行う ◆保育者、友人、遊び等に愛着を持たせ、関係を深める ◆年末の様子に目を向けさせ、感じ取らせる ◆三学期への期待を持たせ、再会を楽しみにさせる ◆三学期につながるよう、楽に参加できる終業式にする、辛いと三学期の登園の喜びが減少する				

1月第1週

事項＼月日		月曜日	火曜日	水曜日	木曜日	金曜日
行　事		始業式				
準備・連絡						
健　康	生活指導	◆始業式の参加の仕方 ◆始めから規律ある生活習慣を要求する、座る姿勢、話しの聞き方 ◆三学期の始まり、幼稚園生活も残り少ないことを知らせ、気を引き締める ◆交通安全、火の用心（決して火を悪戯しない） ◆弁当や降園の支度を見直す				
	健康	◆お正月の様子を聞く「風邪は引かなかったか」 ◆体力測定、風邪の予防（うがいの徹底） ◆天気の良い日は外で遊ぶ				
	遊び	◆お正月にどんな遊びをしたか ◆お正月の遊び（福笑い、こま回し、凧揚げ）かるたに興味と期待を持たせる ◆縄跳び、ドッジボール				
人間関係		◆お正月にどんな人と出会ったか ◆友達、保育者の再会を喜び、それを言葉に表す ◆小学生になることの自覚を持たせ、自分で判断する、友達と協力などを確かに ◆冬休みの楽しかったこと				
言　葉		◆新年の挨拶、「明けましておめでとうございます、今年もよろしくお願いします」 ◆年賀状、いろはかるた、干支、春の七草（せり、なずな、ごぎょう、はこべら、ほとけのざ、すずな、すずしろ）				
環　境		◆新たな年をカレンダーを用いて知らせる ◆お正月の街の様子、成人の日の話し、鏡開き				
表現	音楽	◆お正月にはどんな歌が聞こえたか ◆ひいふうみっか、あめかあられか（丁寧に）				
	美術	◆凧を見たか「どんな絵があったか」 ◆マーカーを使って塗り絵				
留意点		◆始めが肝心であることを保育者が心得る、椅子に座る姿勢、聞く態度、集中力 ◆全体集会の参加の仕方 ◆安全教育、生活指導、換気にとくに注意する ◆保育者のお正月を具体的な物を通して伝え、正月の遊びを充分に楽しむ ◆保育を律動的に、速度も明確に ◆小学生になる期待と誇りを、三学期を張切って過ごす方向へ向ける				

3月第3週

◆：子どもが活動する事項　　※：保育者が留意する事項

事項＼月日		月曜日	火曜日	水曜日	木曜日	金曜日
行　事				卒園式総練習		卒園式
準備・連絡						
健康	生活指導	◆卒園式に向けて（小学生としての立派な態度） ◆自分の物は自分で管理 ◆生活の切り換え、物事を手際よく ◆落ち着いて、自分の気持ちを抑制できる、穏やかに人に伝えられる				
	健康	◆生活習慣を定着させる ◆入学までの生活をきちんとする				
	遊び	◆保育者や友達と思い切り親しむ				
人間関係		◆しっかり友達の名前を覚える ◆小学校に関わる話題 ◆皆とお別れ（皆勤賞におめでとう）				
言　葉		◆お別れの言葉 ◆これまでの詩				
環　境		◆卒園式での態度（儀式の意味－区切り－厳粛に） ◆新たな年長に対して環境を整備する				
表現	音楽	◆卒園式の歌				
	美術	◆作品整理（自分の作品を大切に）				
留意点		◆卒園式に向けて、式の参加態度を整える ◆最後の月、日々を大切に ◆良い思い出を印象深くするように ◆新たな年長に対して環境を整備する				

1　今美佐子園長の責任で編成した相武台中央幼稚園の週案を参考にしている。

あとがき

　副題を、どうしても"我が子に受けさせたい幼児教育"と付けたかったのである。これまでに出会った多くの出来事が、いつかは、教育についてそういう表題で書いてみたいという思いを強く抱かせたのである。
　長年仕事として来た"保育内容"についての書であり、それ以外の表題は考えられなかった。しかし、それだけでは、保育内容についての書だとわかるだけで、どんな保育内容の書か、どこまで触れているのか、具体的な実践の参考になるのかなどについては、皆目見当が付かない。
　言葉にこだわるのは、私の悪癖である。近頃は、こだわりの一品などと"小事に拘泥する"とは異なった用い方が流行のようだが、勿論、私の場合は、本来の"些細なことに拘泥する"という意である。"時"か"とき"か、"来る"か"くる"か、"分る"か"わかる"か、""か「」か、少しでも文や論旨の推敲をすればよいものを、そんなことをどちらにしようかと延々迷うだけなのだ。つまり、こだわるといっても、言葉遣いに厳密だとか、文章を磨き抜くということではないのである。自分自身で納得する文章が書けないくせに、勝手に言葉に引っかかってしまうのである。
　保育内容の中身を表すにどんな言葉を付加するかについても、あれかこれかと迷い、何日も費やした。そのあげくが"総論・指導法・教育課程"なのである。これを冠したことで、どこまで触れている、どんな書であるかは、大体見当が付くようにはなった。しかし、これでもまだ、この書の性格については、読んでみるまでわからない。
　三十数年前、ある幼稚園の主任保育者が"できるだけ指導を手控える"べきだと主張していた。対して一人の保育者は"教えるべきことはきちんと教えるべきだ"と考えていた。ある年、主任保育者の子どもが入園することになった。その主任は一人で学級編成を行い、自分の子どもを反対の意見をもつ保育者が担任する学級に入れたのである。
　二十数年前、ある大学の教科教育の教師は、学生の思うがままに身体を動かすことを中心とした授業を行っていた。たとえ相手が大学生であっても、教えるべきは

教えなければならないと、他の教師は主張しており、両者は激しく対立していた。その教科教育の教師は、自分の二人の子どもには、幼時から非常に激しい才能教育をほどこしていた。

　教育理論にしても実践方法にしても、自分の子どもには絶対に行わないことを主張する者は、随分と大勢居るものである。他人の子どもだから無責任に適用して平気なのか、自分の子どもの場合と教育方法がまったく異なるのである。上に示した二例は、ほんの一部にしか過ぎない。そうしたことを無数に見聞きしたことが、我が子に受けさせたいと思う教育論、実践方法を主張する決意をさせたのである。本書は、そのようにして続けて来た仕事の結果なのである。

　そういうわけで、"我が子に受けさせたい幼時教育"を副題に使ってしまうことにしたのである。今の自分に、幼時教育を受けさせる子どもがいるわけではない。けれども、大きくなってしまった子どもたちは、幸いなことに、考え方を同じくする保育者につくことができた。"我が子に受けさせたい"というのは、決して口先だけのことではないのである。

　教育理論や実践方法が、その時より少しでも良くなっていることを願っている。

鈴 木 敏 朗

索引

■ア
愛 72 143
挨拶 77 79 148 182
愛情表現 71
アイデンティティ 257
合の手 208
悪 42
預かり保育 43 74
遊ばせ歌 109 227
遊ばせ方 228
遊び 16 24 60
遊べる条件 77 79 83
後始末 261
あのね 194
新たな環境に対する不安 112
新たな環境に入ること 279
新たな不安 141
合わせる 237
安易に描かせてしまう 286
暗号 172
安定した身体の姿勢 281
暗黙の了解 44 95

■イ
生き生きと活動 112
生きがい 74
生きる力 21 136 214
育児 74
育児機能 30
育児行動 44
意識作用 216
意識した対象 95
意識内容 216
畏縮 173
一段階ずつ丁寧に 287
一年生問題 17 73 106 202
一斉の活動 110
一斉保育 57
逸脱 40 41
一致依存学習 171
一本の線を用意する 289
遺伝 32
遺伝決定論 35
遺伝説 35

遺伝による制御説 32
命 42
異文化理解 202
意味体系 168
意味付け期 271
イメージ 9 136
イメージづくりの専門家 124
癒し 253
意欲と勇気 258
いろはかるた 192
因果関係 26 32 34 35 162
隠語 178

■ウ
後ろめたさ 130 167
"嘘"と"真実" 125
歌声の協調 237
内なる相手 100
内なる自分 258
内なる養育者 101
内の論理 106
美しい振る舞い 215
運動会 115 117
運動感覚 166
運動能力 217
運動負荷 84
運動を繰り返す 269

■エ
描いた結果に満足 259
描いた結果にも満足 260
描く意欲を高める 288
絵手本 246
絵本 164
エリクソン 30
園旗 149 152
エンゼルプラン 43
延長保育 43
鉛筆 293

■オ
黄金律 181
オーエン 29
公 33 40 42 56 62
"公"の活動 114
公の観念 57
公の場 150
お喋り 163
落ち着いて行動する 287

大人が主導 17
大人主導 18 19
大人の側の働きかけ 271
大人の責任 118
大人の役割 116
オーベルラン 28
思いのまま 247
思いやり 163
親子関係 30
親の夜遊び 66
オルフ 200
音域 238
音韻 166
音楽 14
音楽教育 47
音楽教科書 239
音楽上の母語 211
音楽の要素的技術 231 232 238
音楽美 47
音楽文化 47
音声形態 165
音声形態的表情 166
音程 238

■カ
絵画 14
絵画教育 246
絵画表現の型 50
快感情 221
解決 188
外国語 46 130 167
階層化 23
外的要因説 171
回転能 85
外部環境 32 35
外部環境と折り合い 144
外部環境に対して敵対的 144
外部の価値基準 106
下位領域 126
カウンセリング 253
核家族化 30
覚悟 39 248
学習 35
学習意欲 102
学習課題 30
学習困難児 73 106

索引

学習障害 261
学習水準 222
学習論 169
過去 56
過去の無い者 161
頭字集め 165 194
仮想現実 130
家族圏 101
家族集団 69
家族的生活圏 69 94 103 104 138
課題 34 255
課題に取り組む 262
かたぎ軽視 107
形 37 212 254 259
型通り 50 252
形無し 13 49 212 249
カタログ期 273
型を修得 252
価値基準 73
客気 178
学級活動 115
学級集団 70
学級の価値 77 80 83
学級崩壊 38 17 202
学校教育法 14
学校崩壊 17 73
合唱曲 239
活動時 68
活動の二分類 18
家庭 28
家庭の変化 30
家庭保育の機能低下 30
画面が秩序付けられる 274
画面をも対象化する 274
かるた 192
可愛がる 68
感覚世界 215
環境 18 32
環境汚染 59
環境教育 45
環境心理学 123
環境制御システム 36 38 40 93 172 258 273
環境制御力 34
環境説 35

環境と欲求の均衡 93
環境による制御説 32
環境の制御力 33
環境の評価 128
環境の変容 98
環境要因 170
環境を通して行なう教育 17
関係を単純化 98
観察学習 171
観察力 267
感情処理 71 166 167 210
感情的示咸 125
感情と結びついた実在 271
感情の分化 211 214 217
感情の分化発達 92
間接的な関係 101
感動 235
観念 33 40 153
願望と現実 125
管理 11 17 18 40 59 153 155

■キ
偽 42
記憶 136
議会ごっこ 164
機械的 230
危険への備え 135
記号の体系 169
記号の読み取り 270
技術 37 212 254 259
技術の拘束 249
季節 149 155
汚い言葉 178
基底線 274
機能的覚醒 174
規範 33
厳しい生き方 253
基本的行動形式を丁寧に 283
基本的人権 54
基本的生活習慣 30
期や年の評価 25
休止時 68
教育 16 28 37
教育課程 15 22
教育基本法 14
教育時間 22
教育週数 22

教育職員免許法施行規則 14
教育の方法及び技術 15
教育の目的 14
教育方法改善 37
共感性 130
教材の選択 231
行事 117 136
教師の役割 16
強靱な精神力 131 253
協調 219 220
共通教養 184
共通の表現形式 235
共通様式を排除 247
極性 291
極端な題材 262
極性 56 289 116 144
許容度 41
許容の幅 252
距離が未分化 103
距離の多様性 105
規律 40
切れる 276
禁忌 130 166
均衡 260
禁止 39
近代科学 59
緊張感を欠いた姿勢 282

■ク
空間的 169
空間的位置関係 273
空間的環境 146 150 153
空間的形態 217
空間的側面 143
偶発的脅威 251
空論 131
屈辱感 135
鞍作鳥 279
黒髪 240
群衆の一員 277

■ケ
芸 60 220
経験 35
経験から分離 257
経験の仕方を支配 257
経験論的根拠 122
経験を共有 255

経済学 169
経済発展 59
形式的束縛 97
芸術家 279
芸術にまで高めた 279
形象化 48
形成 171 172
形態的 172
系統発生的 174
ゲシュタルト心理学 123 124
決して歌わない歌 291
喧嘩 164
言語 14 168
健康 14 42 54
健康観 54
健康教育 55
健康憲章 54
健康な国民 240
健康の定義 54 61
言語学 169
言語体系 122
言語標本 88
現実感 108
現実と非現実 125
現実の人間関係 258
権利 40 248
■コ
行為者 180
行為と呪的言葉 125
行為の評価 180
行為を決断 276
高学年 225
公共化した美術表現 275
交響曲 240
口語 168
交互唱 233
公私の活動の区分 113
構成員 90
構成主義 168 170
構造主義 168
構造主義者 169
構造的可能性 172
拘束 34
交通安全 18 78
肯定的な気持ち 272
肯定的な反応 234

肯定的に受け入れ 55 115
肯定的に受容 62 132
行動を誘導する環境 124
行動環境 32 45 58 63 94 122
行動環境の変容 25
行動型 25
口頭詩 164
行動主義 170
行動主義心理学者 32
行動調整 59 130 163 167
行動的環境 123
行動の形式 47
行動の違い 147
行動の評価 111
行動範囲 131
行動様式 142
高度な倫理感 266
幸福な経験 136
幸福の追及 34 74
公平 230
合理性 251
声は小さく 230
国語教育 160 161
国際化 105
国際社会 202
国際理解 202
国民 14 18
国民意識 28
国民国家 28
国民精神 193
国民の教養 191 192 193
国民の必須の教養 288
個々に名を呼んで 110
心の安定 137
心の教育 20 33 41
個人 33 40
個人－社会 259
個性 11 34 39 248
個性や創造性の発揮 277
個性化 73 94 104 106
個性的な精神 143
個性的表現 212
子育て井戸端会議 74
子育て支援 43
コダーイ 200
国旗 149 152 156

固定遊具 77
古典 193
孤独 107
言葉と同じ記号 274
言葉の教育 46
子どもを抱く 109
子どもが主導 17
子どもが題材を選ぶ 260
子ども主導 18 19
子ども主導の活動 24
子どもたちの位置 280
子どもたちの製作物 247
子ども同士の関係 111
子どもに対する好意 206
子どもの歌い方 230
子どもの行動の否定 206
子どもの表現の受け手 232
個別性 11 33
個別性より社会性 209
ゴミ問題 59
コミュニケーション 168
コメンスキー 29
子守歌 220
■サ
再生 55
再組織化 251
最大級の評価をする 287
再秩序化 50 250 251
最適な活動 246
才能教育 173
サイン 168
錯画期 270
作成 22
作品それ自体 247
さっさの線 293
さまざまな顔 106
作用 35
山河 155
三角 149 152
参加する態度 117
参観日 117
産業革命 28
産業構造 28
散歩 77
■シ
詩 164

索引

詩歌 164
詩歌を数多く暗唱 180
自我 91 102
四角 149 152
自覚 115
自我と環境 125
自我と生活圏 93
自我の対象性 129 128
自我の発達助成 95
自我領域 95
時間 187
時間帯 187
時間的環境 147 150 153
時間的形態 217
時間の側面 143
時間の多様性 89
児戯 49
持久力 84
刺激に屈して 272
刺激反応性 39 40
思考停止 129 161
自己犠牲 12 33 40 248
自己実現 12 33 34 40 74 248
自己実現－自己犠牲 259
自己診断 27
自己制御 170
自己制御システム 36 40 93
　172 258 273
自己制御力 34
自己と環境 125
自己認知 142
自己の開放 213
自己批判 129
自己評価 25 27
自己表現 34 39
指示 39
事実関係 187
姿勢 79
姿勢を整える 184 261
自然 33 40 122 153
自然科学的 170
自然観察法 26
自然－人為 259
自然選択 40 153
自然的環境 148 151 154
自然的生活圏 94 104 138

自然な音の構造 209
自然の不思議 156
自然発生的 60
自然法則 33
時代様式 31
自他の区分 140
自他の区別 221
市町村の旗 152
実－虚 259
実在 128
実在の物と対応 270
実践 24
私的 42
児童観 31
指導計画 22
児童研究 31
指導書 200
児童心理学 31
児童福祉施設 15
児童福祉法 15
詩の暗唱 192
自発的活動 35
事物の豊富な主題 264
自分勝手 236
自分が成し遂げた 263
自分自身の分化と構造化 106
自分で描いた実感 259
自分なりの工夫 289
自分なりのやり方 221
自分の価値観 294
自分の国を愛する国民 240
自分の特殊性 259
自分の中の自分 258
自分の物や場所 146
自分の用法 175
自分流 228
地味 108
地道 108
自問自答 100
社会 33 40
社会科学 169
社会学習 171
社会性 11 33 38 39
社会制御システム 172
社会秩序 33 250
社会的暗号 172 174

社会的客我 94
社会的行動 147 151 154 211
社会的集団 69
社会的自立 33
社会的生活圏 94 102 103 104
　139
社会的存在 170
社会的能力 217
社会的要因 171
弱肉強食 40
社交的 107
謝罪の程度 181
写実期 276
写実的でありたい 276
写実への願い 292
醜 42
自由 11 33 40 153 222 235
週案 305
自由画 246
自由画帳の使い方 287
自由詩 164
習俗 43 101
集団活動 24
集団教育 28
集団としてのまとまり 91
集団の規模 208
集団保育 28 31 221
集中して物事に取り組む 288
週の指導計画 305
週や月の評価 25
主観 72
宿命 35 55
宿命的環境 132
宿命的な条件 235
受信 166
主体性 34
主体的 10 16
主体的活動 16
主体的な活動 24
主題を保育者が選択 265
出産 74
出生率 74
受容系 58 67
瞬発性 85
順番 75 230
小学校との関連 27

小学校の音楽教育 239
商業主義 56
少子化 107
小集団 114 115
象徴 149 152 155
象徴期 271
象徴する"しるし" 280
情緒的 175
情緒的な音楽教育 201
情動が優位 214
衝動性の抑制 93 214
衝動的行動 125
情動能力 217
情動の制御 142
衝動の制御 98 142 173 276
衝動の抑制 30
情動優位 69 92
消費者 56
情報化社会 45
情報の商品化 45
情報の商品価値 45
職業教育 28
職業的地位 33
職人技 279
初等教育 28
尻取り 165 194
しるし 149 152 155
真 42
人為 33 40 153
人為選択 33 40 153
人為法則 33
人為競争 40
人権 24
人工的環境 123
新行動主義 171
進行役 163
新生児の知覚能力 137
人生の失敗 108
身体 33 40 148 153
身体化 167
身体感覚 167
身体性と形式 93
身体性の拘束 48
身体的条件 63 125
身体の成長 148
身体発達 84

身体性 46 127 153
進歩信仰 59
心理学 169
心理学的体系の緊張 125
心理的環境 20 32 35 45 58 63
　　93 94 126 127 156
心理的環境の個性化 144
心理的条件 141
人類学 169
神話 72 191
■ス
随意 216
随意の行為 219
数量 128 149 152 155
数量図形 143
優れた詩の暗唱 164
優れた知性 131
図形 128 149 152 155
図形の組み合わせ 273
図式期 275
図式期への発達的変化 275
素話し 184 191 288
全ての形を表す 270
■セ
西欧近代 48 246
西洋近代の音楽 210
生活空間 124
生活圏 94
生活圏と自我 94
生活圏の価値観 142 294
生活指導 200 210
生活習慣 17
生活態度 205
生活の世話 208
生活文化の型 49 249
生活様式 47
制御理論 171
清潔な音程 227
制裁 39 43
生産者 56
成熟 35
精神内操作 88
精神距離の研究 95
精神的距離 91
精神的客我 94
精神的な距離 89

成人同様の感情 104
精神内操作 88
精神の復元力 253
精神分析学 169
生成 88 166 171 172
生成論 169
生得 35
生得的 167
青年期 225 277
青年前期 173
生物的存在 170
生命の尊重 57
整理整頓 80
生理的な快 221
生理的欲求 271
世界保健機構 54
責任 126
責任感を欠いた人間 127
世代別音楽 240
接触 228
絶対に行わない活動 291
ゼードルマイヤー 31
善 42
全員が同じ動作 232
選曲 237
先行世代と共通の歌 237
潜在的危険 58
潜在的危険性 20
前図式期 273
せんせい、あのね 165
選択 55
前提条件 206
旋法 166
■ソ
創意工夫 23
早期教育 173 201
総合的 16
相互作用 35
相互制御システム 171 172
相互批判 163
創造性 12 34 50 248 249
創造的 39
創造的課題 254
創造的課題の遂行 256
創造的表現 212
挿話 191

索引　331

素形とその組合わせ 289
組織の崩壊 251
ソシュール 168
卒業式 117
外の論理 106
そろそろそっと 292
存在の形式 253
存在をおびやかす 253
■タ
隊型の変化 232 236
題材は子どもが選ぶ 265
対集団的多様性 91
対象化した自分 132
対人領域 95
対人 95
対人距離 35 44 62 88 89 90 182
対人距離感 223
対人距離無し 99
対人距離の多様性 92
対人距離の二極分化 92
対人距離の分化 103
対人距離無限 99
対人的環境に不適応 91
対人的相互性 219
対人的多様性 90
体制化 126
対生物 95
大切に使う 261
態度形成 76 79 82 155
体罰 128
対物 95
代理学習 171
ヤーコブソン 168
他者による環境の評価 129
他者の共感 262
他者の評価 143
立場の置き換え 151 181
立場の交換 113
縦割り保育 291
楽しませる側 210
WHO 54
多様な題材選択 264
ダルクローズ 200
担任 70
■チ

地域社会 26
地域に開かれた幼稚園 43
知覚と想像 125
力の及ぶ場所 139
地球 155
地球環境 151 155
知識 37 212 254 259
知性的認識 156
秩序 41 250
秩序からの逸脱 250
知的な基準 249
知的能力 217
知と情の不均衡 98
中学年 225
宙乗り 163 166
長期の実践 203
直感 130
沈黙 110
■ツ
追跡 27
追跡調査 202 203 205
使わない教材 291
伝え合い 88
■テ
低学年 225
抵抗や圧力 252
提示学習 171
丁寧な作業 262
丁寧に扱う 261
丁寧に行動する 280
ティーム・ティーチング 70
手が動いてしまう 293
適した教材 292
適切な時期 173
敵対性 105
手伝い 65 77 80 83
手伝う 56
手引き化 99
手本 63 291
手本にされている 291
街い 178
点検項目 26 203
点検項目化 202
天候 149 155
伝承 60
天地の確認 295

転調 238
伝統 18 47 101 249
天平の彫刻 279
展覧会 117
■ト
動機 124
同型繰り返し 208
動植物 148 155
頭足人 273
道徳 72 115
等拍打叩唱 234
等拍分担唱 234
当番 111
糖分の大量摂取 64
徳 214
独自性 208
独自性賛美 246
特殊出生率 43
読書 192
独善的感性 236
独創性 48
特別な関係 109
閉じた領域 270
唱え言 221
唱え言葉 226
取り組む姿勢 246
取り組む姿勢を整える 274
■ナ
内在的生活圏 94 143
内唱 233
内的環境 63
内的機能 88
内的規範 56 277
内的秩序 253
内的統制力 39 40
内的要因 170
内的要因説 171
内容 15 21
仲良し 44
亡き人びと 89
なぐり描き 269
なつくのは一人の担任 207
納得した内容 258
何を歌うか 237
名前と事物 125
名前の呼び方 182

名前を呼びかけ 109
並べ描き期 273
難解な言葉 178

■ニ
憎しみ 72
二元論 170
日本国民 184
日本人の存在 160
日本の民話 288
任意に題材を選ばせる 263
人間科学 169
人間関係 43 89 134
人間関係の本来 92
人間操作 124
人間的環境 145 150 153
人間の生自体 251
認識 254
認識論哲学 169
認知心理学 169

■ヌ
ぬり絵 48 246 252 292

■ネ
ねらい 15 21
年次計画 23
年少の週案 306
年中の週案 312
年長の週案 318

■ハ
場 19 20 209
ハヴィガースト 30
拍節 220
拍節動作唱 234
拍節分担唱 234
場所と物の安定 279
場違い 214 224
場違いの行動 112
発信 166
発信者 168
発生的 33
発生的構成主義 170
発生的論理 100 174
発達課題 30
発達段階 30
発達の手本 291
発達へのエネルギー 116
バッハ 240

発表会 115 117
発話 168
派手な活動 262
話し合い 177 183
話し合いの進め方 185
話し合いのできる条件 184
話し合いの話題 185
話しを聞く 78
話を聞く姿勢 288
場の性質 96 112
場の要求 110 224
春の海 240
反映的抽象 170
"はんこ"による作文 164
 193
はんこによる幼児の作文 266
反作用 18 20 35 97 128
反作用に対する感性 133
反社会的行動 133
バンデュラ 171
反応系 58 67
反応系を抑制 293
反応促進型の教育 201
反応と受容 133 201
反応の促進 48 205
反応を一時制止 261

■ヒ
美 42 155
ピアジェ 168 170 171
ピアノ協奏曲 240
非イデオロギー的 169
比較検討 162
非社交的 107
美術教育 48
美術における表現行動 256
美の感性 247
美の視点 155
美の表現 31
美の表現の真の喜び 255
一つの段階ずつ丁寧に 284
人の話を聞く 261
人見知り 103 222
一人歌 220
一人わらい 110
避難訓練 78 80 84
美の基本 215

非発達的 169
ヒューマニズム 171
評価 20 25 189
評価の観点 25
評価の対象 27
表現活動 254
表現 213 215 216 257
表現形式 12 76 78 82 104 224
表現形式の学習 235
表現行動 96
表現行動の形式 104
表現行動を制御する普遍性
 259
表現に取り組む姿勢 285
表現の相手 237
表現の型 277
表出 215 216 257
標準語 166
表象 270
表情の切り換え 287
平等 48
非歴史的 169
品格 203
品格ある生き方 291
品格ある人生 277
品格の教育 276
敏捷性 85

■フ
不安 71
フェルトペン 291
不完全な標本 122
復元力 39 41 209 250 251
福祉 40
不在による無力感 141
無作法 116
節 166
不随意 216
不随意の行動 219
父祖と共に歌う 89
父祖の歌 47
物質的客我 94
物理的環境 32 35 58 93 94
 123 126 127 156
物理的宿命 134
不登校 202
普遍性 259

普遍性に解消 257
普遍性の支配力 257
普遍的 256
普遍的法則 257
振る舞い 19
フレーベル 29
雰囲気 221
文学趣味 164
文化集団の要求 56
文明 12 34 40
■ヘ
平衡能 85
平凡 108
ベートーベン 240
変化を認めて評価する 282
活動の変わり目を明確に 282
編成 22
編成の責任 23
変動 55
■ホ
保育 14 16
保育計画 22
保育原理 37
保育施設 28 31
保育者の遊ばせ歌 207
保育者の準備 298
保育者の準備と援助 263 259
保育者の発話 281
保育者の表情 206
保育所 15
保育所保育指針 15
保育内容 14 21
保育内容の指導法 15
保育日誌 25
保育の原理 28
保育の内容構成 15
保育の評価 25
保育の方法 24
保育理論 20 31 37
暴飲暴食 151
崩壊 55
報酬行動 171
放置 40 153
放任 40
保護 37
母語 46 130 166

母国語 46 130
保護養育 28
誇り 72 115 143
母子一体 100
母子関係 88
母子の距離 43
保証 17 18 40 153
ボディペインティング 262
賞める機会 207
本音と建て前 98
本物そっくり 293
■マ
間 48 59 76 78 81 202 205 217
迷子 102
待つ 48 59
丸 149 152
丸集合 75 81 184 227
間を取る 110 133
■ミ
未成熟 217
見本学習 171
未満児 23
未来 56
未来が無い 161
民族音楽 200
民族の詩歌 164 192
民族文化に依拠 257
皆で歌う活動 237
皆仲良し 104
民話 191
■ム
無秩序 250
無名 108
■メ
明確な評価 140
命名期 271
メカニズム 171
メタ言語的教育 46 165
メタ言語的指導 178
■モ
目的を再確認 262
目的を逸らせ 262
目標 21
モデル学習 171
物語 72 164
物語の古典 191

模倣学習 171
問題解決の方向 183
■ヤ
約束事が成立する 274
役割の交代 232
役割分担 111 236
野性児 171
■ユ
勇気 248
遊戯 14 209
遊戯歌 223
遊戯の場 232
誘導 35
誘導尋問 188
有名病 107
豊かな感情 266
豊かな人間性 255
ゆっくり行動 110
■ヨ
養育 37
養育行動 100
養育者 69
養育者自身 100
養護 16 28 37
幼児期の特徴 217
幼児の表現行動 217
要素間の関係 50 250
幼稚園 29
幼稚園教育要領 14
幼稚園教育要領解説 14
幼稚園の目的 14
予期しない危険 135
抑制 20 110
欲求の満足 34
4 歳児の特徴 286
■ラ
羅列期 273
乱画期 270
■リ
力学的な統一体 125
力学的連帯 125 138
リズム型抽出 234
リズム反応 225
理想 57
リード 254
離乳 68

流行語 178
輪唱 208
倫理 38 72
倫理感 115
■レ
歴史 18
歴史文化的制約 253
劣等感 72

レディネス 173
■ロ
労働 108
六段 240
■ワ
我が国の歌 237
我が国の伝統音楽 202 240
我が物顔 139

話題 186
話題提供 186
私 33 40 56 62
私一公 259
"私"を越えた価値 117
わらべうた 209 226
わらべうたの遊戯 109
ワロン 170 171

遊びと合唱・幼児から小学生へ
わらべうたによる音楽教育
本間雅夫・鈴木敏朗　編

A5判　176頁　定価（本体1500円＋税）

音楽状況が多様化している現代だからこそ、日本語の自然な節である"わらべうた"での音楽教育が必要である。本書では、わらべうた遊びを用いた指導法を年齢別にカリキュラムを分け、具体的にわかりやすく説明している。

■著者紹介

鈴木敏朗（すずき　としろう）

1936年、東京生まれ、1959年立教大学卒
宮城教育大学、秋田大学助教授を経て、現在秋田大学教育文化学部教授

著書　「わらべうたによる音楽教育」「音楽の教育」「音楽とその導き方」
　　　「わらべうたとあそび」「大きい木」「ぽろんぽろんの春」
　　　「ぱぴぷぺぷっつん」
翻訳　「こどものための音楽と動き」

我が子に受けさせたい幼児教育　**保育内容論**　　　　　　　　定価（本体2000円+税）

著　者 ── 鈴木敏朗（美の教育研究会）	**皆様へのお願い**
編　集 ── 自由現代社編集部	楽譜や歌詞・音楽書などの出版物を権利者に無断で複製（コピー）することは、著作権の侵害（私的利用など特別な場合を除く）にあたり、著作権法により罰せられます。また、出版物からの不法なコピーが行なわれますと、出版社は正常な出版活動が困難となり、ついには皆様方が必要とされるものも出版できなくなります。私共は、著作権の権利を守り、なおいっそう優れた作品の出版普及に全力をあげて努力してまいります。どうか不法コピーの防止に、皆様方のご協力をお願い申し上げます。
発行日 ── 2001年8月30日　第1刷発行　　　2012年3月30日　第3刷発行	
発行人 ── 竹村貞夫	
発売元 ── 株式会社自由現代社　　〒171-0033東京都豊島区高田3-10-10-5F　　TEL03-5291-6221/FAX03-5291-2886　　振替口座　00110-5-45925	株式会社自由現代社

ホームページ ── http://www.j-gendai.co.jp

ISBN978-4-7982-1057-5

●無断複製、転載を禁じます。●万一、乱丁・落丁がありました時は当社にてお取り替え致します。